全国高职高专“十三五”规划教材·铁道交通类
动车组检修技术专业精品规划教材
全国行业紧缺人才、关键岗位从业人员培训推荐教材

动车组检修

主　编　梁炜昭　罗利锦
参　编　胡文龙　李　飞　李　笑
　　　　梁玲坤　李泽杰　宋艳阳
主　审　武振杰

北京交通大学出版社
·北京·

内 容 简 介

本书根据铁路相关技术文件，以 CRH380A 型动车组为例，侧重介绍运用检修。由于各职业院校设备、场地等方面的限制，高级检修仅作简要介绍。

本书针对高等职业技术院校动车组检修技术专业学生编写，也兼顾中职学生和在职人员的使用，尽量做到内容精炼、文字通俗易懂。

图书在版编目（CIP）数据

动车组检修 / 梁炜昭，罗利锦主编. —北京：北京交通大学出版社，2016.9（2022.12 重印）
ISBN 978 - 7 - 5121 - 3046 - 3

Ⅰ. ①动…　Ⅱ. ①梁… ②罗…　Ⅲ. ①动车 - 机车检修 - 高等职业教育 - 教材
Ⅳ. ①U266

中国版本图书馆 CIP 数据核字（2016）第 217251 号

动车组检修
DONGCHEZU JIANXIU

策划编辑：刘　辉　　责任编辑：陈跃琴　　助理编辑：陈可亮
出版发行：北京交通大学出版社　　电话：010 - 51686414　　http：//www.bjtup.com.cn
地　　址：北京市海淀区高梁桥斜街 44 号　　邮编：100044
印 刷 者：艺堂印刷（天津）有限公司
经　　销：全国新华书店
开　　本：185mm × 260mm　　印张：20.25　　字数：506 千字
版　　次：2016 年 9 月第 1 版　　2022 年 12 月第 5 次印刷
书　　号：ISBN 978 - 7 - 5121 - 3046 - 3 / U · 241
印　　数：5501 ~ 7000 册　　定价：52.00 元

本书如有质量问题，请向北京交通大学出版社质监组反映。对您的意见和批评，我们表示欢迎和感谢。
投诉电话：010 - 51686043，51686008；传真：010 - 62225406；E-mail：press@bjtu.edu.cn。

前　　言

本书根据铁路相关技术文件，针对动车组地勤机械师岗位，结合动车组检修部门的生产实际，以及动车组检修技术专业高等职业技术教育、中等职业技术教育教学和铁路职工培训的特点，以 CRH380A 型动车组为例，对动车组检修管理、一级检修和二级检修的重点项目进行了详细的介绍，对高级检修进行了简要介绍。

本书由天津铁道职业技术学院梁炜昭、罗利锦任主编，北京铁路局安全监察室武振杰主审。全书共分 4 个项目，项目 1 和项目 2 由梁炜昭编写，项目 3 任务 1 和任务 2 由北京铁路局车辆处胡文龙编写，任务 3 和任务 4 由李飞编写，任务 5 和任务 6 由李笑编写，任务 7 由李泽杰编写，任务 8 由梁玲坤编写，项目 4 任务 1 和任务 2 由宋艳阳编写，任务 3 和任务 4 由罗利锦编写。

我国动车组事业快速发展，编者水平也有限，不妥之处在所难免，希望使用本书的读者批评指正。

编　者

2016 年 5 月

目 录

项目1　动车组检修管理

项目描述

动车组实行计划性预防修的检修体制，分为五级修程。一、二级检修为运用检修，在动车所内进行；三、四、五级检修为高级检修，在具备相应车型检修资质的检修单位进行。

本项目依据《铁路动车组运用维修规程》《CRH_2C 二阶段/380A（L）型动车组三级检修规程》《CRH_2C 二阶段/380A（L）型动车组四级检修规程》《CRH_2C 二阶段/380A（L）型动车组五级检修规程》等文件，总结了与动车组检修相关的技术管理规章。

本项目任务：

任务1　动车组运用维修管理

任务2　动车组高级维修管理

教学目标

1. 知识目标

（1）了解接触网供断电程序及相关安全规定；

（2）熟悉动车组修程修制等技术管理规程；

（3）了解动车检修部门的基本要求；

（4）掌握动车组车辆方位及零部件位置编号规则；

（5）了解动车组名词术语；

（6）了解动车组高级检修的技术管理要求。

2. 能力目标

完成以下任务：

（1）模拟进行接触网隔离开关供断电作业；

（2）填写《一体化作业申请单》。

3. 素质目标

（1）使学生对动车组检修部门的组成及相关技术规章形成总体认识，增加学生的行业认同感；

（2）在项目完成过程中培养学生的团队协作能力；

（3）能客观、公正地进行学习自我评价及对小组成员的评价。

【任务1】 动车组运用维修管理

任务单

<table>
<tr><td>任务名称</td><td colspan="7">动车组运用维修管理</td></tr>
<tr><td>任务描述</td><td colspan="7">学习动车组运用维修管理知识，为一、二级检修质量标准的学习做好知识上、意识上的准备。</td></tr>
<tr><td>任务分析</td><td colspan="7">从专业管理、技术管理、修程修制、配属管理、动车组运用所、检修计划、一体化作业等多个方面学习动车组运用维修管理知识。</td></tr>
<tr><td>学习任务</td><td colspan="7">【子任务1】小组内通过角色扮演的形式，模拟进行接触网隔离开关供断电作业；
【子任务2】小组内通过角色扮演的形式，填写《一体化作业申请单》；
【子任务3】通过查阅相关资料，各小组分别制作PPT，讲解各型动车组车辆方位及零部件位置编号规则。
资料1：接触网隔离开关供断电作业制度
资料2：一体化作业申请单</td></tr>
<tr><td>劳动组合</td><td colspan="7">各组长分配小组成员角色，进行模拟作业并留下影像记录，填写记录表格，同时协同制作PPT并推荐专人讲解。
各组评判小组成员学习情况，作出小组评价。</td></tr>
<tr><td>成果展示</td><td colspan="7">（1）模拟进行接触网隔离开关供断电作业的照片或视频
（2）一体化作业申请单
（3）各型动车组车辆方位及零部件位置编号规则讲解PPT</td></tr>
<tr><td>学习小结</td><td colspan="7"></td></tr>
<tr><td rowspan="6">自我评价</td><td>项目</td><td>A—优</td><td>B—良</td><td>C—中</td><td>D—及格</td><td>E—不及格</td><td>综合</td></tr>
<tr><td>安全纪律（15%）</td><td></td><td></td><td></td><td></td><td></td><td rowspan="5"></td></tr>
<tr><td>学习态度（15%）</td><td></td><td></td><td></td><td></td><td></td></tr>
<tr><td>专业知识（30%）</td><td></td><td></td><td></td><td></td><td></td></tr>
<tr><td>专业技能（30%）</td><td></td><td></td><td></td><td></td><td></td></tr>
<tr><td>团队合作（10%）</td><td></td><td></td><td></td><td></td><td></td></tr>
<tr><td rowspan="2">教师评价</td><td>简要评价</td><td colspan="5"></td><td rowspan="2"></td></tr>
<tr><td>教师签名</td><td colspan="5"></td></tr>
</table>

资料1：接触网隔离开关供断电作业制度

1）接触网供断电作业安全规定

为确保供断电人员（隔离开关操作员和安全监护员）、动车组检修作业人员的人身安全，保证供电设备和动车组电气设施安全，作业人员及供断电人员必须遵守电气化区段作业安全规定。

（1）防护用品使用管理制度。

①供断电用品箱内必须备有安全帽、绝缘手套、绝缘靴、接地杆、绝缘棒等物品。

②绝缘手套、绝缘靴、接地杆、验电器、绝缘棒每半年由安全科负责组织在供电段按照规定进行打压试验，合格后粘贴检验合格证，不合格和超过检查期限的严禁使用。

③安全帽、绝缘手套、绝缘靴、绝缘棒每次使用前后，用干布擦净，对绝缘手套进行简单漏气试验，检查保护用品状态。如发现有裂损等异状时，严禁使用，并及时报告动车运用所调度室。

（2）持证上岗制度。

供断电人员必须经过培训并考试合格，取得供电段发放的《接触网隔离开关操作合格证》后，才能进行供断电操作，其他未经任何培训的人员严禁动用供电设备。《接触网隔离开关操作合格证》每年须进行复审。

（3）安全防护制度。

①供断电操作（隔离开关操作）时，必须双人作业，一人操作一人防护。

②供断电操作前，操作者必须按规定使用防护用品和绝缘工具。

③供断电操作过程中，操作者身体各部位不得与接触网供电设备及其机构相接触。

④作业人员携带的任何物品与接触网带电设备应保持2 m以上距离，在带电的情况下，作业人员在电气化区段严禁登顶作业，严禁任何人员任何时间在隔离开关处所倚靠或坐卧。

⑤当发现接触网出现异常情况时，任何人员严禁私自处理，并应保持10 m以上安全距离，同时对现场进行防护，及时通知安全科及供电部门进行处理。

2）远程分控柜控制隔离开关操作流程

在远程分控柜及隔离开关状态良好时执行此流程，近端手动操作及移动式接触网操作略述。

（1）隔离开关分闸（断电）操作。

①穿戴。操作员必须按规定穿戴好防护用品。

②分闸登记。分闸前隔离开关操作员到调度室向调度员办理登记手续，按登记簿规定的内容要求认真填写，不得简化程序。

③分闸确认。办理分闸手续后，操作员、监护员和申请人一起到本次申请登记的隔离开关处，确认分闸的道股、列位正确，确认断电道股、列位无动车组受电弓升起。操作员高声呼唤："××道××列位准备分闸。"监护员确认后重复："××道××列位准备分闸。"值班调度员确认满足安全监控断电要求后通过安全监控探头对车顶进行复查，确认车顶无人作业、三层平台已升起、供电股道列位无动车组受电弓升起后回复："××道××列位可以分闸。"探头故障时对隔离开关监护员呼唤："请确认××道××列位车顶无人作业、三层平台已升起、无动车组受电弓升起。"监护员确认后呼唤："确认××道××列位车顶无人作业、三层平台已升起、无动车组受电弓升起。"值班调度员回复："××道××列位可以分闸。"

当遇到安全监控探头故障时，做如下处理。调度员对隔离开关监护员呼唤："请确认××道××列位车顶无人作业、三层平台渡板已升起、无动车组受电弓升起。"监护员确认后呼唤："确认××道××列位车顶无人作业、三层平台渡板已升起、无动车组受电弓升起。"值班调度员回复："××道××列位可以分闸。"

④分闸开锁。经操作员、监护员和申请人三人确认符合规定要求时由操作员将锁打开，其他人无权开锁。

⑤分闸呼唤应答。在进行隔离开关操作前，操作员和监护员应进行呼唤应答。操作员："××道××列位隔离开关准备断电。"监护员确认后重复："××道××列位隔离开关准备断电。"

⑥分闸操作。呼唤应答完毕后，在监护员和申请人的监护下，由操作员按规定准确迅速按下隔离开关分闸按钮，确认操作到位后，呼唤调度："××道××列位已分闸，请确认。"值班调度确认操作正确后，操作安全监控远端控制确认操作；操作员确认分闸回复指示正常后，分闸操作完毕。

⑦分闸复查。分闸后，监护员、申请人必须共同复查确认主闸刀分好、接地闸刀闭合，操作员将隔离开关分控柜锁好。操作员呼唤："××道××列位隔离开关分闸。"监护员确认后重复："××道××列位隔离开关分闸。"

⑧挂线。分闸后，操作员、监护员确认分闸道股正确后，操作员呼唤："××道××列位隔离开关已断电，准备挂接地杆。"监护员确认后重复："××道××列位隔离开关已断电，准备挂接地杆。"由操作员按规定挂好接地杆。

⑨交钥匙。操作员、监护员确认开关已锁好，接地杆已挂，将一把钥匙交给申请人保管，另一把由操作员保管。

⑩分闸通知。操作员向调度员报告："××道××列位隔离开关已断电。"调度员重复："××道××列位隔离开关已断电，调度员明白。"在确认该作业台位具备作业条件后通知作业人员："××道××列位隔离开关已断电，××动车组可以进行断电作业。"

（2）隔离开关合闸（供电）操作。

①合闸登记。申请人到调度室，按登记簿规定的内容要求，认真填写，办理登记手续，不得简化程序。动车库内多部门作业时，完成作业的部门到调度室办理本部门相关作业人员已撤离的登记，各个部门全部作业完成后，调度员发给操作员、监护员钥匙并指挥按下列程序完成。

②合闸确认。操作员、监护员和申请人共同到本次申请登记的隔离开关处按合闸操作程序规定逐条确认后，操作员、监护员确认车顶无人作业、三层平台已升起、供电股道列位无动车组受电弓升起，操作员呼唤：“××道准备合闸。”监护员重复：“××道××列位准备合闸。”值班调度员确认满足安全监控供电要求后，通过安全监控探头对车顶进行复查，确认车顶无人作业、三层平台已升起、供电股道列位无动车组受电弓升起后回复：“××道××列位可以合闸。”探头故障时对隔离开关监护员呼唤：“请确认××道××列位车顶无人作业、三层平台已升起、无动车组受电弓升起。”监护员确认后呼唤：“确认××道××列位车顶无人作业、三层平台已升起、无动车组受电弓升起。”值班调度员回复：“××道××列位可以合闸。”

当遇到安全监控探头故障时，做如下处理。调度员对隔离开关监护员呼唤：“请确认××道××列位车顶无人作业、三层平台渡板已升起、无动车组受电弓升起。”监护员确认后呼唤：“确认××道××列位车顶无人作业、三层平台渡板已升起、无动车组受电弓升起。”值班调度员回复：“××道××列位可以合闸。”

③撤线。监护员确认有关人员处于安全地点后，由操作员撤下接地杆，将杆放置在存放箱内，监护员收回申请人的钥匙。

④合闸呼唤应答。监护员确认操作员撤下接地杆后，操作员呼唤：“××道××列位接地杆撤出，放置到分控柜指定位置锁闭好，准备供电。”监护员呼唤：“××道××列位接地杆撤出，准备供电。”

⑤合闸操作。呼唤应答完毕后，在监护员和申请人的监护下，由操作员开锁并按规定迅速准确按下隔离开关合闸按钮，确认操作到位后，呼唤调度：“××道××列位已合闸，请确认。”值班调度确认操作正确后，操作安全监控远端控制确认操作；操作员确认合闸回复指示正常后，合闸操作完毕。

⑥合闸复查。操作员和监护员共同再次复查隔离开关主闸刀已闭合，接地闸刀已分开并且转动装置处于良好状态，操作员回复调度员：“××道××列位合闸供电完毕。”值班调度员确认该作业台位供电情况可以进行供电作业，通知作业人员：“××道××列位已合闸供电，××动车组可进行供电作业。”

⑦加锁。合闸后，由监护员将隔离开关分控柜加锁，并收好防护用品及保管箱钥匙。

资料2：一体化作业申请单

<table>
<tr><td>CRH</td><td>××××段××××所</td><td>版本号:201307</td></tr>
<tr><td></td><td colspan="2">一体化作业申请单</td></tr>
</table>

<table>
<tr><td colspan="6">申请单位:</td></tr>
<tr><td>申请人</td><td colspan="2"></td><td>联系电话</td><td colspan="2"></td></tr>
<tr><td>作业负责人</td><td colspan="2"></td><td>联系电话</td><td colspan="2"></td></tr>
<tr><td>作业车组号</td><td colspan="5"></td></tr>
<tr><td>申请作业时间</td><td colspan="5">日　时　分　—　日　时　分</td></tr>
<tr><td>作业内容</td><td colspan="5"></td></tr>
<tr><td rowspan="4">施修
要求</td><td>蓄电池</td><td colspan="4">□ 供　□ 断　□ 无要求</td></tr>
<tr><td>接触网</td><td colspan="4">□ 供　□ 断　□ 无要求</td></tr>
<tr><td>作业地点</td><td colspan="4">□ 检查库　□ 维修库　□ 无要求</td></tr>
<tr><td>其他</td><td colspan="4"></td></tr>
<tr><td colspan="6">动车所审核</td></tr>
<tr><td>动车所调度
审核</td><td></td><td>动车所技术员
审核</td><td></td><td>值班所长审批</td><td></td></tr>
<tr><td colspan="6">作业完成销记</td></tr>
<tr><td>作业完成
情况</td><td colspan="5"></td></tr>
<tr><td>作业完成
时间</td><td colspan="2"></td><td>作业负责人
签字</td><td colspan="2"></td></tr>
<tr><td>调度
核销时间</td><td colspan="2"></td><td>调度员
签字</td><td colspan="2"></td></tr>
<tr><td>备注</td><td colspan="5"></td></tr>
</table>

填表说明：
1.本表用于一体化单位正常一级修作业计划外的作业申请及作业情况登记；
2.本表由动车所负责保管，一体化作业负责人须到调度处进行申请和完工销记。

学习引导文

1.1.1 专业管理

动车组实行铁路总公司、铁路局、动车（客车）段三级专业管理。

铁路总公司负责明晰动车组相关专业管理界面；根据运输需要，规划全路动车组检修能力布局，统筹运力资源配置；制定动车组修程修制、运用维修相关管理及技术标准，并监督指导落实。

铁路局是动车组专业管理的责任主体，实行局长负责制，应制定动车组专业管理办法，明确运输相关专业部门的管理职能。车辆部门依据铁路总公司运用维修相关管理及技术标准，履行专业规章标准管理、现场监督检查、合理优化动车组的配属和运用等基本职责。

动车（客车）段是动车组车辆运用维修工作的责任主体，实行段长负责制，贯彻执行上级相关规章制度、管理办法及技术标准。规范段内各部门的人员配备及管理，优化生产组织和流程，协调联劳单位共同做好动车组运用维修工作。

1.1.2 技术管理

健全铁路总公司、铁路局、动车（客车）段三级动车组运用维修技术管理体系和组织机构，明确职责分工。

铁路局要根据动车组运用维修工作实际，配齐、配强专业技术管理人员。车辆处须设置动车组分管处长和运用、检修、安全、规章、设备、培训等专职管理人员；动车（客车）段实行总工程师技术负责制，配备动车组运用、检修、机械、轮轴、电气、网络、牵引、制动、空调、安全、规章、设备、培训、信息化等专（兼）职管理人员。各级管理人员要努力提高技术素养，遵守技术纪律。

动车组运用维修技术规章实行分级管理。铁路总公司负责组织制定动车组运用检修标准，在动车组管理信息系统中发布；铁路局负责组织制定动车组运用检修作业办法，以局文形式发布；动车（客车）段负责组织编制动车组运用检修作业指导书，以段文形式发布。

运用检修作业办法须结合实际优化检修项目、内容和周期，项目、内容删减，或周期延长时，按规定报批。

作业指导书应明确作业内容、作业步骤、作业标准、工装设备、检测器具、安全事项等内容，要求文字简练、可操作性强，并根据实际及时修、建、补、废，定期发布。检修部件、设备设施发生变化时，动车（客车）段应组织对作业指导书进行验证。

铁路局要加强委外检修项目的管理，委外检修应由具备检修资质的单位承修。

1.1.3 修程修制

动车组实行计划性预防修的检修体制，分为五级修程。一、二级检修为运用检修，在动车所内进行；三、四、五级检修为高级检修，在具备相应车型检修资质的检修单位进行。

动车组运用维修采用以走行公里周期为主（走行公里以动车组管理信息系统为准）、时间周期为辅的检修模式。二级检修可采用集中修或均衡修相结合的方式进行。

动车组检修周期见表1-1。

表 1－1　动车组检修周期

<table>
<tr><th>修程
车型</th><th>一级检修</th><th>二级检修</th><th>三级检修</th><th>四级检修</th><th>五级检修</th></tr>
<tr><td>CRH₁A</td><td rowspan="3">（4 000±400）公里
或运用 48 小时</td><td rowspan="3">见表 1－2</td><td rowspan="3">（120±10）万公里
或 3 年</td><td rowspan="3">（240±10）万公里
或 6 年</td><td rowspan="3">（480±10）万公里
或 12 年</td></tr>
<tr><td>CRH₁B</td></tr>
<tr><td>CRH₁E</td></tr>
<tr><td>CRH₅A</td><td>（5 000±500）公里
或运用 48 小时</td><td>见表 1－2</td><td rowspan="5">（120±12）万公里
或 3 年</td><td rowspan="5">（240±12）万公里
或 6 年</td><td rowspan="5">（480±12）万公里
或 12 年</td></tr>
<tr><td>CRH₃C</td><td rowspan="4">（4 000±400）公里
或运用 48 小时</td><td rowspan="4">见表 1－2</td></tr>
<tr><td>CRH380B</td></tr>
<tr><td>CRH380BL</td></tr>
<tr><td>CRH380CL</td></tr>
<tr><td>CRH₂A</td><td rowspan="7">（4 000±400）公里
或运用 48 小时</td><td rowspan="7">见表 1－2</td><td rowspan="7">60^{+2}_{-5}万公里
或 1.5 年</td><td rowspan="7">120^{+5}_{-10}万公里
或 3 年</td><td rowspan="7">（240±10）万公里
或 6 年</td></tr>
<tr><td>CRH₂B</td></tr>
<tr><td>CRH₂E</td></tr>
<tr><td>CRH₂C
（一阶段）</td></tr>
<tr><td>CRH₂C
（二阶段）</td></tr>
<tr><td>CRH380A</td></tr>
<tr><td>CRH380AL</td></tr>
</table>

注：①动车组检修周期以走行公里周期为主、时间周期为辅的检修模式，先到为准；

②二级检修项目允许按二级修维修卡片规定的检修周期延后 10% 组织施修（有调整检修周期范围的除外）；

③高级检修间隔不超过一个三级检修周期。

表 1－2　动车组二级检修周期

修程 车型	检修周期					
	I2	M1	M2	M3	M4	S
CRH_1 型	3.3 万公里/45 天	6.7 万公里/90 天	10 万公里/135 天	20 万公里/270 天	40 万公里/540 天	特殊检修周期
CRH_2 型	3 万公里/30 天	6 万公里/60 天	9 万公里/90 天	18 万公里/180 天	—	
CRH_3 型	2 万公里/20 天	10 万公里/90 天	40 万公里/360 天	80 万公里/720 天	—	
CRH_5 型	5 万公里/60 天	10 万公里/120 天	15 万公里/180 天	30 万公里/360 天	60 万公里/720 天	
CRH380A(L) 型	3 万公里/30 天	6 万公里/60 天	9 万公里/90 天	18 万公里/180 天	—	
CRH380B(L) 型	2 万公里/20 天	10 万公里/90 天	40 万公里/360 天	80 万公里/720 天	—	
CRH380CL 型	2 万公里/10 天	10 万公里/45 天	40 万公里/180 天	80 万公里/360 天	—	

1.1.4　配属管理

动车组实行统一编号、固定配属管理，配属工作由车辆部门负责。车辆部门应根据动车组运行图、车底交路、技术特点、维修生产需求、动车所检修及存放能力，做好动车组配属工作。

动车组配属应遵循同一线路车型相对集中、同一车型定员基本一致、同一动车所担当尽量单一的原则。

动车组新造配属及局间转属由铁路总公司负责；局管内段配属及段间转属由铁路局负责；段管内动车所配属及动车所间转属由动车（客车）段负责。

1.1.5　动车组报废

动车组经鉴定具备下列条件之一时，可以办理整列或部分车辆报废手续：

①动车组整列运用超过设计寿命（见表1－3）。

表1－3　动车组设计寿命

序号	车型	设计寿命/年
1	CRH_1 型	25
2	CRH_2 型	20
3	CHR_3 型	20
4	CRH_5 型	30
5	CRH380A（L）型	20
6	CRH380B（L）型	20
7	CRH380CL 型	20

②动车组整列或部分车辆发生事故或遭遇意外灾害，修理费用超过其重置价70%的，或车体结构变形、破损严重无法修复的。

1.1.6　动车组运用所

动车组运用所（以下简称动车所）是动车组进行日常运用维修的场所，应设置在路网客运中心和始发终到客流较大的地区，其设置、建设、维护应符合相关规范、规定，满足快速检修、安全可靠、高效运营的技术要求。

新建动车所检查库原则上不少于6线12标准组位，存放线、临修库能力应与检查库能力相匹配；洗车库（线）、检测线能力应满足动车组密集入所检测、整备需要。

新建动车所应合理配备以下基本的设施设备，根据检修实际，配齐、配全相关工装器具。

①基础设施设备：检查库、临修库、洗车机（库）、检查地沟、人工清洗线、融冰除雪设施、三层作业平台、轨道桥、地面电源、安全监控系统、真空卸污系统、动车组管理信息系统、立体仓库、上水设施、空压机间等。

②检修设施设备：不落轮旋车床、转向架更换设备、公铁两用车、除尘设备、头车检修平台、转轮器、救援用悬轮装置等。

③检测设施设备：轮对故障动态检测系统、受电弓动态检测系统、作业监控评价管理系统、动车组运行故障动态图像检测系统、移动式空心车轴探伤设备、在线移动式轮辋轮辐探伤设备、便携式空心车轴探伤设备、便携式轮对轮辋探伤仪、4.2万伏耐压试验设备、油样化验设备等。

动车所承担动车组整备、运用维修、电务车载设备检修等工作，涉及车辆、机务、供电、电务、客运、运输及造修企业的售后服务等部门（单位）。车辆部门应加强统一领导，结合各专业特点，不断优化完善作业流程，形成既分工负责，又协调联动的动车组运用检修整备管理机制。

运用维修班组是动车组运用维修工作的主体，承担动车组一级、二级检修和整备，负责动车组检查、维修、试验、故障处理；负责检修设备操作及日常保养；负责动车组回送、交接和试运行等工作。处理外属动车组随车机械师填报的影响运行安全的重点故障或外所委托检修的项目，对检修范围内的质量安全负责。

动车组乘务组担负着管理和操作动车组设备、监控列车运行和设备技术状态的重要职责。随车机械师须按一次出乘作业标准值乘，正确判断、妥善处置车辆设备故障，办理相关交接，并承担部分行车组织职能。

动车所负责动车组运用维修工作的具体实施，实行所长负责制；根据需要设置技术室、调度室等管理科室，设置一级修组、二级修组、临修组等直接生产班组及乘务队，设置相应的设备组、材料组等辅助生产班组。

二级修和临修组原则上实行专岗、专人、专修。

1.1.7 动车组检修

动车组运用检修计划按月、周、日编制，高级检修计划按年、月编制。高级检修动车组送修前应填写《动车组扣修单》。

动车组二级检修月计划由动车（客车）段负责编制，报铁路局备案；二级检修周计划、运用检修日计划由动车所编制并组织实施。

动车组在检查库内一级检修时间不得少于 4 小时。

一级检修是对运用动车组的车顶、车下、车体两侧、车内和司机室等部位实施快速例行检查、试验和故障处理的检修作业，须在动车所检查库内实施。动车组一级检修可采用无电（可接外接电源）—无电或有电—无电—有电作业模式。动车组一级检修时，短编（8 辆编组）由 1 个作业小组实施，长编（16 辆编组）由 2 个作业小组实施。停留超过 48 小时的动车组上线运营前须进行一级检修。一级检修修竣后须填写《动车组一级检修竣工单》。

二级检修是对动车组各系统、零部件实施的周期性维护保养、检测、试验，不得漏项、超期。扣车集中检修时须填写《动车组扣修单》，修竣后须填写《动车组扣修竣工单》。

动车组发生故障需扣车临修时，须填写《动车组扣修单》，修竣后须填写《动车组扣修竣工单》。

任务实施与评价

①下发任务单，明确学习任务、主要内容、知识目标、能力目标、素质目标要求；

②学生按任务单要求制订学习计划，完成预习任务及相关知识准备；

③小组内通过角色扮演的形式，模拟进行接触网隔离开关供断电作业；

④小组内通过角色扮演的形式，填写《一体化作业申请单》；

⑤通过查阅相关资料，各小组分别制作 PPT，讲解各型动车组车辆方位及零部件位置编号规则；

⑥学生进行学习自我评价及学习小组成员互评，小组长（副组长）进行小组整体评价，教师检查任务完成情况。

【任务2】　动车组高级维修管理

任务单

<table>
<tr><td>任务名称</td><td colspan="7">动车组高级维修管理</td></tr>
<tr><td>任务描述</td><td colspan="7">学习动车组高级维修管理知识，为三、四、五级检修内容的学习做好知识上、意识上的准备。</td></tr>
<tr><td>任务分析</td><td colspan="7">以 CRH_2C 二阶段/380A（L）型动车组为例，从检修周期、检修内容、动车组状态、履历填写、加装改造、三电设备等多个方面学习动车组高级检修管理知识。</td></tr>
<tr><td>学习任务</td><td colspan="7">【子任务1】通过查阅相关资料，各小组分别制作 PPT，讲解 CRH 系列其他型号动车组高级检修作业周期、内容。</td></tr>
<tr><td>劳动组合</td><td colspan="7">各组长分配小组成员角色，协同制作 PPT 并推荐专人讲解。
各组评判小组成员学习情况，作出小组评价。</td></tr>
<tr><td>成果展示</td><td colspan="7">CRH 系列其他型号动车组高级检修作业周期、内容讲解 PPT</td></tr>
<tr><td>学习小结</td><td colspan="7"></td></tr>
<tr><td rowspan="6">自我评价</td><td>项目</td><td>A—优</td><td>B—良</td><td>C—中</td><td>D—及格</td><td>E—不及格</td><td>综合</td></tr>
<tr><td>安全纪律（15%）</td><td></td><td></td><td></td><td></td><td></td><td rowspan="5"></td></tr>
<tr><td>学习态度（15%）</td><td></td><td></td><td></td><td></td><td></td></tr>
<tr><td>专业知识（30%）</td><td></td><td></td><td></td><td></td><td></td></tr>
<tr><td>专业技能（30%）</td><td></td><td></td><td></td><td></td><td></td></tr>
<tr><td>团队合作（10%）</td><td></td><td></td><td></td><td></td><td></td></tr>
<tr><td rowspan="2">教师评价</td><td>简要评价</td><td colspan="5"></td><td rowspan="2"></td></tr>
<tr><td>教师签名</td><td colspan="5"></td></tr>
</table>

学习引导文

CRH_2C 二阶段/380A（L）（以下简称 CRH_2C2/380A（L））型动车组是动力分散型的电动车组，其中 CRH_2C2（含 CRH_2C－2150 新头型试验动车组）和 CRH380A（含 CRH380A－001 高速综合检测车）为 8 编组，CRH380AL 为 16 编组。规程中由于车型不同而存在差异的内容以标注标出。

CRH_2C2/380A（L）型动车组检修分为五个等级。一级和二级检修为运用检修，三级、四级和五级检修为高级检修。动车组检修周期循环图见图1－1。

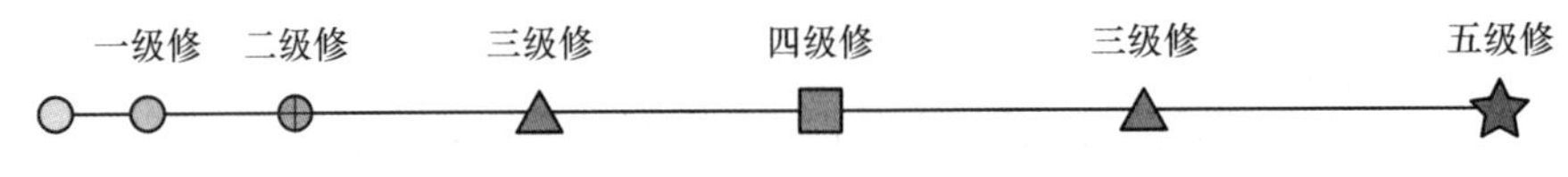

图 1－1　检修周期循环图

$CRH_2C2/380A$（L）型动车组三级检修周期为距新造或上次三级检修以上修程运行60^{+2}_{-5}万公里或不超过 1.5 年。动车组三级检修主要是对转向架进行检修，包括动车组架车、转向架检修、整车落车、称重、静调、动调等内容（如果解编作业，则还包括解编、编组）。

$CRH_2C2/380A$（L）型动车组四级检修是指从新造或上次五级检修起，每运行120^{+5}_{-10}万公里（距上次三级检修应不超过60^{+2}万公里）或 3 年（先到为准）进行的一次分解检修。动车组四级检修包括：车辆解编、架车、转向架分解检修、车辆设备（车顶、车下、车端、车内）分解与检修、车体清洁、车辆设备组装、落车、保压试验、油漆及标记、单元组编组及试验、整列编组、静调试验、动调试验、试运行等。

$CRH_2C2/380A$（L）型动车组五级检修是指从新造或上次五级检修起，每运行（240 ± 10）万公里（距上次三级检修应不超过60^{+2}万公里及不超过 1.5 年）进行的一次检修。动车组五级检修包括：车辆解编、架车、转向架分解检修、车辆设备（车顶、车下、车端、车内）分解与检修、车体抛光、车辆设备组装、落车、保压试验、油漆及标记、单元组编组及试验、整列编组、静调试验、动调试验、试运行等。

动车组送修前须保证运用状态、相关限度符合运用要求。车内保持清洁，配件齐全，不许拆换原车配件，严禁破坏动车组的完整性。

动车组送修前污物箱、净水箱排空，给排水系统水须排净。

动车组高级检修时，配属或承修单位不许随意改变动车组的原设计结构。铁路总公司规定加装改造的项目须纳入检修及监造范围。

ATP、LKJ2000、CIR 等车载行车安全设备执行相关专业检修规程，由专业管理部门结合高级检修同步施修。

对动车组检修须严格执行质量检查、监造制度，由承修单位质量检查人员检查合格并向监造人员办理交验。遇有规程规定不明确或与动车组现车实际有较大差异时，在不降低动车组安全性、可靠性的前提下，由承修单位和监造机构共同研究提出解决方案，达成一致后执行，并报铁路总公司核备；对不能协商一致的事项，由承修单位负责报铁路总公司，按批复意见处理。

经过高级检修的 $CRH_2C2/380A$（L）型动车组，在正常运用、养护和维修的情况下，各检修项目须保证列车在该项目下一修期到达前的运行安全。

任务实施与评价

①下发任务单，明确学习任务、主要内容、知识目标、能力目标、素质目标要求；

②学生按任务单要求制订学习计划，完成预习任务及相关知识准备；

③通过查阅相关资料，各小组分别制作 PPT，讲解 CRH 系列其他型号动车组高级检修作业周期、内容；

④学生进行学习自我评价及学习小组成员互评，小组长（副组长）进行小组整体评价，教师检查任务完成情况。

项目2　动车组一级检修

项目描述

一级检修是对运用动车组的车顶、车下、车体两侧、车内和司机室等部位实施快速例行检查、试验和故障处理的检修作业，须在动车所检查库内实施。

本项目依据《铁路动车组运用维修规程》《动车组一、二级检修质量标准》等文件，介绍动车组一级检修作业。

本项目任务：

任务1　一级检修作业总体要求

任务2　一级检修车底作业

任务3　一级检修车顶作业

任务4　一级检修两侧作业

任务5　一级检修车内作业

教学目标

1. 知识目标

(1) 了解动车运用所班组设置、作业分工、人员着装和工具配备等；

(2) 熟悉动车组一级检修流程、作业路线；

(3) 熟悉一级检修“四必”作业要求；

(4) 掌握动车组一级检修质量标准；

(5) 掌握各型动车组一级检修限度表。

2. 能力目标

依托动车组模型，完成以下任务：

(1) 进行动车组一级检修作业；

(2) 填写《接触网供断电及登顶记录》；

(3) 填写《CRH380A型动车组一级检修记录单》；

(4) 填写《动车组一级检修竣工单》。

3. 素质目标

(1) 培养学生的实际操作能力；

(2) 在项目完成过程中培养学生严谨认真的态度、安全生产的意识、遵章守纪的作风；

(3) 能客观、公正地进行学习自我评价及对小组成员的评价。

【任务1】 一级检修作业总体要求

任务单

<table>
<tr><td>任务名称</td><td colspan="7">一级检修作业总体要求</td></tr>
<tr><td>任务描述</td><td colspan="7">学习一级检修作业组织、流程、安全等内容，为正式开展作业做好知识上、意识上的准备。</td></tr>
<tr><td>任务分析</td><td colspan="7">从动车运用所班组设置及作业分工、作业人员着装及工具配备、一级检修作业流程图、一级检修流程执行的标准化、动车组一级检修作业路线、一级检修“四必”作业要求，以及拍照项点、安全注意事项和作业准备等多个方面学习一级检修作业总体要求。</td></tr>
<tr><td>学习任务</td><td colspan="7">【子任务1】小组内采用角色扮演形式，填写《接触网供断电及登顶记录》。
填写要求：
（1）本表用于检修作业人员申请接触网供断电、领还登顶卡时的登记签认；
（2）动车所同一股道存在分区情况，必须在“股道（列位）”栏写明列位；
（3）“车组号”填写格式如：CRH380BL－5506；
（4）“日期”填写格式如：20151101；
（5）“时间”填写格式如：21:22。
【子任务2】通过查阅相关资料，各小组分别制作PPT，讲解如何在一级检修期间确保作业安全。
资料1：接触网供断电及登顶记录</td></tr>
<tr><td>劳动组合</td><td colspan="7">各组长分配小组成员角色，填写记录表格，同时协同制作PPT并推荐专人讲解。
各组评判小组成员学习情况，作出小组评价。</td></tr>
<tr><td>成果展示</td><td colspan="7">（1）接触网供断电及登顶记录
（2）一级检修作业安全PPT</td></tr>
<tr><td>学习小结</td><td colspan="7"></td></tr>
<tr><td rowspan="6">自我评价</td><td>项目</td><td>A—优</td><td>B—良</td><td>C—中</td><td>D—及格</td><td>E—不及格</td><td>综合</td></tr>
<tr><td>安全纪律（15%）</td><td></td><td></td><td></td><td></td><td></td><td rowspan="5"></td></tr>
<tr><td>学习态度（15%）</td><td></td><td></td><td></td><td></td><td></td></tr>
<tr><td>专业知识（30%）</td><td></td><td></td><td></td><td></td><td></td></tr>
<tr><td>专业技能（30%）</td><td></td><td></td><td></td><td></td><td></td></tr>
<tr><td>团队合作（10%）</td><td></td><td></td><td></td><td></td><td></td></tr>
<tr><td rowspan="2">教师评价</td><td>简要评价</td><td colspan="5"></td><td rowspan="2"></td></tr>
<tr><td>教师签名</td><td colspan="5"></td></tr>
</table>

资料1：接触网供断电及登顶记录

CRH	××××段××××所	版本号:201307
	接触网供断电及登顶记录	

断电申请	日期		股道(列位)		车组号			
	申请时间		申请人		降弓确认时间		确认人	
断电操作	断电完成时间		操作员		监护员			
车组放电	放电完成时间				确认人			

车顶作业人员签字	领卡签字				还卡签字		
	部门	领卡人	领卡时间	卡号	还卡人	还卡时间	收卡人

供电申请	日期		股道(列位)		车组号	
	申请时间		申请人		供电安全确认人	
供电操作	供电完成时间		操作员		监护员	
备注						

学习引导文

维修项目：

2.1.1 一级检修作业

车型	CRH380A/AL 动车组	版本	V4.0
修程	一级修	周期	4 000 公里或运行 48 小时
车厢号	全列	供电条件	无电 & 有电
作业人数	4 人（长编 2 个作业小组 8 人）	作业时间	4 小时
注意事项	（1）变更车组状态前需要确认车组及作业情况； （2）主断未断开时，禁止断开蓄电池； （3）作业人员须穿工作服、绝缘鞋，戴安全帽； （4）作业中要确认接触网状态，以及防护号志设置情况； （5）车顶行走注意防止跌倒滑落； （6）“ ”表示作业人员拍照留存； （7）“检”表示质量检查员对作业结果进行检查确认； （8）“ ”表示质检员拍照留存。		
人员分工（单列动车组）	一级检修作业小组 1 个（4 名作业人员①、②、③、④号），各车间可根据工作量，设置辅助检查人员配合作业。①、②号负责车内设施、司机室设备、车载信息系统、车顶设备检查及相关性能试验。③、④号负责车体、裙板、底板、转向架、钩缓连接、制动、车端连接等下部检查。2 名辅助人员协助检查，具体负责动车组进库清道、接车检查，接插外接电源和配合①、②号车顶作业时升降受电弓、接触网供断电安全操作。各动车所可根据现场作业实际情况，安排③、④号负责接送车，①、②号负责受电弓升降弓操作。 三板作业标准小组 1 个（8 名作业人员①～⑧号），①号为小组长，两人组成一个作业单元，两人须一同作业。 注意事项： （1）③、④号在地沟检查时以车底中心线为界，按照分工各自检查一侧设备，检查驱动装置齿轮箱时，与齿轮箱连接的牵引电机归齿轮箱检查侧作业人员检查； （2）③、④号在地沟作业，前后间隔不超过 3 m； （3）中心线部位处需检查部件，③、④号均需检查； （4）①号负责两端司机室设备及功能试验，②号负责客室设备检查； （5）车轴检查按照每人检查一侧车轴的顺序执行。		
人员分工（长编及重联动车组）	检修作业原则上由 2 个作业小组组成，各车间可根据工作量，设置辅助检查人员配合作业。 每个作业小组对 1 列动车组 8 辆车进行检修，作业流程和检修路线分别按单列车执行。主控钥匙、供断电申请等由动车组出检查库方向作业小组的①号负责。重联动车组重联端司机室的相关试验取消。		

2.1.2 各班组设置及作业分工

一级检修作业过程中各班组（部门）职责分工如下。

编号	班组	岗位职责
1	值班所长	审核检修作业计划，组织生产交班会议，现场检查作业标准及“两纪”落实，组织指挥生产，确保动车组安全正点出库。

续表

编号	班组	岗位职责
2	调度组	运行调度：掌握当班动车组运行故障，编制检修作业计划，接收传达文件电报。
		检修调度：组织现场作业，卡控作业时间节点。
		安全调度：负责现场作业安全。
		视频监控员：负责作业过程视频监控。
		检测设备监控员：负责 TEDS、受电弓检测、轮对踏面检测设备的信息监控及故障报告。
3	一级班组	负责动车组一级检修作业。
4	上部组	按车间分工，负责动车组车内设施的检修。
5	隔离开关组	负责接触网供断电安全操作。
6	质检组	负责一级检修作业过程及质量控制，组织联检作业； 负责清网作业质量控制； 负责组织外皮保洁人员作业，控制作业质量及安全； 负责组织吸污人员作业，控制作业质量及安全。
7	综合组	洗车作业人员：负责洗车作业。
		辅助人员：负责辅助一级检修作业。
8	清网组	负责清网作业。
9	技术组	负责故障分析，重点作业盯控，提供现场技术支持。

2.1.3 作业人员着装及工具配备

1. 一级班组

着装：防护鞋、工作帽、工作服、劳保手套。

工具：

①号：数字化手电、对讲机、钢板尺、六角钥匙、禁动牌、弹簧秤、秒表、防松记号笔、清洁布、粉笔、工作手册。

②号：数字化手电、对讲机、钢板尺、六角钥匙、防松记号笔、清洁布、粉笔、工作手册。

③号：数字化手电、对讲机、钢板尺、四角钥匙、安全号志、防松记号笔、清洁布、粉笔、工作手册。

④号：数字化手电、钢板尺、四角钥匙、防松记号笔、清洁布、粉笔、工作手册。

专用工具包：

碳滑板更换：水平仪、卷尺、梅花扳手（13 mm）、扭力扳手（5～65 N·m）、钢板尺、刷子、套筒（13 mm）。

闸片更换：尖嘴钳、棘轮扳手、扭力扳手（50～200 N·m）、橡胶锤、克丝钳、套筒（27 mm）。

齿轮箱注油：尖嘴钳、棘轮扳手、套筒（24 mm）、扭力扳手（50～200 N·m）、钢丝刷、注油壶、废油桶、梅花扳手（19 mm）。

2. 上部组

着装：防护鞋、工作帽、工作服、劳保手套。

工具：

①号：对讲机、工具包［一字、十字螺丝刀（150 mm）各1把、活络扳手（200 mm）1把、内

六方扳手（2～10 mm）、克丝钳（150 mm）、尖嘴钳（100 mm）]、三叉钥匙、手电、工作手册。

②号：手电、三叉钥匙、工作手册。

3. 一级质检

着装：防护鞋、安全帽、工作服、劳保手套。

工具：数字化手电、对讲机、钢板尺、三叉钥匙、工作手册。

4. 隔离开关组

着装：绝缘鞋、工作帽、工作服、绝缘手套。

工具：对讲机、接地杆、验电杆、工作手册。

5. 清网组

着装：防护鞋、工作帽、工作服、劳保手套。

工具：

①、③、⑤、⑦号（每人）：对讲机（仅①号）、棘轮扳手、套筒（10 mm、13 mm、17 mm）、扭力扳手（10～100 N·m）、防松记号笔、粉笔、清洁布、工作手册。

②、④、⑥、⑧号（每人）：棘轮扳手、套筒（10 mm、13 mm、17 mm）、电动扳手、防松记号笔、粉笔、清洁布、工作手册。

6. 清网质检

着装：防护鞋、工作帽、工作服、劳保手套。

工具：数字化手电、对讲机、套筒（10 mm、13 mm、17 mm）、扭力扳手（10～100 N·m）、工作手册、四角钥匙、防松记号笔。

7. 吸污质检

着装：防护鞋、工作帽、工作服、劳保手套。

工具：数字化手电（或照相机）、对讲机、工作手册。

8. 外皮质检

着装：防护鞋、工作帽、工作服、劳保手套。

工具：数字化手电（或照相机）、对讲机、工作手册。

2.1.4 一级检修作业流程

一级检修作业根据现场作业组织，可分为先断电后供电及先供电后断电再供电两种作业模式，作业流程如下。

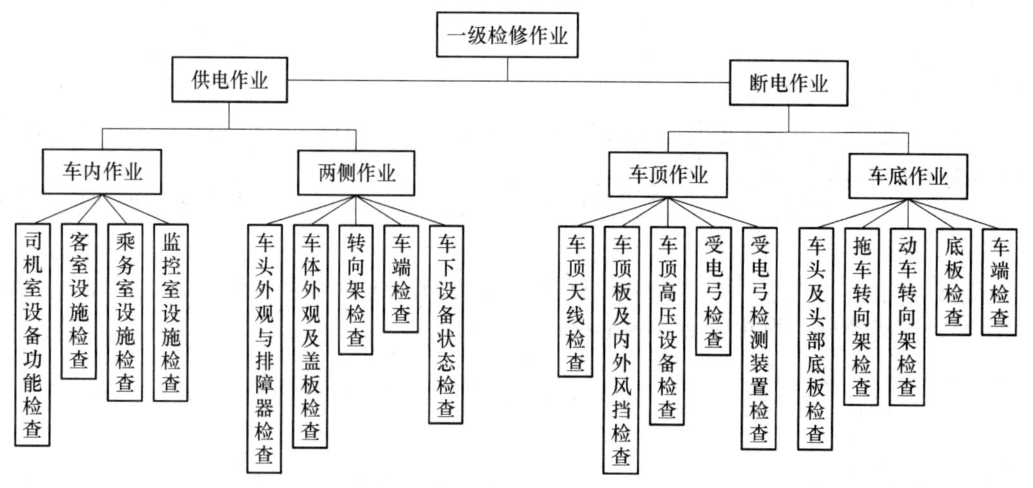

1. 无电－有电一级检修模式流程

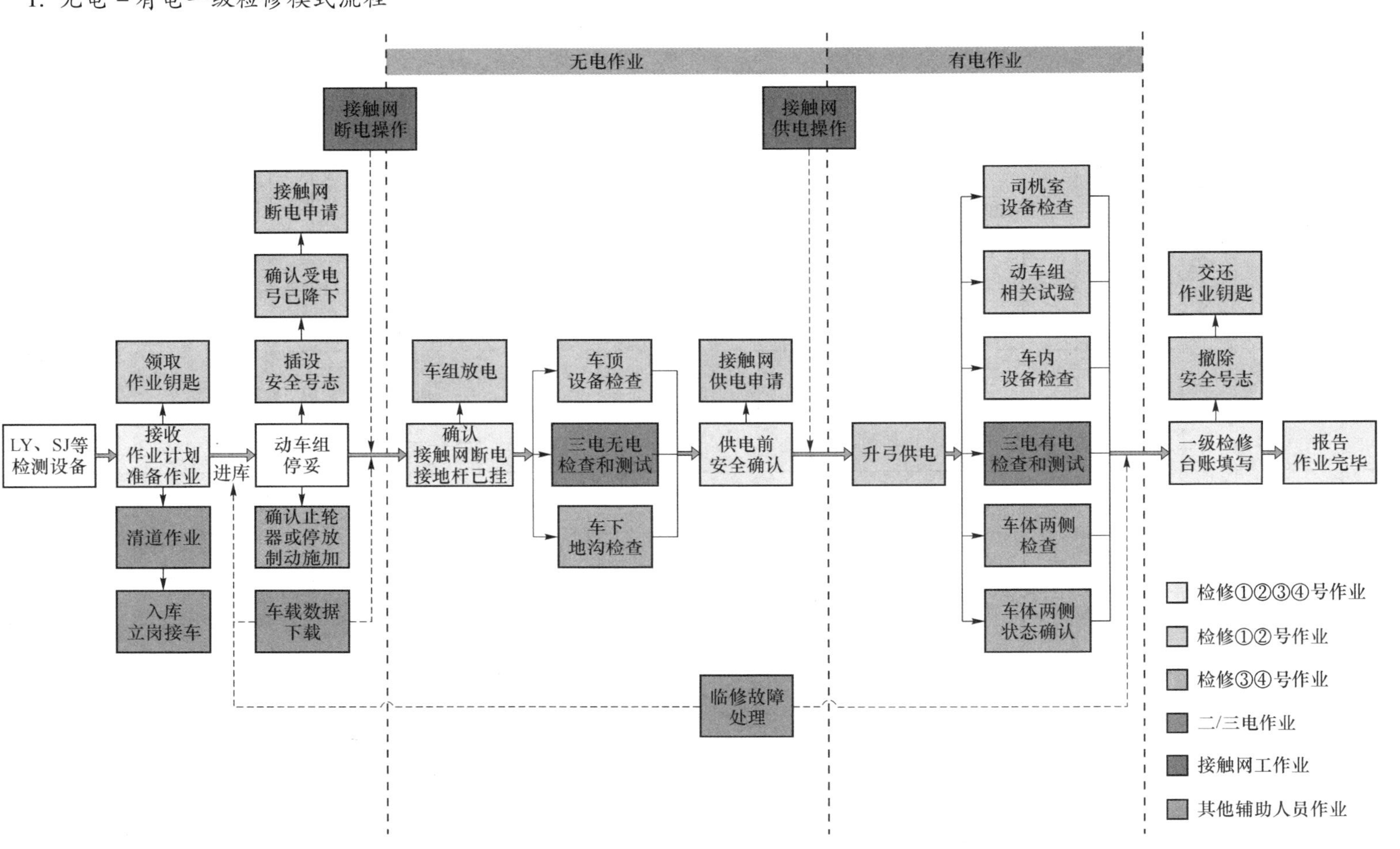

生产组织时间节点如下(单位:分)。

先断后供	10	20	30	40	50	60	70	80	90	100	110	120	130	140	150	160	170	180	190	200	210	220	230	240
①②号作业		车顶设备检查 →									车内功能试验 设备设施检查 →													
③④号作业		车底设备检查 →							车体两侧检查 →															
隔离开关	断电作业 →							供电作业 →																
处理故障	→																							
三电作业	三电有电作业																							
外委作业	吸污作业 →																							
外委作业		清网作业 →																						
外委作业		车顶绝缘子清洁，车顶保洁 →																						
外委作业		外皮保洁作业(安全线以上) →						外皮保洁作业(安全线以下) →																
车内保洁	→																							
联检作业																	司机出乘 →		联检作业 →					

2. 有电－无电－有电一级检修模式流程

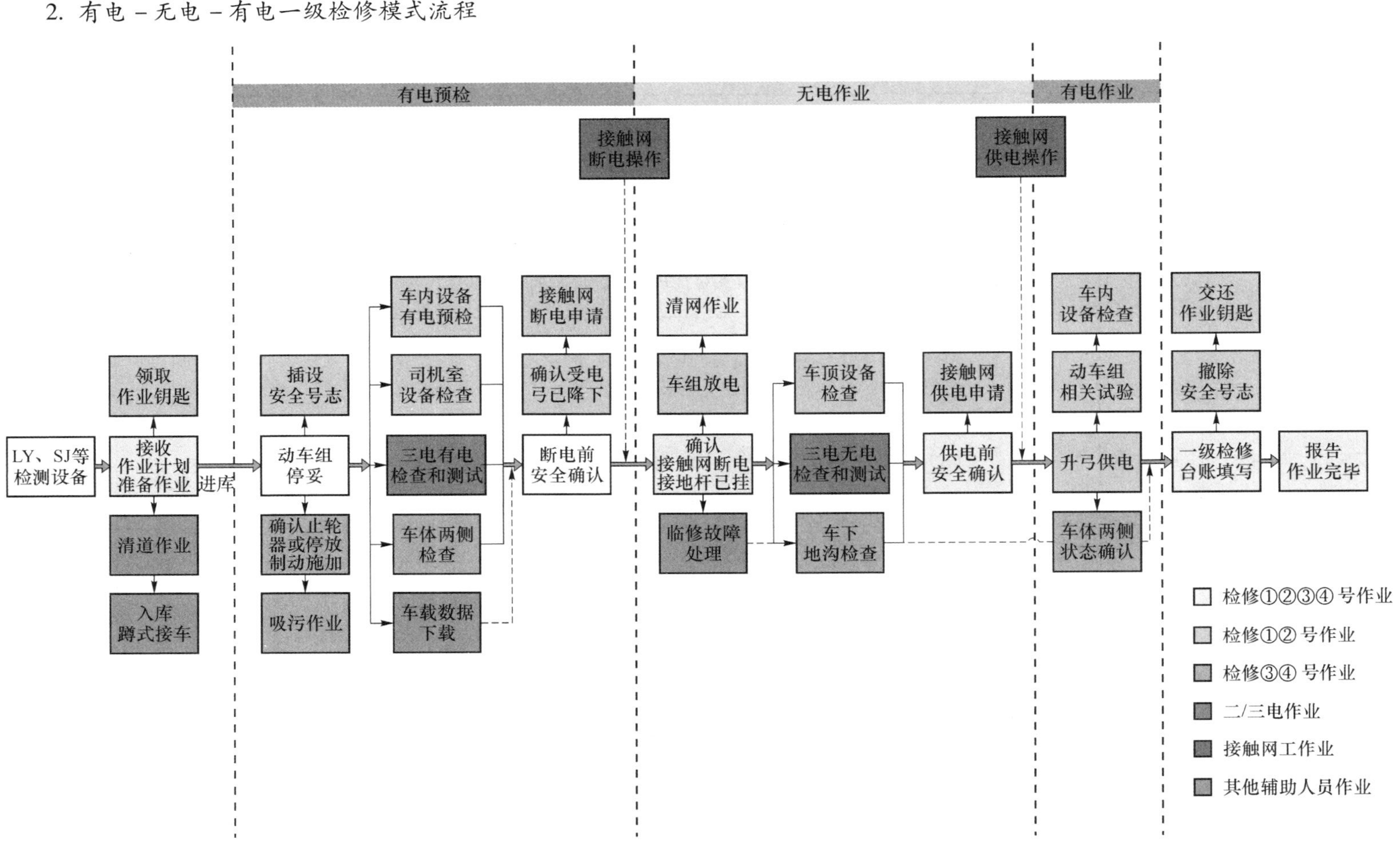

生产组织时间节点如下(单位:分)。

先供后断再供	10	20	30	40	50	60	70	80	90	100	110	120	130	140	150	160	170	180	190	200	210	220	230	240
①②号作业			车内功能试验 设备设施检查							车顶设备检查														
③④号作业	车体两侧检查									车底设备检查														
隔离开关									断电作业							供电作业								
故障处理	故障处理																							
三电作业	三电有电作业																							
外委作业	吸污作业																							
									清网作业															
										车顶绝缘子清洁，车顶保洁														
	外皮保洁作业(安全线以下)									外皮保洁作业(安全线以上)														
车内保洁	车内保洁																							
联检作业																	司机出乘		联检作业					

2.1.5 一级修流程执行的标准化

1. 先断电后供电模式

1）洗车作业

（1）作业人员：洗车组。

（2）作业流程如下：

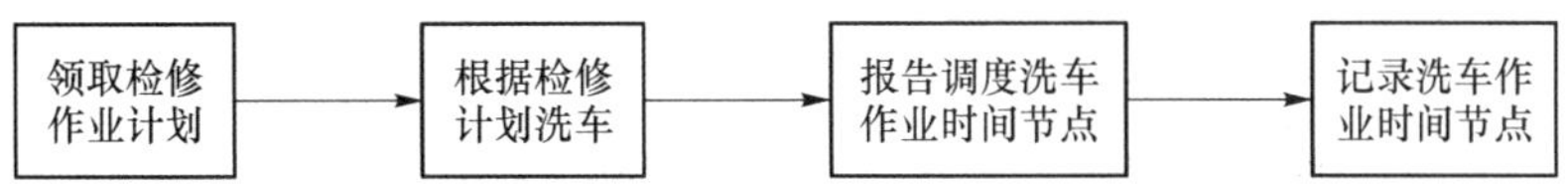

（3）作业要求：

①洗车库作业人员在参加交班会时领取当日检修计划，按照计划进行洗车作业。洗车作业完毕后，洗车库人员须使用电台向调度报告洗车作业时间节点，并做好相应记录。

②如遇特殊情况，动车所值班所长通知运行调度向段调度科申请取消洗车作业。

2）接车作业

（1）作业人员：③、④号（或辅助）作业人员。

（2）作业流程如下：

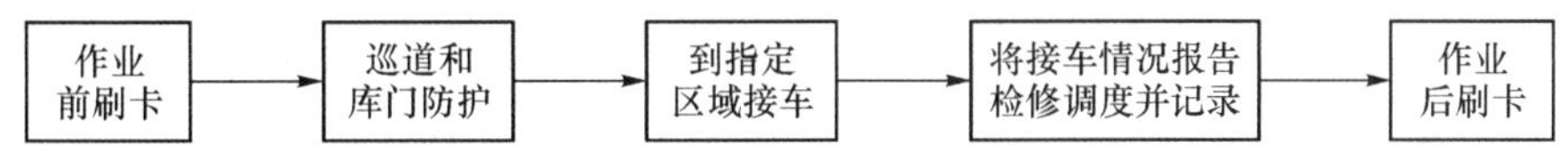

（3）作业要求：

①当③、④号（或辅助）作业人员接到调度的接车命令后，在工位机刷卡或在信息系统登录，记录接车开始时间。

②动车组进入检修库前，安全调度通知辅助（或③、④号）作业人员提前完成动车组停放股道的巡道及库门防护工作，重点确认轨道桥有无异物、地沟有无人员、立体平台翻板有无收起、设备配件有无侵限并将股道大门打至全开位。

③动车组入库时，两名辅助（或③、④号）作业人员分别在动车组停放股道入库端两侧指定位置接车，听轮对及车下设备运转有无异声，检查车号和目的地显示器、侧门关闭及指示灯显示和风机运转等状态。

④动车组在库内停妥后，接车人员向检修调度报告接车情况，并在工作手册上记录。

⑤接车作业完毕后，接车人员在工位机刷卡或在信息系统登录，记录接车结束时间。

3）一级检修作业准备及接触网断电作业（30分）

（1）作业人员：一级修组①～④号、隔离开关组。

（2）作业流程如下：

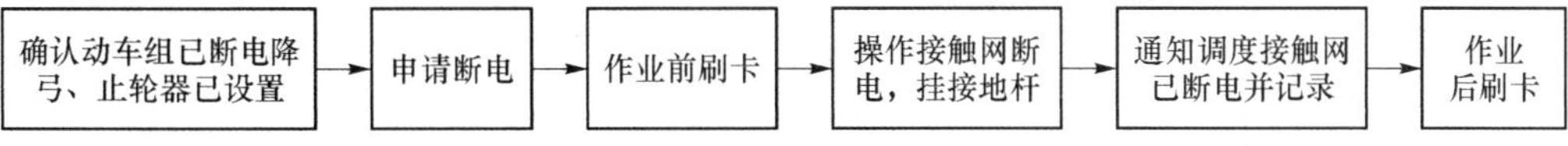

（3）作业要求：

①由①号到调度室记录辆动181台账引继的重点故障，确认接车情况，同时检修调度通知①号受电弓检测、踏面诊断、TEDS检测设备的检测情况；②号确认动车组已断电降弓；③、④号确认止轮器已设置，并报告①号；安全调度使用视频监控设备确认动车组已断电降

弓；由①号在动车组运用管理台账上申请接触网断电。

②安全调度通知隔离开关作业人员到调度室确认接触网断电股道，并在动车组运用管理台账上签字确认。隔离开关操作人员在工位机刷卡或登录信息系统，记录作业开始时间，再进行隔离开关断电操作。操作完毕后，在工位机刷卡或登录信息系统，记录作业结束时间。

③接触网断电后，由①号确认接触网已断电、接地杆可靠设置后在工作手册上记录，领取主控钥匙并和②号一同领取登顶卡。

4）动车组断电作业（60分）

（1）断电作业准备工作。

①作业人员：①号。

②作业流程如下：

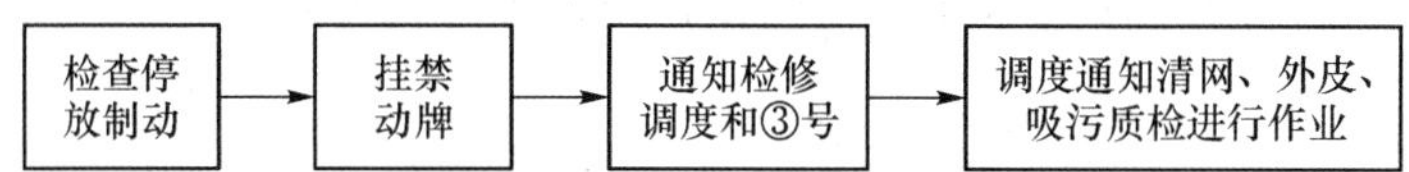

③作业要求：

①号进入司机室，检查动车组止轮器设置到位，在牵引手柄上挂上禁动牌后通知检修调度和③号，由检修调度通知清网质检、外皮质检、吸污质检可以进行作业。

（2）地沟作业。

①作业人员：③、④号。

②作业流程如下：

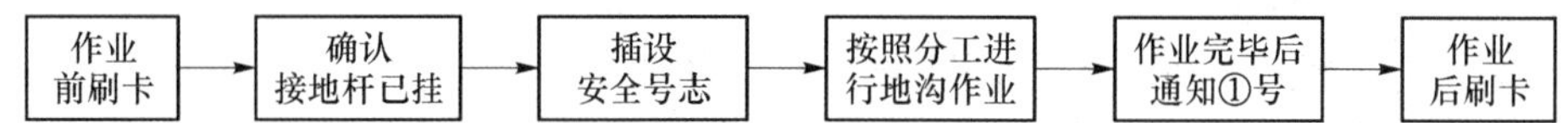

③作业要求：

（a）③、④号作业人员在工位机刷卡或登录信息系统，记录断电地沟作业开始时间。

（b）③号在动车组出库端插设安全号志，④号确认后开始地沟作业，作业完毕后由③号通知①号。

（c）如在检查过程中发现磨耗件（闸片、碳滑板、齿轮箱油）到限需要更换，原则上由检查作业者进行更换。

（d）断电地沟作业完毕后，③、④号作业人员在工位机刷卡或登录信息系统，记录断电地沟作业结束时间。

（3）车顶作业。

①作业人员：①、②号。

②作业流程如下：

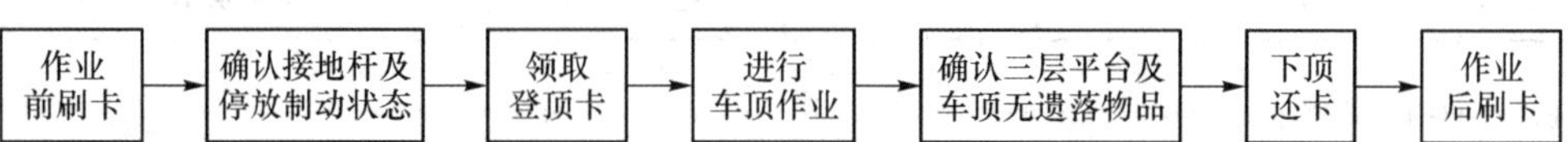

③作业要求：

（a）①、②号作业人员在工位机刷卡或登录信息系统，记录断电车顶作业开始时间。

（b）①、②号作业人员带领绝缘子擦拭作业人员一同登顶，按照车顶作业路线进行车顶设备检查。①号负责 7 车受电弓检查，②号负责 2 车受电弓检查，汇合后再依次对受电弓进行联合检查。①、②号作业人员必须在绝缘子擦拭人员下顶后，对三层平台及车顶进行检查，防止工具材料遗落在车顶或三层平台。

（c）如在检查过程中发现磨耗件（碳滑板）到限需要更换，原则上由检查作业者进行更换。

（d）断电车顶作业完毕后，①、②号作业人员在工位机刷卡或登录信息系统，记录断电车顶作业结束时间。

（4）清网作业。

①作业人员：清网组、清网质检。

②作业流程如下：

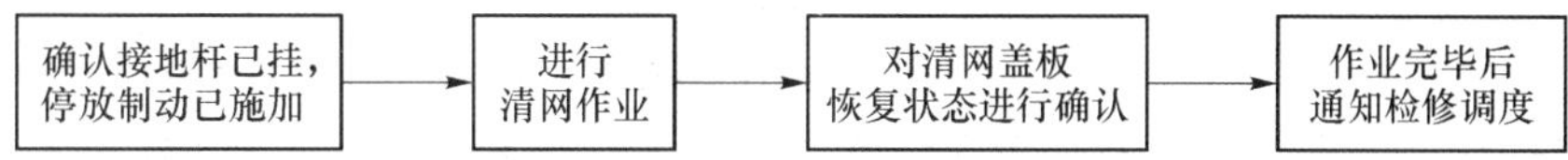

③作业要求：

（a）清网质检在接到检修调度接触网断电完毕的通知后，组织清网作业人员到达相应股道插设安全号志后进行清网作业。

（b）清网作业完毕后撤除安全号志，清网质检及清网作业人员检查裙板、底板恢复状态并拍照，清网质检通知检修调度作业完毕。

（5）吸污作业。

①作业人员：吸污质检。

②作业流程如下：

③作业要求：

吸污质检在确认动车组止轮器设置到位后，组织吸污作业人员到达相应股道进行吸污作业。吸污作业完毕后，吸污质检通知检修调度吸污作业完毕。

（6）外皮清洁作业。

①作业人员：外皮质检。

②作业流程如下：

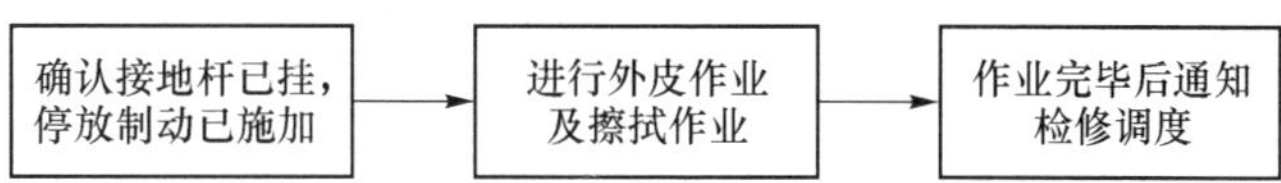

③作业要求：

外皮质检在接到检修调度接触网断电完毕的通知后，组织外皮清洁作业人员到达相应股道进行外皮作业。外皮清洁作业完毕后，外皮质检通知检修调度作业完毕。

5）接触网供电作业（10 分）

①作业人员：隔离开关组。

②作业流程如下：

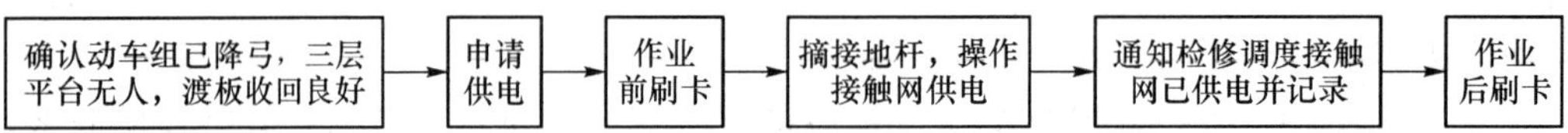

③作业要求：

（a）①、②号在下顶前确认车顶及三层平台无杂物遗落，并检查三层平台渡板收回状态良好。③、④号负责确认地沟无作业人员，由①号用电台通知安全调度符合供电安全条件并到调度室办理供电申请。安全调度接到通知后，在安全联锁监控系统上确认三层平台渡板已收回，确认登顶卡已全部收回。

（b）①号到达调度室后交回主控钥匙并在动车组运管台账上申请接触网供电，安全调度通知隔离开关作业人员到调度室确认接触网供电股道并记录在工作手册上，在动车组运用管理台账上签字确认，并在工位机刷卡或登录信息系统，记录作业开始时间。隔离开关组在接触网供电操作前联系安全调度，由安全调度用视频监控系统确认车顶无作业人员，受电弓已降下，再进行隔离开关操作。

（c）接触网供电操作完毕后，隔离开关操作人员在工位机刷卡或登录信息系统，记录作业结束时间。①号确认接触网供电操作完毕后到调度室领取主控钥匙。

6）动车组供电作业（80 分）

（1）电务、通信检测。

①作业人员：电务 ATP、通信 CIR 人员。

②作业流程如下：

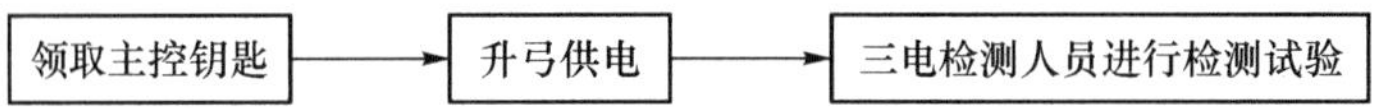

③作业要求：

接触网供电作业完毕后，检修调度通知三电检测人员到相应股道进行供电检测。①号领取主控钥匙后，用电台联系三电检测人员在司机室汇合。①号升弓供电，确认电压表数值正常后合 VCB，并在 MON 上确认 APU 工作正常后，由三电检测人员进行检测。

（2）两侧作业。

①作业人员：③、④号。

②作业流程如下：

③作业要求：

（a）①号升弓供电后通知③号可以进行两侧作业，③、④号作业人员在工位机刷卡或登录信息系统，记录作业开始时间后，按照一级检修作业指导书指定路线进行两侧检查。

（b）两侧作业完毕后，在工位机刷卡或登录信息系统，记录作业结束时间。③号通知①号两侧作业完毕。

（3）上部故障检查及处理。

①作业人员：①、②号（或上部组）。

②作业流程如下：

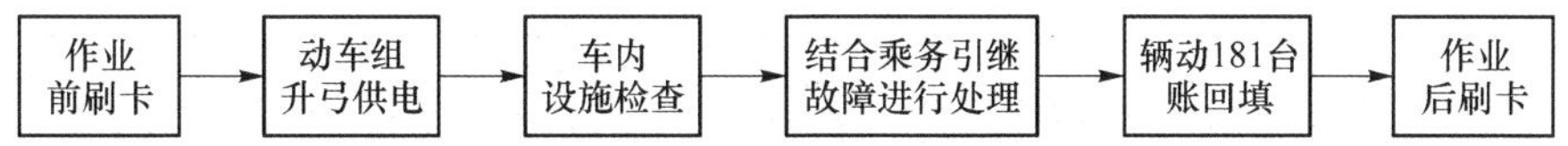

③作业要求：

（a）①、②号（或上部组）作业人员在工位机刷卡或登录信息系统，记录作业开始时间后对上部设施进行检查，结合辆动181台账引继故障，对上部故障进行处理，作业过程中应严格按照本车型动车组一级检修作业标准执行。

（b）作业完毕后到调度室回填辆动181台账。作业完毕后在工位机刷卡或登录信息系统，记录作业结束时间。

（4）司机室供电试验。

①作业人员：①、②号。

②作业流程如下：

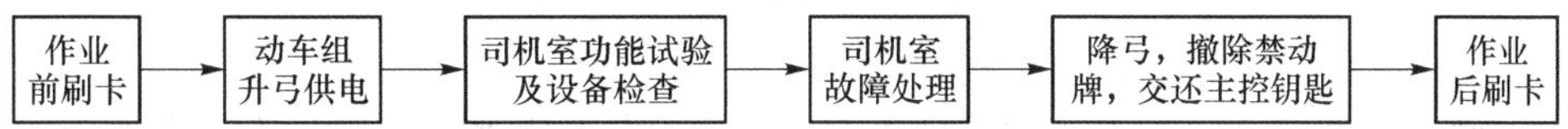

③作业要求：

（a）三电检测完毕后，①、②号作业人员在工位机刷卡或登录信息系统，记录作业开始时间，①号负责司机室功能试验并使用工作手册记录试验结果，②号负责配合确认司机室头灯及司机室设施的检查，作业过程中应严格按照本车型动车组一级检修作业标准执行。作业结束后，①号断电降弓，将BV手柄置于拔取位，撤除禁动牌，通知③号撤除安全号志。

（b）①号回到调度室交还主控钥匙，在工位机刷卡或登录信息系统，记录作业结束时间，并向调度报告作业完毕。

（c）①号集合②、③、④号作业人员，确认、登记检查故障状况，并及时填写运管台账竣工单、辆动181台账、重要配件更换记录等台账。

7）联检作业（60分）

①作业人员：一级修质检员、司机、三电人员（ATP、LKJ、CIR）及随车机械师。

②作业流程如下：

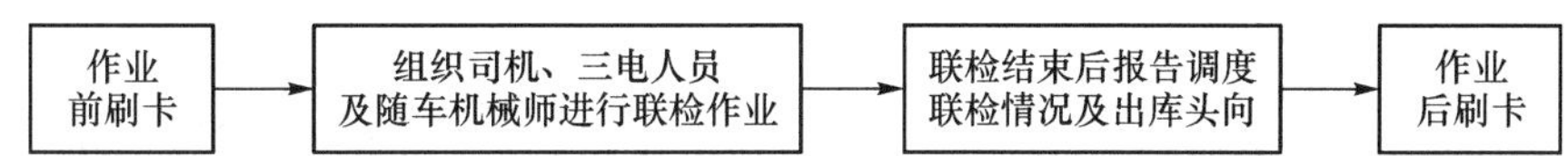

③作业要求：

（a）检修调度确认一级检修竣工单已填写，主控钥匙已交回，通知一级修质检员、司机、三电人员到调度室集合参加联检，司机领取主控钥匙。

（b）一级修质检员在工位机刷卡或登录信息系统，记录联检作业开始时间，领取动车组联检记录单后前往相应动车组进行联检作业。

（c）联检结束后由一级修质检员向检修调度汇报联检情况，以及动车组出库头向，在工位机刷卡或登录信息系统，记录联检作业结束时间。检修调度通知送车人员送车。

8）送车作业

①作业人员：③、④号（或辅助）作业人员。

②作业流程如下：

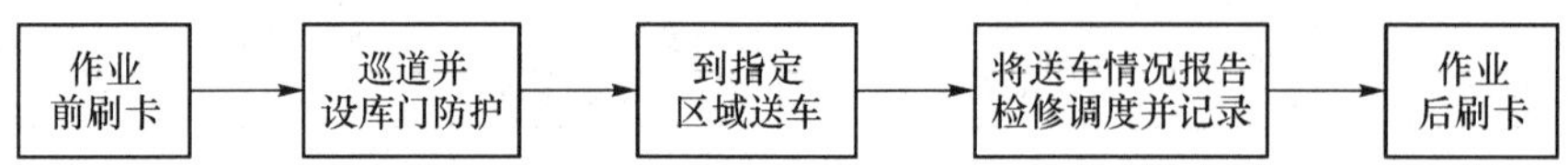

③作业要求：

（a）接到调度送车命令后，③、④号（或辅助）作业人员，在工位机刷卡或登录信息系统，记录送车作业开始时间。

（b）动车组出检修库前，检修调度通知辅助（或③、④号）作业人员完成动车组停放股道的库门防护工作，重点确认轨道桥有无异物、地沟有无人员、立体平台翻板是否收起、设备配件有无侵限，并将股道大门打至全开位。

（c）动车组出库时，③、④号（或辅助）作业人员分别在动车组停放股道出库端两侧指定位置送车，听轮对及车下设备运转有无异声，检查车号和目的地显示器、侧门关闭及指示灯显示和风机运转等状态。如发现异常，立即通知检修调度。动车组出库后，送车人员向检修调度报告送车情况并记录在工作手册上。

（d）作业完毕后，送车人员在工位机刷卡或登录信息系统，记录送车作业结束时间。

2. 先供电后断电再供电模式

1）洗车作业

与先断电后供电模式相同。

2）接车作业

与先断电后供电模式相同。

3）动车组供电作业（70 分）

（1）电务 ATP、通信 CIR 检测交接主控钥匙。

①作业人员：①、②号，电务、通信人员。

②作业流程如下：

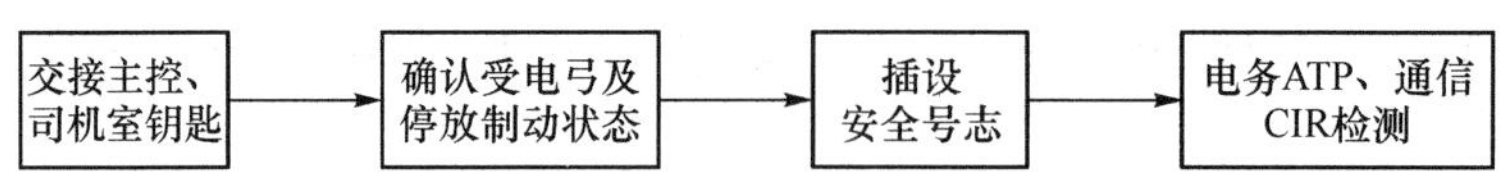

③作业要求：

（a）动车组入库停妥后，由①号到主控端司机室与司机办理主控钥匙、司机室钥匙交接，在工作手册做好记录，报告调度钥匙已交接。此时动车组保持受电弓升起、主断路器闭合、止轮器已设置状态。③号确认止轮器已设置后，插设安全号志。

（b）①号与司机交接主控钥匙后，由②号配合三电人员进行检测。

（2）一级修作业准备。

①作业人员：①、③、④号。

②作业流程如下：

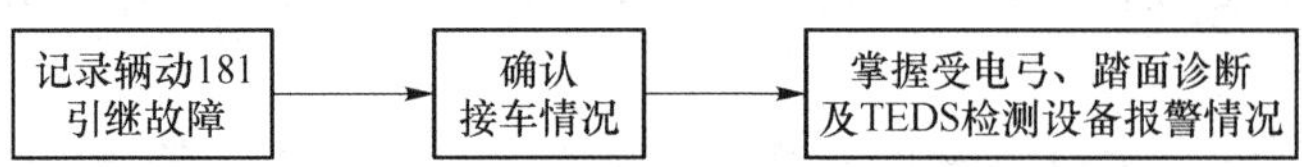

③作业要求：

①、③、④号在调度室汇合，①号记录辆动 181 台账引继的重点故障，确认接车情况，同时检修调度通知①号受电弓检测设备、踏面诊断及 TEDS 检测设备的检测情况。

（3）吸污作业。

作业标准与先断电后供电模式断电作业期间进行的吸污作业相同。

（4）两侧作业。

与先断电后供电模式相同。

（5）上部故障检查及处理。

与先断电后供电模式相同。

（6）司机室供电试验。

与先断电后供电模式相同。

4）接触网断电作业（10 分）

与先断电后供电模式相同。

5）动车组断电作业（60 分）

除没有吸污作业外，其他与先断电后供电模式相同。

6）接触网供电作业（10 分）

与先断电后供电模式相同。

7）联检作业（60 分）

与先断电后供电模式相同。

8）送车作业

与先断电后供电模式相同。

2.1.6　动车组一级检修作业路线

1. CRH380A 型动车组作业路线

（1）车顶作业路线。

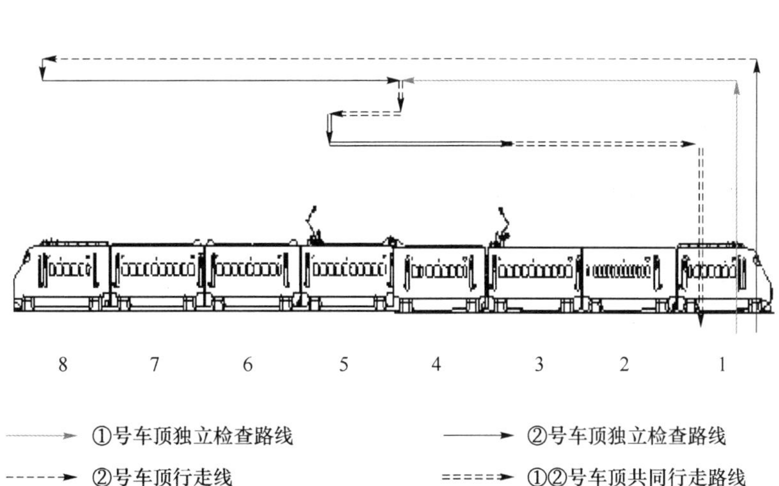

（2）车内作业路线。

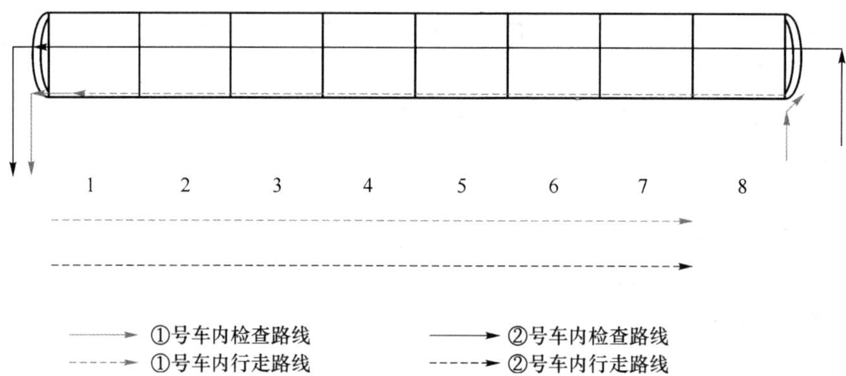

（3）地沟作业路线。作业路线与车体两侧整合。

（4）车体两侧作业路线。

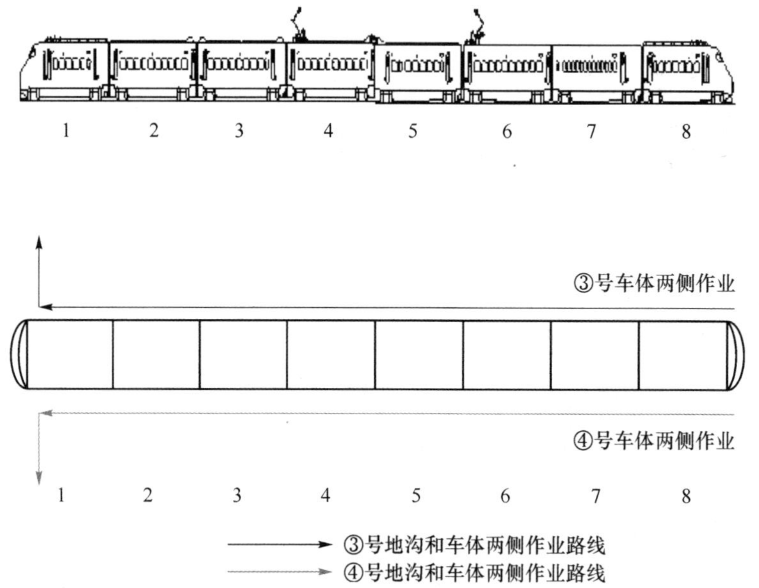

2. CRH380A 型重联动车组作业路线

（1）车顶作业路线。

（2）车内作业路线。

3. CRH380AL 型动车组作业路线

（1）车顶作业路线。

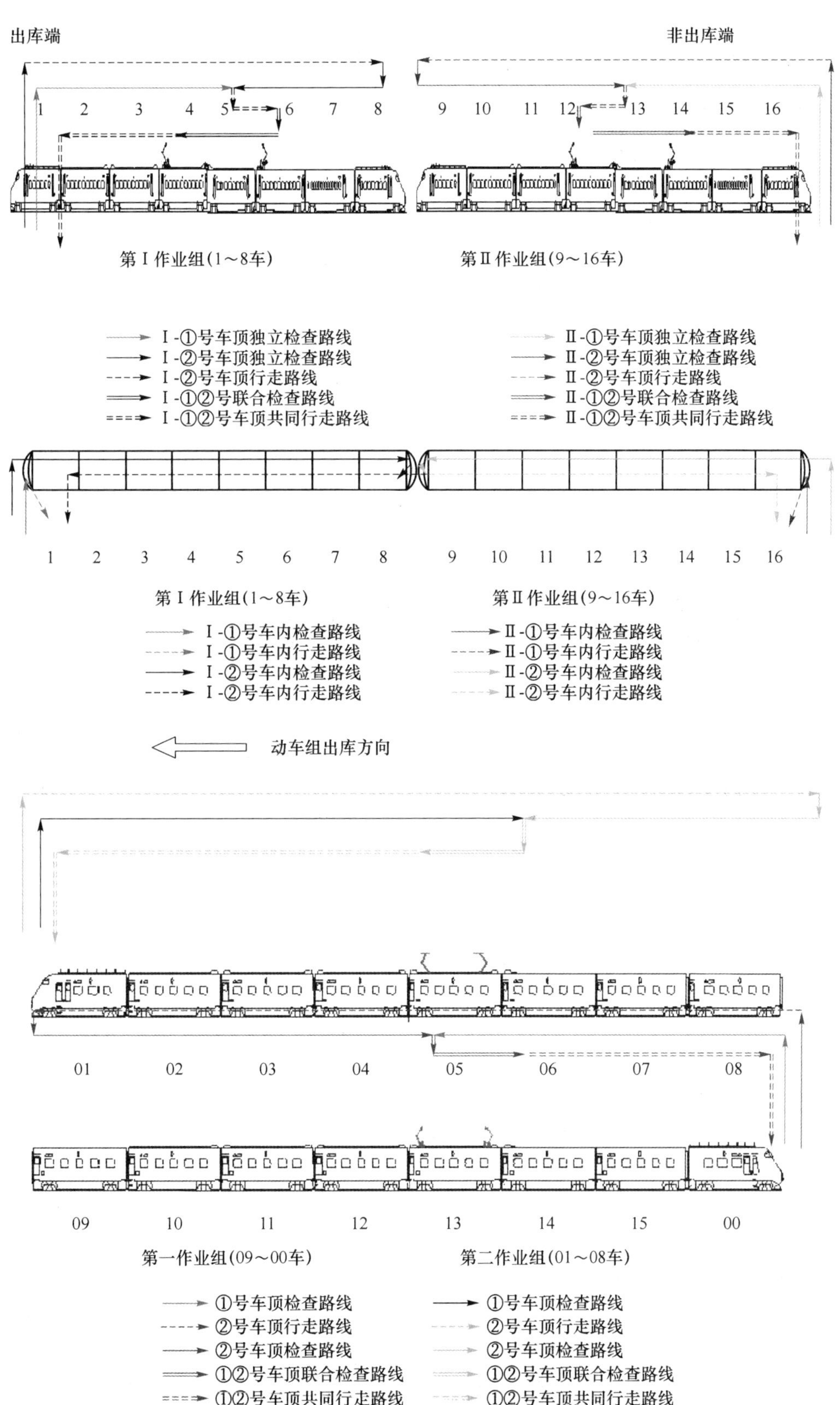
出库端
非出库端
1 2 3 4 5 6 7 8
9 10 11 12 13 14 15 16
第Ⅰ作业组(1～8车)
第Ⅱ作业组(9～16车)
Ⅰ-①号车顶独立检查路线
Ⅰ-②号车顶独立检查路线
Ⅰ-②号车顶行走路线
Ⅰ-①②号联合检查路线
Ⅰ-①②号车顶共同行走路线
Ⅱ-①号车顶独立检查路线
Ⅱ-②号车顶独立检查路线
Ⅱ-②号车顶行走路线
Ⅱ-①②号联合检查路线
Ⅱ-①②号车顶共同行走路线
1 2 3 4 5 6 7 8
9 10 11 12 13 14 15 16
第Ⅰ作业组(1～8车)
第Ⅱ作业组(9～16车)
Ⅰ-①号车内检查路线
Ⅰ-①号车内行走路线
Ⅰ-②号车内检查路线
Ⅰ-②号车内行走路线
Ⅱ-①号车内检查路线
Ⅱ-①号车内行走路线
Ⅱ-②号车内检查路线
Ⅱ-②号车内行走路线
动车组出库方向
01 02 03 04 05 06 07 08
09 10 11 12 13 14 15 00
第一作业组(09～00车)
第二作业组(01～08车)
①号车顶检查路线
②号车顶行走路线
②号车顶检查路线
①②号车顶联合检查路线
①②号车顶共同行走路线
①号车顶检查路线
②号车顶行走路线
②号车顶检查路线
①②号车顶联合检查路线
①②号车顶共同行走路线

（2）车内作业路线。

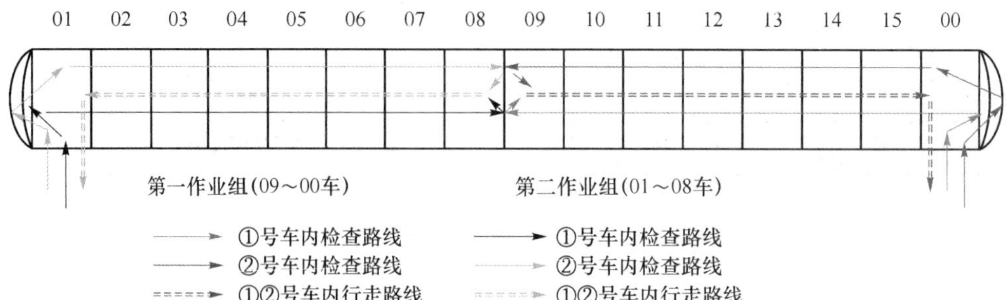

（3）地沟作业：从两端向中部行进，平行作业。作业路线与车体两侧整合。

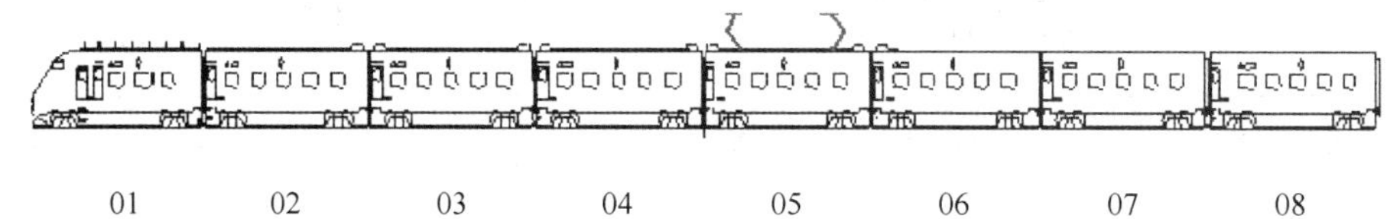

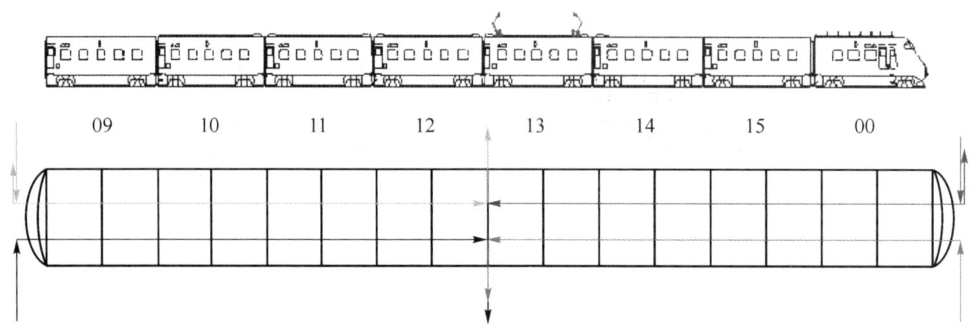

（4）车体两侧作业：从中部向两端行进。

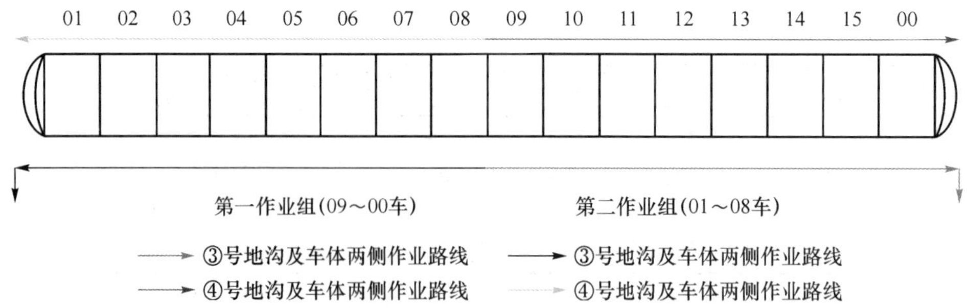

2.1.7 一级修“四必”作业要求及拍照项点

1. 一级修“四必”作业要求

在检修作业过程中，①、②、③、④号按照“四必”（即：必呼、必看、必指、必画）的检查作业办法，对动车组的重点作业部位（带★的项点）加强检查，保证动车组检修质量。

①“必呼”指作业人员必须熟记重点检修部位名称，在检修该部位时能准确叫出该部

位名称，并能准确报出该部位的故障。

②“必看”指作业人员在进行检修作业时，所有部位都要准确看到，不得漏看、误看或呼唤配件名称而不看该部位。

③“必指”指作业人员在进行检修作业时，要在看到并呼出检查部位时，使用橡胶锤准确同步指出，确认状态是否良好。

④“必画”指作业人员在进行检修作业时，在重点检查的部位要施画明显标记。

2. 一级修数字化手电拍照项点

1）CRH380A 拍照项点

（1）车顶作业（共9张）。

①接地杆、②安全号志、③车组号、④4 车受电弓整体【带车号】、⑤4 车 1 位碳滑板【带钢板尺】、⑥4 车 2 位碳滑板【带钢板尺】、⑦6 车受电弓整体【带车号】、⑧6 车 1 位碳滑板【带钢板尺】、⑨6 车 2 位碳滑板【带钢板尺】。

（2）车底作业（共 30 张，其中③、④号各 15 张，③号负责 1 位侧，④号负责 2 位侧）。

①接地杆、②安全号志、③车组号、④2 车 1 位转向架齿轮箱油位、⑤2 车 2 位转向架齿轮箱油位、⑥3 车 1 位转向架齿轮箱油位、⑦3 车 2 位转向架齿轮箱油位、⑧4 车 1 位转向架齿轮箱油位、⑨4 车 2 位转向架齿轮箱油位、⑩5 车 1 位转向架齿轮箱油位、⑪5 车 2 位转向架齿轮箱油位、⑫6 车 1 位转向架齿轮箱油位、⑬6 车 2 位转向架齿轮箱油位、⑭7 车 1 位转向架齿轮箱油位、⑮7 车 2 位转向架齿轮箱油位。

（3）两侧作业（共 102 张，③、④号各 51 张）。

①安全号志、②车组号、③1 车转向架排障器（非辅助排障器）、④1 车 1 位转向架研磨块、⑤1 车 1 位转向架抗蛇行减振器、⑥1 车 1 位转向架研磨块、⑦1 车 2 位转向架研磨块、⑧1 车 2 位转向架抗蛇行减振器、⑨1 车 2 位转向架研磨块、⑩2 车 1 位转向架研磨块、⑪2 车 1 位转向架抗蛇行减振器、⑫2 车 1 位转向架研磨块、⑬2 车 2 位转向架研磨块、⑭2 车 2 位转向架抗蛇行减振器、⑮2 车 2 位转向架研磨块、⑯3 车 1 位转向架研磨块、⑰3 车 1 位转向架抗蛇行减振器、⑱3 车 1 位转向架研磨块、⑲3 车 2 位转向架研磨块、⑳3 车 2 位转向架抗蛇行减振器、㉑3 车 2 位转向架研磨块、㉒4 车 1 位转向架研磨块、㉓4 车 1 位转向架抗蛇行减振器、㉔4 车 1 位转向架研磨块、㉕4 车 2 位转向架研磨块、㉖4 车 2 位转向架抗蛇行减振器、㉗4 车 2 位转向架研磨块、㉘5 车 1 位转向架研磨块、㉙5 车 1 位转向架抗蛇行减振器、㉚5 车 1 位转向架研磨块、㉛5 车 2 位转向架研磨块、㉜5 车 2 位转向架抗蛇行减振器、㉝5 车 2 位转向架研磨块、㉞6 车 1 位转向架研磨块、㉟6 车 1 位转向架抗蛇行减振器、㊱6 车 1 位转向架研磨块、㊲6 车 2 位转向架研磨块、㊳6 车 2 位转向架抗蛇行减振器、㊴6 车 2 位转向架研磨块、㊵7 车 1 位转向架研磨块、㊶7 车 1 位转向架抗蛇行减振器、㊷7 车 1 位转向架研磨块、㊸7 车 2 位转向架研磨块、㊹7 车 2 位转向架抗蛇行减振器、㊺7 车 2 位转向架研磨块、㊻8 车 1 位转向架研磨块、㊼8 车 1 位转向架抗蛇行减振器、㊽8 车 1 位转向架研磨块、㊾8 车 2 位转向架研磨块、㊿8 车 2 位转向架抗蛇行减振器、(51)8 车 2 位转向架研磨块、(52)8 车转向架排障器（非辅助排障器）。

2）CRH380AL 拍照项点

（1）车顶作业（共 16 张）。

①接地杆（1 列位）、②安全号志、③车组号、④5 车 1 位受电弓整体【带车号】、⑤5 车 1 位 1 碳滑板【带钢板尺】、⑥5 车 1 位 2 碳滑板【带钢板尺】、⑦5 车 2 位受电弓整体【带车号】、⑧5 车 2 位 1 碳滑板【带钢板尺】、⑨5 车 2 位 2 碳滑板【带钢板尺】、⑩接地杆（2 列位）、⑪13 车 1 位受电弓整体【带车号】、⑫13 车 1 位 1 碳滑板【带钢板尺】、⑬13 车 1 位 2 碳滑板【带钢板尺】、⑭13 车 2 位受电弓整体【带车号】、⑮13 车 2 位 1 碳滑板【带钢板尺】、⑯13 车 2 位 2 碳滑板【带钢板尺】。

（2）车底作业（共 60 张，分两组人，1 ~ 8 车一组，9 ~ 16 车一组，其中两组③、④号各 15 张，③号负责 1 位侧，④号负责 2 位侧）。

①接地杆、②安全号志、③车组号、④2 车 1 位转向架齿轮箱油位、⑤2 车 2 位转向架齿轮箱油位、⑥3 车 1 位转向架齿轮箱油位、⑦3 车 2 位转向架齿轮箱油位、⑧4 车 1 位转向架齿轮箱油位、⑨4 车 2 位转向架齿轮箱油位、⑩5 车 1 位转向架齿轮箱油位、⑪5 车 2 位转向架齿轮箱油位、⑫6 车 1 位转向架齿轮箱油位、⑬6 车 2 位转向架齿轮箱油位、⑭7 车 1 位转向架齿轮箱油位、⑮7 车 2 位转向架齿轮箱油位。

（3）两侧作业（共 204 张，分两组人，1 ~ 8 车一组，9 ~ 16 车一组，其中两组③、④号各 51 张，下面以 1 ~ 8 车为例，9 ~ 16 车同理）。

①安全号志、②车组号、③1 车转向架排障器（非辅助排障器）、④1 车 1 位转向架研磨块、⑤1 车 1 位转向架抗蛇行减振器、⑥1 车 1 位转向架研磨块、⑦1 车 2 位转向架研磨块、⑧1 车 2 位转向架抗蛇行减振器、⑨1 车 2 位转向架研磨块、⑩2 车 1 位转向架研磨块、⑪2 车 1 位转向架抗蛇行减振器、⑫2 车 1 位转向架研磨块、⑬2 车 2 位转向架研磨块、⑭2 车 2 位转向架抗蛇行减振器、⑮2 车 2 位转向架研磨块、⑯3 车 1 位转向架研磨块、⑰3 车 1 位转向架抗蛇行减振器、⑱3 车 1 位转向架研磨块、⑲3 车 2 位转向架研磨块、⑳3 车 2 位转向架抗蛇行减振器、㉑3 车 2 位转向架研磨块、㉒4 车 1 位转向架研磨块、㉓4 车 1 位转向架抗蛇行减振器、㉔4 车 1 位转向架研磨块、㉕4 车 2 位转向架研磨块、㉖4 车 2 位转向架抗蛇行减振器、㉗4 车 2 位转向架研磨块、㉘5 车 1 位转向架研磨块、㉙5 车 1 位转向架抗蛇行减振器、㉚5 车 1 位转向架研磨块、㉛5 车 2 位转向架研磨块、㉜5 车 2 位转向架抗蛇行减振器、㉝5 车 2 位转向架研磨块、㉞6 车 1 位转向架研磨块、㉟6 车 1 位转向架抗蛇行减振器、㊱6 车 1 位转向架研磨块、㊲6 车 2 位转向架研磨块、㊳6 车 2 位转向架抗蛇行减振器、㊴6 车 2 位转向架研磨块、㊵7 车 1 位转向架研磨块、㊶7 车 1 位转向架抗蛇行减振器、㊷7 车 1 位转向架研磨块、㊸7 车 2 位转向架研磨块、㊹7 车 2 位转向架抗蛇行减振器、㊺7 车 2 位转向架研磨块、㊻8 车 1 位转向架研磨块、㊼8 车 1 位转向架抗蛇行减振器、㊽8 车 1 位转向架研磨块、㊾8 车 2 位转向架研磨块、㊿8 车 2 位转向架抗蛇行减振器、(51)8 车 2 位转向架研磨块。

2.1.8 安全注意事项

①检修或存放动车组时，必须采取有效的防溜措施。作业人员在维修作业期间应遵守适用的作业指导书及各种安全规定；必须始终穿着带有橡胶鞋底的绝缘鞋，并穿戴所从事工作要求的防护服和其他与人身安全相关的用品等。

②上车顶检修时，必须在接触网断电的区域进行，严格遵守门禁制度。

③在车下进行走行部的检修作业时（地沟内），必须在动车组降弓、接地杆挂妥后进行。

④在进行动车组检修作业前，必须按规定插设安全防护号志；作业完必须确认本组作业人员全部离开作业车辆后，方准撤除防护。插撤防护号志要正确传递信号，不得隔位或用对讲机进行传递。严禁无防护号志检修作业。

⑤检修库、临修库配备接触网“有电”“无电”等安全警示用语，工作人员必须遵照安全警示用语的提示，按作业流程的规定进行作业。

⑥在检查检修转向架、制动系统、受电弓、脚蹬、前罩开闭机构和自动车钩等由压缩空气供给能量的系统时，始终要小心因为空气压力变化而可能引起的意外移动，避免导致人身和设备伤害；必须在所作业现场设置防护号志；释放压缩空气时不得将空气喷口朝向身体，注意释放累积的气压需要一段时间。

⑦更换压缩空气系统气源设备时，必须注意排空系统压缩空气，使其各个部件的压力与外部大气相同。

⑧在更换弹簧和其他压缩件时，应使用专用工具卸载弹簧、压缩件的能量，确保弹簧、压缩件的能量受到控制。

⑨在对旋转件和其他可运动件，如电机、风机、节流阀等进行检修工作时，需始终确保其不受他人控制或由于其他原因而运动。

⑩提升25公斤及以上的组件或部件定义为重物提升。重物提升时，应充分考虑提升的对象、方法、设备及作业场所等要素，严格遵守提升重物的操作规定。

⑪用于齿轮、压缩机等的油及润滑剂、胶和密封剂，都可能具有腐蚀性或引起皮肤或肺部刺激，必须注意确保这些部件的检修工作环境通风良好，并保护好皮肤和眼睛。

⑫蓄电池箱可能含有爆炸性气体，在蓄电池箱附近作业时须防止爆炸伤害，禁止明火。

⑬电机、齿轮、车轮、制动部件、冷却剂和冷却油在运行期间温度较高，在这些部件附近工作时，须注意防止烫伤。

⑭汽笛鸣笛、压缩空气释放、电机运转的声音可能非常大。在这些环境下工作时，应注意听力保护。

⑮应注意尖锐角边可能造成绊倒、挤伤事故，以及皮肤割伤。

⑯检修作业时，不能将手指放入闸瓦与制动盘之间，以及夹钳杠杆的活动机构中，防止夹伤。

⑰车辆临修作业（如更换轮对、钢弹簧、转向架等）必须服从统一指挥，严格按操作规程操作机械设备，合理使用工装工具。

⑱严禁无证操作空压机、隔离开关等重要设备。

⑲各种机械、电器检修设备，不准超负荷和带病运转。机械运转时，操作人员不准离岗。

⑳不准使用各种未安装触电保护器的电动机械、设备、工具。

㉑电气设备、带电线路的安装或变更，必须由专业人员操作，严禁私拉乱接。

㉒各种起重吊（索）具必须按期检测，未经检测不准使用。

㉓各种起重作业，必须由专人指挥。未确认现场人员处于安全位置，不准作业。

2.1.9 作业准备

序号	作业项目	作业内容、标准及图示
2.1.9	作业准备	(1) 车底作业前准备。 ①确认接触网无电。 ②确认动车组受电弓已降下。 ③确认接地杆已挂。 ④确认安全防护号志已插设。 ⑤确认止轮器已设置完成。 (2) 车顶作业前准备。 ①确认接触网无电。 ②确认动车组受电弓已降下。 ③确认接地杆已挂。 ④确认安全防护号志已插设。 ⑤依次按下按钮，放下渡板。 ⑥确认渡板放下状态及指示灯亮起。 (3) 两侧作业前准备。 ①确认安全防护号志已插设。 ②确认止轮器已设置完成。 (4) 车内作业前准备。 ①确认安全防护号志已插设。 ②确认止轮器已设置完成。
1	工具及材料准备	各号位根据任务要求准备工具及材料，并穿戴劳动防护用品。
2	清道及接车	按清道及接车作业指导书进行清道及接车作业，并进行故障交接。

2.1.10 辅助作业

①两名辅助号位共同进行接车作业。

②辅助号位 1 负责供断电及领料作业。

③辅助号位 2 负责防护号志更换及辅助升弓作业。

任务实施与评价

①下发任务单，明确学习任务、主要内容、知识目标、能力目标、素质目标要求；

②学生按任务单要求制订学习计划，完成预习任务及相关知识准备；

③小组内采用角色扮演形式，模拟填写《接触网供断电及登顶记录》；

④通过查阅相关资料，各小组分别制作 PPT，讲解如何在一级检修期间确保作业安全；

⑤学生进行学习自我评价及学习小组成员互评，小组长（副组长）进行小组整体评价，教师检查任务完成情况。

【任务 2】　一级检修车底作业

任务单

<table>
<tr><td>任务名称</td><td colspan="7">一级检修车底作业</td></tr>
<tr><td>任务描述</td><td colspan="7">在接触网断电情况下，③、④号作业人员对动车组底部进行检查并处理故障。</td></tr>
<tr><td>任务分析</td><td colspan="7">以 CRH380A 型动车组为例，从车头、头车底部、天线梁及天线安装座、转向架、制动装置、驱动装置、牵引装置、转向架构架、横向油压装置、轮轴、车体底板、车体端板、密接车钩、风挡、踏面清扫装置、抗侧滚扭杆装置、防滑阀、空气管路及速度传感器配线等多个方面学习一级检修车底作业质量标准。</td></tr>
<tr><td>学习任务</td><td colspan="7">【子任务 1】小组内采用角色扮演形式，按照“四必”作业法要求，对动车组底部进行检查并处理故障；同时，教师设置若干模拟故障，发现模拟故障最多的小组获胜，予以加分。
【子任务 2】通过查阅相关资料，各小组分别制作 PPT，讲解在一级检修车底作业期间，如何执行“四必”作业法。</td></tr>
<tr><td>劳动组合</td><td colspan="7">各组长分配小组成员角色，进行一级检修车底作业并留下影像资料，同时协同制作 PPT 并推荐专人讲解。
各组评判小组成员学习情况，作出小组评价。</td></tr>
<tr><td>成果展示</td><td colspan="7">（1）学生进行一级检修车底作业的照片或视频
（2）一级检修车底“四必”作业法 PPT</td></tr>
<tr><td>学习小结</td><td colspan="7"></td></tr>
<tr><td rowspan="6">自我评价</td><td>项目</td><td>A—优</td><td>B—良</td><td>C—中</td><td>D—及格</td><td>E—不及格</td><td>综合</td></tr>
<tr><td>安全纪律（15%）</td><td></td><td></td><td></td><td></td><td></td><td rowspan="7"></td></tr>
<tr><td>学习态度（15%）</td><td></td><td></td><td></td><td></td><td></td></tr>
<tr><td>专业知识（30%）</td><td></td><td></td><td></td><td></td><td></td></tr>
<tr><td>专业技能（30%）</td><td></td><td></td><td></td><td></td><td></td></tr>
<tr><td>团队合作（10%）</td><td></td><td></td><td></td><td></td><td></td></tr>
<tr><td rowspan="2">教师评价</td><td>简要评价</td><td colspan="5"></td></tr>
<tr><td>教师签名</td><td colspan="5"></td></tr>
</table>

学习引导文

序号	作业项目	作业内容、标准及图示
	一级检修 车底作业	⚠触电风险：进入车底地沟前确保受电弓不与高压线相连接，动车组放电已结束。 ⚠溜车风险：进入车底地沟前确认动车组已设置止轮器或停放制动已施加。 ⚠底板松脱风险：确认底板安装螺栓无松动、无缺失，防松标记清晰无错位。 ①号确认动车组止轮器已设置，受电弓已降下，接触网已断电，动车组放电已结束，防护号志已设置，禁动牌已挂，并通知③、④号可以开始车底作业。 （1）③、④号在地沟检查时以车底中心线为界，按照分工各自检查一侧设备，检查驱动装置齿轮箱时，与齿轮箱连接的牵引电机归齿轮箱检查侧作业人员检查。 （2）③、④号地沟作业，前后间隔不超过 3 m。 （3）中心线部位处需检查部件，③、④号均需检查。 头车检查共分 7 个部分，检查顺序如图 2－1 所示： ①头罩舱、主排障器、底板、缓冲板检查；②辅助排障器、转向架排障器、STM（TCR）天线、BTM 天线检查；③转向架、轮对及端板检查；④底板、紧固螺栓、铆钉状态检查；⑤转向架、轮对及端板检查；⑥防雪风挡、车端底板检查；⑦车钩缓冲装置、污物箱、车端跨接线检查。 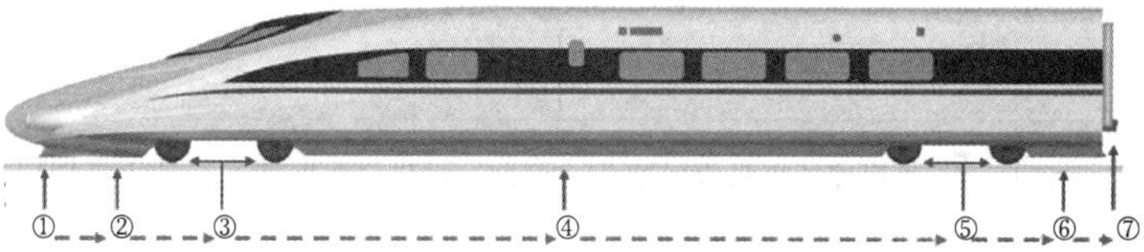 图 2－1　头车检查顺序 中间车检查分为 7 个部分，检查顺序如图 2－2 所示： ①车钩缓冲装置、车端跨接线检查；②防雪风挡、车端底板检查； ③转向架、轮对及端板检查；④底板、紧固螺栓、铆钉状态检查； ⑤转向架、轮对及端板检查；⑥防雪风挡、车端底板检查； ⑦车钩缓冲装置、污物箱、车端跨接线检查。 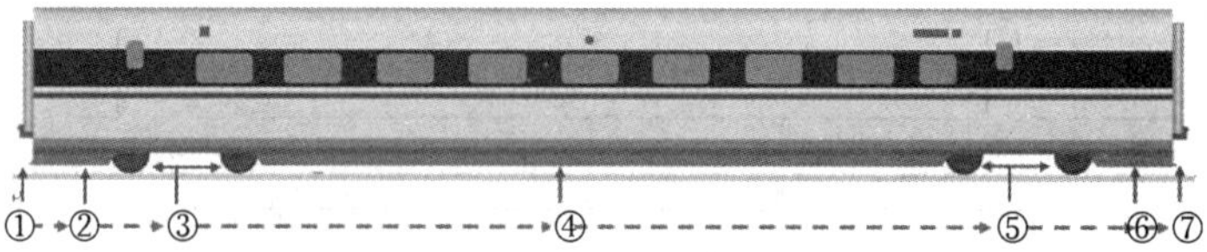 图 2－2　中间车检查顺序
2.2.1	车头 （01、00 车）	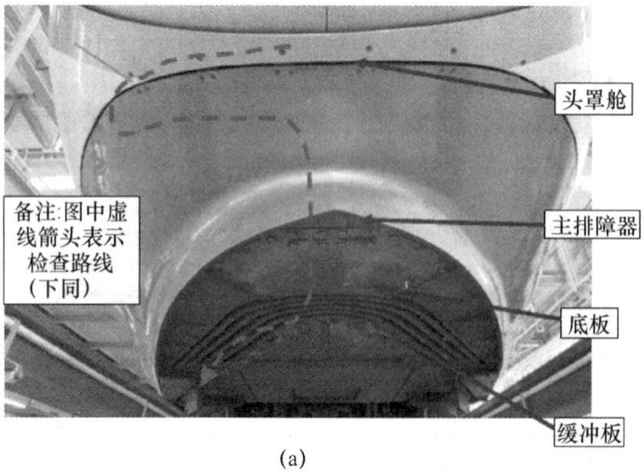 (a)

续表

<table>
<tr><th>序号</th><th>作业项目</th><th colspan="4">作业内容、标准及图示</th></tr>
<tr><td rowspan="4">2.2.1</td><td rowspan="4">车头
（01、00车）</td><td colspan="4"> 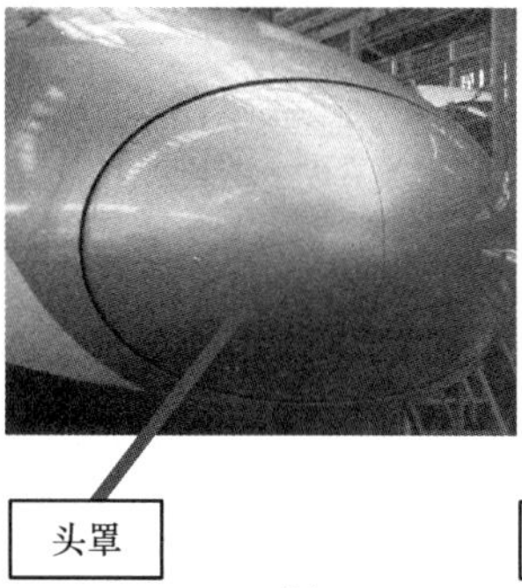头罩　头罩舱螺栓
(b) 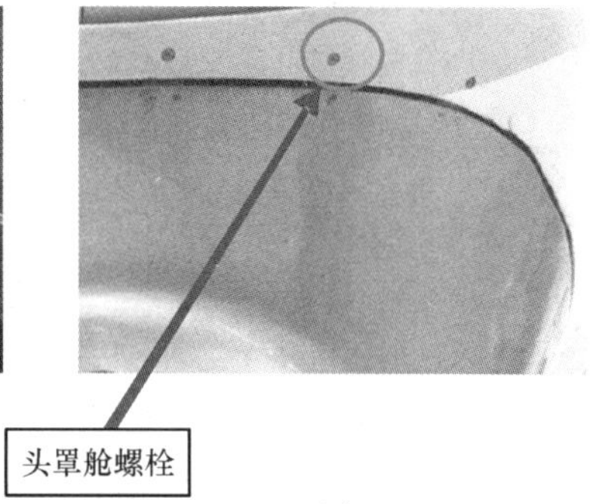　(c)
图2－3　车头检查</td></tr>
<tr><td>作业内容</td><td>方法</td><td>标准</td><td>特别提示</td></tr>
<tr><td>头罩</td><td rowspan="2">目视检查
（见图2－3）</td><td>检查头罩状态良好，无损伤或变形，锁闭状态良好，头罩缝隙小于5 mm。</td><td rowspan="2"></td></tr>
<tr><td>头罩舱螺栓</td><td>检查车体头罩舱6条安装螺栓紧固、无松动、无破损。</td></tr>
<tr><td>2.2.2</td><td>头车底部
（01、00车）</td><td colspan="4"> 主排障器　辅助排障器
(a)　(b) 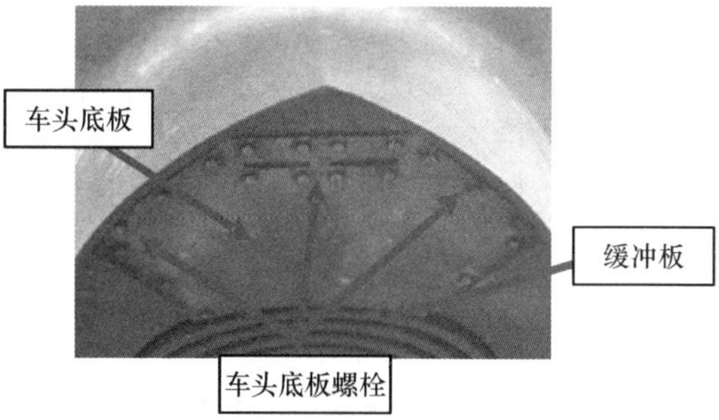
车头底板　缓冲板　车头底板螺栓
(c)
图2－4　排障器及底板检查</td></tr>
</table>

续表

<table>
<tr><th>序号</th><th>作业项目</th><th colspan="4">作业内容、标准及图示</th></tr>
<tr><td rowspan="9">2.2.2</td><td rowspan="9">头车底部
（01、00车）</td><td>作业内容</td><td>方法</td><td>标准</td><td>特别提示</td></tr>
<tr><td>主排障器</td><td rowspan="3">目视检查
（见图2－4）</td><td>检查车体主排障器底部、辅助排障器外观及安装状态良好。</td><td>正面涂打检修日期，背面涂打检修标记（√）。</td></tr>
<tr><td>辅助排障器</td><td>检查车体辅助排障器安装牢固，扫石橡胶无破损，距轨面高度符合标准 20～30 mm。</td><td>正面涂打检修日期，背面涂打检修标记（√）。</td></tr>
<tr><td>车头底板</td><td>检查车头底板无变形、缺损，20 条安装螺栓紧固，防松标记正位。检查缓冲板无变形、无破损。</td><td></td></tr>
<tr><td colspan="4"> 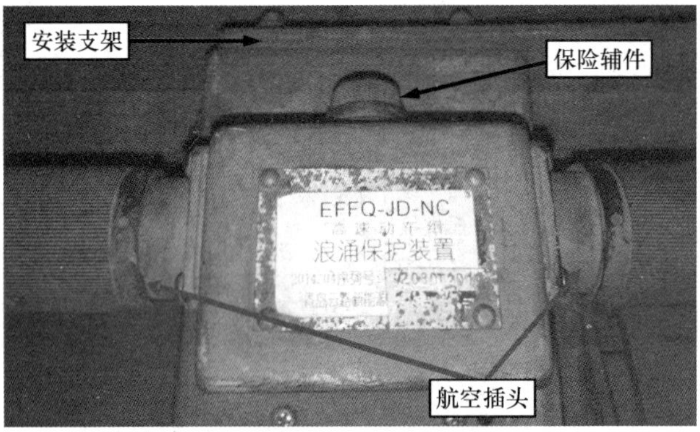图2－5　浪涌保护装置检查</td></tr>
<tr><td>作业内容</td><td>方法</td><td>标准</td><td>特别提示</td></tr>
<tr><td>浪涌保护装置</td><td>目视检查
（见图2－5）</td><td>检查浪涌保护装置支架无破损、变形，安装螺栓无松动。浪涌保护装置壳体无破损、变形，安装螺栓无松动。航空插头安装牢固无松动，线缆无破损。浪涌保护装置保险辅件无破损、变形。</td><td></td></tr>
<tr><td>2.2.3</td><td>天线梁及天线安装座
（01、00车）</td><td colspan="4"> 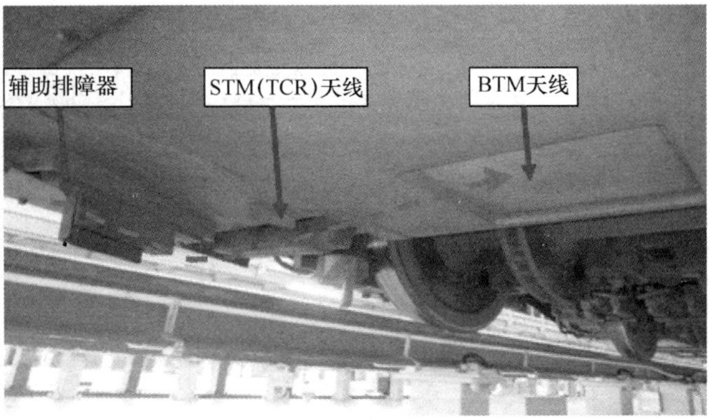(a)</td></tr>
</table>

续表

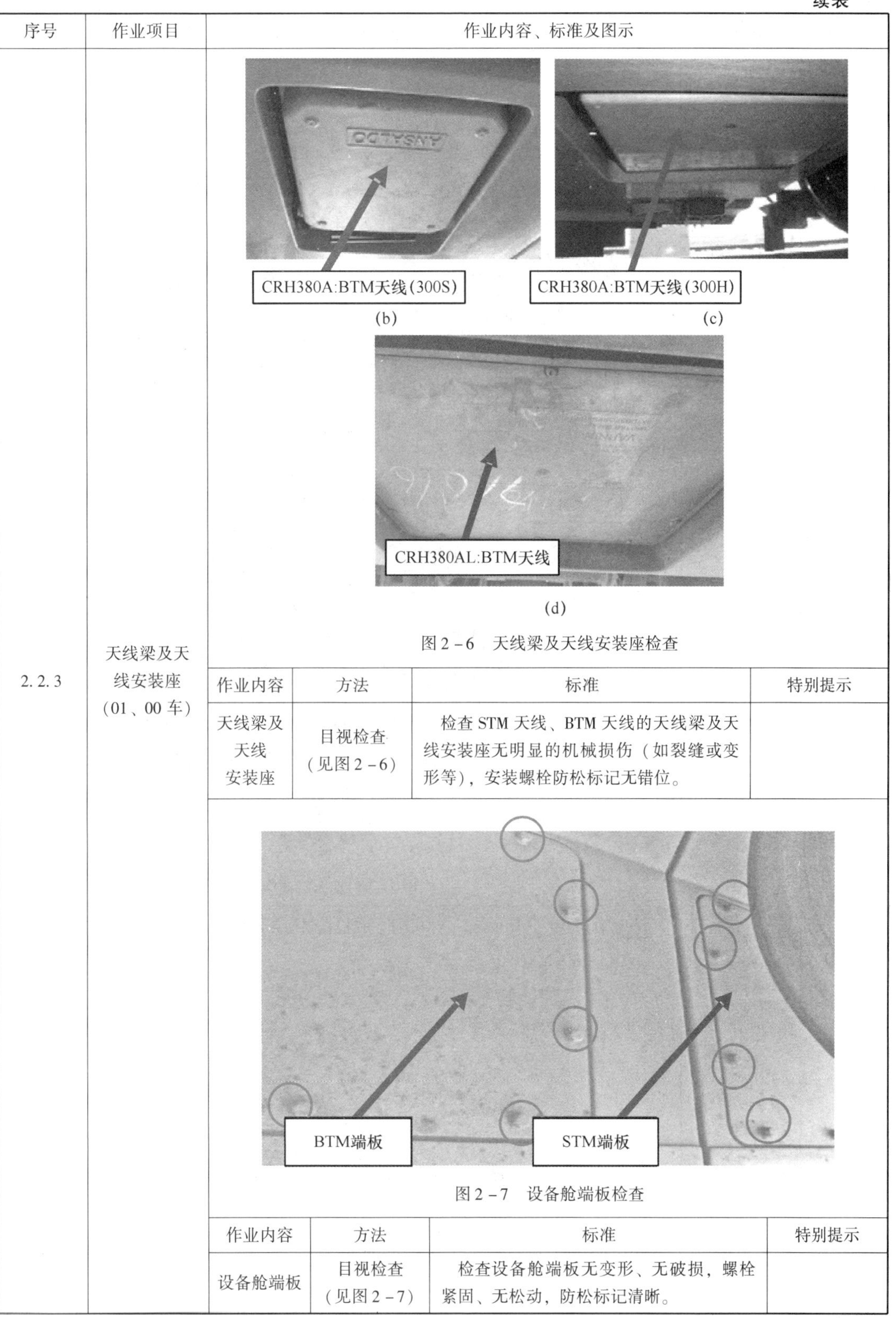

序号	作业项目	作业内容、标准及图示
2.2.3	天线梁及天线安装座（01、00车）	(b)　(c)　(d) 图2－6　天线梁及天线安装座检查

作业内容	方法	标准	特别提示
天线梁及天线安装座	目视检查（见图2－6）	检查STM天线、BTM天线的天线梁及天线安装座无明显的机械损伤（如裂缝或变形等），安装螺栓防松标记无错位。	

图2－7　设备舱端板检查

作业内容	方法	标准	特别提示
设备舱端板	目视检查（见图2－7）	检查设备舱端板无变形、无破损，螺栓紧固、无松动，防松标记清晰。	

续表

序号	作业项目	作业内容、标准及图示
2.2.4	★转向架 (全列)	转向架模型示意如图 2－8、图 2－9 所示。 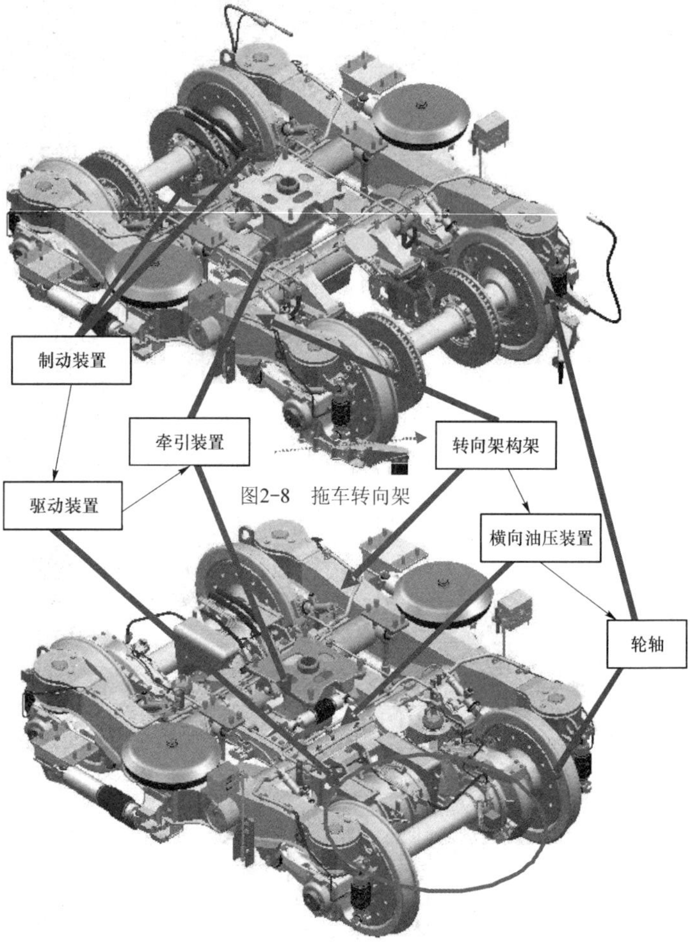 图2-8　拖车转向架 图 2－9　动车转向架
2.2.5	★制动装置 (全列)	⚠存在风险：挤压风险。防控措施：在检查制动夹钳时注意安全间隙。 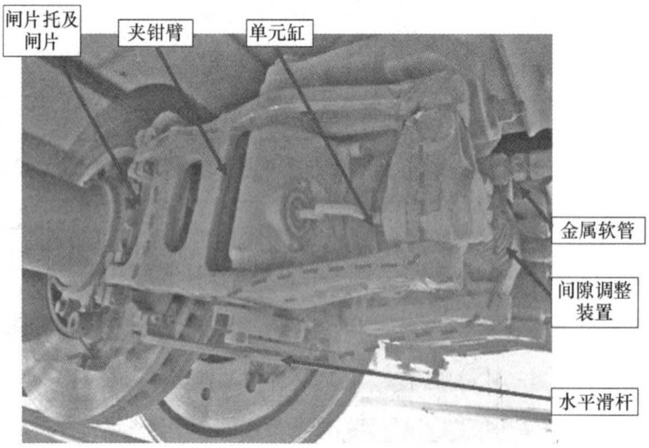 图 2－10　拖车制动装置检查

续表

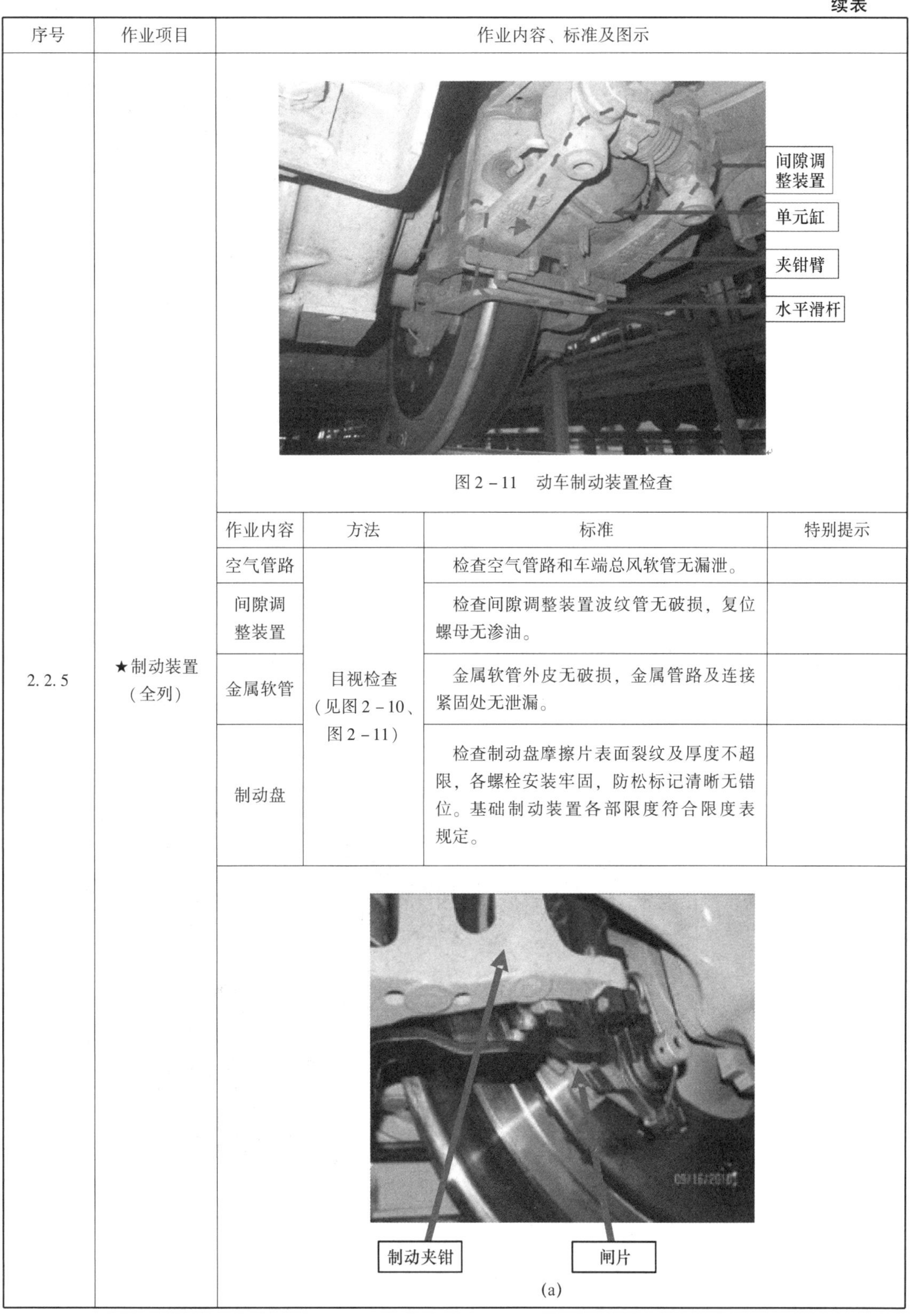

图2－11　动车制动装置检查

序号	作业项目	作业内容	方法	标准	特别提示
2.2.5	★制动装置（全列）	空气管路	目视检查（见图2－10、图2－11）	检查空气管路和车端总风软管无漏泄。	
		间隙调整装置		检查间隙调整装置波纹管无破损，复位螺母无渗油。	
		金属软管		金属软管外皮无破损，金属管路及连接紧固处无泄漏。	
		制动盘		检查制动盘摩擦片表面裂纹及厚度不超限，各螺栓安装牢固，防松标记清晰无错位。基础制动装置各部限度符合限度表规定。	

(a)

续表

序号	作业项目	作业内容、标准及图示
2.2.5	★制动装置（全列）	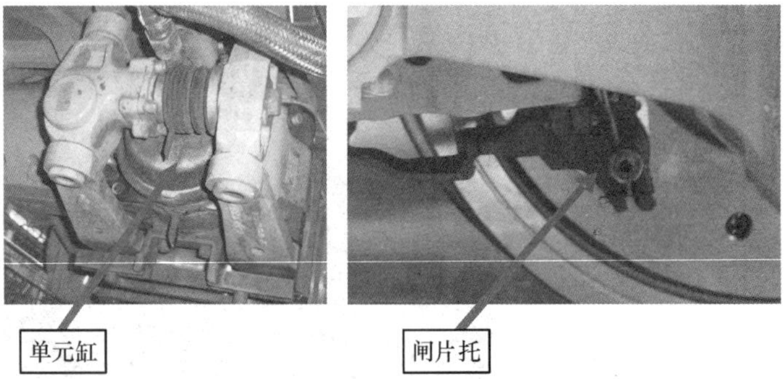 (b) (c) 图2－12　制动装置部件检查

作业内容	方法	标准	特别提示
制动夹钳	目视检查	检查制动夹钳外观良好，管路无泄漏。	制动夹钳检查完毕打（√）。
闸片	目视测量	闸片无掉块，闸片剩余厚度≥5 mm＋磨耗余量（到下一次一级修前闸片厚度不得低于5 mm）。	
单元缸	目视检查（见图2－12）	单元缸无漏油，悬吊件无裂纹。	
闸片托		闸片托安装牢固无松动，弹性销、悬挂弹片无缺损。	

序号	作业项目	作业内容、标准及图示
2.2.6	★驱动装置（除01、00车）	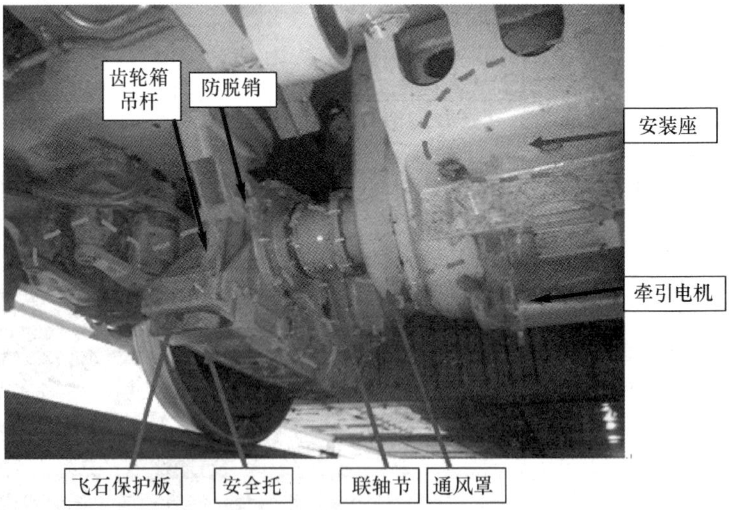 (a)

续表

<table>
<tr><th>序号</th><th>作业项目</th><th colspan="4">作业内容、标准及图示</th></tr>
<tr><td rowspan="7">2.2.6</td><td rowspan="7">★驱动装置（除01、00车）</td><td colspan="4"> (b) 　(c)
图2－13　牵引电机装置检查</td></tr>
<tr><td>作业内容</td><td>方法</td><td>标准</td><td>特别提示</td></tr>
<tr><td>牵引电机</td><td>目视检查（见图2－13）</td><td>检查牵引电机外观良好，电机电源线、传感器及配线无破损，安装螺栓防松标记清晰无错位，各部无裂纹，电机注油孔堵安装良好。</td><td></td></tr>
<tr><td>冷却风道</td><td rowspan="2">目视登台</td><td>检查牵引电机冷却风道无破损，安装牢固，排风口良好。</td><td rowspan="2"></td></tr>
<tr><td>传感器</td><td>检查速度传感器外观及安装状态良好，配线无损伤。</td></tr>
<tr><td>安装座</td><td>目视检查</td><td>牵引电机2条安装座螺栓紧固、无松动，防松铁丝无折损。</td><td></td></tr>
<tr><td colspan="4"> 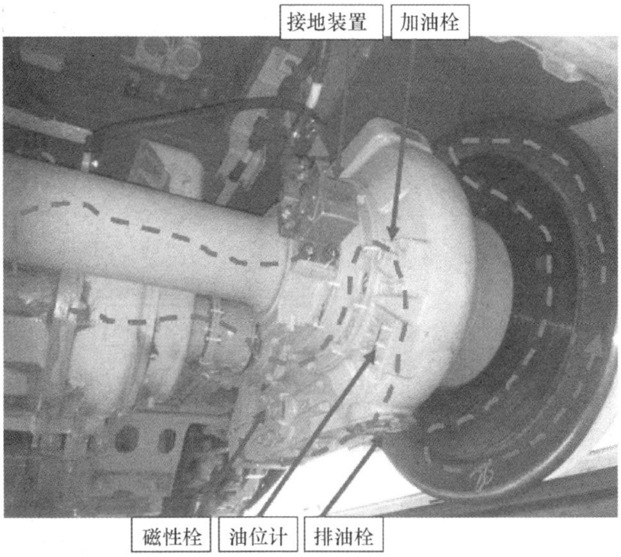接地装置　加油栓
磁性栓　油位计　排油栓
(a)</td></tr>
</table>

续表

<table>
<tr><th>序号</th><th>作业项目</th><th colspan="4">作业内容、标准及图示</th></tr>
<tr><td rowspan="11">2.2.6</td><td rowspan="11">★驱动装置
(除01、00车)</td><td colspan="4"> 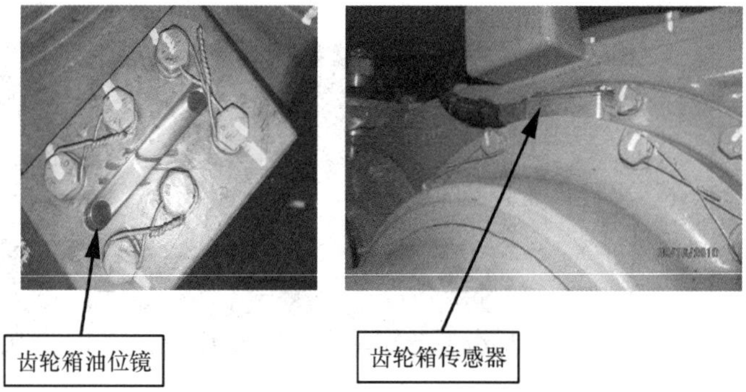齿轮箱油位镜
(b)
齿轮箱传感器
(c)
图2－14　齿轮箱装置检查
③、④号须对齿轮箱油位镜进行拍照。</td></tr>
<tr><td>作业内容</td><td>方法</td><td>标准</td><td>特别提示</td></tr>
<tr><td>油位</td><td rowspan="4">目视检查
(见图2－14)</td><td>检查齿轮箱油位在标定刻度范围内，无漏油。</td><td rowspan="4">齿轮箱下部填写动车组号－车厢号－位数－检修日期。</td></tr>
<tr><td>悬吊部件</td><td>悬吊部件配件齐全，螺栓防松标记清晰无错位，安装牢固；橡胶垫无老化。</td></tr>
<tr><td>齿轮箱</td><td>橡胶垫无老化，齿轮箱温度传感器、呼吸器、注油孔盖、排油堵等安装紧固，螺栓防松标记清晰无错位。</td></tr>
<tr><td>传感器</td><td>齿轮箱温度传感器及引线没有损伤，2条安装螺栓无松动，防松标记无错位。</td></tr>
<tr><td colspan="4"> 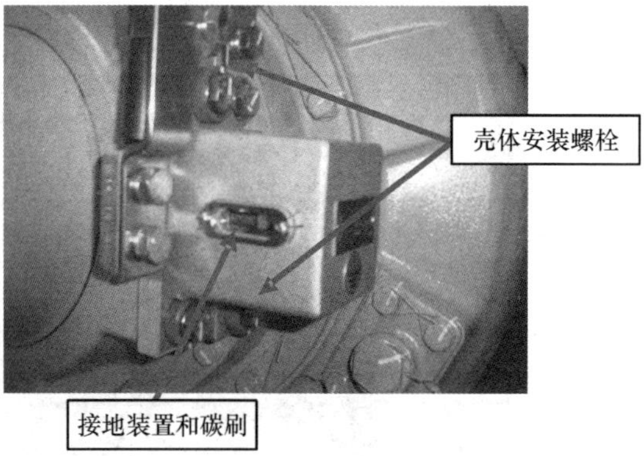壳体安装螺栓
接地装置和碳刷
图2－15　接地装置和碳刷检查</td></tr>
<tr><td>作业内容</td><td>方法</td><td>标准</td><td>特别提示</td></tr>
<tr><td>接地装置和碳刷</td><td>目视登台
(见图2－15)</td><td>检查接地装置和碳刷外观及安装状态良好，接地线无松动，壳体两条安装螺栓防松标记清晰无错位。通过观察窗检查碳刷磨耗和压紧状态。碳刷长度符合限度要求。</td><td>注意检查背面碳刷并在接地碳刷视窗处打(√)。</td></tr>
</table>

续表

<table>
<tr><th>序号</th><th>作业项目</th><th colspan="4">作业内容、标准及图示</th></tr>
<tr><td rowspan="3">2.2.6</td><td rowspan="3">★驱动装置
(除01、00车)</td><td colspan="4"> 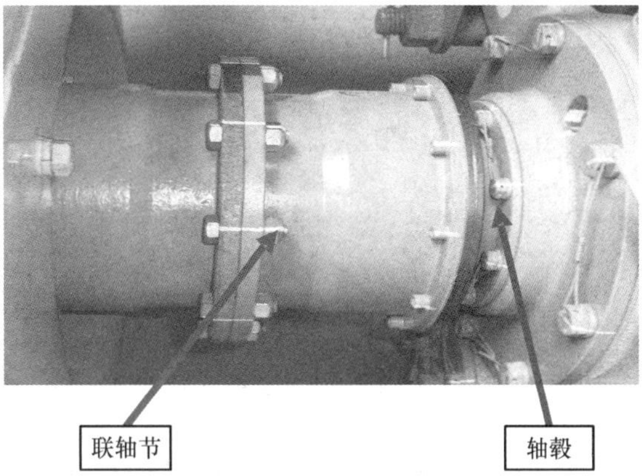图2－16　联轴节检查</td></tr>
<tr><td>作业内容</td><td>方法</td><td>标准</td><td>特别提示</td></tr>
<tr><td>联轴节</td><td>目视登台
(见图2－16)</td><td>①检查挠性联轴节外观及安装状态良好。
②检查轴毂与外筒张口处无沙粒、污垢堆积物。
③检查螺栓防松标记清晰无错位，螺丝无松动，检查联轴节无漏油。</td><td>注意是否有漏油现象，并在联轴节附近涂打检修日/月。</td></tr>
<tr><td rowspan="5">2.2.7</td><td rowspan="5">★牵引装置
(全列)</td><td colspan="4"> 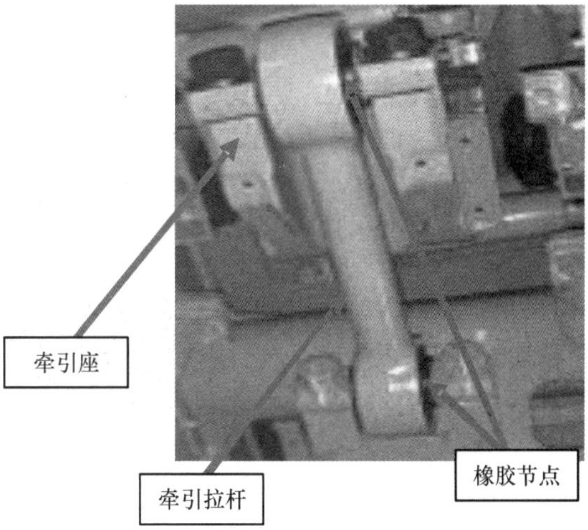图2－17　牵引装置检查</td></tr>
<tr><td>作业内容</td><td>方法</td><td>标准</td><td>特别提示</td></tr>
<tr><td>牵引装置</td><td>目视检查</td><td>检查牵引装置外观及安装状态良好。</td><td></td></tr>
<tr><td>牵引座</td><td rowspan="2">目视登台
(见图2－17)</td><td>检查牵引座无裂纹。</td><td rowspan="2"></td></tr>
<tr><td>橡胶节点</td><td>检查牵引拉杆橡胶节点无明显破损、龟裂、老化现象，有下列情况者须更换：
①橡胶表面开裂长度15 mm以上，或深度5 mm以上；　②在金属件端末部的剥离长度达15 mm以上的零件。</td></tr>
</table>

续表

<table>
<tr><th>序号</th><th>作业项目</th><th colspan="4">作业内容、标准及图示</th></tr>
<tr><td rowspan="9">2.2.8</td><td rowspan="9">转向架构架
（全列）</td><td colspan="4">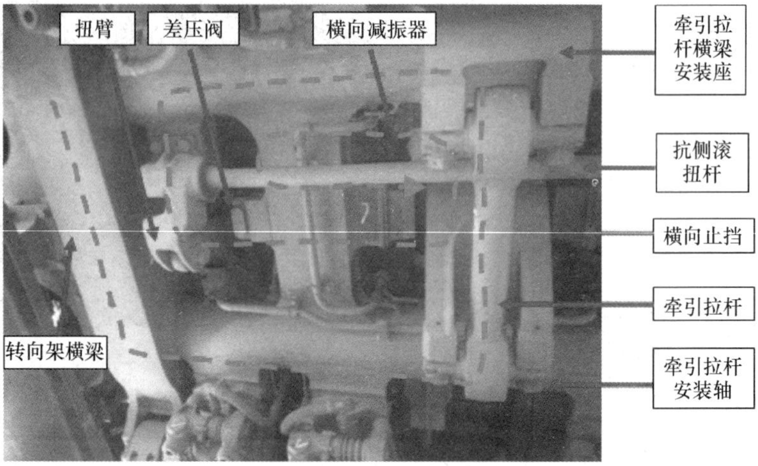

图2－18　转向架及抗侧滚扭杆检查</td></tr>
<tr><td>作业内容</td><td>方法</td><td>标准</td><td>特别提示</td></tr>
<tr><td>转向架</td><td rowspan="2">目视登台
（见图2－18）</td><td>检查转向架横梁外观状态良好，无打痕、无裂纹。检查转向架各安装管线状态良好。检查转向架各组件无附挂异物。</td><td rowspan="2"></td></tr>
<tr><td>抗侧滚
扭杆</td><td>检查抗侧滚扭杆装置4条固定螺栓安装紧固，防松状态良好，连杆及安装座无裂纹、无变形，连杆座安装轴橡胶无周向裂纹。</td></tr>
<tr><td colspan="4">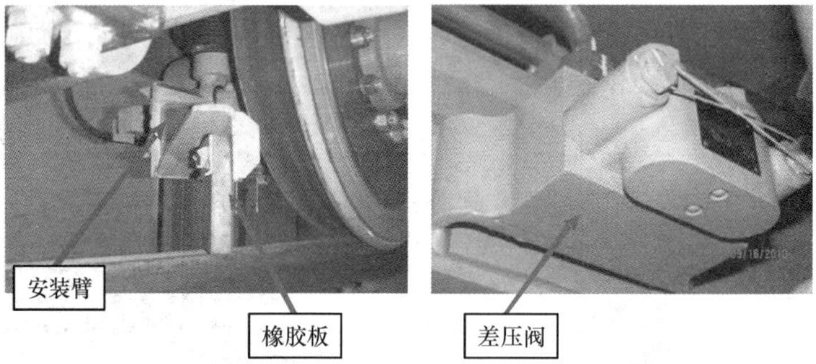

(a)　(b)
图2－19　转向架排障器及差压阀检查</td></tr>
<tr><td>作业内容</td><td>方法</td><td>标准</td><td>特别提示</td></tr>
<tr><td>转向架
排障器</td><td>目视测量
（见图2－19）</td><td>检查转向架排障器安装牢固（01、00号车），安装臂无裂损、变形，外观状态良好，橡胶板无破损或变形，下部距轨面距离符合限度要求（5～13 mm）。</td><td>正面涂打检修日期，背面涂打检修标记（√）。</td></tr>
<tr><td>差压阀</td><td>目视检查</td><td>检查差压阀无漏风，安装牢固。</td><td></td></tr>
<tr><td colspan="4">③、④号须对转向架排障器进行拍照。</td></tr>
</table>

续表

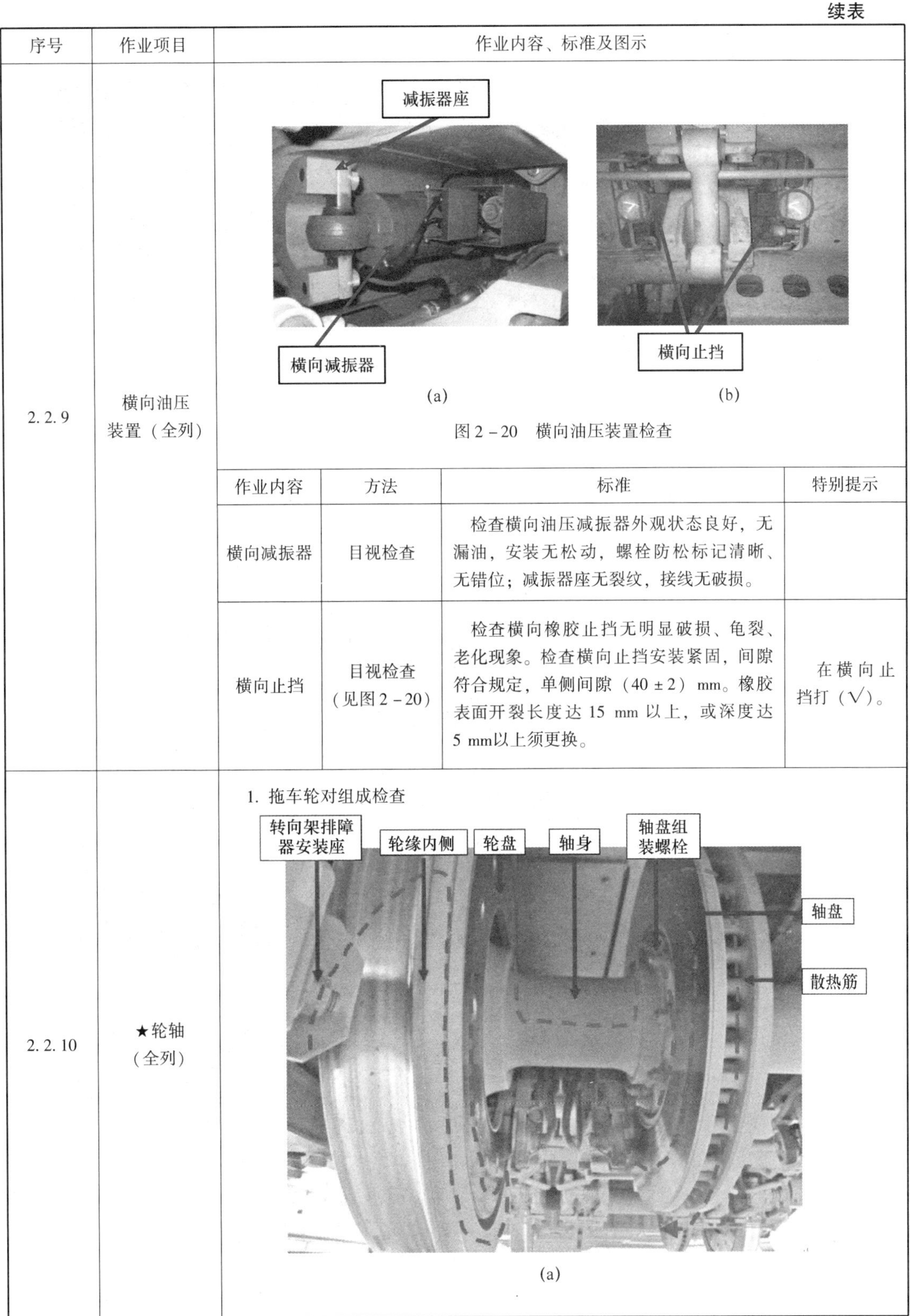

<table>
<tr><th>序号</th><th>作业项目</th><th colspan="4">作业内容、标准及图示</th></tr>
<tr><td rowspan="4">2.2.9</td><td rowspan="4">横向油压装置（全列）</td><td colspan="4">(a)　(b)
图2-20　横向油压装置检查</td></tr>
<tr><td>作业内容</td><td>方法</td><td>标准</td><td>特别提示</td></tr>
<tr><td>横向减振器</td><td>目视检查</td><td>检查横向油压减振器外观状态良好，无漏油，安装无松动，螺栓防松标记清晰、无错位；减振器座无裂纹，接线无破损。</td><td></td></tr>
<tr><td>横向止挡</td><td>目视检查（见图2-20）</td><td>检查横向橡胶止挡无明显破损、龟裂、老化现象。检查横向止挡安装紧固，间隙符合规定，单侧间隙（40±2）mm。橡胶表面开裂长度达15 mm以上，或深度达5 mm以上须更换。</td><td>在横向止挡打（√）。</td></tr>
<tr><td>2.2.10</td><td>★轮轴（全列）</td><td colspan="4">1. 拖车轮对组成检查
(a)</td></tr>
</table>

续表

<table>
<tr><th>序号</th><th>作业项目</th><th>作业内容、标准及图示</th></tr>
<tr><td>2.2.10</td><td>★轮轴
（全列）</td><td>

(b) (c)
图2－21　拖车轮对组成检查
<table>
<tr><th>作业内容</th><th>方法</th><th>标准</th><th>特别提示</th></tr>
<tr><td>排障器安装座</td><td>目视检查（见图2－21）</td><td>检查排障器安装座安装紧固，螺栓防松铁片需包紧。</td><td></td></tr>
</table>
2. 动车轮对组成检查
(a)
(b) (c)
图2－22　动车轮对组成检查
</td></tr>
</table>

续表

序号	作业项目	作业内容、标准及图示			
		作业内容	方法	标准	特别提示
2.2.10	★轮轴（全列）	轮缘	目视登台	检查轮缘状态良好，内侧缺损不超过规定限度。	
		轴盘	目视登台	检查轴盘外观状态良好，9条组装螺栓无松动，盘面无贯穿裂纹，盘面磨耗≤5 mm；轴盘径向裂纹距盘环边缘＞10 mm时，裂纹长度a≤80 mm；径向裂纹距盘环边缘＜10 mm时，裂纹长度b≤50 mm。	两端头车轴盘内侧打（√）。
		轮盘	目视登台	检查轮盘外观状态良好，12条组装螺栓无松动，盘面无贯穿裂纹，盘面磨耗≤3 mm；轮盘径向裂纹距盘环边缘＞10 mm时，裂纹长度a≤80 mm；径向裂纹距盘环边缘＜10 mm时，裂纹长度b≤60 mm。	轮盘内侧打（√）。
		散热筋	目视检查	检查散热筋无裂纹、无折断。	
		轮缘	目视登台（见图2－22）	外观状态良好，无打痕，无裂纹。	
		车轴	目视登台（见图2－22）	车轴外观状态良好，各部无裂纹；轴身打痕、碰伤、擦伤深度符合限度要求。	
		 车轴轴身 图2－23　轴身检查			
		作业内容	方法	标准	特别提示
		轴身	目视登台（见图2－23）	检查轴身外观状态良好，减速涂层无剥落，轴身弹击、碰伤、磨痕深度≤1 mm。按照“四必”作业法细化检查，检查完毕后在夹钳上擦去原有检修日期，并涂打检修日期。	

续表

序号	作业项目	作业内容	方法	标准	特别提示
2.2.11	车体底板（全列）	 车体底板 图 2－24　车体底板检查			
		设备舱底板	目视检查	检查设备舱底板、端板、骨架、防雪板无变形、裂纹、缺损，安装螺栓紧固（弹垫开口不大于 2 mm）、无缺失，端板检查门无异常，底板各密封胶条无缺失。	
		箱体底板	目视登台（见图 2－24）	检查水箱、污物箱、高压设备箱、空调机组、牵引变流器等车下设备的箱体底板及其检修滑道无变形、裂纹、缺损，安装螺栓紧固、无缺失。	
		车体底板	目视登台（见图 2－24）	检查底板无变形、无裂纹、无缺损，螺栓紧固，配件无缺失，防松标记符合规定，检查过程中用手敲击底板，检查底板是否牢固无异声。	
2.2.12	车体端板（全列）	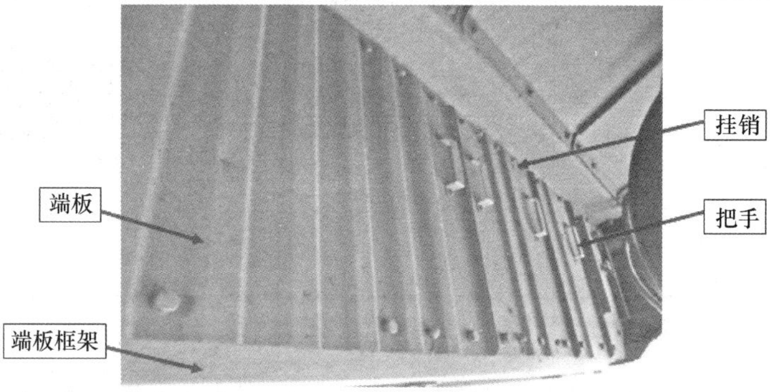 挂销 把手 端板 端板框架 图 2－25　车体端板检查			
		端板及框架	目视检查	检查端板及框架无破损、无变形，螺栓安装紧固、无松动，防松标记清晰。	
		挂销及把手	目视登台（见图 2－25）	检查挂销无变形、无松动；把手无变形、无松动。	

续表

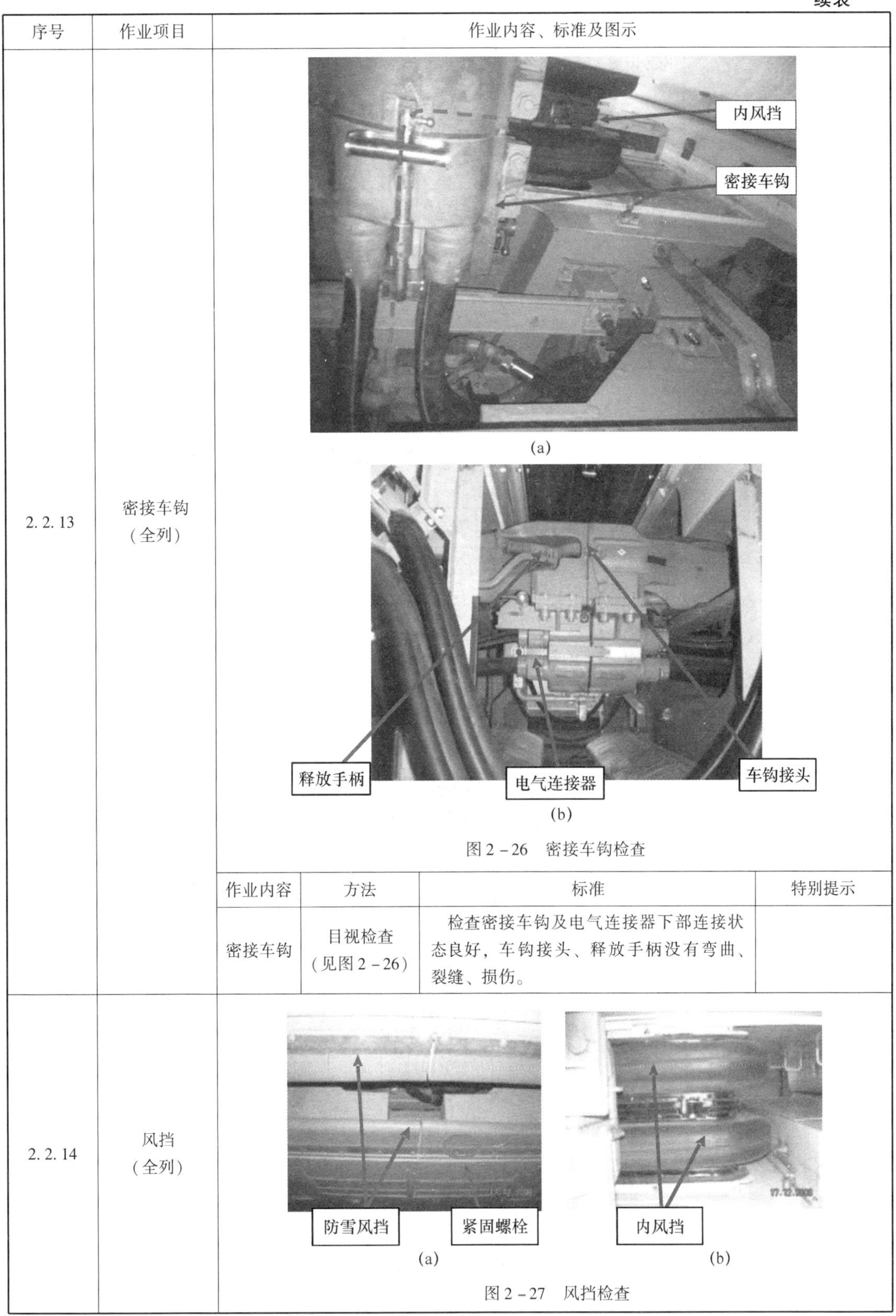

<table>
<tr><th>序号</th><th>作业项目</th><th colspan="4">作业内容、标准及图示</th></tr>
<tr><td rowspan="3">2.2.13</td><td rowspan="3">密接车钩
（全列）</td><td colspan="4">(a)
(b)
图 2－26　密接车钩检查</td></tr>
<tr><td>作业内容</td><td>方法</td><td>标准</td><td>特别提示</td></tr>
<tr><td>密接车钩</td><td>目视检查
（见图 2－26）</td><td>检查密接车钩及电气连接器下部连接状态良好，车钩接头、释放手柄没有弯曲、裂缝、损伤。</td><td></td></tr>
<tr><td>2.2.14</td><td>风挡
（全列）</td><td colspan="4">(a)　(b)
图 2－27　风挡检查</td></tr>
</table>

续表

序号	作业项目	作业内容、标准及图示			
		作业内容	方法	标准	特别提示
2.2.14	风挡 （全列）	防雪风挡	目视检查 （见图 2－27）	防雪风挡下部状态良好，无破损、裂纹；紧固螺栓防松线清晰、无松动；防雪风挡吊座外观状态良好，无裂纹。	
		内风挡	目视登台	检查内风挡下部无损伤，锁闭良好。	
2.2.15	踏面清扫装置 （全列）	 图 2－28　踏面清扫装置检查			
		作业内容	方法	标准	特别提示
		踏面清扫装置	目视检查 （见图 2－28）	踏面清扫装置外观良好，空气管路无漏泄，安装无松动。	
2.2.16	抗侧滚扭杆装置 （全列）	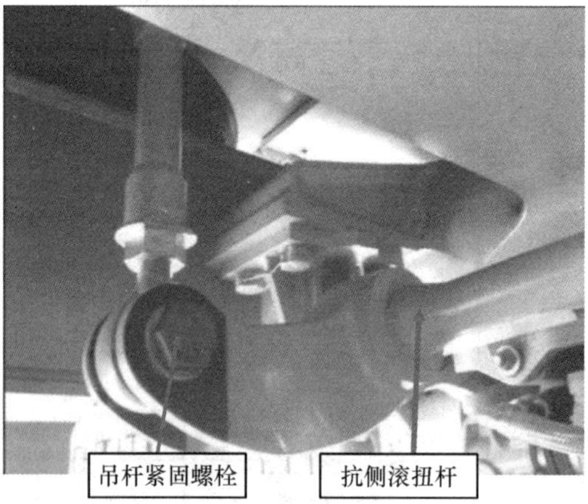 图 2－29　抗侧滚扭杆装置			
		作业内容	方法	标准	特别提示
		抗侧滚扭杆	目视检查 （见图 2－29）	检查各部件的安装状态，以及各紧固件的紧固状态良好，紧固螺栓无松动，防松线清晰。	

续表

<table>
<tr><th>序号</th><th>作业项目</th><th colspan="4">作业内容、标准及图示</th></tr>
<tr><td rowspan="3">2.2.17</td><td rowspan="3">防滑阀
（全列）</td><td colspan="4">防滑阀　防滑阀接线
图2－30　防滑阀检查</td></tr>
<tr><td>作业内容</td><td>方法</td><td>标准</td><td>特别提示</td></tr>
<tr><td>防滑阀</td><td>目视登台
（见图2－30）</td><td>检查防滑阀安装牢固，接线无松动、破损。
检查防滑阀接线与防滑阀体连接正确，一一对应。（1位侧为1、3轴，2位侧为2、4轴）。</td><td></td></tr>
<tr><td rowspan="4">2.2.18</td><td rowspan="4">空气管路及速度传感器配线
（全列）</td><td colspan="4"> 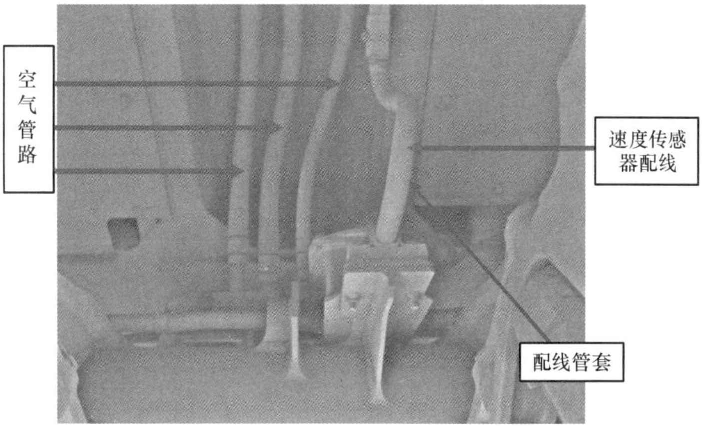空气管路　速度传感器配线　配线管套
图2－31　空气管路及速度传感器配线检查</td></tr>
<tr><td>作业内容</td><td>方法</td><td>标准</td><td>特别提示</td></tr>
<tr><td>空气管路</td><td rowspan="2">目视登台
（见图2－31）</td><td>检查空气管路无损伤、漏泄。橡胶空气软管无老化、鼓泡、漏气。橡胶空气软管与其他部件无相磨现象。</td><td rowspan="2"></td></tr>
<tr><td>速度传感器配线</td><td>检查线路管套无破损，管卡齐全，安装牢固无松动，配件无缺失。</td></tr>
</table>

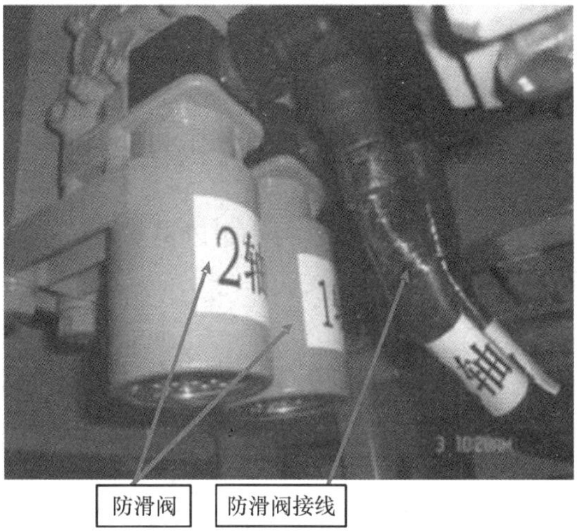

任务实施与评价

①下发任务单，明确学习任务、主要内容、知识目标、能力目标、素质目标要求；

②学生按任务单要求制订学习计划，完成预习任务及相关知识准备；

③小组内采用角色扮演形式，按照“四必”作业法要求，对动车组底部进行检查并处理故障；

④通过查阅相关资料，各小组分别制作 PPT，讲解在一级检修车底作业期间，如何执行“四必”作业法；

⑤学生进行学习自我评价及学习小组成员互评，小组长（副组长）进行小组整体评价，教师检查任务完成情况。

【任务 3】 一级检修车顶作业

任务单

<table>
<tr><td>任务名称</td><td colspan="7">一级检修车顶作业</td></tr>
<tr><td>任务描述</td><td colspan="7">在接触网断电情况下，①、②号作业人员对动车组车顶进行检查并处理故障。</td></tr>
<tr><td>任务分析</td><td colspan="7">以 CRH380A 型动车组为例，从车顶天线、车顶板及内外风挡、电缆接头、受电弓、绝缘子、高压隔离开关、保护接地开关、碳滑板、受电弓区翼板螺栓等多个方面学习一级检修车顶作业质量标准。</td></tr>
<tr><td>学习任务</td><td colspan="7">【子任务 1】小组内采用角色扮演形式，按照“四必”作业法要求，对动车组车顶进行检查并处理故障。
【子任务 2】通过查阅相关资料，各小组分别制作 PPT，讲解在一级检修车顶作业期间，如何执行“四必”作业法。</td></tr>
<tr><td>劳动组合</td><td colspan="7">各组长分配小组成员角色，进行一级检修车顶作业并留下影像资料，同时协同制作 PPT 并推荐专人讲解。
各组评判小组成员学习情况，作出小组评价。</td></tr>
<tr><td>成果展示</td><td colspan="7">（1）学生进行一级检修车顶作业的照片或视频
（2）一级检修车顶“四必”作业法 PPT</td></tr>
<tr><td>学习小结</td><td colspan="7"></td></tr>
<tr><td rowspan="6">自我评价</td><td>项目</td><td>A—优</td><td>B—良</td><td>C—中</td><td>D—及格</td><td>E—不及格</td><td>综合</td></tr>
<tr><td>安全纪律（15%）</td><td></td><td></td><td></td><td></td><td></td><td rowspan="5"></td></tr>
<tr><td>学习态度（15%）</td><td></td><td></td><td></td><td></td><td></td></tr>
<tr><td>专业知识（30%）</td><td></td><td></td><td></td><td></td><td></td></tr>
<tr><td>专业技能（30%）</td><td></td><td></td><td></td><td></td><td></td></tr>
<tr><td>团队合作（10%）</td><td></td><td></td><td></td><td></td><td></td></tr>
<tr><td rowspan="2">教师评价</td><td>简要评价</td><td colspan="5"></td><td rowspan="2"></td></tr>
<tr><td>教师签名</td><td colspan="5"></td></tr>
</table>

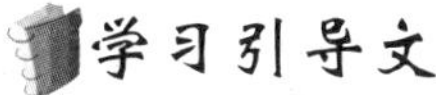

学习引导文

序号	作业项目	作业内容、标准及图示
	一级检修 车顶作业	⚠触电风险：接触网已断电，接地杆已挂设，动车组放电已结束。 ⚠坠落风险：确认防护渡板已放下，应处于安全区域作业，注意防滑。 ⚠闪络风险：绝缘子及高压部件应擦拭干净。 ①号确认动车组受电弓已降下，接触网已断电，动车组放电已结束，防护号志已设置，通知②号可以开始无电作业。 注：由①、②号共同进行顶部作业，①号负责高压设备区部件检查，②号负责受电弓部件检查。 头车检查共分 4 个部分，检查顺序如图 2－32 所示： ①车顶天线检查，②车顶板检查，③内外风挡检查，④车端顶板检查。 图 2－32　头车检查顺序 中间车检查分为 3 个部分，检查顺序如图 2－33 所示： ①高压电缆接头检查，②车顶天线及防滑带检查，③车顶板检查。 图 2－33　中间车检查顺序 受电弓车检查共分 4 个部分，检查顺序如图 2－34 所示： ①受电弓区域检查，②其他车顶高压设备检查，③车顶板、防滑带检查，④车顶车端检查。 图 2－34　受电弓检查顺序

续表

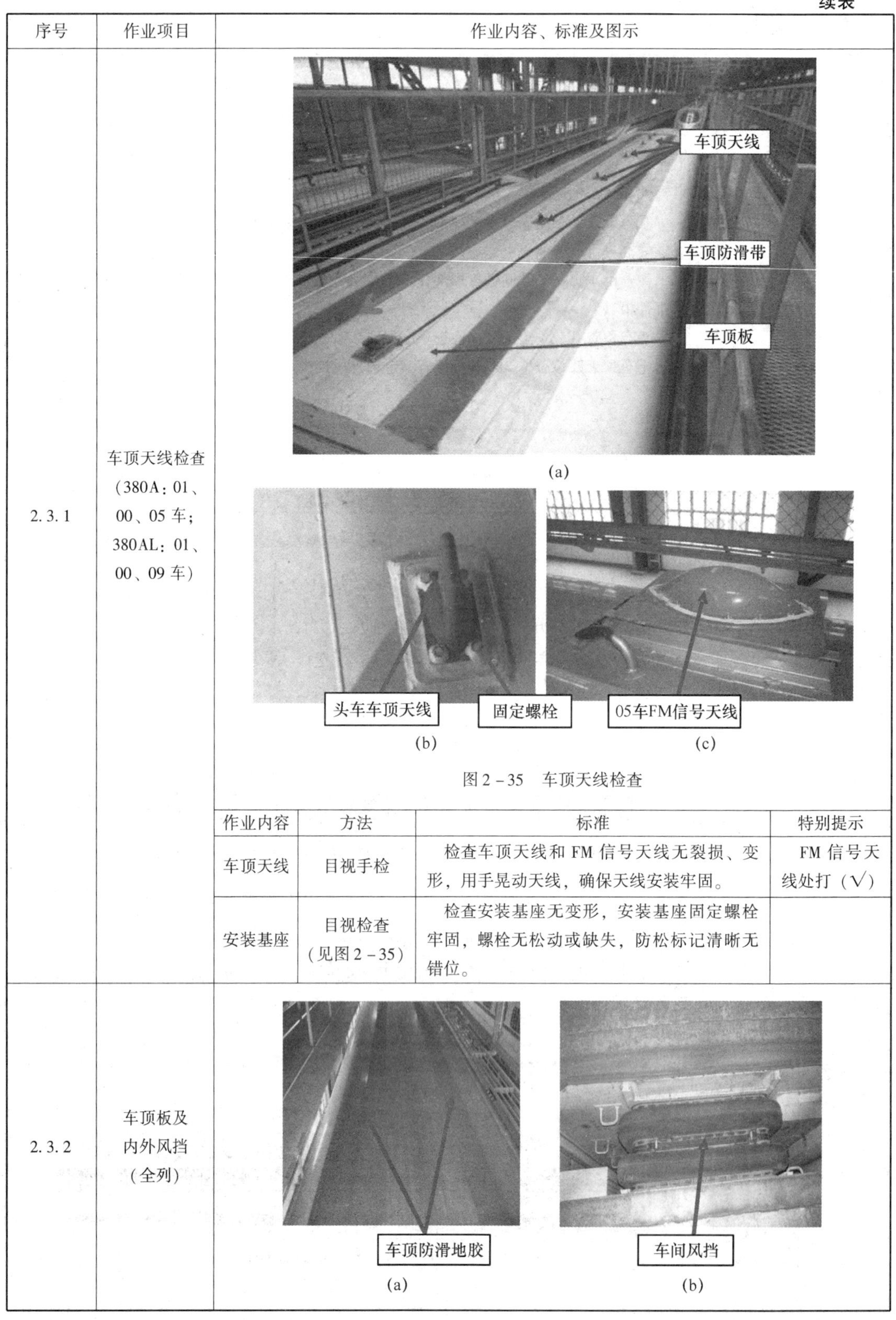

<table>
<tr><th>序号</th><th>作业项目</th><th colspan="4">作业内容、标准及图示</th></tr>
<tr><td rowspan="4">2.3.1</td><td rowspan="4">车顶天线检查（380A：01、00、05车；380AL：01、00、09车）</td><td colspan="4">(a)
(b) (c)
图2－35　车顶天线检查</td></tr>
<tr><td>作业内容</td><td>方法</td><td>标准</td><td>特别提示</td></tr>
<tr><td>车顶天线</td><td>目视手检</td><td>检查车顶天线和FM信号天线无裂损、变形，用手晃动天线，确保天线安装牢固。</td><td>FM信号天线处打（√）</td></tr>
<tr><td>安装基座</td><td>目视检查（见图2－35）</td><td>检查安装基座无变形，安装基座固定螺栓牢固，螺栓无松动或缺失，防松标记清晰无错位。</td><td></td></tr>
<tr><td>2.3.2</td><td>车顶板及内外风挡（全列）</td><td colspan="4">(a) (b)</td></tr>
</table>

续表

序号	作业项目	作业内容、标准及图示			
2.3.2	车顶板及内外风挡（全列）	 (c) 　(d) 图2－36　车顶板及内外风挡检查 ①、②号作业人员须在车头两端处填写“动车组号－车厢号－检修日期”。			
		作业内容	方法	标准	特别提示
		车顶板	目视检查（见图2－36）	检查车顶板无塌陷、破损，防滑地胶剥离每辆车不超过3处，每处剥离不大于（100×100）mm。	
		内风挡		检查内风挡连接部锁闭装置锁闭到位，无变形破损。	
		外风挡		检查外风挡无变形破损，观察可视部位紧固螺栓防松标记无错位。	
2.3.3	电缆接头（380A：02～06车；380AL：02～14车）	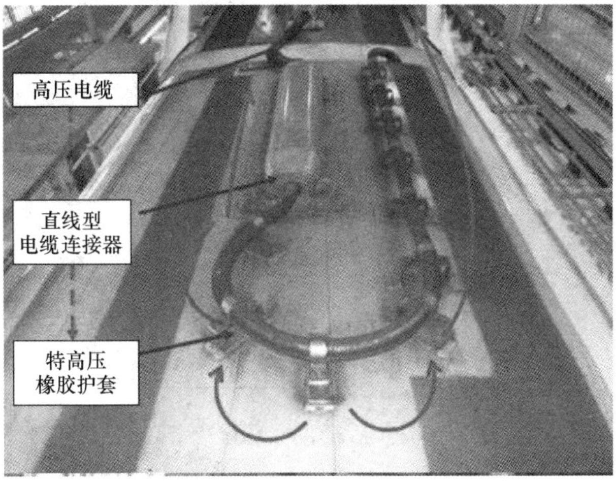 图2－37　电缆接头及特高压连接电缆盒检查			
		作业内容	方法	标准	特别提示
		电缆接头	目视检查（见图2－37）	检查各电缆接头（T型电缆连接器接头、三分叉电缆连接器接头、直线型电缆连接器接头）无击伤、变形，螺栓防松标记清晰无错位。	
		特高压连接电缆盒		在车端跨接部检查特高压连接电缆盒无破损变形，用手晃动紧固螺栓及固定卡子无松动。特高压电缆外观状态良好，无电蚀、老化现象。特高压电缆外皮与车体不抗磨。	

续表

<table>
<tr><th>序号</th><th>作业项目</th><th colspan="4">作业内容、标准及图示</th></tr>
<tr><td rowspan="3">2.3.3</td><td rowspan="3">电缆接头
（380A：
02～06 车；
380AL：
02～14 车）</td><td colspan="4"> 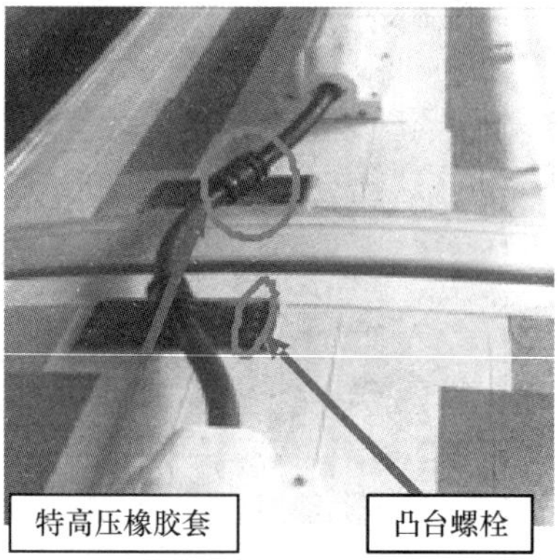特高压橡胶套
凸台螺栓
图 2－38　特高压橡胶套检查</td></tr>
<tr><td>作业内容</td><td>方法</td><td>标准</td><td>特别提示</td></tr>
<tr><td>特高压橡胶套</td><td>目视检查
（见图 2－38）</td><td>检查特高压橡胶套安装紧固，磨耗不过限，喉箍安装牢固，无断裂、松脱；特高压保护橡胶套凸台剩余厚度大于 2 mm，或第二层保护橡胶不与车体开始发生磨损。按照顺时针方向检查螺栓紧固情况，安装基座固定螺栓牢固，螺栓无松动或缺失，防松标记清晰无错位。</td><td></td></tr>
<tr><td>2.3.4</td><td>★受电弓
（380A：
04、06 车；
380AL：
05、13 车）</td><td colspan="4"> PU-4管
受电弓组成1检查
高压隔离开关、保护接地开关
受电弓组成2检查
受电弓支撑绝缘子
(a) 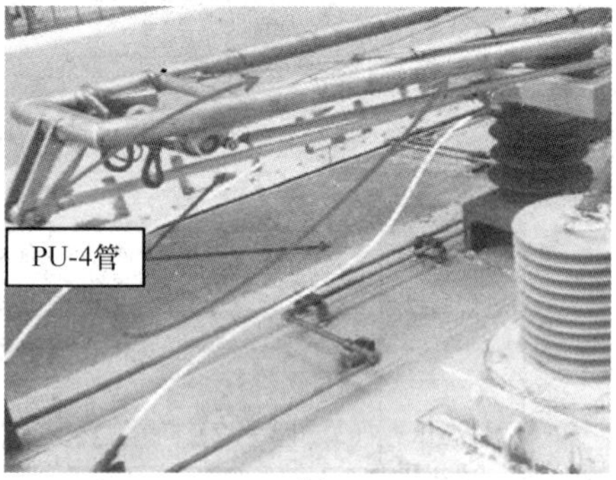
PU-4管
(b)
图 2－39　受电弓区域及 PU－4 管检查</td></tr>
</table>

续表

序号	作业项目	作业内容	方法	标准	特别提示
		作业内容	方法	标准	特别提示
		PU－4 管	目视检查（见图 2－39）	PU－4 管安装紧固，无破损、裂纹或老化，表面擦拭清洁。	
		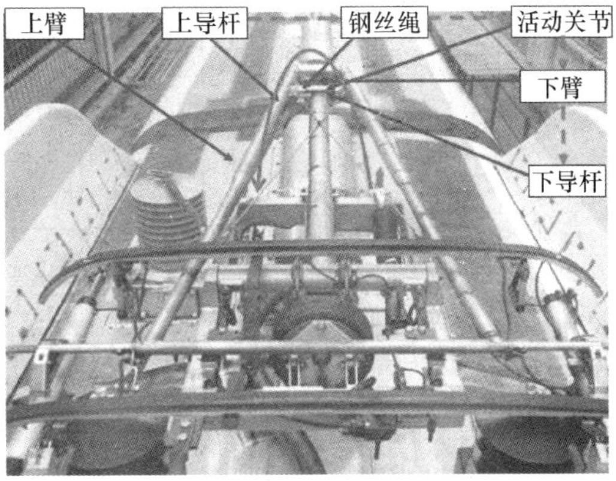 图 2－40 受电弓组成 1 检查			
		作业内容	方法	标准	特别提示
2.3.4	★受电弓（380A：04、06 车；380AL：05、13 车）	上臂	目视检查（见图 2－40）	上臂组装外观状态良好，无裂纹、脱焊。	
		下臂		下臂组装外观状态良好，无裂纹、脱焊。	
		上导杆		上导杆外观状态良好无变形，安装紧固无松动，供风管路绑扎紧固。	
		下导杆		下导杆外观状态良好无变形，安装紧固无松动，供风管路绑扎紧固。	
		钢丝绳		钢丝绳无断股现象，两侧钢丝绳张紧程度一致。	
		活动关节		活动关节外观状态良好，无卡死及变形，安装紧固无松动，防松标记清晰无错位；过渡轴承外观状态良好，转动自如，无卡死，无变形。	
		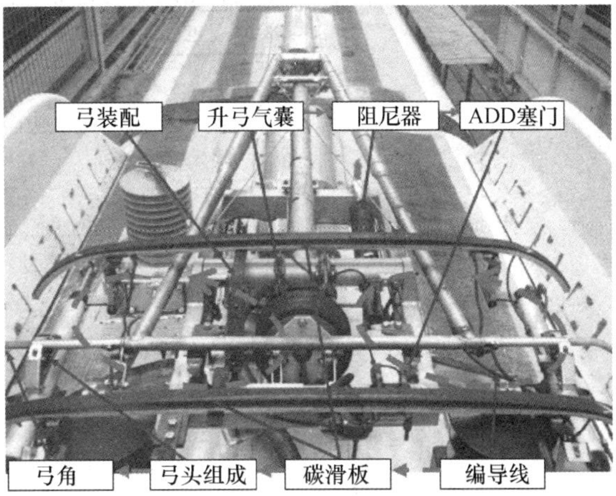 图 2－41 受电弓组成 2 检查			

续表

<table>
<tr><th>序号</th><th>作业项目</th><th colspan="4">作业内容、标准及图示</th></tr>
<tr><td rowspan="14">2.3.4</td><td rowspan="14">★受电弓
（380A：
04、06 车；
380AL：
05、13 车）</td><td>作业内容</td><td>方法</td><td>标准</td><td>特别提示</td></tr>
<tr><td>弓装配</td><td rowspan="6">目视检查
（见图 2-41）</td><td>弓装配无明显变形，安装紧固。</td><td rowspan="6"></td></tr>
<tr><td>升弓气囊</td><td>升弓气囊无老化、裂纹，4 条安装螺栓紧固，防松标记无错位；裂纹长度不应超过 25 mm，深度不超过 1.2 mm。</td></tr>
<tr><td>阻尼器</td><td>阻尼器无磨损、漏油，动作灵活，外层防护套无破损，卡箍紧固无松动，4 条安装座螺栓紧固无松动，防松标记清晰无错位。</td></tr>
<tr><td>ADD 塞门</td><td>ADD 塞门正位，橡胶风管无破损、裂纹，管路连接紧固，4 条安装螺栓紧固，防松标记无错位。注意检查无电升弓后各管路应无破损漏风。</td></tr>
<tr><td>弓头组成</td><td>目视弓头无变形，销子、开口销齐全。框架表面平整，无变形、裂纹，安装牢固。</td></tr>
<tr><td>弓角</td><td>弓角无裂纹，涂层无损伤，1 条安装螺栓紧固。</td></tr>
<tr><td colspan="4">注意：380AL 受电弓检查顺序同 380A，但其弓头组成部分不同，具体检查项点如下。

380AL受电弓弓角导流罩
(a)
380AL受电弓弓头组成
(b)
图 2-42　弓头组成、弓角及导流罩检查</td></tr>
<tr><td>作业内容</td><td>方法</td><td>标准</td><td>特别提示</td></tr>
<tr><td>弓头组成</td><td rowspan="2">目视检查
（见图 2-42）</td><td>目视弓头无变形，弹簧盒内弹簧作用良好。框架表面平整，无变形、裂纹，安装牢固。</td><td rowspan="2"></td></tr>
<tr><td>弓角及导流罩</td><td>弓角无裂纹，涂层无损伤，1 条安装螺栓紧固，导流罩无变形、裂纹。</td></tr>
</table>

续表

序号	作业项目	作业内容、标准及图示			
2.3.5	绝缘子（380A：04、06车；380AL：05、13车）	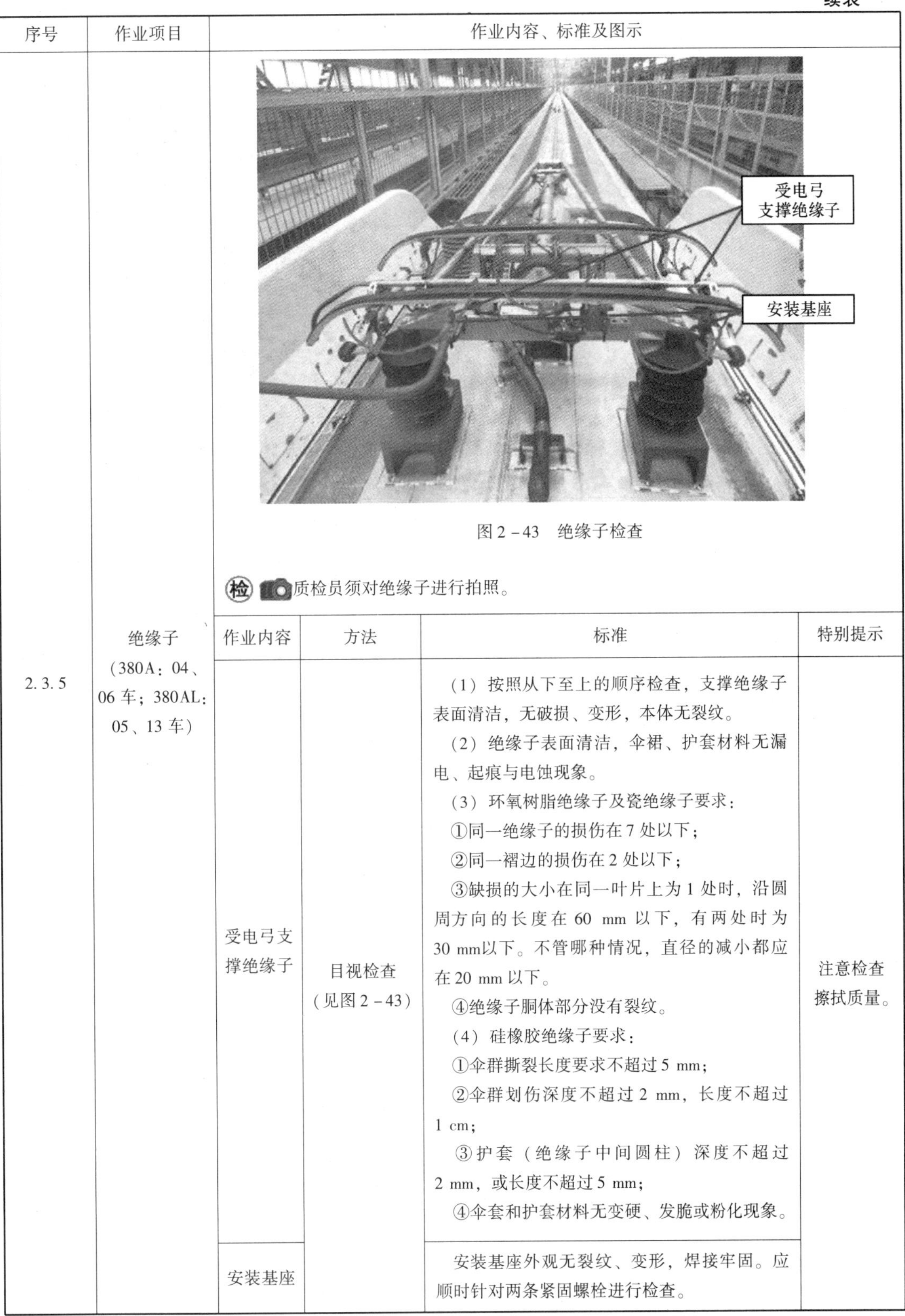 图2－43　绝缘子检查 检 质检员须对绝缘子进行拍照。			
		作业内容	方法	标准	特别提示
		受电弓支撑绝缘子	目视检查（见图2－43）	（1）按照从下至上的顺序检查，支撑绝缘子表面清洁，无破损、变形，本体无裂纹。 （2）绝缘子表面清洁，伞裙、护套材料无漏电、起痕与电蚀现象。 （3）环氧树脂绝缘子及瓷绝缘子要求： ①同一绝缘子的损伤在7处以下； ②同一褶边的损伤在2处以下； ③缺损的大小在同一叶片上为1处时，沿圆周方向的长度在60 mm以下，有两处时为30 mm以下。不管哪种情况，直径的减小都应在20 mm以下。 ④绝缘子胴体部分没有裂纹。 （4）硅橡胶绝缘子要求： ①伞群撕裂长度要求不超过5 mm； ②伞群划伤深度不超过2 mm，长度不超过1 cm； ③护套（绝缘子中间圆柱）深度不超过2 mm，或长度不超过5 mm； ④伞套和护套材料无变硬、发脆或粉化现象。	注意检查擦拭质量。
		安装基座		安装基座外观无裂纹、变形，焊接牢固。应顺时针对两条紧固螺栓进行检查。	

续表

序号	作业项目	作业内容、标准及图示
2.3.6	高压隔离开关、保护接地开关（380A：04、06 车；380AL：05、13 车）	 绝缘子 ← 闸刀 ← 安装基座 ← 绝缘瓷瓶 ← EGS接地闸刀 ← EGS接地电缆 图 2-44　开关部件检查

作业内容	方法	标准	特别提示
EGS 接地电缆	目视检查	EGS 供气管路及接头安装紧固，无破损、松动、漏风。	
EGS 接地闸刀	目视手检	闸刀和刀座外观及安装状态良好，手动抬起闸刀，确认闸刀与刀座接触可靠，检查完毕后断开闸刀。	
绝缘子	目视检查（见图 2-44）	从下向上检查绝缘子、瓷瓶表面擦拭清洁，无破损、变形，安装螺栓牢固，本体无裂纹。注意瓷瓶擦拭干净，摺边下面无杂物。	
安装基座		安装基座焊接无裂纹和变形，顺时针检查螺栓安装紧固、无松动，防松标记清晰、无错位。	
闸刀		闸刀和刀座外观及安装状态良好，确认闸刀与刀座接触可靠；高压隔离开关高压电缆外罩外观状态良好，焊接部位无裂纹；各铜导管安装状态良好，无变形和损伤。	
铜导管		各铜导管安装状态良好，无变形和损伤。	

续表

<table>
<tr><th>序号</th><th>作业项目</th><th colspan="4">作业内容、标准及图示</th></tr>
<tr><td rowspan="3">2.3.7</td><td rowspan="3">★碳滑板
（380A：
04、06 车；
380AL：
05、13 车）</td><td colspan="4">①②③
3条裂纹
(a)
横向裂纹
(b)
滑板断裂
(c)
滑板掉块
(d)
滑板变形
(e)
滑板烧损
(f)
图 2－45　碳滑板检查</td></tr>
<tr><td>作业内容</td><td>方法</td><td>标准</td><td>特别提示</td></tr>
<tr><td>碳滑板</td><td>目视检查
（见图 2－45）</td><td>目视检查受电弓碳滑板外观状态良好。当受电弓碳滑板出现下列情况时，必须进行更换：
①正常磨耗到限（碳条残高小于 5 mm）；
②两条滑板剩余厚度差超过 3 mm。
③滑板断裂；
④接头或接缝处漏气；
⑤裂缝导致滑板漏气；
⑥在滑板摩擦区有 3 条以上裂纹；
⑦存在裂到滑板边缘的、宽度大于 0.3 mm 的横向裂纹；
⑧存在明显纵向裂纹，以及类似裂纹；
⑨边缘处磕碰导致滑板大面积掉块（接近宽度的 1/2），以及类似掉块；
⑩铝托架严重烧损（铝托架烧穿孔洞 2 mm 以上），以及类似裂纹；
⑪由于撞击造成滑板扭曲变形。</td><td>须在碳滑板根部打（√）。</td></tr>
</table>

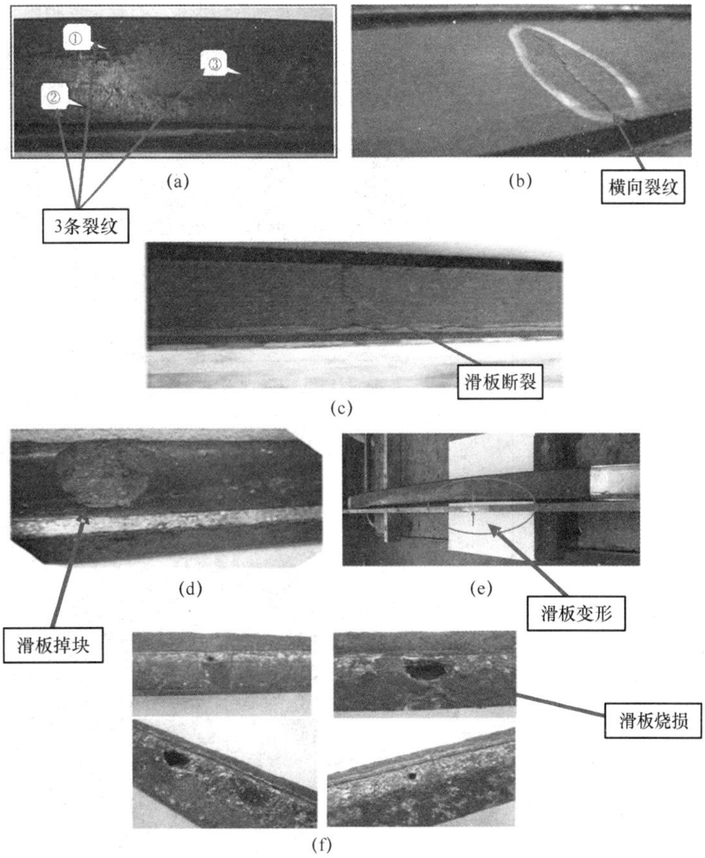

续表

<table>
<tr><th>序号</th><th>作业项目</th><th colspan="4">作业内容、标准及图示</th></tr>
<tr><td>2.3.7</td><td>★碳滑板
（380A：
04、06 车；
380AL：
05、13 车）</td><td colspan="4">③、④号作业人员须在碳滑板涂打标记并拍照，见图 2－46。 
图 2－46　涂打标记并拍照</td></tr>
<tr><td rowspan="3">2.3.8</td><td rowspan="3">受电弓区翼板螺栓
（仅 380A：04、06 车有）</td><td colspan="4"> 翼板螺栓
图 2－47　翼板螺栓检查</td></tr>
<tr><td>作业内容</td><td>方法</td><td>标准</td><td>特别提示</td></tr>
<tr><td>翼板螺栓</td><td>目视检查
（见图 2－47）</td><td>目视翼板盖板 6 条螺栓安装牢固，无松动，防松标记无错位。</td><td>翼板盖板每侧各 9 块。</td></tr>
</table>

任务实施与评价

①下发任务单，明确学习任务、主要内容、知识目标、能力目标、素质目标要求；

②学生按任务单要求制订学习计划，完成预习任务及相关知识准备；

③小组内采用角色扮演形式，按照“四必”作业法要求，对动车组车顶进行检查并处理故障；

④通过查阅相关资料，各小组分别制作 PPT，讲解在一级检修车顶作业期间，如何执行“四必”作业法；

⑤学生进行学习自我评价及学习小组成员互评，小组长（副组长）进行小组整体评价，教师检查任务完成情况。

【任务4】　一级检修两侧作业

任务单

<table>
<tr><td>任务名称</td><td colspan="7">一级检修两侧作业</td></tr>
<tr><td>任务描述</td><td colspan="7">在接触网供电情况下，③、④号作业人员对动车组两侧进行检查并处理故障。</td></tr>
<tr><td>任务分析</td><td colspan="7">以 CRH380A 型动车组为例，从头罩排障器、转向架及轮对检查、车体外观及内部端板检查、侧门及车窗检查、裙板检查、门总及踏面清扫检查、注水口检查、吸污口检查、外风挡检查、车体间减振器检查、端墙及支架检查、跨接线检查、密接式车钩检查、过分相装置检查、车下设备运转状态检查等多个方面学习一级检修两侧作业质量标准。</td></tr>
<tr><td>学习任务</td><td colspan="7">【子任务1】小组内采用角色扮演形式，按照“四必”作业法要求，对动车组两侧进行检查并处理故障；同时，教师设置若干模拟故障，发现模拟故障最多的小组获胜，予以加分。
【子任务2】通过查阅相关资料，各小组分别制作 PPT，讲解在一级检修两侧作业期间，如何执行“四必”作业法。</td></tr>
<tr><td>劳动组合</td><td colspan="7">各组长分配小组成员角色，进行一级检修两侧作业并留下影像资料，同时协同制作 PPT 并推荐专人讲解。
各组评判小组成员学习情况，作出小组评价。</td></tr>
<tr><td>成果展示</td><td colspan="7">（1）学生进行一级检修两侧作业的照片或视频
（2）一级检修两侧“四必”作业法 PPT</td></tr>
<tr><td>学习小结</td><td colspan="7"></td></tr>
<tr><td rowspan="6">自我评价</td><td>项目</td><td>A—优</td><td>B—良</td><td>C—中</td><td>D—及格</td><td>E—不及格</td><td>综合</td></tr>
<tr><td>安全纪律（15%）</td><td></td><td></td><td></td><td></td><td></td><td rowspan="7"></td></tr>
<tr><td>学习态度（15%）</td><td></td><td></td><td></td><td></td><td></td></tr>
<tr><td>专业知识（30%）</td><td></td><td></td><td></td><td></td><td></td></tr>
<tr><td>专业技能（30%）</td><td></td><td></td><td></td><td></td><td></td></tr>
<tr><td>团队合作（10%）</td><td></td><td></td><td></td><td></td><td></td></tr>
<tr><td rowspan="2">教师评价</td><td>简要评价</td><td colspan="5"></td></tr>
<tr><td>教师签名</td><td colspan="5"></td></tr>
</table>

学习引导文

<table>
<tr><th>序号</th><th>作业项目</th><th>作业内容、标准及图示</th></tr>
<tr><td></td><td>一级检修
两侧作业</td><td>⚠裙板、盖板松脱风险：两侧作业前确认裙板、盖板锁闭功能良好，锁闭到位，裙板完全落槽。
①号确认动车组供电正常，防护号志已插设，并通知③、④号进行车体两侧作业。
注：由③、④号一人一侧同时进行车体两侧作业。
头车检查共分 8 个部分，检查顺序如图 2－48 所示：
①车头外观检查，②头罩排障器检查，③转向架及轮对检查，④车体外观及内部端板检查，⑤侧门、车窗检查，⑥裙板及各盖板检查，⑦转向架及轮对检查，⑧风挡及车端连接检查。
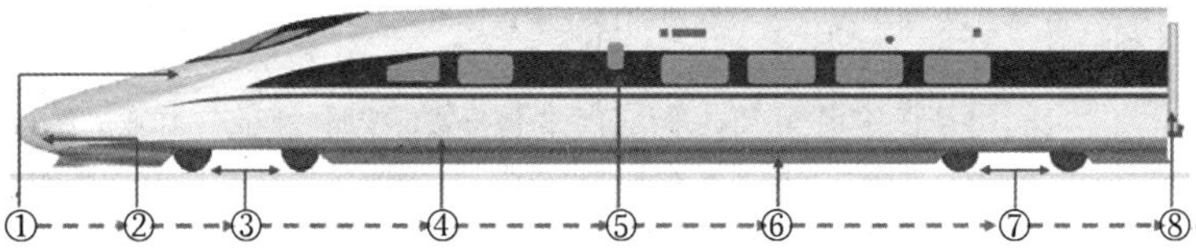
①
②
③
④
⑤
⑥
⑦
⑧
图 2－48　头车检查

中间车检查分为 8 个部分，检查顺序如图 2－49 所示：
①裙板车体外观检查，②转向架及轮对检查，③侧门、车窗检查，④车窗检查，⑤裙板及各盖板检查，⑥侧门、车窗检查，⑦转向架及轮对检查，⑧风挡及车端连接检查。
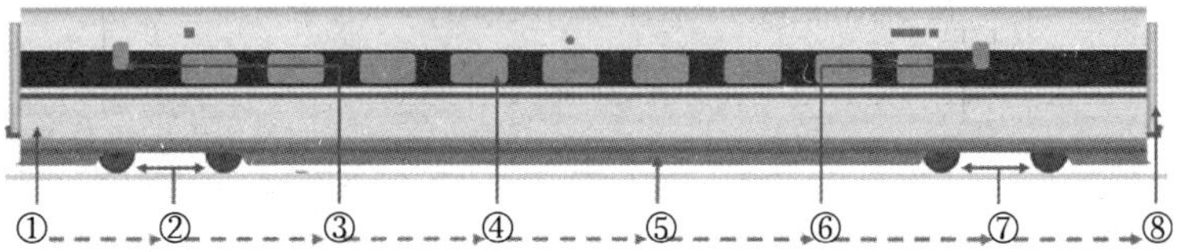
①
②
③
④
⑤
⑥
⑦
⑧
图 2－49　中间车检查</td></tr>
<tr><td>2.4.1</td><td>头罩排障器
（01、00 车）</td><td>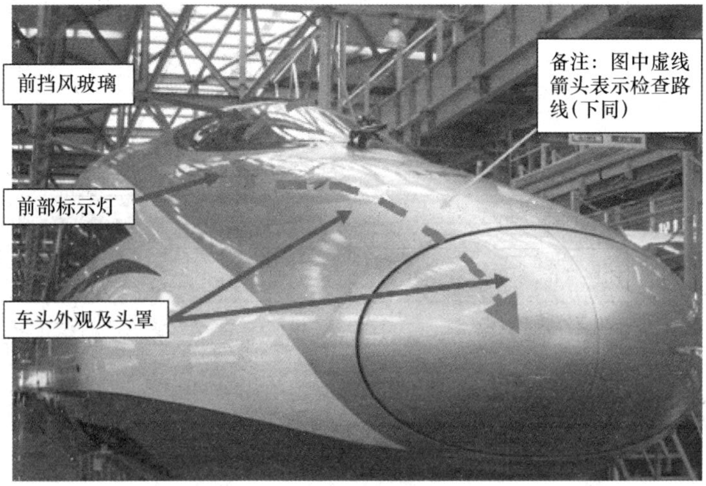
前挡风玻璃
备注：图中虚线箭头表示检查路线(下同)
前部标示灯
车头外观及头罩
图 2－50　上部检查</td></tr>
</table>

续表

序号	作业项目	作业内容、标准及图示			
2.4.1	头罩排障器（01、00 车）	作业内容	方法	标准	特别提示
		前挡风玻璃	目视，执行“四必”作业法（见图 2－50）	前挡风玻璃无破损、裂纹。	注意刮雨器外观良好。
		前部标示灯		前照灯及标示灯罩无松动破裂，照明良好。	注意远近灯光及红色警示灯是否正常。
		车头外观及头罩		车头外观无异常、脱漆，头罩无开裂、脱漆，紧闭情况良好。	
		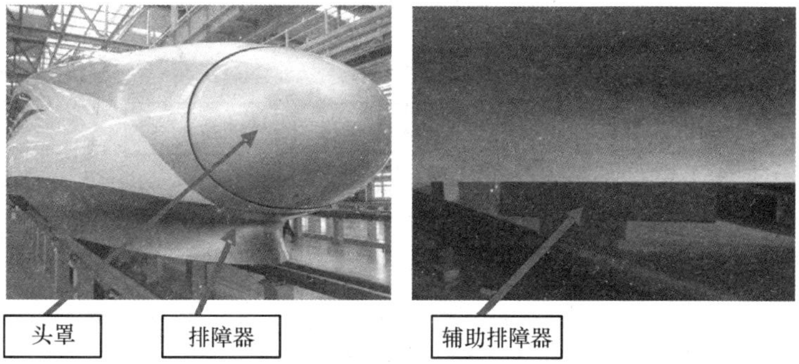 头罩　排障器　(a)　辅助排障器　(b) 图 2－51　下部检查			
		作业内容	方法	标准	特别提示
		头罩	目视、手推	头罩闭合到位，无缝隙、破损、裂纹、变形，漆面无脱落。	注意头罩缝隙的均匀性。
		主排障器	目视	主排障器无破损、裂纹、变形。	正面涂打检修日期，背面涂打检修标记（√）。
		辅助排障器	目视、钢板尺测量（见图 2－51）	辅助排障器安装牢固、无破损，橡胶块距轨面高度 20～30 mm，辅助排障器安装螺栓无松动。	正面涂打检修日期，背面涂打检修标记（√）。

续表

序号	作业项目	作业内容、标准及图示
2.4.2	★转向架及轮对检查	转向架及轮对检查共分为11个检查项点，如图2－52所示。 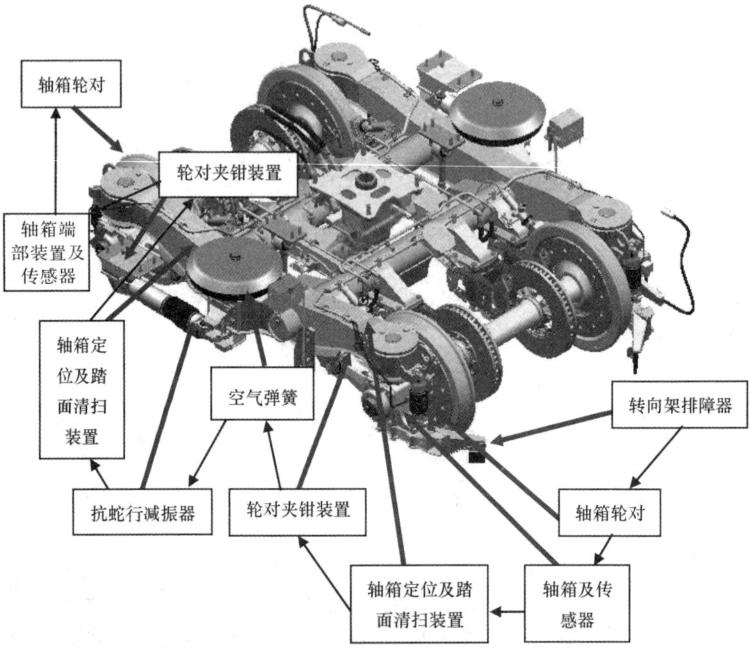 图2－52　转向架及轮对检查
1	转向架排障器检查（01、00车）	 图2－53　转向架排障器检查

续表

序号	作业项目	作业内容、标准及图示			
		作业内容	方法	标准	特别提示
1	转向架排障器检查（01、00车）	转向架排障器	目视、钢板尺测量（见图2－53）	转向架排障器距轨面高度5～13 mm，无破损。	正面涂打检修日期，背面涂打检修标记（√）。
		转向架排障器安装螺栓		转向架排障器2条安装螺栓无松动、无缺失。	
		吊装螺栓及止转垫片		4条吊装螺栓安装牢固，无松动；止转垫片牢固，无裂纹。	
2	轴箱端部装置及传感器检查	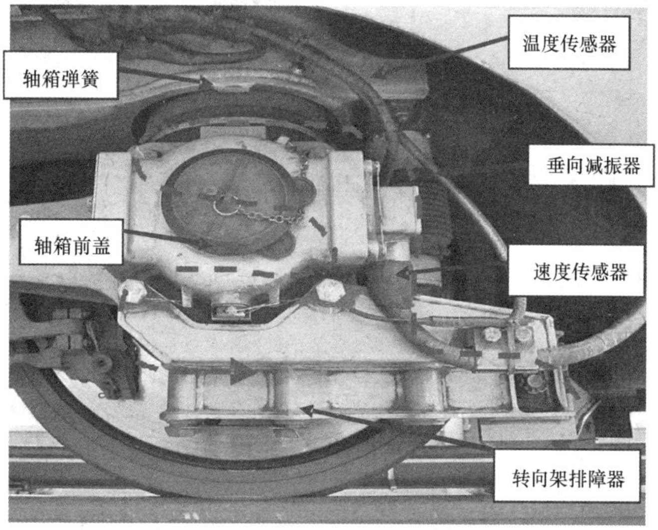 图2－54　轴箱端部装置及传感器检查			
		作业内容	方法	标准	特别提示
		温度传感器	目视、手检（见图2－54）	温度传感器安装牢固，接线无松动、破损，线卡紧固，相互间无碰磨。	
		速度传感器		速度传感器安装牢固，接线无松动、破损，2条线卡螺栓安装紧固，相互间无碰磨。	注意：速度传感器分三种类型安装在不同轴端。（具体分类见后文）
		轴箱前盖		轴箱外观良好，不漏油，轴箱前盖安装螺栓无松动，轴箱下托螺栓无松动，防松铁丝无断裂，橡胶防尘盖安装无松动、无破损，呼吸器、链配置齐全。	
		轴箱弹簧		轴箱弹簧无断裂，橡胶护套无异状、无破损。	
		垂向减振器		垂向减振器安装座无裂纹，螺栓紧固，防松铁丝无断裂，防雪防尘罩无破损，喉箍无松动。	注意是否有漏油现象，涂打检修日期和检修标记（√）。

续表

<table>
<tr><th>序号</th><th>作业项目</th><th colspan="4">作业内容、标准及图示</th></tr>
<tr><td rowspan="7">3</td><td rowspan="7">轴箱轮对检查</td><td colspan="4"> 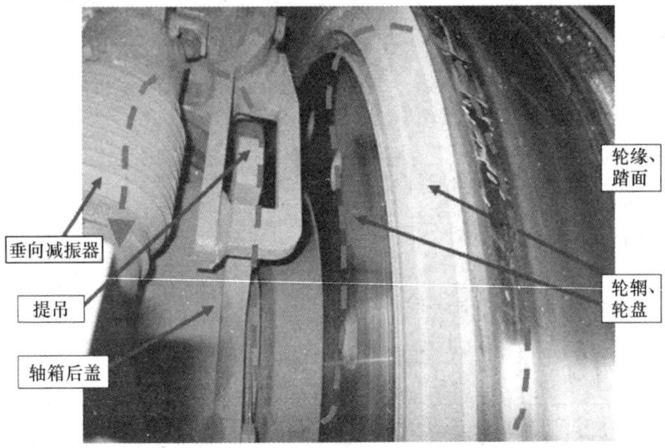图 2－55　轴箱轮对检查</td></tr>
<tr><td>作业内容</td><td>方法</td><td>标准</td><td>特别提示</td></tr>
<tr><td>轮缘、踏面</td><td rowspan="2">探身、目视、测量</td><td>轮缘外侧无缺损，当车轮直径＞840 mm 时，踏面擦伤、硌伤、剥离、滚动接触疲劳限度为，长度≤30 mm，深度≤0.25 mm；当车轮直径≤840 mm 时，踏面擦伤、硌伤、剥离长度≤25 mm，深度≤0.25 mm。</td><td>轮缘、踏面按照“四必”作业法细化检查。</td></tr>
<tr><td>轮辋、轮盘</td><td>轮辋无裂纹，轮盘轴向螺栓无松动，盘面磨耗≤2.8 mm。轮盘径向裂纹距盘环边缘＞10 mm时，裂纹长度 $a<80$ mm；径向裂纹距盘环边缘＜10 mm 时，裂纹长度 $b<60$ mm。</td><td></td></tr>
<tr><td>轴箱后盖</td><td rowspan="3">探身、目视、手检（见图 2－55）</td><td>轴箱后盖无裂纹、无漏油，下托螺栓无松动，防松铁丝无断裂。</td><td></td></tr>
<tr><td>提吊</td><td>轮对提吊无抗磨。</td><td></td></tr>
<tr><td>垂向减振器</td><td>垂向减振器安装座无裂纹，螺栓紧固，防松铁丝无断裂，防雪防尘罩无破损，喉箍无松动。</td><td>注意是否有漏油现象，涂打检修日期和检修标记（√）。</td></tr>
<tr><td>4</td><td>轴箱定位装置及踏面清扫装置检查</td><td colspan="4"> 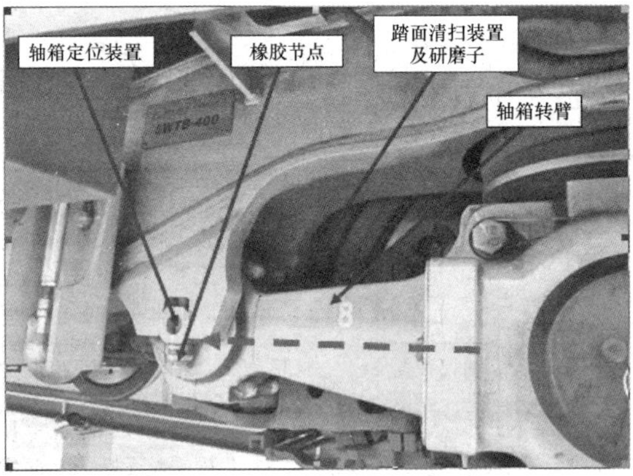图 2－56　轴箱定位装置及踏面清扫装置检查</td></tr>
</table>

续表

<table>
<tr><th>序号</th><th>作业项目</th><th colspan="4">作业内容、标准及图示</th></tr>
<tr><td rowspan="6">4</td><td rowspan="6">轴箱定位装置及踏面清扫装置检查</td><td>作业内容</td><td>方法</td><td>标准</td><td>特别提示</td></tr>
<tr><td>轴箱转臂</td><td rowspan="4">目视、手检</td><td>轴箱转臂上、下检查无裂损，转臂组合螺栓无松动，防松铁丝无断裂，防松铁皮须包死。</td><td></td></tr>
<tr><td>橡胶节点</td><td>橡胶节点无老化、无开裂。</td><td></td></tr>
<tr><td>轴箱定位装置</td><td>轴箱定位装置外观状态良好，侧梁节点卡座无裂纹。</td><td></td></tr>
<tr><td>踏面清扫装置</td><td>踏面清扫装置状态良好，配件齐全。</td><td></td></tr>
<tr><td>研磨子</td><td>目视、钢板尺测量（见图2-56）</td><td>研磨子厚度≥13 mm（含钢背厚度）。</td><td>研磨子更换执行以旧换新制度，旧配件严禁遗落在作业现场。</td></tr>
<tr><td rowspan="6">5</td><td rowspan="6">轮对夹钳装置检查</td><td colspan="4">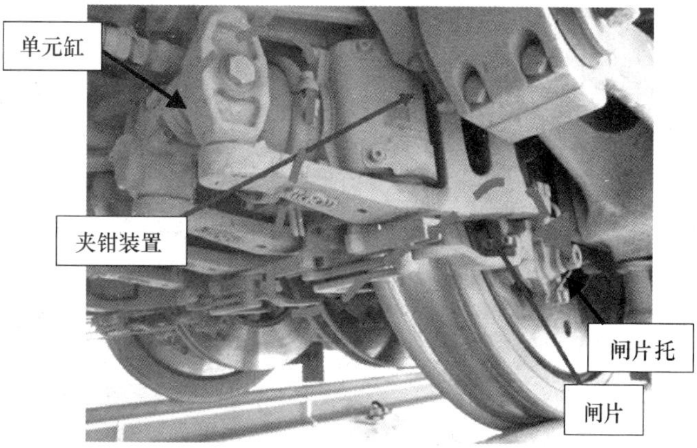
图2-57　轮对夹钳装置检查</td></tr>
<tr><td>作业内容</td><td>方法</td><td>标准</td><td>特别提示</td></tr>
<tr><td>单元缸</td><td rowspan="4">目视、测量（见图2-57）</td><td>单元缸无漏油，悬吊件无裂纹。</td><td></td></tr>
<tr><td>夹钳装置</td><td>夹钳装置配件齐全，状态良好。</td><td></td></tr>
<tr><td>闸片托</td><td>闸片托无裂纹，安装螺栓无松动，弹性销、悬挂弹片无缺损。</td><td></td></tr>
<tr><td>闸片</td><td>闸片无掉块，闸片剩余厚度≥5 mm+磨耗余量（到下一次一级修前闸片厚度不得低于5 mm）。</td><td>闸片更换执行以旧换新制度，旧配件严禁遗落在作业现场。更换后，应及时恢复制动。</td></tr>
</table>

续表

<table>
<tr><th>序号</th><th>作业项目</th><th colspan="4">作业内容、标准及图示</th></tr>
<tr><td rowspan="10">6</td><td rowspan="10">空气弹簧检查</td><td colspan="4"> 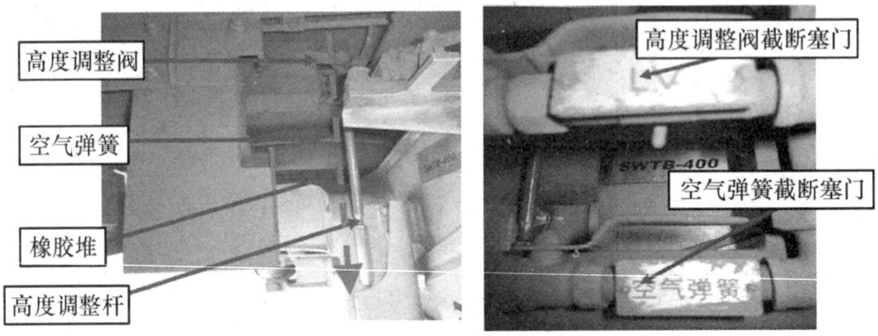(a) (b)
图 2－58　空气弹簧检查</td></tr>
<tr><td>作业内容</td><td>方法</td><td>标准</td><td>特别提示</td></tr>
<tr><td>高度调整阀</td><td rowspan="4">目视、测量</td><td>调整阀及管路无漏泄，阀体无漏油。</td><td></td></tr>
<tr><td>空气弹簧</td><td>目视空气弹簧外观状态良好，无漏风，橡胶气囊龟裂深度≤1.5 mm，长度≤50 mm。</td><td>注意是否存在鼓包、漏风现象。</td></tr>
<tr><td>橡胶堆</td><td>橡胶堆外观状态良好，无裂纹、无破损。</td><td></td></tr>
<tr><td>高度调整杆</td><td>高度调整杆无变形，配件无缺失，螺栓紧固，阀杆无转动。</td><td>高度调整杆曾发现有裂纹故障，检修时应特别注意。</td></tr>
<tr><td>高度调整阀截断塞门</td><td rowspan="2">目视检查（见图 2－58）</td><td>高度调整阀截断塞门正位，标识清晰，管路无漏泄。</td><td></td></tr>
<tr><td>空气弹簧截断塞门</td><td>空气弹簧截断塞门正位，标示清晰，管路无漏泄。</td><td></td></tr>
<tr><td colspan="4">③、④号作业人员须在阀门保护壳（面向 1 车方向）侧面打√，见图 2－59。
图 2－59　涂打标记</td></tr>
</table>

续表

序号	作业项目	作业内容、标准及图示
7	抗蛇行减振器检查	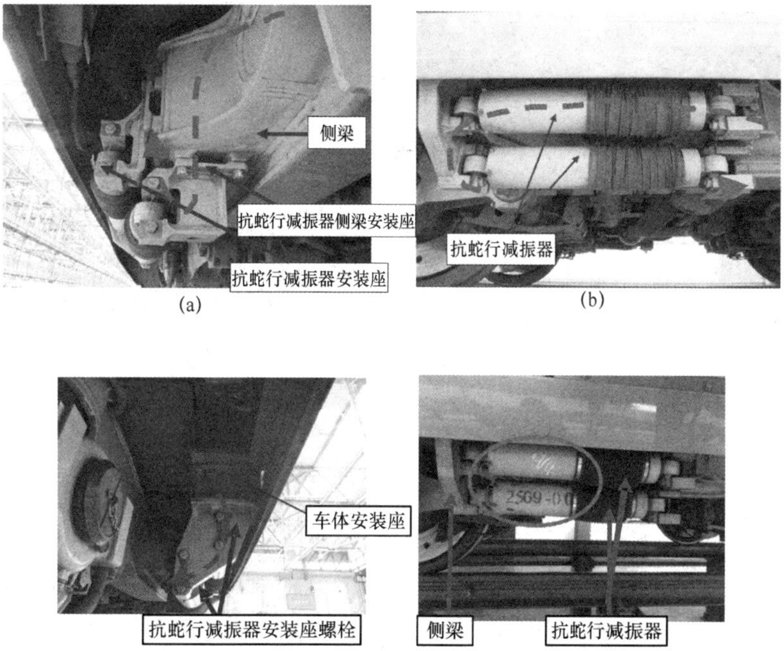 (a) (b) (c) (d) 图2-60　抗蛇行减振器检查

作业内容	方法	标准	特别提示
侧梁	目视、手检（见图2-60）	侧梁弯角处无异常、无裂纹。	
抗蛇行减振器侧梁安装座		抗蛇行减振器侧梁安装螺栓紧固，防松铁丝无断裂。	
抗蛇行减振器安装座		减振器安装座无裂纹，连接轴橡胶无老化，4条螺栓紧固，防松标记无错位，防松铁丝无断裂。	注意：抗蛇行减振器安装螺栓曾发生过折断故障。
抗蛇行减振器		抗蛇行减振器无异常、无漏油，防尘套无松动、无破损。	涂打检修日期和检修标记（√）。
车体安装座		车体安装座状态良好，无裂纹、无变形，2条螺栓紧固，防松铁丝无断裂。	

续表

<table>
<tr><th>序号</th><th>作业项目</th><th colspan="4">作业内容、标准及图示</th></tr>
<tr><td rowspan="6">8</td><td rowspan="6">轮对夹钳装置检查</td><td colspan="4"> 图 2－61　轮对夹钳装置检查</td></tr>
<tr><td>作业内容</td><td>方法</td><td>标准</td><td>特别提示</td></tr>
<tr><td>单元缸</td><td rowspan="4">目视、测量（见图 2－61）</td><td>单元缸无漏油，悬吊件无裂纹。</td><td></td></tr>
<tr><td>夹钳装置</td><td>夹钳装置配件齐全，状态良好。</td><td></td></tr>
<tr><td>闸片托</td><td>闸片托安装螺栓无松动，弹性销、悬挂弹片无缺损。</td><td></td></tr>
<tr><td>闸片</td><td>闸片无掉块，闸片剩余厚度≥5 mm + 磨耗余量（到下一次一级修前闸片厚度不得低于5 mm）。</td><td>闸片更换执行以旧换新制度，旧配件严禁遗落在转向架上。更换后，应及时恢复制动。</td></tr>
<tr><td>9</td><td>轴箱定位装置及踏面清扫装置检查</td><td colspan="4"> 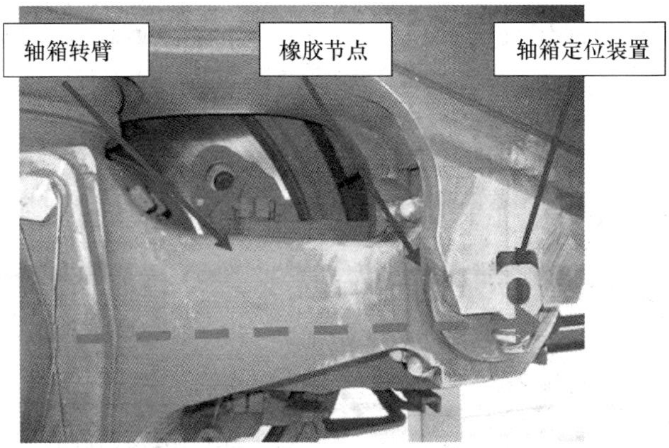(a)</td></tr>
</table>

续表

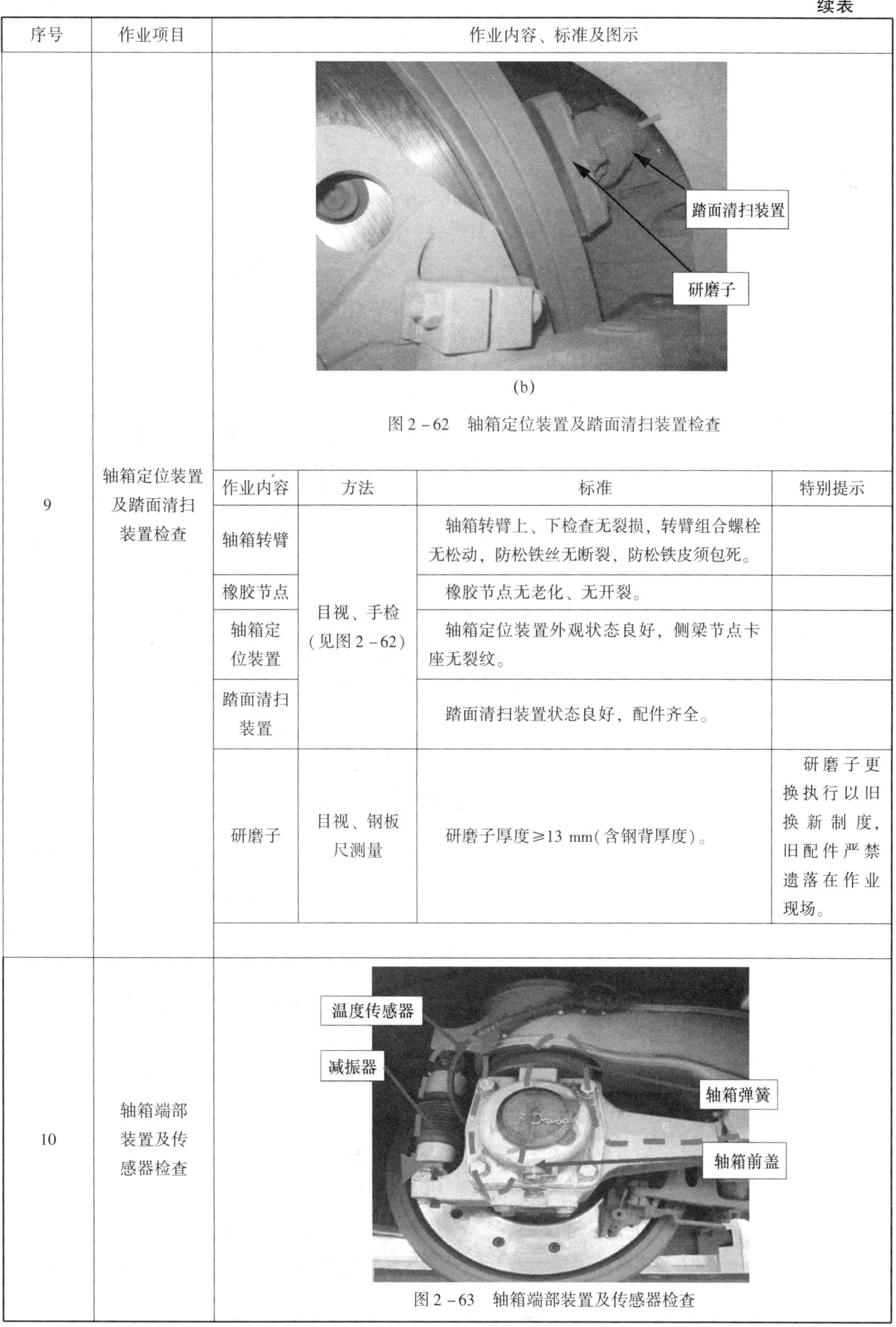

序号	作业项目	作业内容、标准及图示			
9	轴箱定位装置及踏面清扫装置检查	(b) 图2-62　轴箱定位装置及踏面清扫装置检查			
		作业内容	方法	标准	特别提示
		轴箱转臂	目视、手检（见图2-62）	轴箱转臂上、下检查无裂损，转臂组合螺栓无松动，防松铁丝无断裂，防松铁皮须包死。	
		橡胶节点		橡胶节点无老化、无开裂。	
		轴箱定位装置		轴箱定位装置外观状态良好，侧梁节点卡座无裂纹。	
		踏面清扫装置		踏面清扫装置状态良好，配件齐全。	
		研磨子	目视、钢板尺测量	研磨子厚度≥13 mm（含钢背厚度）。	研磨子更换执行以旧换新制度，旧配件严禁遗落在作业现场。
10	轴箱端部装置及传感器检查	图2-63　轴箱端部装置及传感器检查			

续表

序号	作业项目	作业内容、标准及图示			
10	轴箱端部装置及传感器检查	作业内容	方法	标准	特别提示
		温度传感器	目视、手检（见图2-63）	传感器安装牢固，接线无松动、破损，线卡紧固，相互间无碰磨。	
		减振器		垂向减振器安装座无裂纹，螺栓紧固，防松铁丝无断裂，防雪防尘罩无破损，喉箍无松动。	注意是否有漏油现象，涂打检修日期和检修标记（√）。
		轴箱前盖		轴箱外观良好，不漏油，轴箱前盖安装螺栓无松动，轴箱下托螺栓无松动，防松铁丝无断裂，橡胶防尘盖安装无松动、无破损，呼吸器、链配置齐全。	
		轴箱弹簧		轴箱弹簧无断裂，橡胶护套无异状、无破损。	

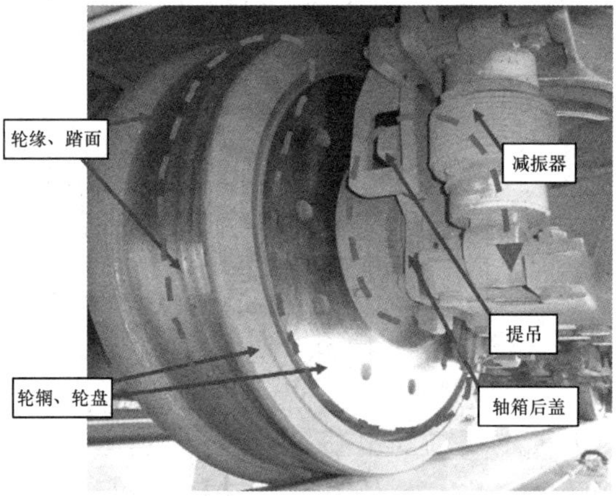

图2-64　轴箱轮对检查

序号	作业项目	作业内容	方法	标准	特别提示
11	轴箱轮对检查	轮缘、踏面	目视、测量	轮缘外侧无缺损，当车轮直径 >840 mm时，踏面擦伤、硌伤、剥离、滚动接触疲劳限度为，长度≤30 mm，深度≤0.25 mm；当车轮直径≤840 mm时，踏面擦伤、硌伤、剥离长度≤25 mm，深度≤0.25 mm。	发现特殊损伤后，应按流程及时进行上报。
		轮辋、轮盘		轮辋无裂纹，轮盘轴向螺栓无松动，盘面磨耗≤2.8 mm。轮盘径向裂纹距盘环边缘 >10 mm时，裂纹长度 a <80 mm；径向裂纹距盘环边缘 <10 mm时，裂纹长度 b <60 mm。	发现特殊损伤后，应按流程及时进行上报。
		轴箱后盖	目视、手检（见图2-64）	轴箱后盖无裂纹、无漏油，下托螺栓无松动，防松铁丝无断裂。	
		提吊		轮对提吊无抗磨。	
		减振器		垂向减振器安装座无裂纹，螺栓紧固，防松铁丝无断裂，防雪防尘罩无破损，喉箍无松动。	注意是否有漏油现象，涂打检修日期和检修标记（√）。

续表

<table>
<tr><th>序号</th><th>作业项目</th><th colspan="4">作业内容、标准及图示</th></tr>
<tr><td rowspan="3">12</td><td rowspan="3">380A/AL
轴端类型</td><td colspan="4"> (a) 

(b)

图2-65　轴端接地装置检查</td></tr>
<tr><td>作业内容</td><td>方法</td><td>标准</td><td>特别提示</td></tr>
<tr><td>轴端接地装置</td><td>目视检查
（见图2-65）</td><td>轴端接地装置4条螺栓安装牢固，3条接线螺栓安装牢固，无松动、破损，4条线卡螺栓安装紧固，相互间无碰磨，防松铁丝无断裂。</td><td>注意：分布在01、00车3位、5位轴端。（仅做过五级修的380A/AL有）</td></tr>
</table>

续表

<table>
<tr><th>序号</th><th>作业项目</th><th colspan="4">作业内容、标准及图示</th></tr>
<tr><td rowspan="3">12</td><td rowspan="3">380A/AL
轴端类型</td><td colspan="4"> 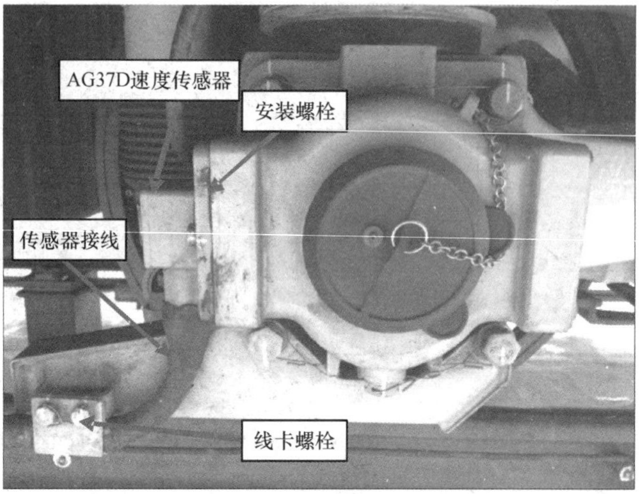
(a) 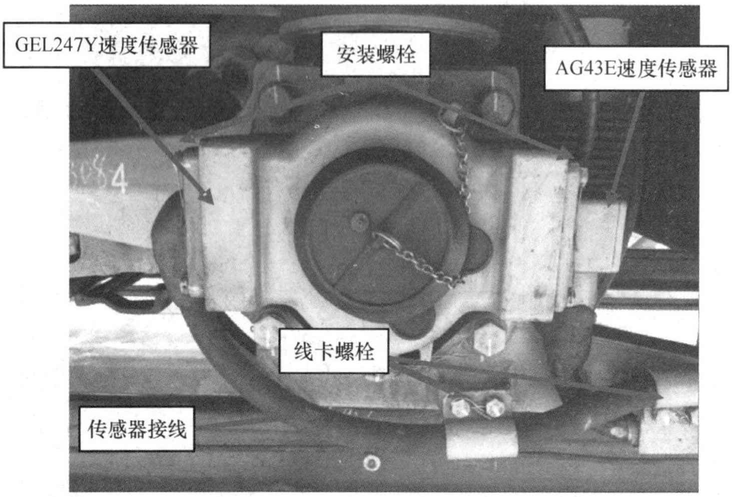

(b)
图 2－66　速度传感器检查</td></tr>
<tr><td>作业内容</td><td>方法</td><td>标准</td><td>特别提示</td></tr>
<tr><td>速度传感器</td><td>目视检查
（见图 2－66）</td><td>速度传感器 4 条螺栓安装牢固，接线无松动、破损，线卡螺栓安装紧固，相互间无碰磨，防松铁丝无断裂。</td><td>注意：AG37D 仅分布在 01 车、00 车的 2 位、8 位轴端，AG43E 和 GEL247Y 仅分布在 01 车、00 车的 4 位、6 位轴端。</td></tr>
</table>

续表

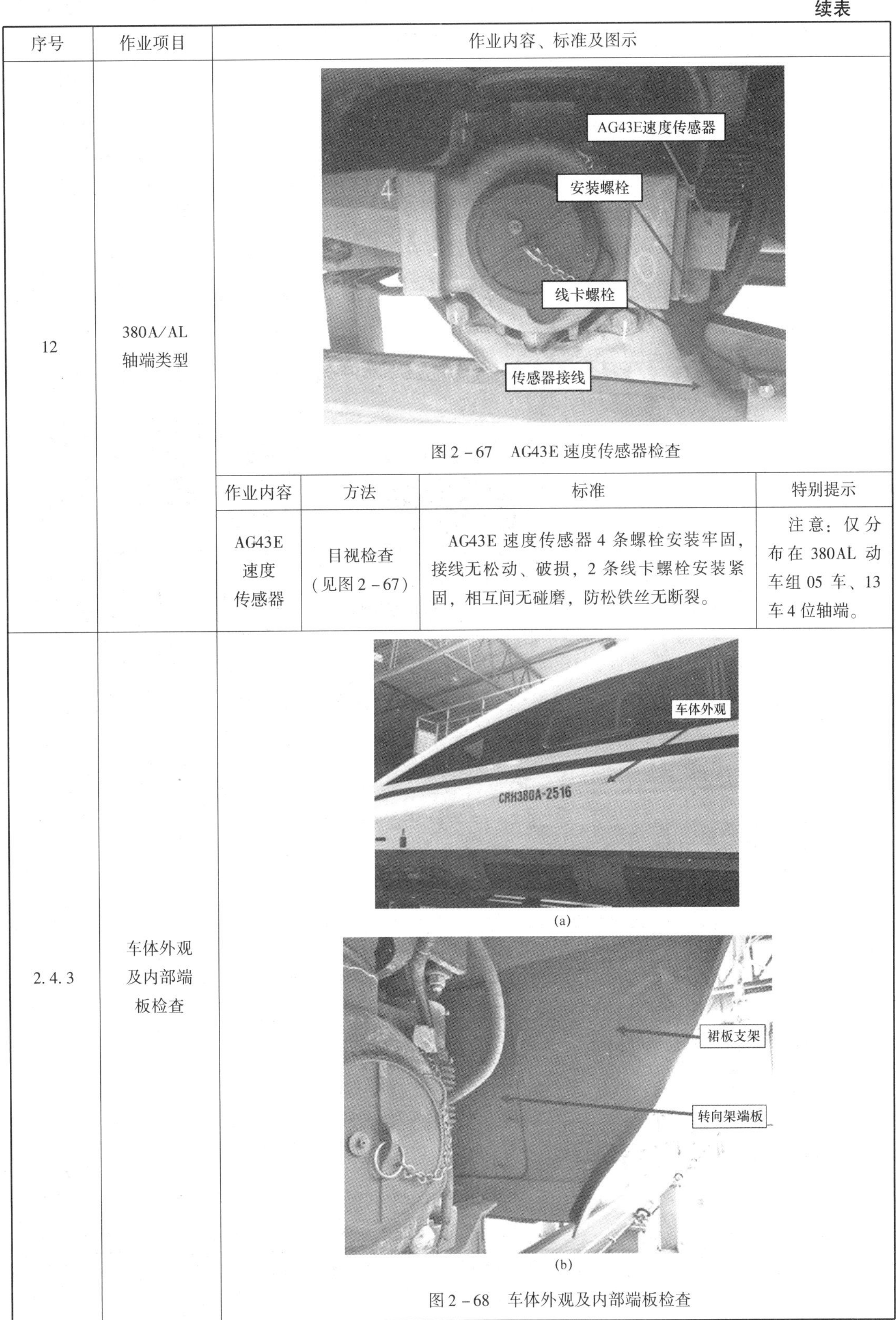

<table>
<tr><th>序号</th><th>作业项目</th><th colspan="4">作业内容、标准及图示</th></tr>
<tr><td rowspan="3">12</td><td rowspan="3">380A/AL
轴端类型</td><td colspan="4">图 2－67　AG43E 速度传感器检查</td></tr>
<tr><td>作业内容</td><td>方法</td><td>标准</td><td>特别提示</td></tr>
<tr><td>AG43E
速度
传感器</td><td>目视检查
（见图 2－67）</td><td>AG43E 速度传感器 4 条螺栓安装牢固，接线无松动、破损，2 条线卡螺栓安装紧固，相互间无碰磨，防松铁丝无断裂。</td><td>注意：仅分布在 380AL 动车组 05 车、13 车 4 位轴端。</td></tr>
<tr><td>2. 4. 3</td><td>车体外观
及内部端
板检查</td><td colspan="4">(a)
(b)
图 2－68　车体外观及内部端板检查</td></tr>
</table>

续表

<table>
<tr><th>序号</th><th>作业项目</th><th colspan="4">作业内容、标准及图示</th></tr>
<tr><td rowspan="4">2.4.3</td><td rowspan="4">车体外观及内部端板检查</td><td>作业内容</td><td>方法</td><td>标准</td><td>特别提示</td></tr>
<tr><td>车体外观</td><td>目视</td><td>车体外观无异常，漆面无剥落，车型、车组号标示清晰。</td><td>注意是否有涂鸦现象。</td></tr>
<tr><td>裙板支架</td><td rowspan="2">目视、手检（见图2－68）</td><td>裙板支架安装紧固，无松动、无裂纹，安装螺栓无松动。</td><td></td></tr>
<tr><td>转向架端板</td><td>转向架端板安装螺栓安装紧固，无松动。</td><td></td></tr>
<tr><td rowspan="6">2.4.4</td><td rowspan="6">侧门、车窗检查</td><td colspan="4">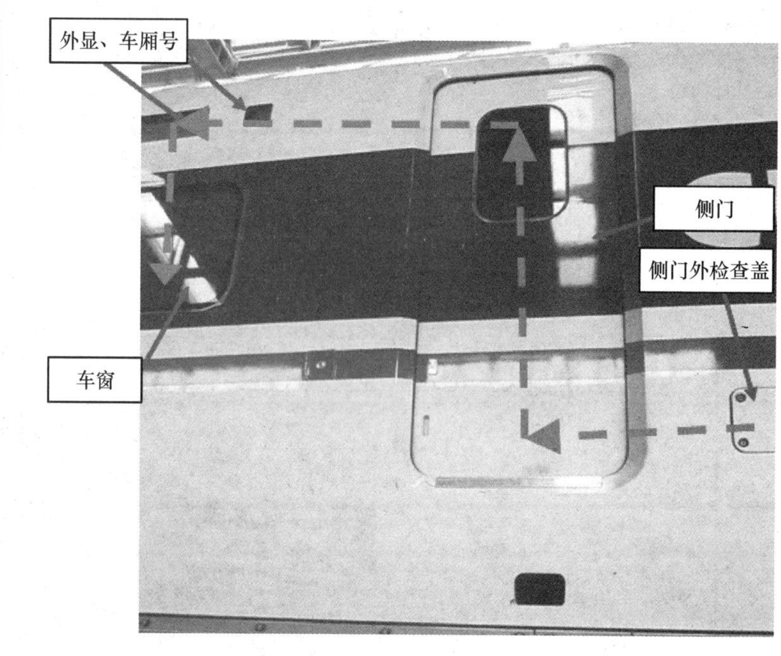

图2－69　侧门、车窗检查</td></tr>
<tr><td>作业内容</td><td>方法</td><td>标准</td><td>特别提示</td></tr>
<tr><td>侧门外检查盖</td><td rowspan="4">目视（见图2－69）</td><td>侧门外检查盖螺栓紧固、无松动。</td><td></td></tr>
<tr><td>侧门</td><td>侧门状态良好，无变形、损坏，油漆无脱落，玻璃无裂纹。</td><td></td></tr>
<tr><td>外显、车厢号</td><td>车侧显示器状态良好，显示清晰正常。</td><td></td></tr>
<tr><td>车窗</td><td>车窗玻璃无裂纹。</td><td>车窗玻璃易发生被异物击碎的情况。</td></tr>
</table>

续表

<table>
<tr><th>序号</th><th>作业项目</th><th colspan="4">作业内容、标准及图示</th></tr>
<tr><td rowspan="5">2.4.5</td><td rowspan="5">裙板检查</td><td colspan="4"> 图 2－70　裙板检查</td></tr>
<tr><td>作业内容</td><td>方法</td><td>标准</td><td>特别提示</td></tr>
<tr><td>裙板</td><td rowspan="3">目视、手检（见图 2－70）</td><td>拳敲裙板无异常，裙板螺栓紧固、无松动。</td><td>易发生运行中裙板打开事故。</td></tr>
<tr><td>安全碰锁</td><td>安全碰锁锁闭正位。</td><td></td></tr>
<tr><td>裙板格栅</td><td>排风格栅无变形、无裂纹，裙板锁锁闭正位，无松动，折页无裂损，裙板螺栓紧固，配件无丢失。</td><td>格栅曾有过断裂情况，折页易腐蚀。</td></tr>
<tr><td>2.4.6</td><td>门总、踏面清扫塞门检查</td><td colspan="4"> 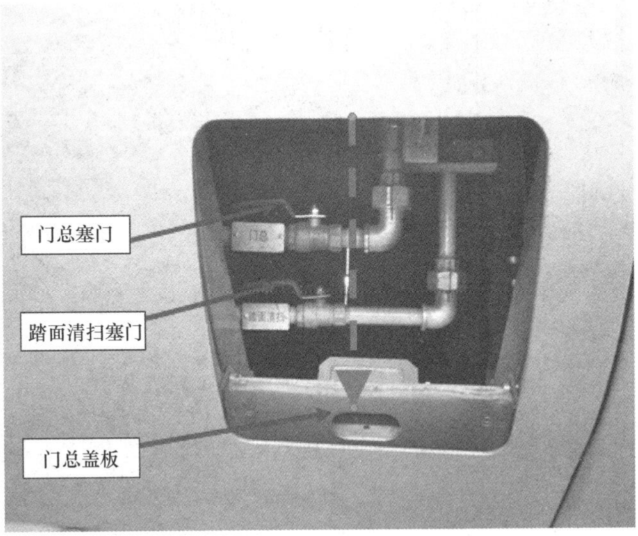图 2－71　门总、踏面清扫塞门检查</td></tr>
</table>

续表

<table>
<tr><th>序号</th><th>作业项目</th><th colspan="4">作业内容、标准及图示</th></tr>
<tr><td rowspan="4">2.4.6</td><td rowspan="4">门总、踏面清扫塞门检查</td><td>作业内容</td><td>方法</td><td>标准</td><td>特别提示</td></tr>
<tr><td>门总盖板</td><td rowspan="3">目视、手检（见图2－71）</td><td>门总盖板固定金属件无损伤、安装松弛，作用良好，活动盖板运动自如，与车体接触良好，无变形；盖板上螺栓无缺失，安装紧固无松动，门总侧盖板处于关闭位。</td><td>运行中多次发生盖板未关闭情况。滑道应定期给油保养，使滑道动作流畅。</td></tr>
<tr><td>踏面清扫塞门</td><td>踏面清扫塞门正位，安装紧固，无漏气。</td><td></td></tr>
<tr><td>门总塞门</td><td>门总塞门正位，安装紧固，无漏气。</td><td>车门试验时，门总应恢复。</td></tr>
<tr><td>2.4.7</td><td>注水口检查</td><td colspan="4">

(a)

(b)
图2－72　注水口检查</td></tr>
</table>

续表

序号	作业项目	作业内容、标准及图示			
		作业内容	方法	标准	特别提示
2.4.7	注水口检查	注水口盖板	目视、手检（见图2－72）	注水口固定金属件无损伤、安装松弛，作用良好；注水口盖板运动自如，与车体接触良好，无变形；盖板上螺栓无缺失，安装紧固无松动；注水口盖板处于关闭位。	滑道应定期给油保养，使滑道动作流畅。
		注水口		内部各塞门正位无泄漏。上水口盖板与注水口吻合，无变形。	
		液位显示仪		液位显示仪镜面无破损，显示清晰。	显示缺水时，应及时注水。
2.4.8	吸污口检查	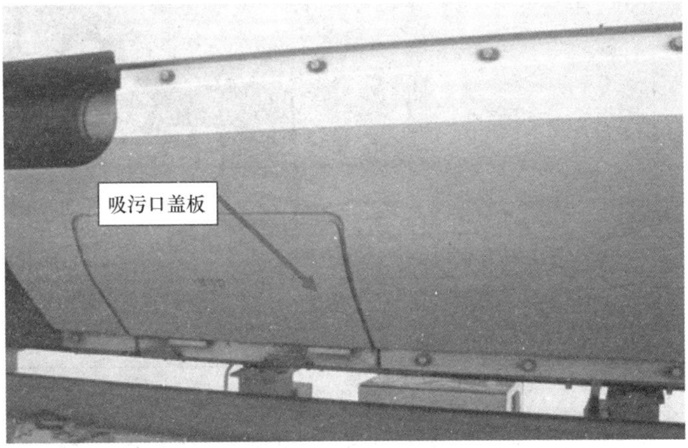 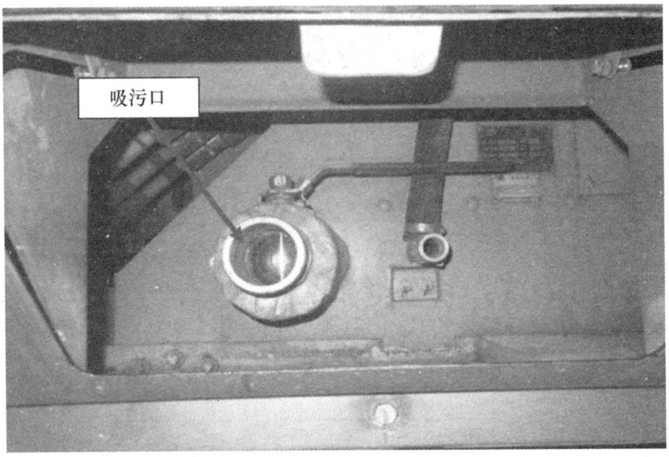 吸污口盖板 (a) 吸污口 (b) 图2－73　吸污口检查			
		作业内容	方法	标准	特别提示
		吸污口盖板	目视、手检（见图2－73）	吸污口盖板外观状态良好，安装紧固。	
		吸污口		吸污口合页安装紧固，作用良好；排污口塞门正位无泄漏。	

续表

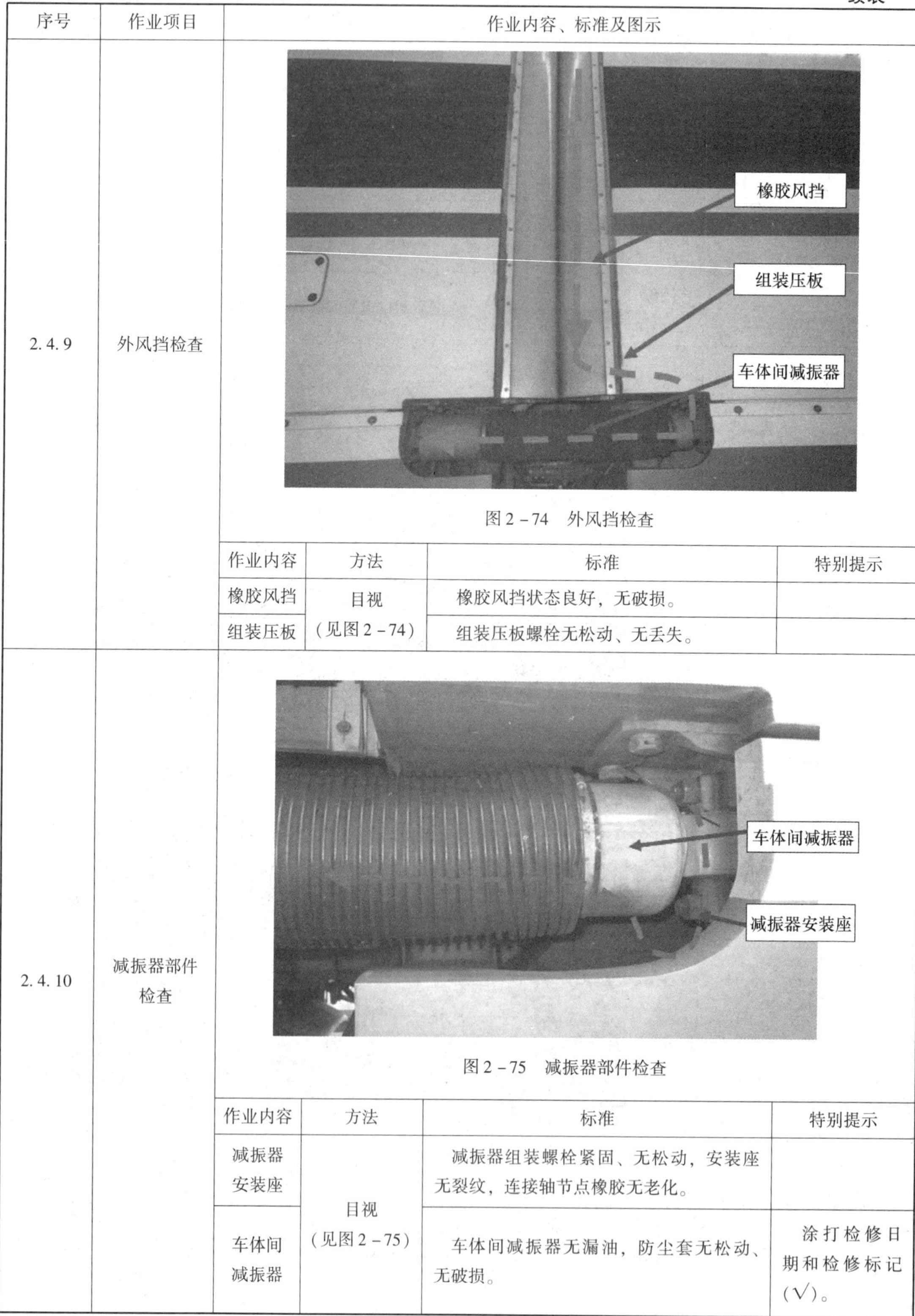

序号	作业项目	作业内容、标准及图示			
2.4.9	外风挡检查	图 2－74　外风挡检查			
		作业内容	方法	标准	特别提示
		橡胶风挡	目视（见图 2－74）	橡胶风挡状态良好，无破损。	
		组装压板		组装压板螺栓无松动、无丢失。	
2.4.10	减振器部件检查	图 2－75　减振器部件检查			
		作业内容	方法	标准	特别提示
		减振器安装座	目视（见图 2－75）	减振器组装螺栓紧固、无松动，安装座无裂纹，连接轴节点橡胶无老化。	
		车体间减振器		车体间减振器无漏油，防尘套无松动、无破损。	涂打检修日期和检修标记（√）。

续表

<table>
<tr><th>序号</th><th>作业项目</th><th colspan="4">作业内容、标准及图示</th></tr>
<tr><td rowspan="5">2.4.11</td><td rowspan="5">端墙、
支架检查</td><td colspan="4"> 端墙、支架
(a) 
登顶梯
端部新风口
(b)
图2－76　端墙、支架检查</td></tr>
<tr><td>作业内容</td><td>方法</td><td>标准</td><td>特别提示</td></tr>
<tr><td>端墙、
支架</td><td rowspan="3">目视
（见图2－76）</td><td>端墙、支架螺栓配件齐全紧固，无松动，防松标记清晰；支架无裂纹，无变形。</td><td></td></tr>
<tr><td>登顶梯</td><td>登顶梯牢固，无变形、无破损。</td><td></td></tr>
<tr><td>端部
新风口</td><td>车端换气装置新风滤网安装牢固，固定螺栓无松动、缺失。</td><td></td></tr>
</table>

续表

序号	作业项目	作业内容、标准及图示
2.4.12	跨接线、密接式车钩检查	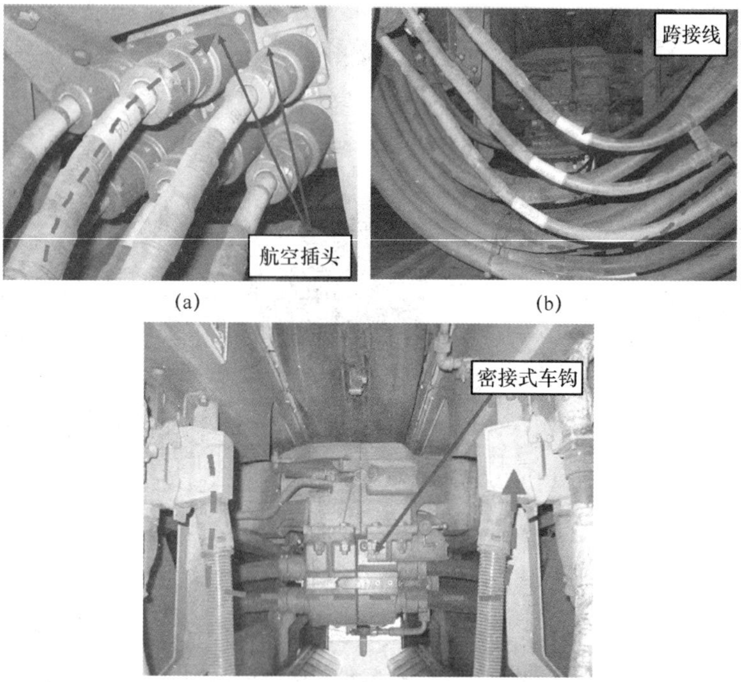 航空插头 (a) 跨接线 (b) 密接式车钩 (c) 图 2－77　跨接线、密接式车钩检查

作业内容	方法	标准	特别提示
航空插头	目视、手检（见图 2－77）	各航空插头安装牢固，无松动，线标清晰，连接线护套无破损。	易发生插头脱落。
跨接线		车体各跨接线连接良好，外观无异状，无破损或打击痕迹，跨接线与车体无相碰部位。	重点检查最下方跨接线状态。
密接式车钩		车钩及连接器连接良好，车钩封连线状态良好，车端各线卡、管卡状态良好，无异常、无漏泄。	

序号	作业项目	作业内容、标准及图示
2.4.13	过分相装置检查	过分相传感器 传感器安装螺栓 图 2－78　过分相装置检查

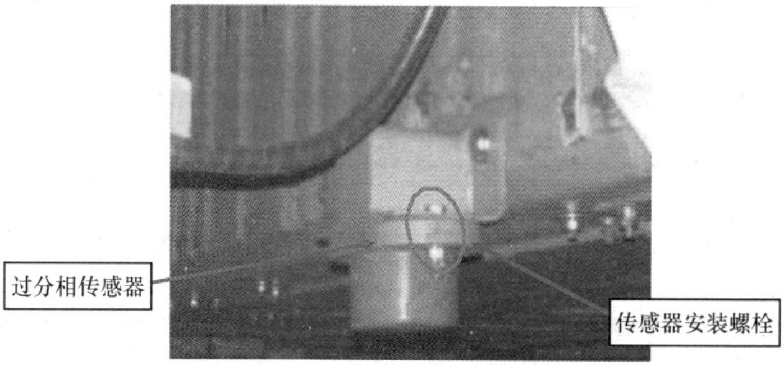

续表

<table>
<tr><th>序号</th><th>作业项目</th><th colspan="4">作业内容、标准及图示</th></tr>
<tr><td rowspan="2">2.4.13</td><td rowspan="2">过分相装置检查</td><td>作业内容</td><td>方法</td><td>标准</td><td>特别提示</td></tr>
<tr><td>自动过分相装置</td><td>目视、测量（见图 2－78）</td><td>目视自动过分相装置天线外观状态良好，安装牢固，螺栓防松标记清晰无错位，距轨面高度符合限度 110～130 mm。</td><td></td></tr>
<tr><td rowspan="5">2.4.14</td><td rowspan="5">车下设备运转状态检查</td><td colspan="4">(a)　(b)
图 2－79　车下设备运转状态检查</td></tr>
<tr><td>作业内容</td><td>方法</td><td>标准</td><td>特别提示</td></tr>
<tr><td>空调轴流风机</td><td rowspan="3">目视、耳听（见图 2－79）</td><td>风机工作正常，送风机转动正常，无异声。
分布：全列车，每节车厢的 2 位角和 4 位角。</td><td>易发生空调通风机电机与导流风圈固定支架螺栓折断故障，使电机转轴偏心，扇叶击打导流风圈导致产生异声。</td></tr>
<tr><td>牵引电机冷却风机</td><td>风机工作正常，送风机转动正常，无异声。
分布：除去头车，每节车厢的 1 位角和 3 位角。</td><td></td></tr>
<tr><td>主变压器风机</td><td>风机工作正常，送风机转动正常，无异声。
分布：短编 2、4、6 车 1 位侧，长编 2、4、6、8、10、12、14 车 1 位侧。</td><td></td></tr>
<tr><td>2.4.15</td><td>重要提示</td><td colspan="4">两侧作业重要提示具体如下。</td></tr>
</table>

续表

序号	作业项目	作业内容、标准及图示
1	防松铁丝	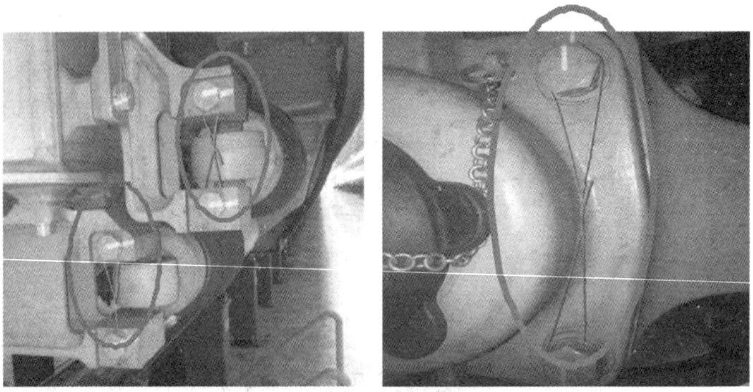 (a) (b) 图 2－80　防松铁丝状态 防松铁丝安装应牢固、不松动、无断裂，保持紧绷状态，见图 2－80。
2	开口销	 图 2－81　开口销状态 旧开口销应报废，新开口销插入闸片托架下部的孔中，插入方向为从里向外（朝向夹钳开口侧为外），开口销必须穿在锁簧外侧，将开口销劈开 180°，长边在上、短边在下，短边包靠在闸片托架上，见图 2－81。
3	裙板螺栓	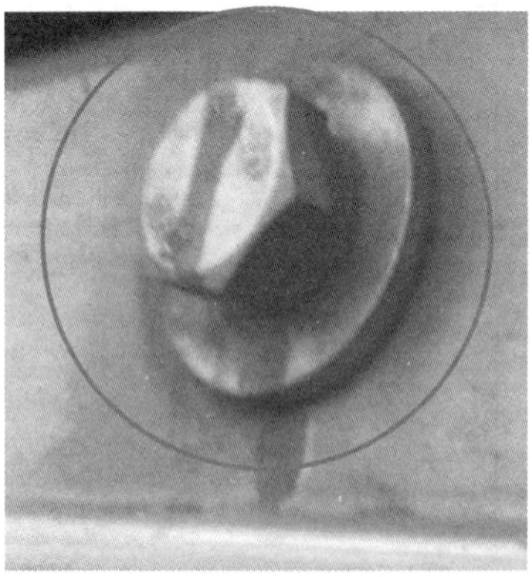 图 2－82　裙板螺栓状态 防松标记无错位，平垫无松动，弹垫夹实到位，见图 2－82。

续表

序号	作业项目	作业内容、标准及图示
4	液位显示仪	 图2－83　液位显示仪状态 清水箱显示缺水时，应及时注水；吸污作业后，污水箱应显示正常，见图2－83。
5	盖板	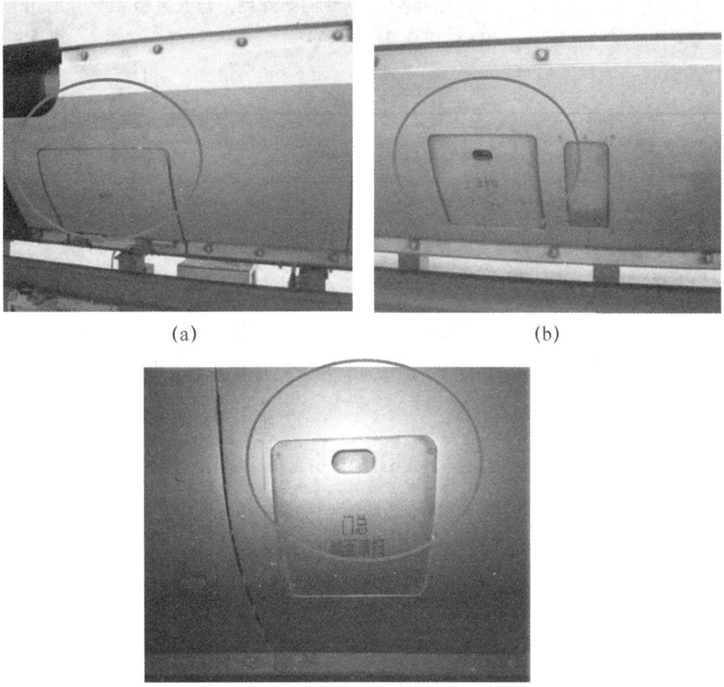 (a)　(b) (c) 图2－84　盖板状态 检查完毕后，应及时恢复并关闭到位，见图2－84。

续表

序号	作业项目	作业内容、标准及图示
6	研磨块	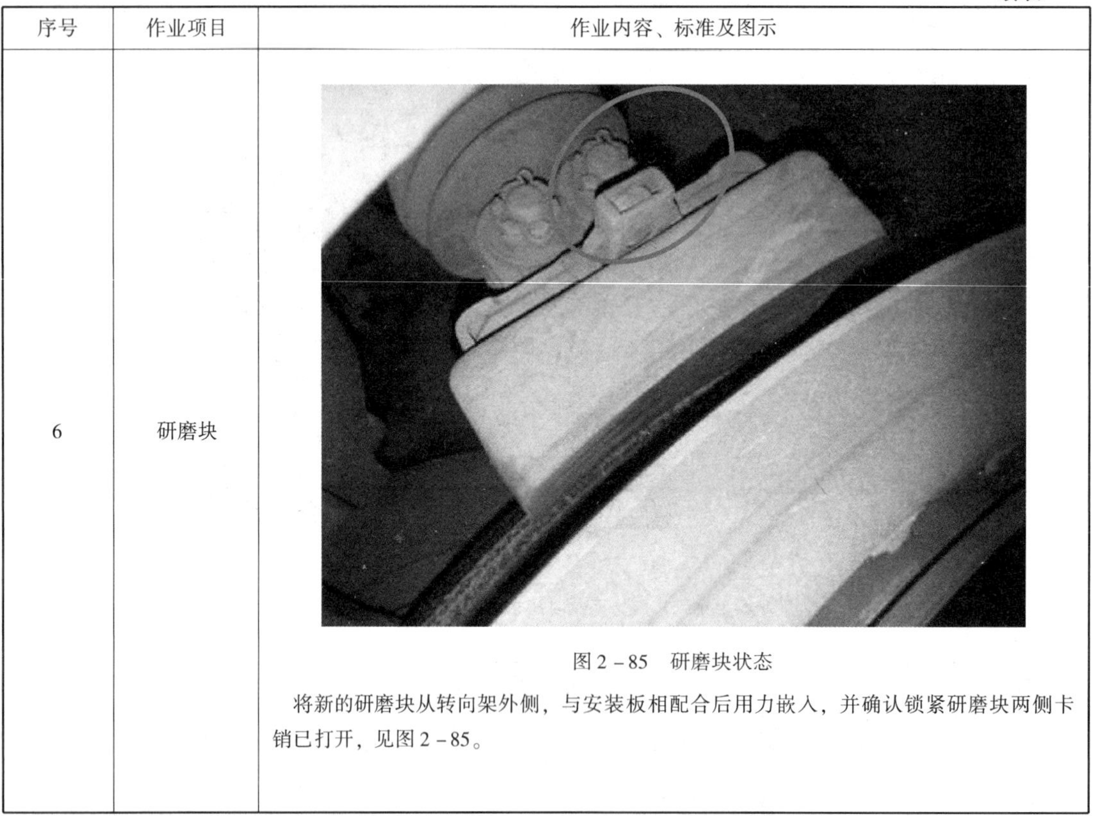 图 2－85　研磨块状态 将新的研磨块从转向架外侧，与安装板相配合后用力嵌入，并确认锁紧研磨块两侧卡销已打开，见图 2－85。

任务实施与评价

①下发任务单，明确学习任务、主要内容、知识目标、能力目标、素质目标要求；

②学生按任务单要求制订学习计划，完成预习任务及相关知识准备；

③小组内采用角色扮演形式，按照“四必”作业法要求，对动车组两侧进行检查并处理故障；

④通过查阅相关资料，各小组分别制作 PPT，讲解在一级检修两侧作业期间，如何执行“四必”作业法；

⑤学生进行学习自我评价及学习小组成员互评，小组长（副组长）进行小组整体评价，教师检查任务完成情况。

【任务 5】　一级检修车内作业

任务单

<table>
<tr><td>任务名称</td><td colspan="7">一级检修车内作业</td></tr>
<tr><td>任务描述</td><td colspan="7">在接触网供电情况下，①、②号作业人员对动车组车内进行检查并处理故障。</td></tr>
<tr><td>任务分析</td><td colspan="7">以 CRH380A 型动车组为例，从司机室作业流程、司机室供电试验和客室作业等多个方面学习一级检修车内作业质量标准。</td></tr>
<tr><td>学习任务</td><td colspan="7">【子任务 1】小组内采用角色扮演形式，按照“四必”作业法要求，对动车组车内进行检查并处理故障。
【子任务 2】小组内采用角色扮演形式，填写《CRH380A 型动车组一级检修记录单》《CRH380A 型动车组一级检修试验单》和《故障处理记录单》；
【子任务 3】小组内采用角色扮演形式，填写《动车组一级检修竣工单》；
【子任务 4】各小组根据《动车组出所质量标准》对动车组进行检查；
【子任务 5】小组内采用角色扮演形式，填写《动车组出所质量联检记录单》；
【子任务 6】各小组间针对动车组一、二级检修限度表内容展开知识竞赛。
资料 1：《CRH380A 型动车组一级检修记录单》《CRH380A 型动车组一级检修试验单》和《故障处理记录单》
资料 2：动车组一级检修竣工单
资料 3：动车组出所质量标准
资料 4：动车组出所质量联检记录单
资料 5：动车组一、二级检修限度表</td></tr>
<tr><td>劳动组合</td><td colspan="7">各组长分配小组成员角色，进行一级检修车内作业和出所质量检查，并留下影像资料，填写台账，推荐人员参加知识竞赛。
各组评判小组成员学习情况，作出小组评价。</td></tr>
<tr><td>成果展示</td><td colspan="7">（1）学生进行一级检修车内作业和出所质量检查的照片或视频
（2）CRH380A 型动车组一级检修记录单
（3）动车组一级检修竣工单
（4）动车组出所质量联检记录单
（5）知识竞赛的照片或视频</td></tr>
<tr><td>学习小结</td><td colspan="7"></td></tr>
<tr><td rowspan="6">自我评价</td><td>项目</td><td>A—优</td><td>B—良</td><td>C—中</td><td>D—及格</td><td>E—不及格</td><td>综合</td></tr>
<tr><td>安全纪律（15%）</td><td></td><td></td><td></td><td></td><td></td><td rowspan="5"></td></tr>
<tr><td>学习态度（15%）</td><td></td><td></td><td></td><td></td><td></td></tr>
<tr><td>专业知识（30%）</td><td></td><td></td><td></td><td></td><td></td></tr>
<tr><td>专业技能（30%）</td><td></td><td></td><td></td><td></td><td></td></tr>
<tr><td>团队合作（10%）</td><td></td><td></td><td></td><td></td><td></td></tr>
<tr><td rowspan="2">教师评价</td><td>简要评价</td><td colspan="5"></td><td rowspan="2"></td></tr>
<tr><td>教师签名</td><td colspan="5"></td></tr>
</table>

资料 1：CRH380A 型动车组一级检修记录单

辆动-048

CRH	××××段××××所	版本号：201307
	CRH380A型动车组一级检修记录单	

日期：___年___月___日　　入/出所车次：___/___　　车组号：CRH______　　检修班组：______

作业序号	作业部位	检查项目		检查结果								检修人签字
				01	02	03	04	05	06	07	00	
1	车顶作业	车顶板、防滑地胶及内外风挡状态										①号作业人员： ②号作业人员：
2		车顶各天线状态			N/A	N/A	N/A		N/A	N/A		
3		受电弓各部件		N/A	N/A	N/A		N/A		N/A	N/A	
4		受电弓碳滑板高度测量	前端碳滑板高度(mm)	N/A	N/A	N/A		N/A		N/A	N/A	
5			后端碳滑板高度(mm)	N/A	N/A	N/A		N/A		N/A	N/A	
6			两碳滑板高度差(mm)	N/A	N/A	N/A		N/A		N/A	N/A	
7		车顶特高压电缆及接头、各绝缘子、防污闪涂层检查及清洁		N/A						N/A	N/A	
8		保护接地装置、隔离开关、互感器状态、接地闸刀		N/A						N/A	N/A	
9	车内作业	司机室操纵台、雨刷、风笛、标志灯、电话、遮光板			N/A	N/A	N/A	N/A	N/A	N/A		①号作业人员： ②号作业人员：
10		司机室座椅，空调，牵引、换向及制动手柄			N/A	N/A	N/A	N/A	N/A	N/A		
11		司机室前舱内头罩开闭控制机构、雨刷摆动机构、空调风机、车内压力释放阀、分并配电盘、重联分并装置			N/A	N/A	N/A	N/A	N/A	N/A		
12		司机室配电柜外观、各电气元件、接插件连接状态			N/A	N/A	N/A	N/A	N/A	N/A		
13		蓄电池稳压电压(V)			N/A	N/A	N/A	N/A	N/A	N/A		
14		受电弓控制阀板、自动过分相装置主机状态		N/A	N/A	N/A		N/A		N/A	N/A	
15		侧门、内端门、空调工作状态、内显显示、照明灯具、灭火器、插座										
16		电茶炉、盥洗室、厕所设施、吧台设施										
17	地沟作业	车头导流罩、自动车钩、STM和BTM天线座			N/A	N/A	N/A	N/A	N/A	N/A		1位侧： 2位侧：
18		转向架排障器距轨面高度(5～13 mm)			N/A	N/A	N/A	N/A	N/A	N/A		
19		半自动车钩、内外风挡、电气连接器及车端连接线										
20		牵引电机、齿轮箱、联轴节、电机风道、接地装置、齿轮箱油位、速度传感器		N/A							N/A	
21		车轮、踏面、制动闸片										
22		制动轮盘、轴盘、各管系、夹钳、增压缸、减振器、踏面清扫装置										
23		车底各底板、各线卡、管卡										
24		转向架构架、车轴外观、牵引拉杆、空气弹簧状态										
25	两侧作业	半自动车钩、内外风挡、电气连接器及车端连接线										1位侧： 2位侧：
26		侧窗、侧墙、裙板、外显、各盖板及标识										
27		轴箱定位装置、弹簧、减振器、空气弹簧、高度调整阀										
28		车轮外形、踏面、研磨子、制动闸片										
29		制动轮盘、轴盘、各管系、夹钳、增压缸										
30		速度、轴温传感器、自动过分相传感器										

检修工长：____________　　质检员：____________

填表说明：

1.本表用于一级检修作业记录，由作业人员在作业完毕后根据检查情况如实填写，检测项目必须填写检测数据；

2.“N/A”表示无检修或检测项目，检查结果正常划“√”，有故障划“×”并在《故障处理记录单》上填写故障详情及处理结果，并录入信息系统。

CRH380A 型动车组一级检修试验单

辆动-049

CRH	××××段××××所	版本号:201307
	CRH380A型动车组一级检修试验单	

日期：___年___月___日　　入/出所车次：___/___　　车组号：CRH______　　检修班组：______

	试验项目	试验内容		试验结果								试验人签字
				01	02	03	04	05	06	07	00	
1	制动试验	制动试验 BC压力 (kPa)	制动级位	N/A	N/A	N/A	N/A	N/A	N/A	N/A	N/A	
			运行									
			制动1									
			制动4									
			制动7									
			快速位									
2	司机室保压试验	用风设备停用，总风压力至880 kPa时，将BV手柄置于7 N，保压2分钟，核对双针压力表，压力下降不得大于10 kPa。			N/A	N/A	N/A	N/A	N/A	N/A		
3	受电弓升降试验	受电弓静态接触压力值80±5 N		N/A	N/A	N/A		N/A		N/A	N/A	
4	联络电话试验	通话试验良好										
5	侧门试验	集控开关门作用良好										
6	头顶、尾灯试验	作用良好			N/A	N/A	N/A	N/A	N/A	N/A		
7	雨刷试验	作用灵活，无卡滞			N/A	N/A	N/A	N/A	N/A	N/A		

检修工长：____________　　质检员：____________

填表说明：
1.本表用于一级检修试验作业记录，由作业人员在作业完毕后根据检查情况如实填写；
2.试验结果正常划“√”，否则直接填写故障内容，并将故障情况录入信息系统及回填处理结果。

故障处理记录单

辆动-062

CRH	××××段××××所	版本号:201307
	故障处理记录单	

日期：___年___月___日　　入/出所车次：___/___　　车组号：CRH______

	序号	车号	故障描述	故障类别	处理情况	处理部门	处理人签字
随车机械师交接故障							
	序号	车号	故障描述	故障类别	处理情况	处理部门	处理人签字
地面作业发现故障							

检修工长：____________　　质检员：____________

填表说明：
1.本表用于动车组一级修时记录故障处理情况，检修人员按故障交接、发现及处理情况如实填写并录入信息系统。
2.“随车机械师交接故障”由检修作业人员从信息系统导出，“地面作业发现故障”由检修作业人员填写。

资料 2：动车组一级检修竣工单

辆动-047

CRH	××××段××××所	版本号:201307
	动车组一级检修竣工单	

车组号：CRH_______ 入/出所车次：_______/_______ 作业股道：__________

检修项目	作业起止时间	检修情况	负责人签字
一级检修			
ATP 设备检修			
LKJ 设备检修			
CIR 设备检修			
客服整备			
车体外皮清洗			
其他			

竣工时间：____年____月____日____时____分

填写说明：
1.此单作为动车组一级检修作业竣工的依据；
2.“作业起止时间”需填写月、日、时、分；
3.按计划时间完成作业任务则在“检修情况”栏填写“良好”；
4.“竣工时间”为所有相关一体化单位作业完成时间。

资料3：动车组出所质量标准

一、车体及车端连接

1. 车体结构

（1）车顶、侧墙、端墙、底架、司机室结构无变形、无破损。

（2）车体倾斜不超限。

2. 侧门

（1）侧门门页外观良好，玻璃无裂损，滑道无杂物、排水畅通；密封胶条、防挤压胶条无破损、脱出，功能正常。

（2）指示灯、开关门按钮、防护罩、各锁、阀、门把手等配件齐全，安装牢固，外观良好。

（3）集控、本地、紧急开关门功能良好、无异声，供风管路无漏泄。

（4）脚踏、站台补偿器、翻板配件齐全，作用良好。

3. 车窗

（1）车窗玻璃无裂损，密封良好；窗框安装牢固，胶条无脱落。

（2）司机室前窗挡风玻璃完整、无裂损，密封良好，加热系统工作良好。

（3）司机室侧窗玻璃无裂损，胶条完整、无脱落；固定框架单元无变形；支撑杆、接地线安装牢固，作用良好；活动把手安装牢固，作用良好；逃生拉手完整。

4. 车钩缓冲装置

（1）前端车钩配件齐全，安装牢固，作用良好；各传感器安装牢固、无破损；各空气管路无漏泄，塞门把手位置正确；车钩高度符合限度要求；橡胶缓冲器无开裂。

（2）中间车钩配件齐全，安装牢固，连接状态良好；压溃管外观无变形、无裂纹，连接卡箍状态良好，连接螺栓紧固；安全钢丝绳无丢失。

（3）车钩横向油压减振器、车端减振器状态良好，安装无松动、无漏油。

（4）车钩连接风管连接状态良好，无漏泄；安装座、缓冲器及后座橡胶固定螺母安装紧固。

5. 头罩装置

（1）头罩完整无变形、无破损，紧固件无松动。

（2）开闭机构完整无变形、作用良好；锁紧装置作用良好；各气缸安装牢固，功能良好。

（3）前部盖板四角锁作用良好，锁闭到位，各部件无脱漆；外部电源连接器盖板锁闭到位，无缺损。

（4）蜂鸣器状态良好。

6. 风挡

（1）内、外风挡、车顶风挡及防雪风挡安装牢固，无破损。

（2）渡板无破损，翻转自如；锁紧装置作用良好。

7. 车体附件

（1）主、辅助排障器安装螺栓紧固、无丢失，安装高度符合限度要求。

（2）导流罩、玻璃钢裙板、设备舱、万向轴防护架、端墙盖板整体完整，无脱漆、无变形、无破损，安装牢固。

（3）裙板外观良好，无变形、无破损，各部安装螺丝紧固无松动；各附属配件齐全、安装牢固、作用良好；格栅、滤网无变形、破损。

（4）各类盖板齐全、状态良好，外观完整无破损、无变形，防护玻璃无雾化，显示灯作用良好。

（5）牵引电机冷却风机进风口盖板锁闭良好。

（6）各部支架、骨架无裂纹，安装牢固。

8. 车体外观

（1）车体油漆良好。

（2）标记完整清晰。

二、转向架

1. 构架组成

（1）构架、联系枕梁、天线梁、制动梁及电机吊架外观良好，无变形、裂纹及腐蚀。

（2）制动梁弹性橡胶节点无老化、龟裂，球型节点及芯轴状态良好、无腐蚀。

（3）横向橡胶止挡和挡板无缺失、松动和破损。

2. 轮对轴箱组成

（1）轮对及制动盘各部配件齐全，紧固件无松动；各部限度符合规定；制动盘内无杂物；轴身防腐涂层无损伤、剥落。

（2）轴箱及定位装置各部配件齐全，无松动、裂损；橡胶节点无老化、龟裂；前后盖安装螺栓紧固，无松动、甩油。

3. 一系悬挂

（1）轴箱弹簧无断裂，橡胶护套无破损。

（2）垂向减振器状态良好，安装无松动、无漏油。

（3）垂向止挡、轴箱拉杆状态良好。

（4）防振橡胶无老化、龟裂。

4. 二系悬挂

（1）牵引拉杆、中心销外观及安装状态良好；牵引座无裂纹；橡胶节点无老化、龟裂。

（2）抗侧滚扭杆及吊杆装置安装牢固，安全吊绳安装牢固。

（3）减振器状态良好，安装无松动、无漏油；减振器座无裂纹，各橡胶节点无老化、龟裂。

（4）高度调整阀及托架安装牢固；定位螺栓无松动；各阀及连接管路无泄漏；高度调整杆无弯曲变形，连接可靠。

（5）空气弹簧气囊无严重龟裂、划伤，无漏泄；附属配件齐全、安装牢固、作用良好，连接空气管系无腐蚀、裂损、漏泄。

5. 驱动装置

（1）齿轮箱整体密封良好，安装螺栓紧固，无漏油现象；油位及油色正常；附属配件齐全，安装牢固；挡水密封圈状态良好。

（2）万向轴安装螺栓齐全、紧固，无裂纹；轴承套管无变色或过热痕迹；弹性挡圈无错位；注油嘴、防尘帽无缺失；十字接头无损伤。

（3）联轴器外观及安装状态良好；各连接螺栓安装紧固，无漏油。

6. 转向架附件

（1）各传感器、管件、管卡、接地线及线盒等配件齐全，无破损、无松动。

（2）半主动控制装置、轮缘润滑装置、撒砂装置、失稳检测装置安装牢固，作用良好。

（3）扫石器安装牢固；挡块及胶皮无丢失和弯曲变形、不超限。

三、高压牵引系统

1. 高压电器

（1）受电弓各部件安装牢固，无丢失、变形、松动，气路无漏泄；各关节转动灵活；弓头弹簧无裂损；弓角、碳滑板符合限度规定；软编线完好；气囊无裂损；升弓控制盒锁闭良好。

（2）真空断路器、高压隔离开关各连接点接线牢固，无松动，表面清洁；接地开关动作灵活。

（3）各绝缘子安装牢固，清洁良好，无破损、老化、龟裂，防污闪喷涂到位。

（4）高压设备箱、高压控制箱清洁、密封良好，管路无泄漏，接线、部件牢固，无破损，联锁机构良好。

（5）高压电缆、高压连接器、接头、滤波单元、避雷器、高压互感器、网端检测装置、综合测量仪、谐波滤波电路电阻器箱、MUB、制动变阻器等接线牢固，无破损。

2. 牵引装置

（1）牵引变压器及冷却单元、牵引变流器及冷却单元、牵引辅助变流器、滤波器箱等清洁，接线牢固，功能良好；风扇转动无异声；液位正常，干燥剂不失效。

（2）限压电阻器、制动电阻器安装牢固，接线良好。

（3）牵引电机各螺栓无松动，电机安装座、吊杆、板簧无裂纹、无松动；电源线、接地线、传感器及配线无破损，状态良好；注油堵安装良好；冷却风道无破损，安装牢固；排风口良好。

四、辅助电气系统

（1）各电源插座安装牢固、无裂损，插孔无烧损、导通良好。

（2）各配电盘、配电柜、配电箱、接线箱等门、柜体、箱体、保护盖安装牢固，无变形、无损坏，标识牌、线号齐全、清晰；柜内清洁，各电气元件齐全，安装牢固，作用良好，设定值符合规定；接线端子无锈蚀、无变色；电气配线外皮无老化、无破损，连接良好。

（3）中、低压电气连接电缆连接良好，电缆外皮、护套无老化、无烧损；线盒盖安装螺栓齐全，密封良好；线卡齐全、无松动；各接地线连接良好、无破损。

（4）蓄电池液位、电压符合要求，表面清洁；各接线端子紧固、无腐蚀、无变色；蓄电池接触器、充电机功能良好，表面清洁，各接线端子紧固、无变色；蓄电池箱滑道功能正常，箱体无变形、无腐蚀。

（5）辅助电源装置、辅助整流装置、单、双辅助变流器、单项逆变器、单项逆变电源、各电源模块功能良好。

五、供风及制动系统

1. 供风装置

（1）主空压机、辅助空压机运行状态良好，安装牢固，电气连接器连接牢固，油位、油色正常、无漏泄。

（2）各风缸、供风管路、各阀、滤尘器等安装牢固，无损伤、无漏泄；橡胶管路无老化、无鼓泡。

2. 制动控制装置

各部配件齐全，安装牢固，状态良好。

3. 基础制动装置

（1）制动夹钳装置配件齐全、安装牢固、无漏泄。

（2）踏面清扫装置、闸片无裂损，安装正确，限度符合规定。

（3）停放制动手缓装置安装牢固，作用良好。

（4）增压缸安装牢固、无变形，悬吊部件无裂纹，管路无漏泄，行程杆符合限度要求。

（5）防滑阀状态良好。

六、网络控制系统

（1）自动过分相装置安装牢固，配件齐全，功能良好，限度符合要求。

（2）烟火报警器、主机安装牢固，接线无松动，人机界面显示正常，功能良好。

（3）各监视器、列车总线、车辆总线、各控制单元、各控制模块接线无松动，功能良好。

七、旅客信息系统

（1）车内外信息显示装置安装牢固，无变形、无破损，显示正常。

（2）影视系统配件齐全，安装牢固，功能良好。

（3）各主机及输入设备配件齐全，安装牢固，功能良好。

（4）广播联络装置配件齐全，安装牢固，功能良好。

（5）FM、GPS 天线齐全，安装座安装牢固、无变形、无裂纹。

八、车内环境控制系统

1. 空调装置

（1）空调机组部件安装牢固，壳体无变形；冷凝风机扇叶无抗磨，防护网完整，工作无异声；制冷、加热、通风系统工作正常；换热器翅片无倒伏，排水畅通；各传感器安装牢固，各风口格栅无变形、无堵塞。

（2）室内采暖装置各电加热器安装牢固，内部清洁，功能良好，各接线端子紧固、无变色。

（3）逆变器箱、应急逆变电源、司机室空调电源箱、司机室空调变压器功能良好，表面清洁；各接线端子紧固、无变色。

（4）换气装置、压力波装置等安装牢固，功能良好，表面清洁；风道无破损、无脏堵；空气过滤器清洁无杂物。

2. 照明装置

灯具及配件齐全，安装牢固，灯色一致，作用良好；灯罩清洁、无裂损。

九、给排水及卫生系统

1. 供排水装置

管系、净水箱无泄漏，注水装置功能良好；防寒层无破损。

2. 饮水设施

（1）电开水炉、饮水机各部配件、标识齐全，作用良好；管系无泄漏，炉体无锈蚀；积水托盘、滤网无堵塞。

（2）电气控制柜柜门无变形，锁闭状态良好；柜内接线无松动、锈蚀；各指示灯显示正常。

3. 盥洗设施

温水器、洗面台、皂液器、衣帽钩、水龙头、纸盒、干手器、垃圾箱、门帘、照面镜等安装牢固，无裂损，配件齐全，作用良好。

4. 厕所

（1）厕所配件齐全，安装牢固，无裂损，作用良好。

（2）照面镜无裂损；便器、洗手盆工作良好、无堵塞，滤网无缺失；皂液器功能良好；垃圾箱锁闭良好，活页门状态良好。

（3）紧急呼叫装置性能良好，婴儿护理桌及扶手状态良好。

（4）各电气装置接线良好、无锈蚀；控制柜内各气路、水路管系紧固无泄漏。

5. 集便装置

污物箱、管系无泄漏；排污阀、冲洗口作用良好，无泄漏；防寒层无破损。

6. 伴热装置

净水箱、污物箱、管系伴热装置功能正常。

十、车内设施

1. 内装

（1）墙板、顶板、地板无松动、无磨损、无变形；顶板不渗水，地板不积水。

（2）窗帘清洁，无破损，伸缩正常，卡扣齐全，功能良好。

2. 内部门

（1）内、外端门安装牢固，玻璃完整、无裂损；门板无变形，功能良好；胶条无脱落、破损；门锁作用良好，状态指示清晰；自动开关门功能正常。

（2）卫生间门安装牢固，门板无裂损、无变形，功能良好；胶条无脱落、破损；门锁作用良好，状态指示清晰；残疾人厕所门自动开关门功能正常。

（3）司机室、监控室、乘务员室、多功能室等门安装牢固，门扇无裂损、无变形；玻璃完整、无裂损；胶条无脱落、破损；门锁作用良好，开关门功能正常。

3. 客室设施

（1）座椅配件齐全，固定螺栓无松动；标识齐全，调整功能良好；外壳无变形、裂损；扶手转动良好，无磨损；网兜、坐垫无破损、脏污；脚蹬作用良好、无裂损；活动茶几板、茶几扣、衣帽钩安装状态良好；旋转座椅旋转功能良好。

（2）司机座椅各部配件齐全、安装牢固；头枕、扶手无破损，翻转灵活；各项调节功能良好。

（3）行李架无变形、无破损，安装状态良好；大件行李架配件安装牢固。

（4）茶桌、衣帽钩安装牢固，配件齐全，作用良好。

（5）餐车、禁烟、儿童购票线等各种标识齐全，安装牢固、清晰。

（6）备品柜、储物柜、垃圾箱外观状态良好，锁闭功能正常，活页门作用良好。

（7）监控室、乘务员室、多功能室内部配件齐全，安装牢固；工作台面、座椅无破损，状态良好；各显示屏状态良好，各储物柜状态良好，锁闭到位。

4. 厨房设施

（1）制冷、加热等餐饮设备齐全，外观良好，功能正常。

（2）吧台、酒吧桌、餐桌、座椅、百叶窗、展示柜、清洗池、储物柜等设备安装牢固，无破损，状态良好。

5. 应急备品

（1）应急备品配置齐全。

（2）安全锤、灭火器安装牢固，状态良好，铅封未破封。

十一、驾驶设施

（1）操纵台面板安装牢固，外观良好；各手柄、按钮、指示灯等设备安装牢固，作用良好；仪表检定不过期。

（2）各显示器显示清晰，各系统当前无故障；后视摄像机安装牢固，外体无变形、破损，镜头清洁。

（3）雨刷器部件齐全，安装牢固，作用良好；前照灯、标志灯外观良好，清洁无裂损，功能正常。

（4）前舱设备齐全，安装牢固，无漏泄，各阀位置正确。

（5）升换弓操作、牵引试验、制动试验、手柄试验、灯试验、集控开关门试验、风笛试验、司机安全警惕装置试验良好。

资料 4：动车组出所质量联检记录单

辆动-038

CRH	××××段××××所	版本号:201307
	动车组出所质量联检记录单	

____年____月____日

入/出所车次		车组号	
交接完成时间		交接股道	
交接项目	质量状态	交接人签字	
动车组 技术状态		检修工长	
		质检员	
驾驶设备 技术状态		动车组司机	
		质检员	
列控车载设备 技术状态		列控检修人员	
		动车组司机	
LKJ设备 技术状态		LKJ检修人员	
		动车组司机	
CIR设备 技术状态		CIR检修人员	
		动车组司机	
固定服务设施 技术状态		客运人员	
		质检员	
客服整备		整备人员	
		质检员	
车内保洁		保洁人员	
		质检员	
外皮清洗		外皮清洗	
		质检员	

填写说明：
1.本表作为动车组出所前，动车组技术状态及各部质量状态的交接依据，一体化相关单位按实际情况填写并签认；
2.“交接完成时间”为全部交接完成时间。

资料5：动车组一、二级检修限度表

CRH$_1$ 型动车组一、二级检修限度表

序号	项目		原型	一级修程	二级修程	适用车型	备注
一、车体							
1	排障器底边距轨面高度			≥125 mm	≥125 mm	CRH$_1$A	车辆在空载条件下
				≥130 mm	≥130 mm	CRH$_1$B	
				≥117 mm	≥117 mm	CRH$_1$E	
二、主电路							
1	绝缘子的缺陷	橡胶或复合材料绝缘子		参见备注	参见备注	CRH$_1$A/B/E	①伞裙边缘单个破损≤30 mm^2，总数量不超过5处；②伞裙表面单条划痕或切口长度不超过25 mm，且深度不超过1 mm，总数量不超过5处。严禁使用百洁布清理绝缘子；③绝缘子本体不允许有破损或裂纹；④相邻伞裙叶片允许轻微的波浪形且无搭盖现象，可用热风枪烘烤扶正
		瓷绝缘子		参见备注	参见备注		①瓷绝缘子表面不允许有裂纹；②单个缺损面积不超过30 mm^2，主断瓷绝缘子累积缺损面积不超过25 cm^2，RC铝箔器瓷绝缘子累积缺损面积不超过3 cm^2
2	受电弓碳滑板磨耗后高度			≥5 mm	≥5 mm	CRH$_1$A/B/E	
	受电弓两滑板高度差			≤3 mm	≤3 mm	CRH$_1$A/B/E	
3	受电弓编导线的芯线缺损			≤10%	≤10%	CRH$_1$A/B/E	
4	受电弓升弓时间 t_1/s				$3.4 \leq t_1 \leq 5$	CRH$_1$A/B/E	
	受电弓降弓时间 t_2/s				$t_2 \leq 4$		
5	受电弓接触压力/N				55～85	CRH$_1$A/B/E	
三、转向架							
1	空气弹簧高度			mm	mm	CRH$_1$A/B/E	从车体枕梁下边缘到转向架上的空气弹簧安装板座之间的距离
2	空气弹簧橡胶气囊裂纹	深度		≤1 mm	≤1 mm	CRH$_1$A/B/E	织物层不得外露或出现任何形式的损伤，胶囊不得出现分层现象，胶囊表面允许存在Φ50 mm的气泡
		长度		≤30 mm	≤30 mm		

续表

序号	项目		原型	一级修程	二级修程	适用车型	备注
3	空气弹簧紧急弹簧裂纹	深度		≤5 mm	≤5 mm	CRH_1 A/B/E	紧急簧周围不得出现橡胶流变
		长度		≤7 mm	≤7 mm		
4	牵引拉杆橡胶轴套	轴套橡胶裂纹深度		<10 mm	<10 mm	CRH_1 A/B/E	如果发现裂纹，必须要持续跟踪检查
		轴套胶粘面积(未脱胶)		>80%	>80%		
5	抗侧滚扭杆装置	半圆轴承橡胶裂纹深度		<8 mm	<8 mm	CRH_1 A/B/E	如果发现裂纹，必须要持续跟踪检查
		轴套橡胶裂纹深度		<8 mm	<8 mm		
6	WSP/LKJ 速度传感器探头与测速齿轮间隙		0.9 ±0.5 mm	0.9 ±0.5 mm	0.9 ±0.5 mm	CRH_1 A/B/E	
7	ATP 速度传感器探头与测速齿轮间隙		0.8 ±0.3 mm	0.8 ±0.3 mm	0.8 ±0.3 mm	CRH_1 A/B/E	
8	轴端接地回流设备碳刷长度		54 mm	≥34 mm	≥34 mm	CRH_1 A/B/E	检查有磨耗标记的一端，距下次检查时剩余长度不得小于 37 mm
9	探测分相区天线底边距轨面高度		mm	mm	mm	CRH_1 A/B/E	车辆在空载条件下
10	轨道清障器底边距轨面高度						
	橡胶轨道清障器	最高	30 mm	30 mm	30 mm	CRH_1 A/B/E	车辆在空载条件下
		最低	25 mm	25 mm	25 mm		
	钢轨道清障器	最高	65 mm	65 mm	65 mm	CRH_1 A/B/E	车辆在空载条件下
		最低	60 mm	60 mm	60 mm		
11	BTM 天线下平面距轨面高度			204 ~ 230 mm	204 ~ 230 mm	CRH_1 A/B/E	
12	STM 天线下平面距轨面高度			135 ±5 mm	135 ±5 mm	CRH_1 A/B/E	
四、基础制动装置							
1	制动盘摩擦盘剩余磨耗量（单侧）	轮制动盘	5 mm	≥0.5 mm	≥0.5 mm	CRH_1 A/B/E	
		轴制动盘	7 mm	≥0.5 mm	≥0.5 mm		
2	制动盘摩擦面凹面磨损	动车		≤2 mm	≤2 mm	CRH_1 A	CRH_1 A(200 km/h)
				≤1 mm	≤1 mm	CRH_1 A/B/E	CRH_1 A(250 km/h)
		拖车		≤2 mm	≤2 mm	CRH_1 A/B/E	

续表

序号	项目		原型	一级修程	二级修程	适用车型	备注
3	制动盘摩擦面斜面磨损	动车		≤2 mm	≤2 mm	CRH_1A	CRH_1A(200 km/h)
				≤1 mm	≤1 mm	$CRH_1A/B/E$	CRH_1A(250 km/h)
		拖车		≤2 mm	≤2 mm	$CRH_1A/B/E$	
4	轴制动盘摩擦表面划伤深度			≤1.2 mm	≤1.2 mm	$CRH_1A/B/E$	必须要检查擦伤原因并予以纠正
5	轴装制动盘摩擦面裂纹						
	不从边缘开始的裂纹 a	初始裂纹		≤80 mm	≤80 mm	CRH_1A(200 km/h)	可以接受
				$80 < a \leq 100$ mm	$80 < a \leq 100$ mm		有条件接受
				>100 mm	>100 mm		不可接受
				≤50 mm	≤50 mm	CRH_1A(250 km/h) CRH_1B/E	可以接受
				$50 < a \leq 70$ mm	$50 < a \leq 70$ mm		有条件接受
				>70 mm	>70 mm		不可接受
		表面裂纹		≤80 mm	≤80 mm	$CRH_1A/B/E$	可以接受
				$80 < a \leq 100$ mm	$80 < a \leq 100$ mm		有条件接受
				>100 mm	>100 mm		不可接受
	从边缘开始的裂纹 b	初始裂纹		≤50 mm	≤50 mm	CRH_1A(200 km/h)	可以接受
				$50 < b \leq 80$ mm	$50 < b \leq 80$ mm		有条件接受
				>80 mm	>80 mm		不可接受
				≤50 mm	≤50 mm	CRH_1A(250 km/h) CRH_1B/E	可以接受
				$50 < b \leq 70$ mm	$50 < b \leq 70$ mm		有条件接受
				>70 mm	>70 mm		不可接受
		表面裂纹		≤50 mm	≤50 mm	$CRH_1A/B/E$	可以接受
				$50 < b \leq 80$ mm	$50 < b \leq 80$ mm		有条件接受
				>80 mm	>80 mm		不可接受
	贯穿裂纹			不允许有贯穿裂纹	不允许有贯穿裂纹	$CRH_1A/B/E$	
6	轮装制动盘摩擦面裂纹						
	不从边缘开始的裂纹 a			≤80 mm	≤80 mm	$CRH_1A/B/E$	可以接受
				$80 < a \leq 100$ mm	$80 < a \leq 100$ mm		有条件接受
				>100 mm	>100 mm		不可接受
	从边缘开始的裂纹 b			≤60 mm	≤60 mm	$CRH_1A/B/E$	可以接受
				$60 < b \leq 80$ mm	$60 < b \leq 80$ mm		有条件接受
				>80 mm	>80 mm		不可接受
	贯穿裂纹			不允许有贯穿裂纹	不允许有贯穿裂纹	$CRH_1A/B/E$	

续表

序号	项目		原型	一级修程	二级修程	适用车型	备注
7	闸片与制动盘摩擦面间的间隙			1. 5 ±0. 5mm	1. 5 ±0. 5mm	CRH$_1$ A/B/E	测量每侧
8	闸片厚度	动车轮盘		≥5mm	≥5mm	CRH$_1$ A/B/E	测量最薄处
		拖车轴盘		≥5mm	≥5mm	CRH$_1$ A/B/E	
五、轮对							
1	车轮踏面擦伤长度			≤30 mm	≤30 mm	CRH$_1$ A/B/E	在任一定检周期内，如果车轮擦伤的限度超过限值，在车辆投入运营前，应旋修车轮
					0 mm（修型后）		
2	车轮踏面的材料剥离						在任一定检周期内，如果材料剥离的限度超过限值，在车辆投入运营前，应旋修车轮
	长度			≤25 mm	<25 mm	CRH$_1$ A/B/E	
					0 mm(修型后)		
	深度			≤1. 5 mm	<1. 5 mm	CRH$_1$ A/B/E	
					0 mm(修型后)		
3	车轮各部尺寸					CRH$_1$ A/B/E	
	车轮直径		915 mm	≥835 mm	≥835 mm		
	踏面圆周磨耗			≤6. 5 mm	0 mm(修型后)		
	车轮轮对内侧距		mm	mm	mm		
	轮缘厚度		32 mm	≥26 mm	≥26 mm		
	QR 值			≥6. 5 mm	≥6. 5 mm		
4	车轮直径之差					CRH$_1$ A/B/E	
	同一轮对直径之差		≤0. 3mm	≤1. 0 mm	≤1. 0 mm		
					≤0. 5mm（修型后）		
	同一转向架直径之差			≤5mm（动车）	≤5mm（动车）		
				≤10 mm（拖车）	≤10 mm（拖车）		
六、车钩缓冲装置							
	过渡车钩中心线距轨面高度	最高	mm	890 mm	890 mm	CRH$_1$ A/B/E	
		最低		830 mm	830 mm		

CRH_2 型动车组一、二级检修限度表

序号	项目	原型	一级修程	二级修程	适用车型	备注
一、车体						
1	排障器高度		20 ~ 30 mm	20 ~ 30 mm	CRH_2 A/B/E/C1/C2	空车状态下，轨面以上
2	车体倾斜 前后（两端）		<25 mm	<25 mm	CRH_2 A/B/E/C1/C2	同一辆车在空车时端梁下端端角处至轨面的高度差
	车体倾斜 左右（两侧）		<15 mm	<15 mm		
	车体倾斜 对角		<25 mm	<25 mm		
二、主电路						
1	受电弓碳滑板磨耗后高度		≥5 mm	≥5 mm	CRH_2 A/B/E/C1/C2	无因电弧产生的变形、碎裂、缺陷或一定深度的凹槽
	受电弓两滑板的高度差		≤3 mm	≤3 mm		
2	受电弓接触压力		70 ± 15 N	70 ± 15 N	CRH_2 A/B/E	在高出车顶 1.6 m 处测量，上推力和下降力两个值之差不应超过 20 N
				80 ± 15 N	CRH_2 C1/C2	受电弓保持在 0.5 ~ 2.4 m 高度范围内
3	受电弓升弓装置气囊裂纹		裂纹长度不超过 25 mm 或深度不超过 1.2 mm	裂纹长度不超过 25 mm 或深度不超过 1.2 mm	CRH_2 A/B/E/C1/C2	撑起受电弓使钢丝绳处于松弛状态即气囊不受力且不充气时
三、转向架						
1	空气弹簧高度			mm	CRH_2 A/B/E/C1/C2	测量位置从车体到转向架印记之间，t 为调整板厚度
2	空气弹簧橡胶气囊龟裂 深度		≤1.5 mm	≤1.5 mm	CRH_2 A/B/E/C1/C2	
	空气弹簧橡胶气囊龟裂 长度		≤50 mm	≤50 mm		
3	牵引中心销与横向挡距离		mm	mm	CRH_2 A/B/E/C1	
			mm	mm	CRH_2 C2	
4	转向架辅助排障器高度		5 ~ 13 mm	5 ~ 13 mm	CRH_2 A/B/E/C1/C2	轨面以上
5	增压气缸行程检查显示杆行程		≤50 mm	≤50 mm ≤3 mm/min （快速制动位回缩量）	CRH_2 A/B/E/C1	快速制动时测量行程显示杆的动作值
6	齿轮箱油位表的油量刻度范围		中刻度线 ±0.5 刻度	中刻度线 ±0.5 刻度	CRH_2 A/B/E/C1	
			下刻度线与上刻度线之间	下刻度线与上刻度线之间	CRH_2 C2	在空车且停车 20 分钟后，确认油量
7	自动过分相天线距轨面高度		mm	mm	CRH_2 A/B/E/C1/C2	
8	接地电刷状态确认		视窗两刻度线之间	视窗两刻度线之间	CRH_2 A/B/E/C1/C2	

续表

序号	项目	原型	一级修程	二级修程	适用车型	备注
四、基础制动装置						
1	制动盘（单侧）					
	动车轮盘厚度	21 mm	≥18.2 mm	≥18.5 mm	CRH_2A/B/E/C1	
	拖车轴盘厚度	16 mm	≥11.3 mm	≥12 mm	CRH_2A/B/E/C1	
	拖车轮盘厚度	15 mm	≥9.3 mm	≥10 mm	CRH_2A/B/E/C1	
	轮盘磨耗厚度	3 mm	磨耗量≤2.8 mm；同一车轮两侧磨损差不超过 2 mm	磨耗量≤2.5 mm；同一车轮两侧磨损差不超过 2 mm	CRH_2C2	可将钢尺放置在摩擦盘的摩擦面边缘，检查磨耗量
	轴盘磨耗厚度	5 mm	磨耗量≤4.7 mm；同一车轮两侧磨损差不超过 2 mm	磨耗量≤4.5 mm；同一车轮两侧磨损差不超过 2 mm	CRH_2C2	
2	制动盘表面凹槽		≤1 mm	≤1 mm	CRH_2A/B/E/C1	
			≤0.8 mm	≤0.8 mm	CRH_2C2	
3	制动盘表面刻痕		≤1 mm	≤1 mm	CRH_2C2	
4	制动盘偏磨最高点和最低点之差		≤1.5 mm	≤1.5 mm	CRH_2A/B/E/C1	
			≤0.8 mm	≤0.8 mm	CRH_2C2	
5	闸片厚度　动车	10.5 mm	≥7 mm	≥7 mm	CRH_2A/B/E/C1	包括钢背厚度；到限时同缸两闸片同时更换
	闸片厚度　拖车	19.2 mm	≥7 mm	≥7 mm	CRH_2A/B/E/C1	
	闸片厚度	17 mm	5 mm + 磨耗余量（到下个一级检修前闸片厚度不得低于 5 mm，测量时包含摩擦块的金属背板在内，在最薄处测量）	5 mm + 磨耗余量（到下个一级检修前闸片厚度不得低于 5 mm，测量时包含摩擦块的金属背板在内，在最薄处测量）	CRH_2C2	任一闸片厚度小于此限度时同制动卡钳两侧的闸片须同时更换
6	轴盘摩擦面裂纹		≤70 mm	≤70 mm	CRH_2A/B/E/C1	沿半径方向
			细微裂纹（发纹）	细微裂纹（发纹）	CRH_2C2	对于运行没有影响
			表面裂纹 $a<80$ mm $b<50$ mm	$a<80$ mm $b<50$ mm	CRH_2C2	允许
			表面裂纹 $80\leq a<100$ mm $50\leq b<80$ mm	$80\leq a<100$ mm $50\leq b<80$ mm	CRH_2C2	一定条件下允许
			表面裂纹 $a\geq100$ mm $b\geq80$ mm	$a\geq100$ mm $b\geq80$ mm	CRH_2C2	不允许
			初始裂纹 $a<50$ mm $b<50$ mm	$a<50$ mm $b<50$ mm	CRH_2C2	允许
			初始裂纹 $50\leq a<70$ mm $50\leq b<70$ mm	$50\leq a<70$ mm $50\leq b<70$ mm	CRH_2C2	一定条件下允许
			初始裂纹 $a\geq70$ mm $b\geq70$ mm	$a\geq70$ mm $b\geq70$ mm	CRH_2C2	不允许
			穿透裂纹	穿透裂纹	CRH_2C2	立刻更换，不能继续运行

续表

序号	项目	原型	一级修程	二级修程	适用车型	备注
7	轮盘摩擦面裂纹		≤127 mm	≤70 mm	CRH_2A/B/E/C1	沿半径方向
			细微裂纹（发纹）	细微裂纹（发纹）	CRH_2C2	对于运行没有影响
			裂纹 $a<80$ mm $b<60$ mm	$a<80$ mm $b<60$ mm		允许
			$80\leqslant a<100$ mm $60\leqslant b<80$ mm	$80\leqslant a<100$ mm $60\leqslant b<80$ mm		一定条件下允许
			$a\geqslant100$ mm $b\geqslant80$ mm	$a\geqslant100$ mm $b\geqslant80$ mm		不允许
			穿透裂纹	穿透裂纹		立刻更换，不能继续运行
8	踏面清扫装置研磨块厚度	40 mm	≥13 mm	≥13 mm	CRH_2A/B/E/C1/C2	包括钢背厚度，在转向架外侧测量
五、轮对						
1	车轮踏面擦伤		深度≤0.5mm 长度≤70 mm	深度≤0.5mm 长度≤70 mm 0 mm(修型后)	CRH_2A/B/E/C1	
			车轮直径>840 mm 长度≤30 mm 深度≤0.25 mm	车轮直径>840 mm 长度≤30 mm 深度≤0.25 mm	CRH_2C2	旋轮，使裂纹完全消失后，再加工厚度至少为1 mm，为避免缺陷蔓延及随之发生的范围缺陷尺寸扩大
			车轮直径≤840 mm 长度≤25 mm 深度≤0.25 mm	车轮直径≤840 mm 长度≤25 mm 深度≤0.25 mm		
2	车轮踏面连续碾长		≤70 mm	≤70 mm 0 mm(修型后)	CRH_2A/B/E/C1	
3	车轮踏面硌伤		车轮直径>840 mm 长度≤30 mm 深度≤0.25 mm	车轮直径>840 mm 长度≤30 mm 深度≤0.25 mm	CRH_2C2	
			车轮直径≤840 mm 长度≤25 mm 深度≤0.25 mm	车轮直径≤840 mm 长度≤25 mm 深度≤0.25 mm		
4	滚动接触疲劳		车轮直径>840 mm 长度≤30 mm 深度≤0.25 mm	车轮直径>840 mm 长度≤30 mm 深度≤0.25 mm	CRH_2C2	裂纹带沿着车轮踏面均匀分布时不需要旋轮。 出现滚动接触疲劳和剥离时需要旋轮
			车轮直径≤840 mm 长度≤25 mm 深度≤0.25 mm	车轮直径≤840 mm 长度≤25 mm 深度≤0.25 mm		
5	车轮踏面剥离		一处长度≤20 mm; 二处长度每处 ≤10 mm	一处长度≤20 mm; 二处长度每处≤10 mm 0 mm(旋修后)	CRH_2A/B/E/C1	
			车轮直径>840 mm 长度≤30 mm 深度≤0.25 mm	车轮直径>840 mm 长度≤30 mm 深度≤0.25 mm	CRH_2C2	当剥离位于踏面中心和轮辋外表面之间时不需要旋轮。 当局部材料沿着缺陷长度方向脱离时需要旋轮
			车轮直径≤840 mm 长度≤25 mm 深度≤0.25 mm	车轮直径≤840 mm 长度≤25 mm 深度≤0.25 mm		

续表

序号	项目	原型	一级修程	二级修程	适用车型	备注
6	车轮直径	860 mm	≥790 mm	≥790 mm	CRH_2A/B/E/C1/C2	轮径减少 20 mm 时，必须在空气弹簧处加垫调整，保证车辆限界要求
	轮缘高度 h	28 mm	≤33 mm	≤33 mm 28 mm(修型后)	CRH_2A/B/E/C1	
			$27.5 \leq h \leq 33$ mm	$27.5 \leq h \leq 33$ mm 28 mm(修型后)	CRH_2C2	
	轮缘厚度 e	32 mm	≥26 mm	≥26 mm	CRH_2A/B/E/C1	
			$26 \leq e \leq 33$ mm	$26 \leq e \leq 33$ mm	CRH_2C2	
	车轮轮对内侧距离	mm	mm	mm	CRH_2A/B/E/C1	
		mm	mm	mm	CRH_2C2	
	车轮直径之差：同一轮对		≤1 mm	≤1 mm	CRH_2A/B/E/C1/C2	旋轮后的尺寸： 车轮径向跳动≤0.3 mm； 车轮轴向跳动≤0.3 mm
	车轮直径之差：同一转向架		≤4 mm	≤4 mm		
	车轮直径之差：同一车辆		≤10 mm	≤10 mm		
	车轮直径之差：同一车辆单元内车辆间		≤40 mm	≤40 mm		
7	车轴轴身擦伤深度		≤0.1 mm	≤0.1 mm	CRH_2A/B/E/C1	可用平锉刀手工打磨至伤的宽度 2 倍以上，修复后损伤深度在 0.15 mm 以内
	车轴轴身局部撞击损伤深度		≤0.3 mm	≤0.3 mm	CRH_2A/B/E/C1	
	车轴表面局部伤痕径向深度		≤1 mm	≤1 mm	CRH_2C2	打磨去除高点后使用，超限时允许车削加工修复，加工后轴身直径不低于 ϕ167 mm

CRH_3 型动车组一、二级检修限度表

序号	项目	原型	一级修程	二级修程	适用车型	备注
一、主电路						
1	受电弓				CRH_3C	
	碳滑板磨耗后高度（距离铝基板）		≥5 mm	≥5 mm		
	两碳滑板的高度差		≤3 mm	≤3 mm		
	碳滑板基座		基座表面无直径超过 2 mm 的孔	基座表面无直径超过 2 mm 的孔		
	侧面裂纹		不超过 2 个裂纹，且裂纹沿长度方向距离滑板边缘大于 200 mm	不超过 2 个裂纹，且裂纹沿长度方向距离滑板边缘大于 200 mm		
	上表面裂纹		无裂纹	无裂纹		
2	受电弓升弓气囊裂纹		无裂纹	无裂纹	CRH_3C	
3	受电弓静态接触力			90 ± 5 N（新型受电弓为 80 ± 5 N）	CRH_3C	测量最高点、1.5 m、1 m 等三处
	受电弓升弓时间			6 ~ 10 s（新型受电弓为 4 ~ 8 s）		
	受电弓降弓时间			不大于 6 s（新型受电弓为不大于 5 s）		
	受电弓大导流翼角度		5° ± 0.2°（新型受电弓为 17° ± 1°）	5° ± 0.2°（新型受电弓为 17° ± 1°）		更正性作业后测量
4	车顶各软编线破损		≤导流线横截面积的 20%	≤导流线横截面积的 20%	CRH_3C	
5	车顶各高压安装绝缘子破损		单个缺陷面积应不大于 25 mm^2，深度应不大于 1mm	单个缺陷面积应不大于 25 mm^2，深度应不大于 1mm	CRH_3C	
二、转向架						
1	空气弹簧帘线		无外露、破损	无外露、破损	CRH_3C	
2	空气弹簧橡胶气囊		橡胶气囊表层鼓包直径不大于 50 mm；橡胶气囊内侧表面与紧急簧外圈金属无接触、摩擦	橡胶气囊表层鼓包直径不大于 50 mm；橡胶气囊内侧表面与紧急簧外圈金属无接触、摩擦	CRH_3C	
3	空气弹簧橡胶气囊划伤、裂纹		长度不超过 20 mm 或面积不超过 25 mm^2，不得划伤至帘线外露	长度不超过 20 mm 或面积不超过 25 mm^2，不得划伤至帘线外露	CRH_3C	

续表

序号	项目	原型	一级修程	二级修程	适用车型	备注
4	紧急簧裂纹		表面裂纹深度不大于3 mm，裂纹长度不大于50 mm；橡胶和金属粘接脱胶不大于1/4圆周	表面裂纹深度不大于3 mm，裂纹长度不大于50 mm；橡胶和金属粘接脱胶不大于1/4圆周	CRH_3C	
5	轴箱弹簧橡胶堆裂纹及破损		表面裂纹深度不大于2 mm，金属粘接边缘裂纹深度不大于3 mm，裂纹长度不大于20 mm	表面裂纹深度不大于2 mm，金属粘接边缘裂纹深度不大于3 mm，裂纹长度不大于20 mm	CRH_3C	
6	齿轮箱C型支架叠层簧		表面裂纹深度不大于2 mm，金属粘接边缘裂纹深度不大于3 mm，裂纹长度不大于20 mm	表面裂纹深度不大于2 mm，金属粘接边缘裂纹深度不大于3 mm，裂纹长度不大于20 mm	CRH_3C	
7	牵引中心销与横向挡距离		mm	mm	CRH_3C	测量值取左右两处平均值
8	转向架扫石器距轨面高度		54 ±2 mm	54 ±2 mm	CRH_3C	
9	感应接收器距轨面高度		130 ±5 mm	130 ±5 mm	CRH_3C	更正性作业后测量
10	CTCS天线距轨面高度		205 ±5 mm	205 ±5 mm	CRH_3C	更正性作业后测量
11	TCR天线距轨面高度		210 ±10 mm	210 ±10 mm	CRH_3C	更正性作业后测量
12	Syope降噪板(仅拖车)		径向脱胶<15 mm 周向脱胶<100 mm	径向脱胶<15 mm 周向脱胶<100 mm	CRH_3C	轮辋侧
13	撒砂喷嘴距轨面高度		67 ±2 mm(头车) 70 ±2 mm(IC车)	67 ±2 mm(头车) 70 ±2 mm(IC车)	CRH_3C	更正性作业后测量
14	撒砂吊环、支撑环磨耗		≤2 mm	≤2 mm	CRH_3C	
15	撒砂吊环螺母磨耗		≤3.5 mm	≤3.5 mm	CRH_3C	
16	轮缘润滑喷嘴距踏面距离		25.5 ±1 mm	25.5 ±1 mm	CRH_3C	更正性作业后测量
三、基础制动装置						
1	制动盘摩擦环厚度	80 mm	≥66 mm	≥66 mm	CRH_3C	
2	制动盘摩擦环表面刮痕		≤1 mm	≤1 mm	CRH_3C	
3	制动盘摩擦环凹陷磨损		<1 mm	<1 mm	CRH_3C	
4	制动盘摩擦环倾斜磨损		≤1 mm	≤1 mm	CRH_3C	
5	制动盘两摩擦环厚度差		≤2 mm	≤2 mm	CRH_3C	

续表

序号	项目		原型	一级修程	二级修程	适用车型	备注
6	制动盘裂纹						
	轴盘	表面龟裂		任意位置的表面龟裂	任意位置的表面龟裂	CRH_3C	对于运行没有影响
		表面裂缝		$b<50$ mm 且两条裂缝之间的距离大于100 mm 的多处裂缝	$b<50$ mm 且两条裂缝之间的距离大于100 mm 的多处裂缝		允许存在
				$50\leqslant b<70$ mm	$50\leqslant b<70$ mm		在一定条件下允许存在
				$b>70$ mm	$b>70$ mm		不允许存在
		表面裂纹		$a<100$ mm，裂纹既未触及内径也未触及外径	$a<100$ mm，裂纹既未触及内径也未触及外径		允许存在
				$b<100$ mm，裂纹触及了内径或外径	$b<100$ mm，裂纹触及了内径或外径		
				$a<100$ mm，但到外径和内径的距离$\geqslant$10 mm 且两条裂纹之间的距离>50 mm	$a<100$ mm，但到外径和内径的距离$\geqslant$10 mm 且两条裂纹之间的距离>50 mm		
				只允许出现一处彼此相对表面裂纹长度$\leqslant$70 mm 的裂纹	只允许出现一处彼此相对表面裂纹长度$\leqslant$70 mm 的裂纹		
		穿透裂纹		在连接处及制动盘的两侧摩擦带上出现从内径贯穿到外径以及贯穿散热通道的穿透裂纹	在连接处及制动盘的两侧摩擦带上出现从内径贯穿到外径以及贯穿散热通道的穿透裂纹		不允许存在
	轮盘	表面龟裂		任意位置的表面龟裂	任意位置的表面龟裂	CRH_3C	对于运行没有影响
		表面裂缝		$a<80$ mm，$b<60$ mm，多个随机排布的裂缝	$a<80$ mm，$b<60$ mm，多个随机排布的裂缝		允许存在
				$80\leqslant a<100$ mm $60\leqslant b<80$ mm	$80\leqslant a<100$ mm $60\leqslant b<80$ mm		在一定条件下允许存在
				$a>100$ mm $b>80$ mm	$a>100$ mm $b>80$ mm		不允许存在
		穿透裂纹		制动盘的两条摩擦带上出现从内径贯穿到外径以及贯穿散热通道的穿透裂纹	制动盘的两条摩擦带上出现从内径贯穿到外径以及贯穿散热通道的穿透裂纹		不允许存在
7	闸片厚度		17 mm	>5 mm	>5 mm	CRH_3C	在最薄处测量，同缸任一闸片到限同时更换
8	闸片与制动盘间隙			2～4 mm	2～4 mm	CRH_3C	两侧之和

续表

序号	项目	原型	一级修程		二级修程		适用车型	备注
四、轮对								
1	车轮踏面出现擦伤、金属堆积、脱层、剥落、氧化皮等		$D>840$ mm	深度≤0.25 mm 长度≤30 mm	$D>840$ mm	深度≤0.25 mm 长度≤30 mm	CRH_3C	
			$D\leq840$ mm	深度≤0.25 mm 长度≤25 mm	$D\leq840$ mm	深度≤0.25 mm 长度≤25 mm		
	车轮踏面剥离、凹陷限度	踏面剥离、凹陷长度≤20 mm	踏面剥离、凹陷深度≤0.5 mm时，面积≤200 mm^2		踏面剥离、凹陷深度≤0.5 mm时，面积≤200 mm^2			
			踏面剥离、凹陷深度≤0.75 mm时，面积≤150 mm^2		踏面剥离、凹陷深度≤0.75 mm时，面积≤150 mm^2			
			踏面剥离、凹陷深度≤1.0 mm时，面积≤100 mm^2		踏面剥离、凹陷深度≤1.0 mm时，面积≤100 mm^2			
2	QR		≥6.5 mm		≥6.5 mm		CRH_3C	
3	车轮卷边		≤5 mm		≤5 mm		CRH_3C	
4	车轮							
	车轮径向跳动		≤0.3 mm		≤0.3 mm		CRH_3C	仅旋轮作业要求
	车轮轴向窜动		≤0.3 mm		≤0.3 mm			
	车轮直径	920 mm	≥830 mm（动车） ≥860 mm（拖车）		≥830 mm（动车） ≥860 mm（拖车）			
	轮缘高度 H	28.2 mm	$27.5\leq H\leq36$ mm		$27.5\leq H\leq36$ mm			
	轮缘厚度 L_3	34.5 mm	$26\leq L_3\leq34.5$ mm		$26\leq L_3\leq34.5$ mm			
	轮对内侧距离（动车）	mm	$D>840$ mm时，mm $D\leq840$ mm时，mm		$D>840$ mm时，mm $D\leq840$ mm时，mm			内测距在距轨面10 mm以下距离处测量
	轮对内侧距离（拖车）	mm	mm		mm			
5	车轮直径之差							
	同一轮对	≤0.3 mm	≤1 mm		≤1 mm ≤0.5 mm（旋轮或换轮后）		CRH_3C	
	同一转向架	≤2 mm	≤2 mm（动车） ≤15 mm（拖车）		≤2 mm（动车） ≤15 mm（拖车）			
	同一车辆	≤2 mm	≤2 mm（动车） ≤15 mm（拖车）		≤2 mm（动车） ≤15 mm（拖车）			

CRH_5 型动车组一、二级检修限度表

序号	项目	原型	一级修程	二级修程	适用车型	备注
一、车体						
1	排障器底边距轨面高度		185 ± 10 mm	185 ± 10 mm	CRH_5A	空车状态
2	排石器距轨面高度		15 ~ 18 mm	15 ~ 18 mm	CRH_5A	
二、主电路						
1	受电弓碳滑板磨耗后高度	mm	≥5 mm	≥5 mm	CRH_5A	无因电弧产生变形和碎裂、缺陷或一定深度的凹槽
	受电弓两滑板的高度差		≤3 mm	≤3 mm		
2	受电弓接触压力			弹簧秤匀速向下运动时，压力不大于 95 N；弹簧秤匀速向上运动时，压力不大于 65 N	CRH_5A	
3	弓角表面磨损纵向宽度			<5 mm	CRH_5A	
三、转向架						
1	空气弹簧高度（整车落成充气状态下）		360 ± 5 mm	360 ± 5 mm	CRH_5A	
2	空气弹簧橡胶隔膜龟裂					
	深度		≤1 mm	≤1 mm	CRH_5A	
	长度		≤30 mm	≤30 mm		
3	横向缓冲器间隙		两侧间隙在 56 ~ 64 mm 范围内，差值≤18 mm	两侧间隙在 56 ~ 64 mm 范围内，差值≤18 mm	CRH_5A	
四、基础制动装置						
1	制动盘摩擦环厚度	80 mm	≥66 mm	≥66 mm	CRH_5A	
2	制动盘摩擦环表面刮痕		≤1.2 mm	≤1.2 mm	CRH_5A	
3	制动盘摩擦环凹陷磨损		<2 mm	<2 mm	CRH_5A	
4	制动盘摩擦环倾斜磨损		≤2 mm	≤2 mm	CRH_5A	
5	制动盘两摩擦环厚度差		≤2 mm	≤2 mm	CRH_5A	
6	制动盘摩擦环裂纹				CRH_5A	沿半径方向
7	闸片厚度	24 mm	≥5.0 mm	≥5.0 mm	CRH_5A	同缸任一闸片到限同时更换
8	闸片与制动盘间隙		2 ~ 4 mm	2 ~ 4 mm	CRH_5A	两侧之和
五、轮对						
1	车轮踏面的擦伤深度		≤0.5 mm	≤0.3 mm	CRH_5A	
				0 mm（修型后）		
2	车轮踏面的连续碾长		≤70 mm	≤50 mm	CRH_5A	
				0 mm（修型后）		

续表

序号	项目	原型	一级修程	二级修程	适用车型	备注
3	车轮踏面的剥离		深度≤1.5 mm 面积≤100 mm^2 长度≤20 mm	深度≤1.5 mm 面积≤100 mm^2 长度≤20 mm	CRH_5A	
4	车轮直径	890 mm	≥810 mm	≥810 mm ≥815 mm(修型后)	CRH_5A	间接定义了轮辋的厚度极限
	轮缘高度	29 mm	≤36 mm	≤36 mm =29 mm(修型后)		
	轮缘厚度	32.5 mm	≥22 mm	≥22 mm		
	车轮圆度偏差	≤0.2 mm	≤0.5 mm	≤0.3 mm(修型后)		
	车轮轮对内侧距离	mm	mm	mm		轮缘下60 mm处测量
5	车轮直径之差					
	同一轮对		≤1.2 mm	≤1.2 mm	CRH_5A	
	同一转向架		≤20 mm	≤20 mm		
	同一动车内两条动力轮对		≤5 mm	≤5 mm		
6	轴身擦伤或弹伤		≤2 mm	≤2 mm	CRH_5A	限度内消除锐角后继续使用，到限更换
六、自动过分相装置						
1	感应接收器底面中心位置距离钢轨面高度		mm	mm	CRH_5A	
2	感应接收器底面中心位置距钢轨中心距离		300±10 mm	300±10 mm	CRH_5A	
七、撒砂装置						
	喷嘴距轨面上方距离		80~90 mm	80~90 mm	CRH_5A	

CRH380A（L）型动车组一、二级检修限度表

序号	项目		原型	一级修程	二级修程	适用车型	备注
一、车体							
1	排障器高度			20～30 mm	20～30 mm	CRH380A(L)	空车状态下，轨面以上
2	车体倾斜	前后（两端）		<25 mm	<25 mm	CRH380A(L)	同一辆车在空车时端梁下端端角处至轨面的高度差
		左右（两侧）		<15 mm	<15 mm		
		对角		<25 mm	<25 mm		
二、主电路							
1	受电弓碳滑板磨耗后高度			≥5 mm	≥5 mm	CRH380A(L)	无因电弧产生的变形、碎裂、缺陷或一定深度的凹槽
	受电弓两滑板的高度差			≤3 mm	≤3 mm		
2	受电弓接触压力			70±15 N	70±15 N	CRH380A(L)	受电弓保持在0.5～2.4 m高度范围内
				80±15 N	80±15 N		
3	受电弓升弓装置气囊裂纹			裂纹长度不超过25 mm或深度不超过1.2 mm	裂纹长度不超过25 mm或深度不超过1.2 mm	CRH380A(L)	撑起受电弓使钢丝绳处于松弛状态即气囊不受力且不充气时
三、转向架							
1	空气弹簧高度			mm	mm	CRH380A(L)	测量位置从车体到转向架印记之间，t为调整板厚度
2	空气弹簧橡胶气囊龟裂	深度		≤1.5 mm	≤1.5 mm	CRH380A(L)	
		长度		≤50 mm	≤50 mm		
3	牵引中心销与横向挡距离			mm	mm	CRH380A(L)	
4	转向架辅助排障器高度			5～13 mm	5～13 mm	CRH380A(L)	轨面以上
5	齿轮箱油位表的油量刻度范围			下刻度线与上刻度线之间	下刻度线与上刻度线之间	CRH380A(L)	在空车且停车20分钟后，确认油量
6	接地电刷状态确认			视窗两刻度线之间	视窗两刻度线之间	CRH380A(L)	
7	自动过分相天线距轨面高度			mm	mm	CRH380A(L)	

续表

<table>
<tr><th>序号</th><th>项目</th><th>原型</th><th colspan="2">一级修程</th><th>二级修程</th><th>适用车型</th><th>备注</th></tr>
<tr><td colspan="8">四、基础制动装置</td></tr>
<tr><td rowspan="2">1</td><td>轮盘磨耗厚度（单侧）</td><td>3 mm</td><td colspan="2">磨耗量≤2.8 mm；同一车轮两侧磨损差不超过 2 mm</td><td>磨耗量≤2.5 mm；同一车轮两侧磨损差不超过 2 mm</td><td>CRH380A(L)</td><td rowspan="2">可将钢尺放置在摩擦盘的摩擦面边缘，检查磨耗量</td></tr>
<tr><td>轴盘磨耗厚度（单侧）</td><td>5 mm</td><td colspan="2">磨耗量≤4.7 mm；同一车轮两侧磨损差不超过 2 mm</td><td>磨耗量≤4.5 mm；同一车轮两侧磨损差不超过 2 mm</td><td>CRH380A(L)</td></tr>
<tr><td>2</td><td>制动盘表面凹槽</td><td></td><td colspan="2">≤0.8 mm</td><td>≤0.8 mm</td><td>CRH380A(L)</td><td></td></tr>
<tr><td>3</td><td>制动盘偏磨最高点和最低点之差</td><td></td><td colspan="2">≤0.8 mm</td><td>≤0.8 mm</td><td>CRH380A(L)</td><td></td></tr>
<tr><td>4</td><td>制动盘表面刻痕</td><td></td><td colspan="2">≤1 mm</td><td>≤1 mm</td><td>CRH380A(L)</td><td></td></tr>
<tr><td rowspan="8">5</td><td rowspan="8">轴盘摩擦面裂纹检查</td><td rowspan="8"></td><td colspan="2">细微裂纹（发纹）</td><td>细微裂纹（发纹）</td><td rowspan="8">CRH380A(L)</td><td>对于运行没有影响</td></tr>
<tr><td rowspan="3">表面裂纹</td><td>$a<80$ mm
$b<50$ mm</td><td>$a<80$ mm
$b<50$ mm</td><td>允许</td></tr>
<tr><td>$80\leq a<100$ mm
$50\leq b<80$ mm</td><td>$80\leq a<100$ mm
$50\leq b<80$ mm</td><td>一定条件下允许</td></tr>
<tr><td>$a\geq100$ mm
$b\geq80$ mm</td><td>$a\geq100$ mm
$b\geq80$ mm</td><td>不允许</td></tr>
<tr><td rowspan="3">初始裂纹</td><td>$a<50$ mm
$b<50$ mm</td><td>$a<50$ mm
$b<50$ mm</td><td>允许</td></tr>
<tr><td>$50\leq a<70$ mm
$50\leq b<70$ mm</td><td>$50\leq a<70$ mm
$50\leq b<70$ mm</td><td>一定条件下允许</td></tr>
<tr><td>$a\geq70$ mm
$b\geq70$ mm</td><td>$a\geq70$ mm
$b\geq70$ mm</td><td>不允许</td></tr>
<tr><td colspan="2">穿透裂纹</td><td>穿透裂纹</td><td>立刻更换，不能继续运行</td></tr>
<tr><td rowspan="5">6</td><td rowspan="5">轮盘摩擦面裂纹检查</td><td rowspan="5"></td><td colspan="2">细微裂纹（发纹）</td><td>细微裂纹（发纹）</td><td rowspan="5">CRH380A(L)</td><td>对于运行没有影响</td></tr>
<tr><td rowspan="3">裂纹</td><td>$a<80$ mm
$b<60$ mm</td><td>$a<80$ mm
$b<60$ mm</td><td>允许</td></tr>
<tr><td>$80\leq a<100$ mm
$60\leq b<80$ mm</td><td>$80\leq a<100$ mm
$60\leq b<80$ mm</td><td>一定条件下允许</td></tr>
<tr><td>$a\geq100$ mm
$b\geq80$ mm</td><td>$a\geq100$ mm
$b\geq80$ mm</td><td>不允许</td></tr>
<tr><td colspan="2">穿透裂纹</td><td>穿透裂纹</td><td>立刻更换，不能继续运行</td></tr>
</table>

续表

序号	项目	原型	一级修程	二级修程	适用车型	备注
7	踏面清扫装置研磨块厚度	40 mm	≥13 mm	≥13 mm	CRH380A(L)	包括钢背厚度
8	闸片厚度	17 mm	5 mm + 磨耗余量（到下个一级检修前闸片厚度不得低于5 mm，测量时包含摩擦块的金属背板在内，在最薄处测量）	5 mm + 磨耗余量（到下个一级检修前闸片厚度不得低于5 mm，测量时包含摩擦块的金属背板在内，在最薄处测量）	CRH380A(L)	任一闸片厚度小于此限度时同制动卡钳两侧的闸片须同时更换
五、轮对						
1	车轮踏面擦伤		车轮直径 > 840 mm 长度≤30 mm 深度≤0. 25 mm	车轮直径 > 840 mm 长度≤30 mm 深度≤0. 25 mm	CRH380A(L)	旋轮，使裂纹完全消失后，再加工厚度至少为 1 mm，为避免缺陷蔓延及随之发生的范围缺陷尺寸扩大
			车轮直径≤840 mm 长度≤25 mm 深度≤0. 25 mm	车轮直径≤840 mm 长度≤25 mm 深度≤0. 25 mm		
2	车轮踏面硌伤		车轮直径 > 840 mm 长度≤30 mm 深度≤0. 25 mm	车轮直径 > 840 mm 长度≤30 mm 深度≤0. 25 mm	CRH380A(L)	
			车轮直径≤840 mm 长度≤25 mm 深度≤0. 25 mm	车轮直径≤840 mm 长度≤25 mm 深度≤0. 25 mm		
3	滚动接触疲劳		车轮直径 > 840 mm 长度≤30 mm 深度≤0. 25 mm	车轮直径 > 840 mm 长度≤30 mm 深度≤0. 25 mm	CRH380A(L)	裂纹带沿着车轮踏面均匀分布时不需要旋轮。 出现滚动接触疲劳和剥离时需要旋轮
			车轮直径≤840 mm 长度≤25 mm 深度≤0. 25 mm	车轮直径≤840 mm 长度≤25 mm 深度≤0. 25 mm		
4	车轮踏面剥离		车轮直径 > 840 mm 长度≤30 mm 深度≤0. 25 mm	车轮直径 > 840 mm 长度≤30 mm 深度≤0. 25 mm	CRH380A(L)	当剥离位于踏面中心和轮辋外表面之间时不需要旋轮。 当局部材料沿着缺陷长度方向脱离时需要旋轮
			车轮直径≤840 mm 长度≤25 mm 深度≤0. 25 mm	车轮直径≤840 mm 长度≤25 mm 深度≤0. 25 mm		

续表

<table>
<tr><th>序号</th><th colspan="2">项目</th><th>原型</th><th>一级修程</th><th>二级修程</th><th>适用车型</th><th>备注</th></tr>
<tr><td rowspan="4">5</td><td colspan="2">车轮直径</td><td>860 mm</td><td>≥790 mm</td><td>≥790 mm</td><td rowspan="4">CRH380A(L)</td><td>轮径减少20 mm时，必须在空气弹簧处加垫调整，保证车辆限界要求</td></tr>
<tr><td colspan="2">轮缘高度 h</td><td>28 mm</td><td>27.5≤h≤33 mm</td><td>27.5≤h≤33 mm
(旋修后 28 mm)</td><td></td></tr>
<tr><td colspan="2">轮缘厚度 e</td><td>32 mm</td><td>26≤e≤33 mm</td><td>26≤e≤33 mm</td><td rowspan="2"></td></tr>
<tr><td colspan="2">车轮轮对内侧距离</td><td>mm</td><td>mm</td><td>mm</td></tr>
<tr><td rowspan="4">6</td><td rowspan="4">车轮直径之差</td><td>同一轮对</td><td></td><td>≤1 mm</td><td>≤1 mm</td><td rowspan="4">CRH380A(L)</td><td rowspan="4">旋轮后的尺寸：
车轮径向跳动≤0.3 mm；
车轮轴向跳动≤0.3 mm</td></tr>
<tr><td>同一转向架</td><td></td><td>≤4 mm</td><td>≤4 mm</td></tr>
<tr><td>同一车辆</td><td></td><td>≤10 mm</td><td>≤10 mm</td></tr>
<tr><td>同一车辆单元内车辆间</td><td></td><td>≤40 mm</td><td>≤40 mm</td></tr>
<tr><td>7</td><td colspan="2">车轴表面局部伤痕径向深度</td><td></td><td>≤1 mm</td><td>≤1 mm</td><td>CRH380A(L)</td><td>打磨去除高点后使用，超限时允许车削加工修复，加工后轴身直径不低于φ167 mm</td></tr>
</table>

CRH380B（L）/CL 型动车组一、二级检修限度表

序号	项目	原型	一级修程	二级修程	适用车型	备注
一、主电路						
1	受电弓碳滑板磨耗后高度（距离铝基板）		≥5 mm	≥5 mm	CRH380B（L）/CL	
	受电弓碳滑板出现裂纹或冲击后棱角		≤0.5 cm^2	≤0.5 cm^2		
	侧面裂纹		允许存在距离滑板边缘 200 mm 以上的裂纹 1 处	允许存在距离滑板边缘 200 mm 以上的裂纹 1 处		
	纵向裂纹		无裂纹	无裂纹		
2	受电弓升弓气囊裂纹限度		无裂纹	无裂纹	CRH380B（L）/CL	
3	受电弓静态接触力		70 ± 10 N	70 ± 10 N	CRH380B（L）/CL	
4	车顶各软编线破损率		≤导流线横截面积的 5%	≤导流线横截面积的 5%	CRH380B（L）/CL	
二、转向架						
1	空气弹簧胶囊划伤或裂纹限度		长度≤20 mm 面积≤25 mm^2	长度≤20 mm 面积≤25 mm^2	CRH380B（L）/CL	不得破损至帘布层外露
2	空气弹簧橡胶气囊老化裂纹深度		表面裂纹深度≤2 mm 橡胶与金属接触边缘≤3 mm	表面裂纹深度≤2 mm 橡胶与金属接触边缘≤3 mm	CRH380B（L）/CL	裂纹不得露出帘布层
3	轴箱弹簧橡胶堆裂纹及破损限度		目视检查不允许存在肉眼可见裂纹	目视检查不允许存在肉眼可见裂纹	CRH380B（L）/CL	橡胶与金属结合面不允许存在开裂
4	牵引中心销与横向挡距离	单侧：mm 两侧之差：≤2 mm				两侧之和：mm
5	转向架扫石器距轨面高度	54 ± 2 mm	54 ± 2 mm	54 ± 2 mm	CRH380B（L）/CL	更正性作业后测量
		25 ± 2 mm	25 ± 2 mm	25 ± 2 mm	CRH380B	
6	感应接收器距轨面高度	130 ± 5 mm	130 ± 5 mm	130 ± 5 mm		更正性作业后测量
7	CTCS(BTM）天线距轨面高度	205 ± 2 mm	205 ± 2 mm(300T)	205 ± 2 mm(300T)	CRH380B（L）	更正性作业后测量
			220 ± 5 mm(300H)	220 ± 5 mm(300H)	CRH380CL	
8	TCR 天线距轨面高度		210 ± 10 mm(300T)	210 ± 10 mm(300T)	CRH380B（L）	更正性作业后测量
			155 ± 5 mm(300H)	155 ± 5 mm(300H)	CRH380CL	
9	Syope 降噪板(仅拖车)		脱胶深度不大于 150 mm	脱胶深度不大于 150 mm	CRH380B（L）/CL	轮毂侧

续表

序号	项目	原型	一级修程	二级修程	适用车型	备注
10	撒砂喷嘴距轨面高度	头车：67 ±2 mm 中间车：70 ±2 mm	头车：67 ±2 mm 中间车：70 ±2 mm	头车：67 ±2 mm 中间车：70 ±2 mm	CRH380B（L）/CL	
11	轮缘润滑喷嘴距踏面距离	25.5 ±1 mm	25.5 ±1 mm	25.5 ±1 mm	CRH380B（L）/CL	
12	闸片与制动盘间隙		2 ~4 mm	2 ~4 mm	CRH380B（L）/CL	两侧之和
			3 ~6 mm	3 ~6 mm	CRH380B	两侧之和
三、基础制动装置						
1	制动盘摩擦环厚度	80 mm	≥66 mm	≥66 mm	CRH380B（L）/CL	
2	制动盘摩擦环表面刮痕		≤1 mm	≤1 mm	CRH380B（L）/CL	
3	制动盘摩擦环凹陷磨损		<1 mm	<1 mm	CRH380B（L）/CL	
4	制动盘摩擦环倾斜磨损		≤1 mm	≤1 mm	CRH380B（L）/CL	
5	制动盘两摩擦环厚度差		≤2 mm	≤2 mm	CRH380B（L）/CL	
6	制动盘裂纹					
	轴盘 表面龟裂		任意位置的表面龟裂	任意位置的表面龟裂	CRH380B（L）/CL	对于运行没有影响
	表面裂缝		$b<50$ mm 且两条裂缝之间的距离大于 100 mm 的多处裂缝	$b<50$ mm 且两条裂缝之间的距离大于 100 mm 的多处裂缝		允许存在
			$50\leq b<70$ mm	$50\leq b<70$ mm		在一定条件下允许存在
			$b>70$ mm	$b>70$ mm		不允许存在
	表面裂纹		$a<100$ mm，裂纹既未触及内径也未触及外径	$a<100$ mm，裂纹既未触及内径也未触及外径		允许存在
			$b<100$ mm，裂纹触及了内径或外径	$b<100$ mm，裂纹触及了内径或外径		
			$a<100$ mm，但到外径和内径的距离≥10 mm 且两条裂纹之间的距离 >50 mm	$a<100$ mm，但到外径和内径的距离≥10 mm 且两条裂纹之间的距离 >50 mm		
			只允许出现一处彼此相对表面裂纹长度≤70 mm 的裂纹	只允许出现一处彼此相对表面裂纹长度≤70 mm 的裂纹		
	穿透裂纹		在连接处及制动盘的两侧摩擦带上出现从内径贯穿到外径以及贯穿散热通道的穿透裂纹	在连接处及制动盘的两侧摩擦带上出现从内径贯穿到外径以及贯穿散热通道的穿透裂纹		不允许存在

续表

序号	项目		原型	一级修程	二级修程	适用车型	备注
6	轮盘	表面龟裂		任意位置的表面龟裂	任意位置的表面龟裂	CRH380B（L）/CL	对于运行没有影响
		表面裂缝		$a<80$ mm，$b<60$ mm，多个随机排布的裂缝	$a<80$ mm，$b<60$ mm，多个随机排布的裂缝		允许存在
				$80\leqslant a<100$ mm $60\leqslant b<80$ mm	$80\leqslant a<100$ mm $60\leqslant b<80$ mm		在一定条件下允许存在
				$a>100$ mm $b>80$ mm	$a>100$ mm $b>80$ mm		不允许存在
		穿透裂纹		制动盘的两条摩擦带上出现从内径贯穿到外径以及贯穿散热通道的穿透裂纹	制动盘的两条摩擦带上出现从内径贯穿到外径以及贯穿散热通道的穿透裂纹		不允许存在
7	闸片厚度		17 mm	闸片最薄处≥7 mm（含钢背厚度）	闸片最薄处≥7 mm（含钢背厚度）	CRH380B（L）/CL	同一制动夹钳任一闸片到限同时更换
四、轮对							
1	车轮踏面擦伤	$D>840$ mm		擦伤长度≤30 mm 擦伤深度≤0.25 mm	擦伤长度≤30 mm 擦伤深度≤0.25 mm	CRH380B（L）/CL	
		$D\leqslant 840$ mm		擦伤长度≤25 mm 擦伤深度≤0.25 mm	擦伤长度≤25 mm 擦伤深度≤0.25 mm		
2	车轮踏面剥离、凹陷			剥离、凹陷长度≤20 mm； 剥离、凹陷深度≤0.5 mm，面积≤200 mm^2； 剥离、凹陷深度≤0.75 mm，面积≤150 mm^2； 剥离、凹陷深度≤1.0 mm，面积≤100 mm^2	剥离、凹陷长度≤20 mm； 剥离、凹陷深度≤0.5 mm，面积≤200 mm^2； 剥离、凹陷深度≤0.75 mm，面积≤150 mm^2； 剥离、凹陷深度≤1.0 mm，面积≤100 mm^2	CRH380B（L）/CL	踏面修型后不允许存在剥离或凹陷缺陷
3	涂层（干燥后）			底漆：60～90 μm 车轴面漆：3 000～4 200 μm 车轮面漆：120～200 μm	底漆：60～90 μm 车轴面漆：3 000～4 200 μm 车轮面漆：120～200 μm	CRH380B（L）/CL	出现涂层损伤见金属本色时补漆，金属表面存在磕碰伤或锈蚀时进行车轴探伤

续表

<table>
<tr><th>序号</th><th colspan="3">项目</th><th>原型</th><th>一级修程</th><th>二级修程</th><th>适用车型</th><th>备注</th></tr>
<tr><td>4</td><td colspan="3">QR</td><td></td><td>≥6. 5 mm</td><td>≥6. 5 mm</td><td>CRH380B（L）/CL</td><td></td></tr>
<tr><td>5</td><td colspan="3">车轮卷边</td><td></td><td>≤5 mm</td><td>≤5 mm</td><td>CRH380B（L）/CL</td><td></td></tr>
<tr><td rowspan="6">6</td><td colspan="3">车轮直径</td><td>920 mm</td><td>≥830 mm(动车)
≥860 mm(拖车)</td><td>≥830 mm(动车)
≥860 mm(拖车)</td><td rowspan="6">CRH380B（L）/CL</td><td></td></tr>
<tr><td colspan="3">轮缘高度 H</td><td>28. 2 mm</td><td>27. 5≤H≤36 mm</td><td>27. 5≤H≤36 mm</td><td></td></tr>
<tr><td colspan="3">轮缘厚度 L_3</td><td>34. 5 mm</td><td>$D>840$ mm 时
22≤L_3≤34. 5 mm
$D<840$ mm 时
25≤L_3≤34. 5 mm</td><td>$D>840$ mm 时
22≤L_3≤34. 5 mm
$D<840$ mm 时
25≤L_3≤34. 5 mm</td><td></td></tr>
<tr><td rowspan="3">轮对内侧距</td><td rowspan="2">动车</td><td>$D>840$ mm</td><td rowspan="2">mm</td><td>1 353 ±3 mm</td><td>1 353 ±3 mm</td><td rowspan="3">内测距在距轨面 10 mm 以下距离处测量</td></tr>
<tr><td>D≤840 mm</td><td>mm</td><td>mm</td></tr>
<tr><td colspan="2">拖车</td><td>mm</td><td>1 353 ±3 mm</td><td>1 353 ±3 mm</td></tr>
<tr><td rowspan="4">7</td><td colspan="8">车轮直径差</td></tr>
<tr><td colspan="3">同一轮对</td><td>≤0. 3 mm</td><td>≤1 mm
≤0. 5 mm</td><td>≤1 mm
≤0. 5 mm</td><td rowspan="3">CRH380B（L）/CL</td><td rowspan="3"></td></tr>
<tr><td colspan="3">同一转向架</td><td>≤2 mm</td><td>≤2 mm(动车)
≤15 mm(拖车)</td><td>≤2 mm(动车)
≤15 mm(拖车)</td></tr>
<tr><td colspan="3">同一车辆</td><td>≤2 mm</td><td>≤2 mm(动车)
≤30 mm(拖车)</td><td>≤2 mm(动车)
≤30 mm(拖车)</td></tr>
</table>

学习引导文

序号	作业步骤	作业程序、标准及图示
2.5.1	司机室作业流程	①号确认动车组供电正常，防护号志已设置，并通知②号共同进行司机室作业。 注：由①号进行静态检查，②号进行动态试验。 司机室设施检查流程图（01 车、00 车）见图 2－86。 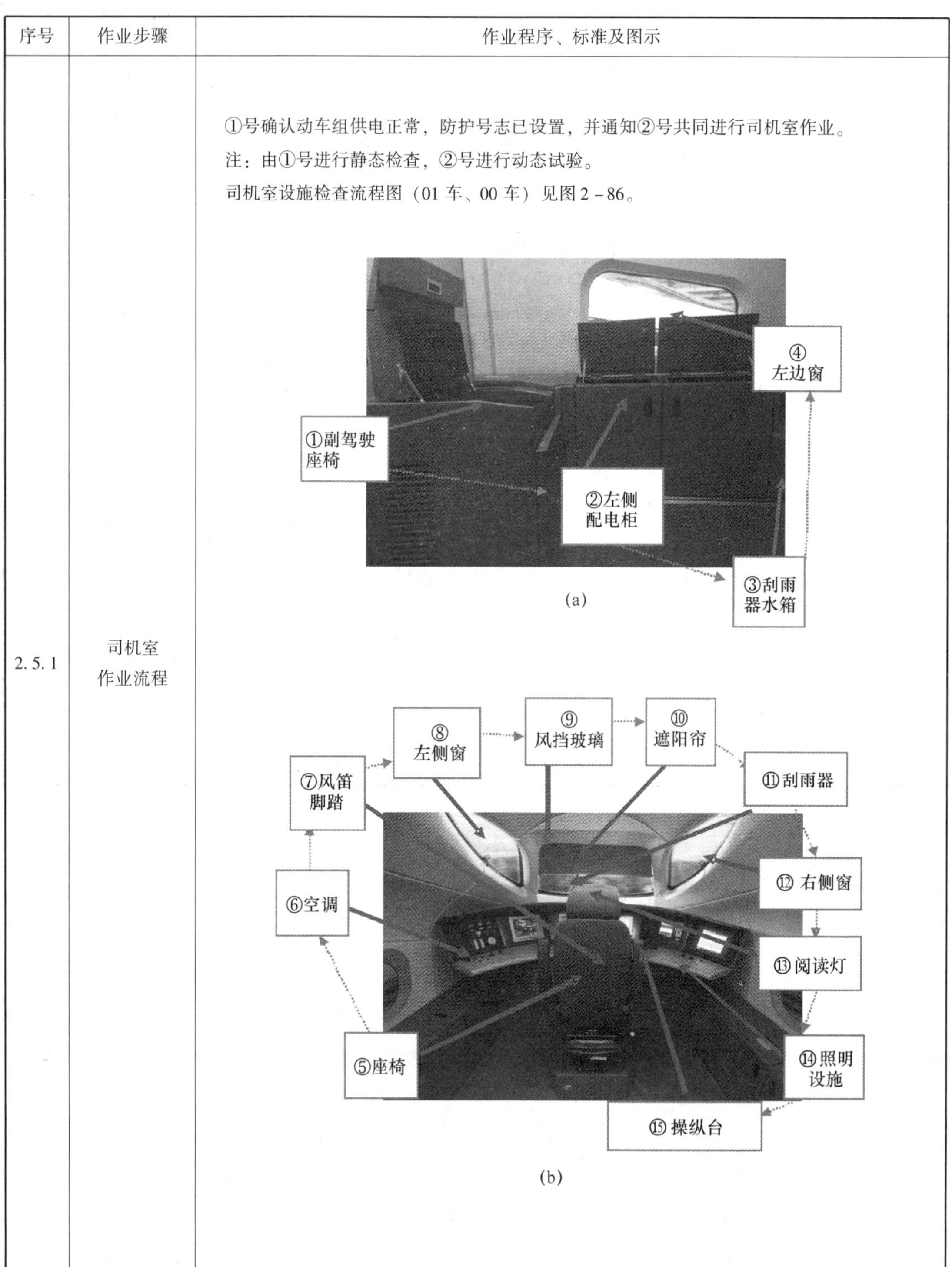

(a)

(b)

续表

<table>
<tr><th>序号</th><th>作业步骤</th><th>作业程序、标准及图示</th></tr>
<tr><td>2.5.1</td><td>司机室
作业流程</td><td>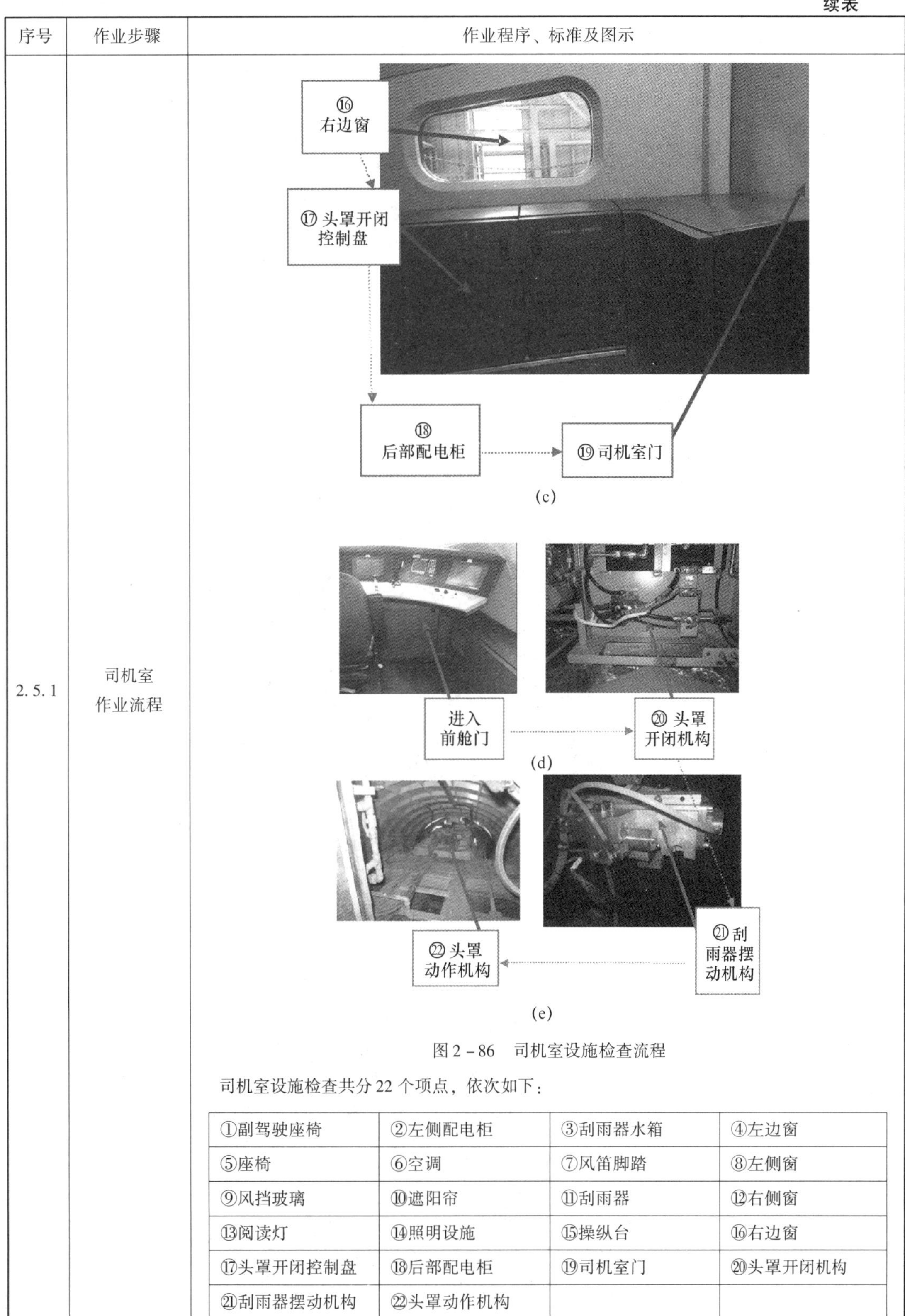

图2－86　司机室设施检查流程
司机室设施检查共分22个项点，依次如下：
①副驾驶座椅；②左侧配电柜；③刮雨器水箱；④左边窗；⑤座椅；⑥空调；⑦风笛脚踏；⑧左侧窗；⑨风挡玻璃；⑩遮阳帘；⑪刮雨器；⑫右侧窗；⑬阅读灯；⑭照明设施；⑮操纵台；⑯右边窗；⑰头罩开闭控制盘；⑱后部配电柜；⑲司机室门；⑳头罩开闭机构；㉑刮雨器摆动机构；㉒头罩动作机构</td></tr>
</table>

续表

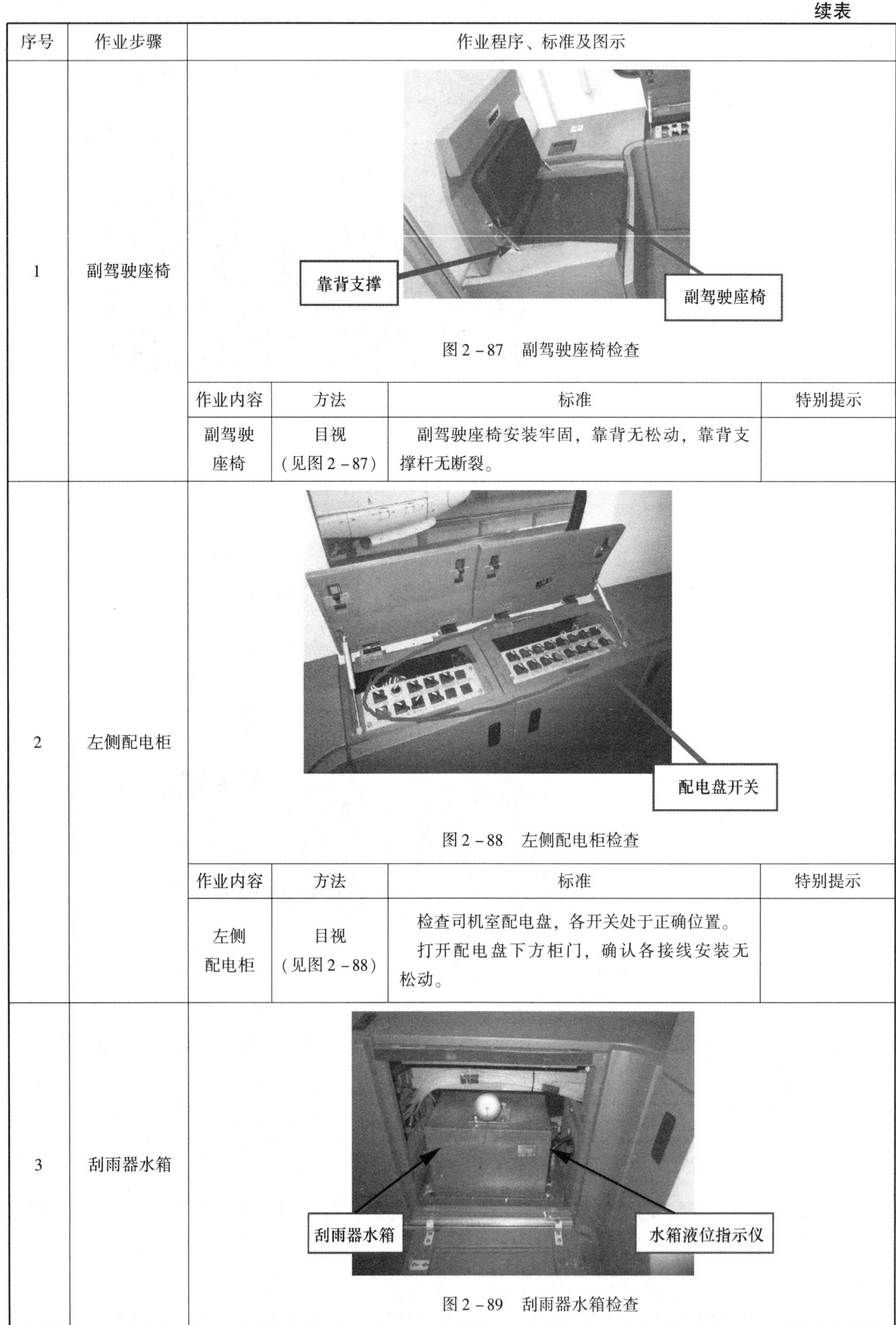

序号	作业步骤	作业程序、标准及图示			
1	副驾驶座椅	图 2－87　副驾驶座椅检查			
		作业内容	方法	标准	特别提示
		副驾驶座椅	目视（见图 2－87）	副驾驶座椅安装牢固，靠背无松动，靠背支撑杆无断裂。	
2	左侧配电柜	图 2－88　左侧配电柜检查			
		作业内容	方法	标准	特别提示
		左侧配电柜	目视（见图 2－88）	检查司机室配电盘，各开关处于正确位置。 打开配电盘下方柜门，确认各接线安装无松动。	
3	刮雨器水箱	图 2－89　刮雨器水箱检查			

续表

序号	作业步骤	作业程序、标准及图示			
		作业内容	方法	标准	特别提示
3	刮雨器水箱	刮雨器水箱	目视（见图2-89）	水箱外观正常，无漏泄；水箱液位不低于1/2。	
4	左边窗	 图2-90　左边窗检查			
		作业内容	方法	标准	特别提示
		左边窗	目视（见图2-90）	目视玻璃及框架无破损，安装牢固。	
5	座椅	 司机室座椅 调节开关 图2-91　座椅检查			
		作业内容	方法	标准	特别提示
		座椅	目视手检（见图2-91）	座椅外观无破损，手动活动座椅扶手、各调节开关，作用良好。	
6	空调	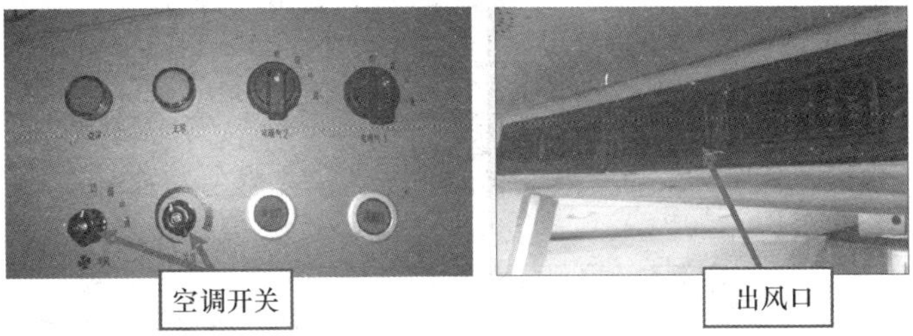 空调开关 (a) 出风口 (b) 图2-92　空调检查			

续表

序号	作业步骤	作业程序、标准及图示			
6	空调	作业内容	方法	标准	特别提示
		空调	供电检查（见图2－92）	空调开关作用良好，出风口滤网清洁、无脏堵，空调作用良好、无异声。	
7	风笛脚踏	 图2－93　风笛脚踏检查			
		作业内容	方法	标准	特别提示
		风笛脚踏	操作（见图2－93）	风笛脚踏安装良好，活动正常。踏下风笛脚踏，风笛工作正常。	
8	左侧窗	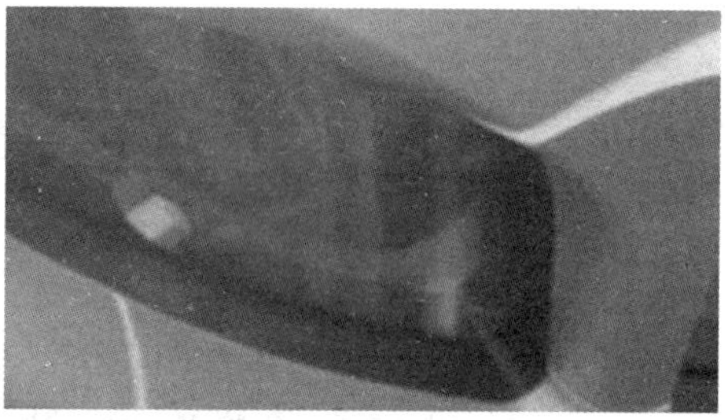 图2－94　左侧窗检查			
		作业内容	方法	标准	特别提示
		左侧窗	目视（见图2－94）	目视玻璃及边框无破损，安装牢固。	
9	风挡玻璃及遮阳帘	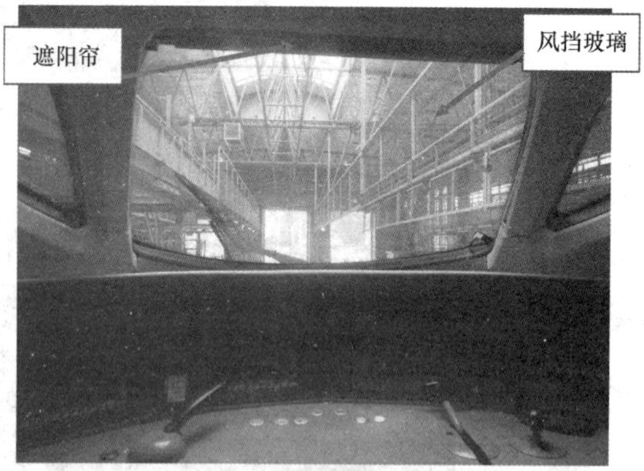 图2－95　风挡玻璃及遮阳帘检查			
		作业内容	方法	标准	特别提示
		风挡玻璃	目视	目视玻璃及边框无破损，安装牢固。	
		遮阳帘	目视，操作（见图2－95）	电动遮阳帘无损伤，升降作用良好。	

续表

<table>
<tr><th>序号</th><th>作业步骤</th><th colspan="4">作业程序、标准及图示</th></tr>
<tr><td rowspan="3">10</td><td rowspan="3">刮雨器</td><td colspan="4"> 刮雨器
(a) 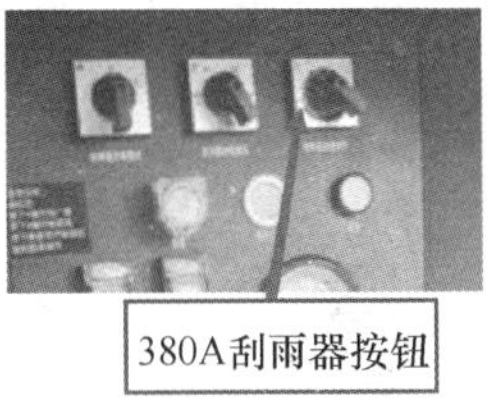
380A刮雨器按钮
(b) 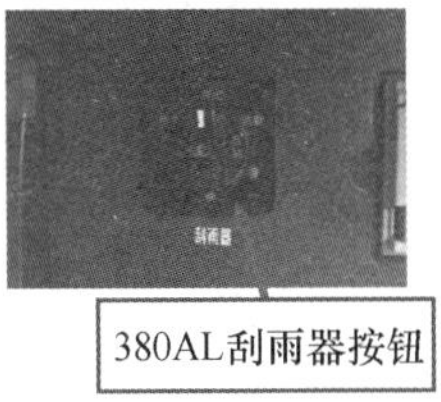
380AL刮雨器按钮
(c)
图 2－96　刮雨器检查</td></tr>
<tr><td>作业内容</td><td>方法</td><td>标准</td><td>特别提示</td></tr>
<tr><td>刮雨器</td><td>目视，操作（见图 2－96）</td><td>旋转刮雨器功能选择开关到连续位，调节刮雨器速度选择开关，并按压刮雨器冲洗按钮，观察刮雨器动作良好，喷水正常。雨刷的动作无打滑，雨刷的橡胶无破损。</td><td></td></tr>
<tr><td rowspan="3">11</td><td rowspan="3">右侧窗</td><td colspan="4"> 图 2－97　右侧窗检查</td></tr>
<tr><td>作业内容</td><td>方法</td><td>标准</td><td>特别提示</td></tr>
<tr><td>右侧窗</td><td>目视（见图 2－97）</td><td>目视玻璃及边框无破损，安装牢固。</td><td></td></tr>
<tr><td>12</td><td>阅读灯</td><td colspan="4"> 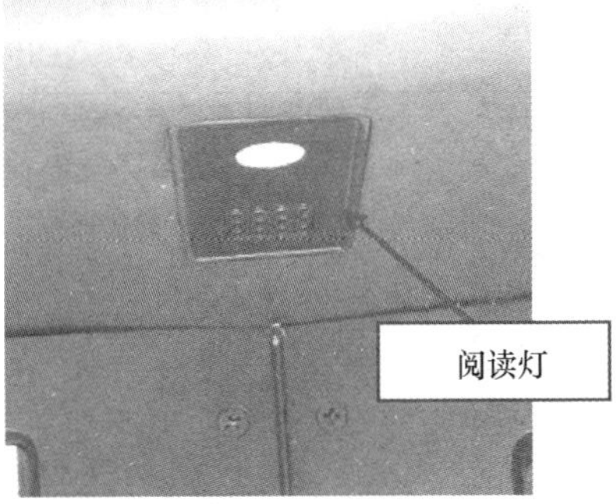阅读灯
图 2－98　阅读灯检查</td></tr>
</table>

续表

<table>
<tr><th>序号</th><th>作业步骤</th><th colspan="4">作业程序、标准及图示</th></tr>
<tr><td rowspan="2">12</td><td rowspan="2">阅读灯</td><td>作业内容</td><td>方法</td><td>标准</td><td>特别提示</td></tr>
<tr><td>阅读灯</td><td>目视，操作（见图 2－98）</td><td>阅读灯作用正常，开关良好，开关罩无破损。</td><td></td></tr>
<tr><td rowspan="3">13</td><td rowspan="3">照明设施</td><td colspan="4">
图 2－99　照明设施检查</td></tr>
<tr><td>作业内容</td><td>方法</td><td>标准</td><td>特别提示</td></tr>
<tr><td>照明设施</td><td>目视，操作（见图 2－99）</td><td>照明良好，灯罩无松动、破损，照明开关活动正常。</td><td></td></tr>
<tr><td rowspan="4">14</td><td rowspan="4">操纵台</td><td colspan="4">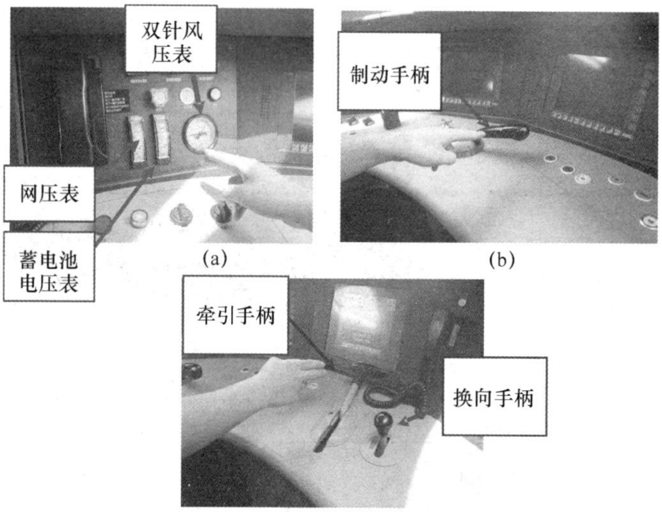

图 2－100　操纵台检查</td></tr>
<tr><td>作业内容</td><td>方法</td><td>标准</td><td>特别提示</td></tr>
<tr><td>风压表、电压表</td><td>目视（见图 2－100）</td><td>操纵台上各按钮外观无破损，标识清晰。
驾驶台计量盘电压表、风压表的外观及安装状态良好，显示正常；通电时，蓄电池充电电压为 100 ±5 V。检查网压表显示正常（17.5 ~ 31 kV）。各电压表、风压表在有效检定日期内。</td><td></td></tr>
<tr><td>操作手柄</td><td>目视，操作</td><td>检查牵引手柄、换向手柄、制动手柄无损伤、卡滞、脱挡，安装无松动。牵引手柄检查调整在无电状态下进行。试验完毕后将制动手柄置于快速位。</td><td>制动手柄 BV 接通时，电压表的显示电压应为 87 V 以上。</td></tr>
</table>

续表

<table>
<tr><td>序号</td><td>作业步骤</td><td colspan="4">作业程序、标准及图示</td></tr>
<tr><td rowspan="3">15</td><td rowspan="3">右边窗</td><td colspan="4"> 图 2－101　右边窗检查</td></tr>
<tr><td>作业内容</td><td>方法</td><td>标准</td><td>特别提示</td></tr>
<tr><td>右边窗</td><td>目视
（见图 2－101）</td><td>目视玻璃及框架无破损，安装牢固。</td><td></td></tr>
<tr><td rowspan="3">16</td><td rowspan="3">头罩开闭
控制盘</td><td colspan="4"> 380A头罩开闭控制盘
(a) 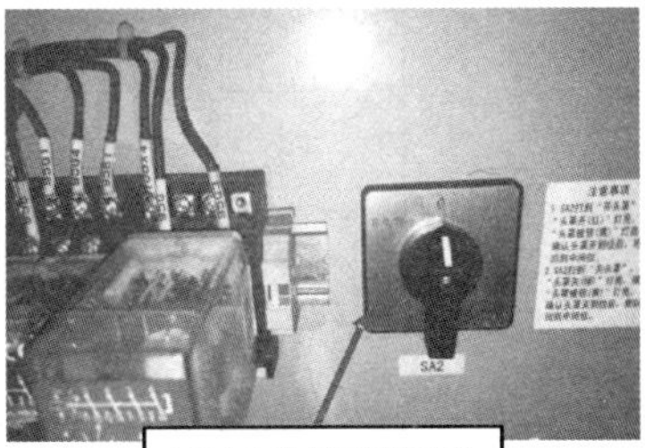
380AL头罩开闭开关
(b)
图 2－102　头罩开闭控制盘检查</td></tr>
<tr><td>作业内容</td><td>方法</td><td>标准</td><td>特别提示</td></tr>
<tr><td>头罩开闭
控制盘</td><td>目视
（见图 2－102）</td><td>检查头罩开闭控制盘电线航空插头无松动，强制开关均处于关闭位。</td><td></td></tr>
<tr><td rowspan="3">17</td><td rowspan="3">后部配电柜</td><td colspan="4"> 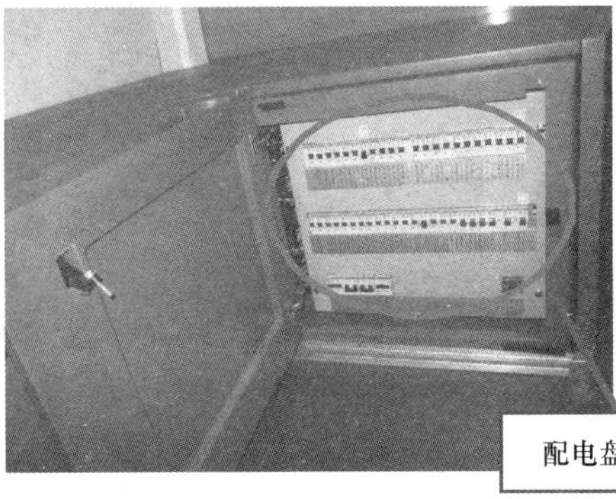配电盘开关
图 2－103　后部配电柜检查</td></tr>
<tr><td>作业内容</td><td>方法</td><td>标准</td><td>特别提示</td></tr>
<tr><td>后部
配电柜</td><td>目视
（见图 2－103）</td><td>检查司机室后部配电盘，各开关处于正确位置，无烧焦、异味等其他异状。</td><td></td></tr>
</table>

续表

序号	作业步骤	作业程序、标准及图示			
18	司机室门	 图 2－104　司机室门检查			
		作业内容	方法	标准	特别提示
		司机室门	目视 （见图 2－104）	司机室门开启、锁闭状态良好。 司机室门密封胶条安装状态良好，无破损。	
19	头罩开闭机构	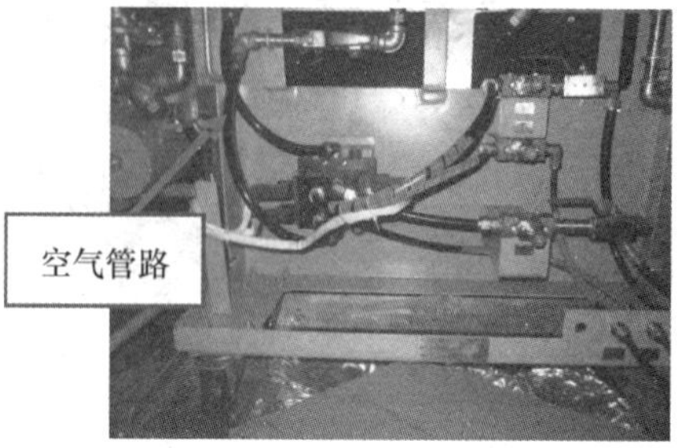 图 2－105　头罩开闭机构检查			
		作业内容	方法	标准	特别提示
		头罩开闭机构	目视 （见图 2－105）	头罩开闭机构外观状态良好，管路无漏风，电线无变色。	舱内无漏风现象
20	刮雨器摆动机构	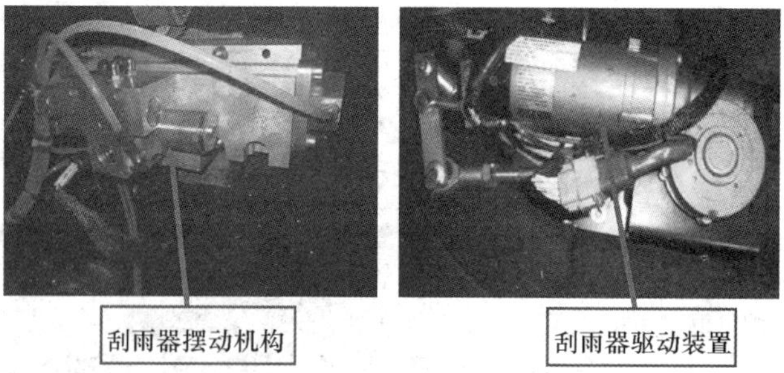 (a)　(b) 图 2－106　刮雨器摆动机构检查			
		作业内容	方法	标准	特别提示
		刮雨器摆动机构	目视 （见图 2－106）	刮雨器摆动机构外观及安装状态良好，摆动机构连接处铆钉无变形或裂纹，电机连接线紧固，无脱落或变色。	舱内无漏水现象

续表

<table>
<tr><th>序号</th><th>作业步骤</th><th colspan="4">作业程序、标准及图示</th></tr>
<tr><td rowspan="3">21</td><td rowspan="3">头罩
动作机构</td><td colspan="4"> 图 2－107　头罩动作机构检查</td></tr>
<tr><td>作业内容</td><td>方法</td><td>标准</td><td>特别提示</td></tr>
<tr><td>头罩
动作机构</td><td>目视
（见图 2－107）</td><td>检查头罩动作机构安装状态良好。头罩锁安装状态良好，头罩锁闭良好、无缝隙，状态良好。</td><td></td></tr>
<tr><td>2.5.2</td><td>司机室
供电试验</td><td colspan="4">司机室供电试验流程（01 车、00 车）共分 8 个试验项点依次进行：
①MON 屏故障信息确认
②牵引供电试验
③制动试验
④车门试验
⑤头灯、标识灯试验
⑥联络电话通话试验
⑦车次及时间设定试验
⑧空调状态检查
注意：采取有电－无电－有电作业模式时，第二次供电须再次进行司机室供电试验。</td></tr>
<tr><td rowspan="3">1</td><td rowspan="3">MON 屏故障
信息确认</td><td colspan="4"> 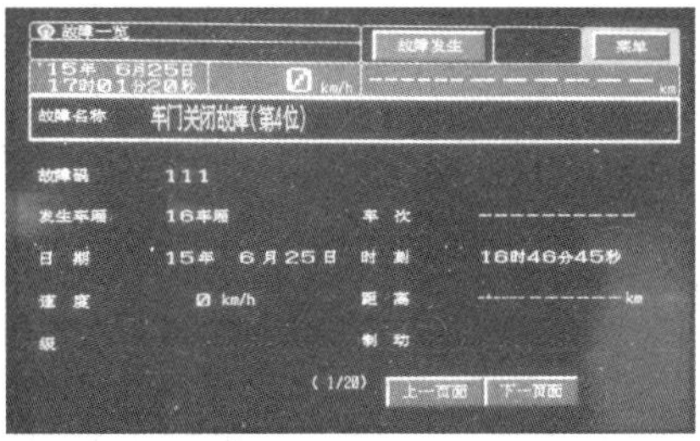图 2－108　故障界面</td></tr>
<tr><td>作业内容</td><td>方法</td><td>标准</td><td>特别提示</td></tr>
<tr><td>MON 屏故障
信息确认</td><td>操作
（见图 2－108）</td><td>点击 MON 故障信息界面，查看是否存在当前故障信息。</td><td>如发现故障信息及时通知相关人员。</td></tr>
</table>

续表

<table>
<tr><th>序号</th><th>作业步骤</th><th colspan="4">作业程序、标准及图示</th></tr>
<tr><td rowspan="3">2</td><td rowspan="3">牵引供电试验</td><td colspan="4"> 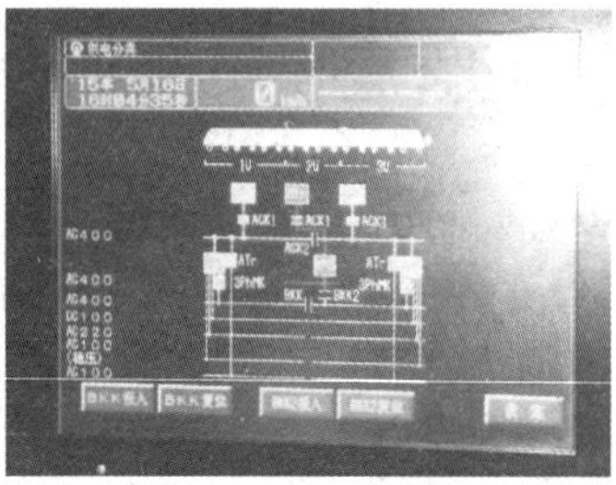图 2-109　CRH380A 供电分类界面 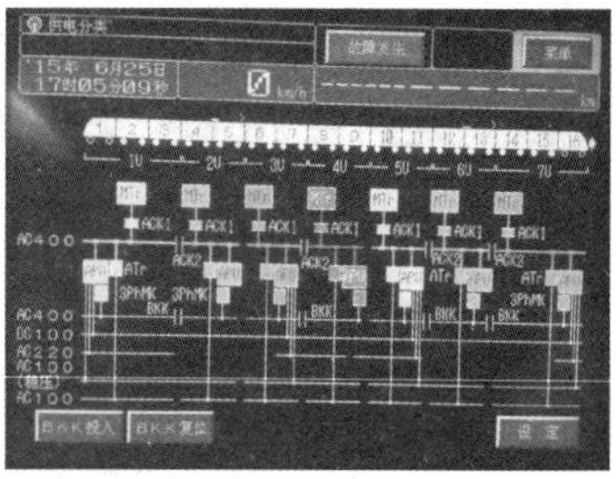　　图 2-110　CRH380AL 供电分类界面</td></tr>
<tr><td>作业内容</td><td>方法</td><td>标准</td><td>特别提示</td></tr>
<tr><td>牵引供电试验</td><td>操作
（见图 2-109、图 2-110）</td><td>①动车组投入主控后，升起受电弓，闭合 VCB，查看供电分类界面，动车组供电正常。
②进行换弓试验，确认另一受电弓升起后，动车组供电正常。</td><td></td></tr>
<tr><td rowspan="4">3</td><td rowspan="4">制动试验</td><td colspan="4"> 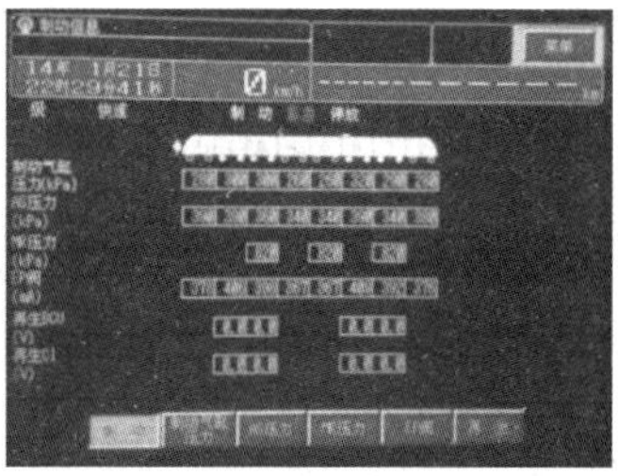图 2-111　CRH380A 制动界面 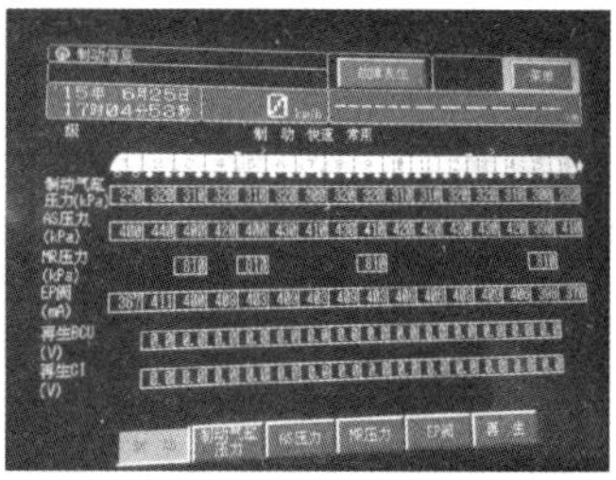　　图 2-112　CRH380AL 制动界面</td></tr>
<tr><td>作业内容</td><td>方法</td><td>标准</td><td>特别提示</td></tr>
<tr><td>保压试验</td><td rowspan="2">手检
（见图 2-111、图 2-112）</td><td>总风压力至 880 kPa 时，将 BV 手柄置于 7N，保压 2 分钟，核对双针压力表，压力下降不得大于 10 kPa（CRH380A）/40 kPa（CRH380AL）。</td><td>01 车或 00 车做一次，用风设备停用。</td></tr>
<tr><td>制动试验</td><td>进行制动试验，查看监控显示器 BC 压力画面，在各挡位上制动控制装置的 BC 压力符合规定，色标正常，在工作手册记录制动试验压力值。试验完毕后，将制动手柄置于拔取位。
①制动手柄移至“快速”位，通过 MON 显示器确认 BC 压力：各车 BC 压力不小于 210 kPa；
②制动手柄移至“运行”位，通过 MON 显示器确认各车 BC 压力为 0 kPa；
③制动手柄移至“B7”位，通过 MON 显示器确认 BC 压力：各车 BC 压力不小于 140 kPa；
④制动手柄移至“B4”位，通过 MON 显示器确认 BC 压力：各车 BC 压力不小于 90 kPa；
⑤制动手柄移至“B1”位，通过 MON 显示器确认 BC 压力：各车 BC 压力不小于 40 kPa；
⑥制动手柄移至“运行”位，通过 MON 显示器确认各车 BC 压力为 0 kPa；
⑦试验完毕，将制动手柄移至“B7”位。</td><td></td></tr>
</table>

续表

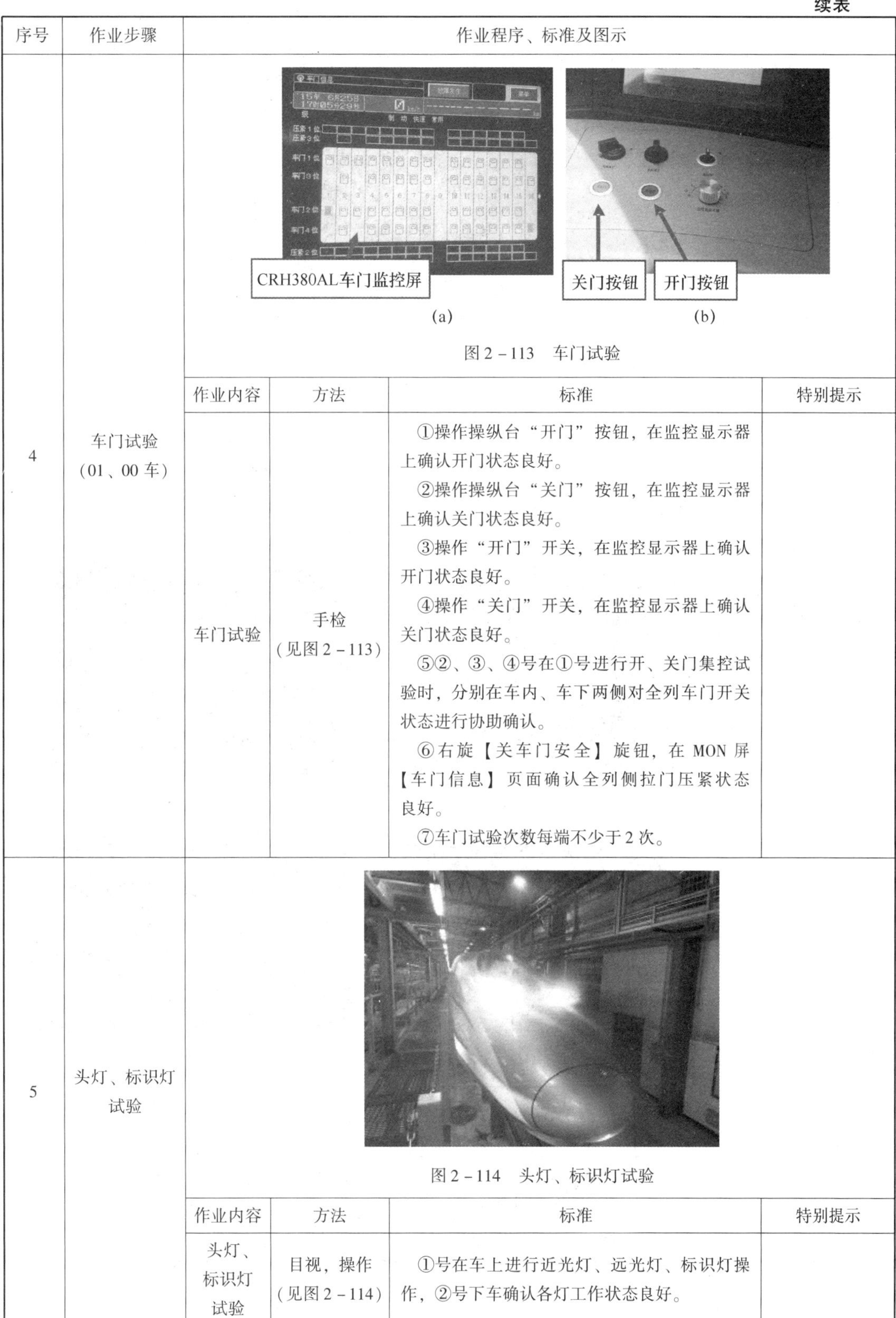

<table>
<tr><th>序号</th><th>作业步骤</th><th colspan="4">作业程序、标准及图示</th></tr>
<tr><td rowspan="3">4</td><td rowspan="3">车门试验
（01、00 车）</td><td colspan="4">(a)　(b)
图 2－113　车门试验</td></tr>
<tr><td>作业内容</td><td>方法</td><td>标准</td><td>特别提示</td></tr>
<tr><td>车门试验</td><td>手检
（见图 2－113）</td><td>①操作操纵台“开门”按钮，在监控显示器上确认开门状态良好。
②操作操纵台“关门”按钮，在监控显示器上确认关门状态良好。
③操作“开门”开关，在监控显示器上确认开门状态良好。
④操作“关门”开关，在监控显示器上确认关门状态良好。
⑤②、③、④号在①号进行开、关门集控试验时，分别在车内、车下两侧对全列车门开关状态进行协助确认。
⑥右旋【关车门安全】旋钮，在 MON 屏【车门信息】页面确认全列侧拉门压紧状态良好。
⑦车门试验次数每端不少于 2 次。</td><td></td></tr>
<tr><td rowspan="3">5</td><td rowspan="3">头灯、标识灯试验</td><td colspan="4">图 2－114　头灯、标识灯试验</td></tr>
<tr><td>作业内容</td><td>方法</td><td>标准</td><td>特别提示</td></tr>
<tr><td>头灯、标识灯试验</td><td>目视，操作
（见图 2－114）</td><td>①号在车上进行近光灯、远光灯、标识灯操作，②号下车确认各灯工作状态良好。</td><td></td></tr>
</table>

续表

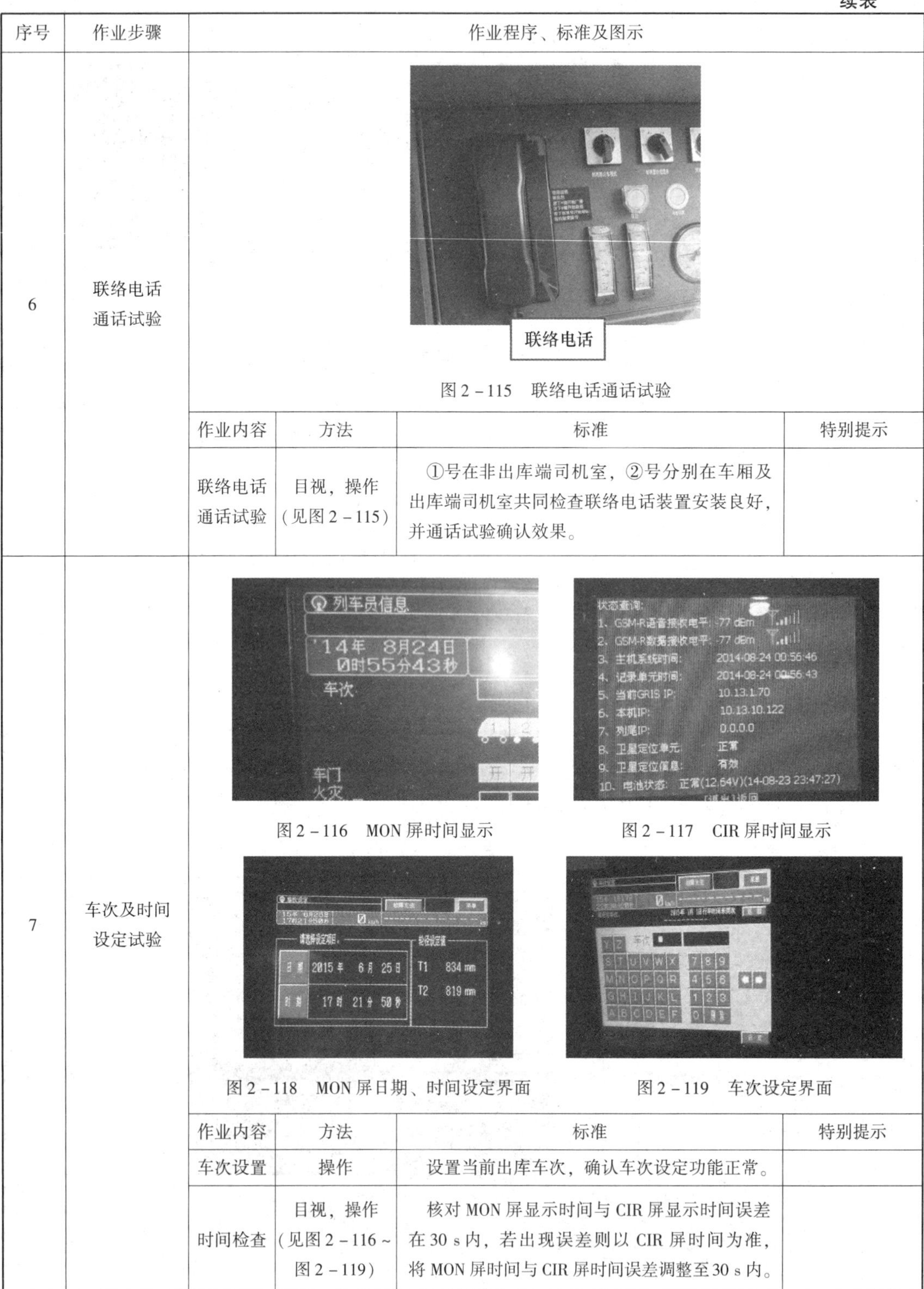

<table>
<tr><th>序号</th><th>作业步骤</th><th colspan="4">作业程序、标准及图示</th></tr>
<tr><td rowspan="3">6</td><td rowspan="3">联络电话
通话试验</td><td colspan="4">
图 2－115　联络电话通话试验</td></tr>
<tr><td>作业内容</td><td>方法</td><td>标准</td><td>特别提示</td></tr>
<tr><td>联络电话
通话试验</td><td>目视，操作
（见图 2－115）</td><td>①号在非出库端司机室，②号分别在车厢及出库端司机室共同检查联络电话装置安装良好，并通话试验确认效果。</td><td></td></tr>
<tr><td rowspan="4">7</td><td rowspan="4">车次及时间
设定试验</td><td colspan="4">
图 2－116　MON 屏时间显示

图 2－117　CIR 屏时间显示

图 2－118　MON 屏日期、时间设定界面
图 2－119　车次设定界面</td></tr>
<tr><td>作业内容</td><td>方法</td><td>标准</td><td>特别提示</td></tr>
<tr><td>车次设置</td><td>操作</td><td>设置当前出库车次，确认车次设定功能正常。</td><td></td></tr>
<tr><td>时间检查</td><td>目视，操作
（见图 2－116～图 2－119）</td><td>核对 MON 屏显示时间与 CIR 屏显示时间误差在 30 s 内，若出现误差则以 CIR 屏时间为准，将 MON 屏时间与 CIR 屏时间误差调整至 30 s 内。</td><td></td></tr>
</table>

续表

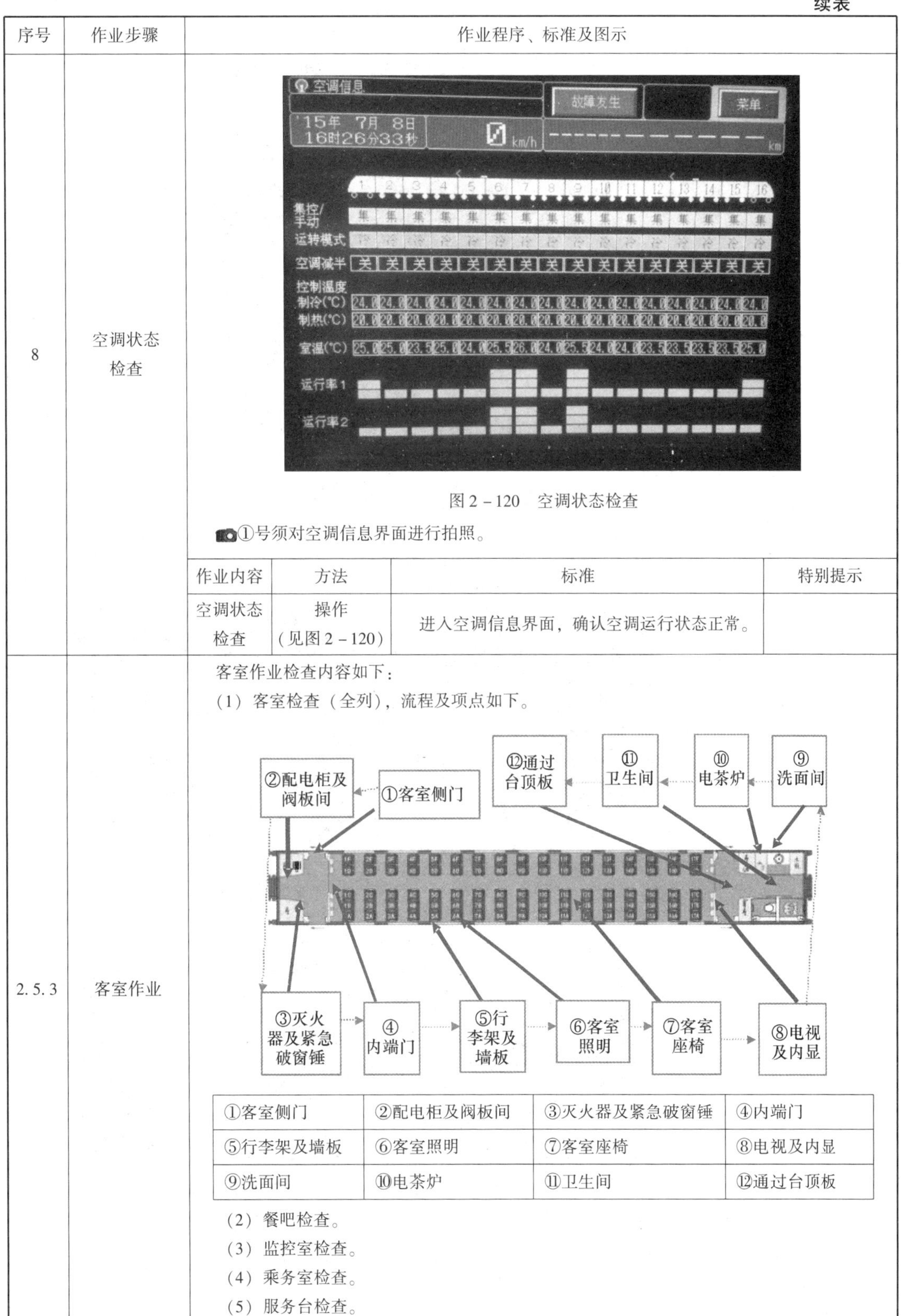

<table>
<tr><th>序号</th><th>作业步骤</th><th>作业程序、标准及图示</th></tr>
<tr><td>8</td><td>空调状态检查</td><td>

图2-120 空调状态检查
①号须对空调信息界面进行拍照。
<table>
<tr><th>作业内容</th><th>方法</th><th>标准</th><th>特别提示</th></tr>
<tr><td>空调状态检查</td><td>操作
（见图2-120）</td><td>进入空调信息界面，确认空调运行状态正常。</td><td></td></tr>
</table>
</td></tr>
<tr><td>2.5.3</td><td>客室作业</td><td>
客室作业检查内容如下：
（1）客室检查（全列），流程及项点如下。

<table>
<tr><td>①客室侧门</td><td>②配电柜及阀板间</td><td>③灭火器及紧急破窗锤</td><td>④内端门</td></tr>
<tr><td>⑤行李架及墙板</td><td>⑥客室照明</td><td>⑦客室座椅</td><td>⑧电视及内显</td></tr>
<tr><td>⑨洗面间</td><td>⑩电茶炉</td><td>⑪卫生间</td><td>⑫通过台顶板</td></tr>
</table>
（2）餐吧检查。
（3）监控室检查。
（4）乘务室检查。
（5）服务台检查。
</td></tr>
</table>

续表

<table>
<tr><th>序号</th><th>作业步骤</th><th colspan="4">作业程序、标准及图示</th></tr>
<tr><td rowspan="3">1</td><td rowspan="3">客室侧门</td><td colspan="4"> 图 2－121　客室侧门检查</td></tr>
<tr><td>作业内容</td><td>方法</td><td>标准</td><td>特别提示</td></tr>
<tr><td>客室侧门</td><td>目视
（见图 2－121）</td><td>目视侧门外观良好，无破损变形，侧门玻璃无破损裂纹，安装牢固。</td><td></td></tr>
<tr><td>2</td><td>配电柜及阀板间</td><td colspan="4"> 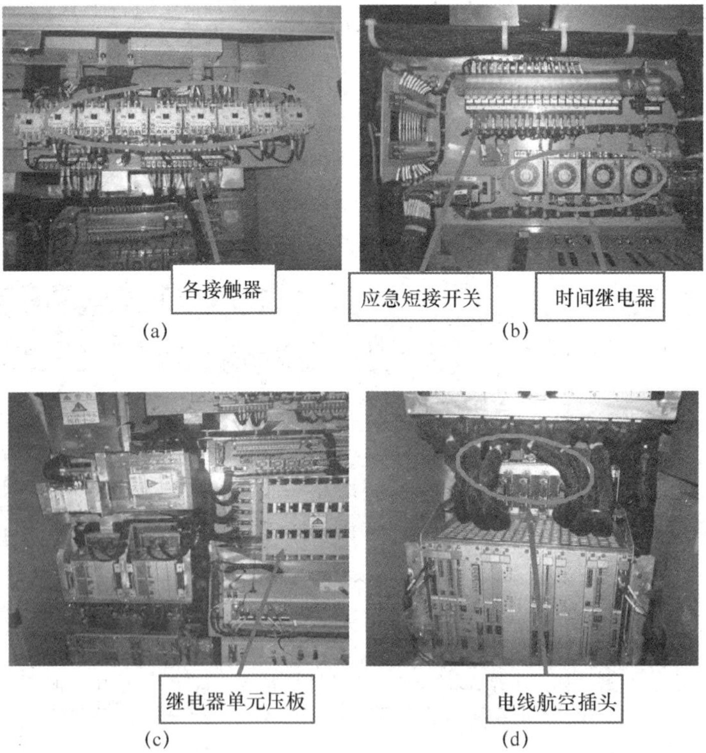各接触器
(a)
应急短接开关　时间继电器
(b)
继电器单元压板
(c)
电线航空插头
(d)
图 2－122　司机室总配电盘检查</td></tr>
</table>

续表

<table>
<tr><th>序号</th><th>作业步骤</th><th colspan="4">作业程序、标准及图示</th></tr>
<tr><td rowspan="9">2</td><td rowspan="9">配电柜
及阀板间</td><td>作业内容</td><td>方法</td><td>标准</td><td>特别提示</td></tr>
<tr><td>司机室
总配电盘</td><td>目视
（见图 2－122）</td><td>①检查司机室总配电盘各接触器安装牢固，接线无松动、变色痕迹；应急短接开关均处于关闭位。
②电线航空插头（CN1 ~ CN7）安装牢固，无松动。
③继电器单元压板无松动，说明书粘贴牢固。
④时间继电器设置在整定值。
⑤下部端子排接线无松动。
⑥标识灯转换器安装状态良好，接线无松动（适用于 CRH380A 动车组）。</td><td></td></tr>
<tr><td colspan="4"> 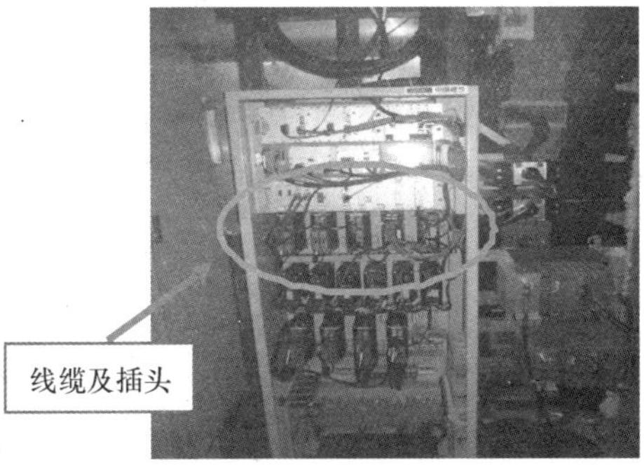图 2－123　ATP 机柜检查</td></tr>
<tr><td>作业内容</td><td>方法</td><td>标准</td><td>特别提示</td></tr>
<tr><td>ATP 机柜</td><td>目视
（见图 2－123）</td><td>检查 ATP 机柜各线缆、电线航空插头安装良好、无松动，配电柜底部无积水及杂物。</td><td></td></tr>
<tr><td colspan="4"> 图 2－124　受电弓阀板检查 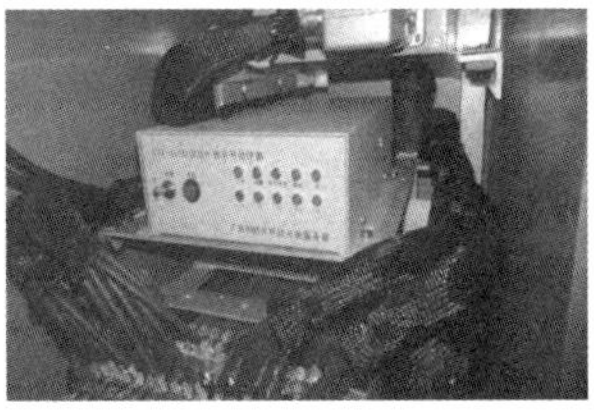　　图 2－125　自动过分相装置检查</td></tr>
<tr><td>作业内容</td><td>方法</td><td>标准</td><td>特别提示</td></tr>
<tr><td>受电
弓阀板</td><td rowspan="2">目视
（见图 2－124、图 2－125）</td><td>检查受电弓阀板安装良好，空气管路无漏泄。</td><td>CRH380A：04、06 车；CRH380AL：05、13 车</td></tr>
<tr><td>自动过分
相装置</td><td>检查自动过分相装置外观状态良好，安装牢固。</td><td></td></tr>
</table>

续表

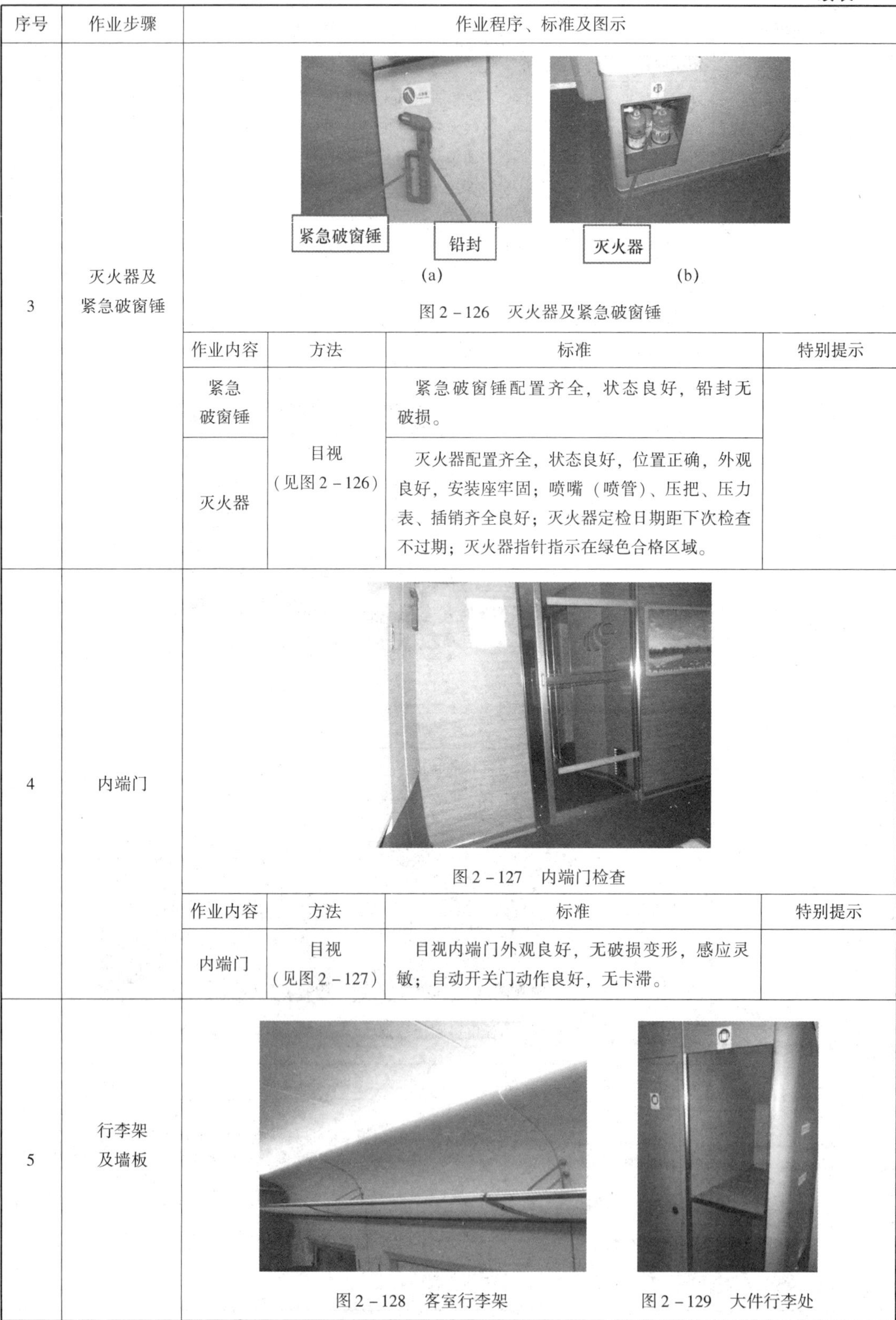

序号	作业步骤	作业程序、标准及图示			
3	灭火器及紧急破窗锤	(a) (b) 图 2－126　灭火器及紧急破窗锤			
		作业内容	方法	标准	特别提示
		紧急破窗锤	目视（见图 2－126）	紧急破窗锤配置齐全，状态良好，铅封无破损。	
		灭火器		灭火器配置齐全，状态良好，位置正确，外观良好，安装座牢固；喷嘴（喷管）、压把、压力表、插销齐全良好；灭火器定检日期距下次检查不过期；灭火器指针指示在绿色合格区域。	
4	内端门	图 2－127　内端门检查			
		作业内容	方法	标准	特别提示
		内端门	目视（见图 2－127）	目视内端门外观良好，无破损变形，感应灵敏；自动开关门动作良好，无卡滞。	
5	行李架及墙板	图 2－128　客室行李架　　图 2－129　大件行李处			

续表

序号	作业步骤	作业程序、标准及图示			
5	行李架及墙板	作业内容	方法	标准	特别提示
		行李架	目视（见图2－128、图2－129）	行李架安装牢固，玻璃板无裂纹、破损。大件行李处无变形。	
		客室墙板		目视客室墙板无变形、塌陷，安装无错位。检查客室窗帘状态良好无破损，升降作用良好。	
6	客室照明	 图2－130　客室照明检查			
		作业内容	方法	标准	特别提示
		客室照明	目视（见图2－130）	各灯具外观及安装状态良好，灯色一致，无熄灯。灯具外表无灰尘。	
7	客室座椅	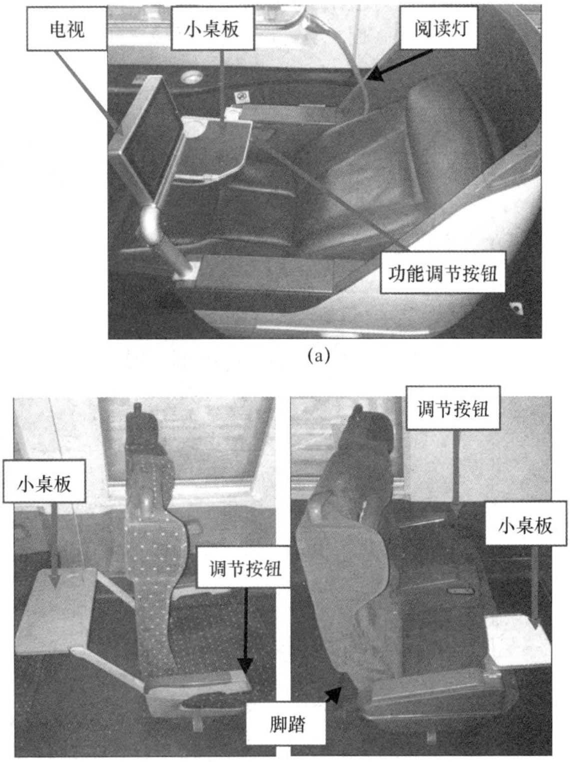 (a) (b)　(c) 图2－131　客室座椅检查			

续表

序号	作业步骤	作业程序、标准及图示			
		作业内容	方法	标准	特别提示
7	客室座椅	客室座椅	目视手检（见图 2－131）	①一等座椅转动平滑无卡滞，手动调节靠背到位固定牢固，脚踏作用良好。 ②二等座椅转动平滑无卡滞，手动调节靠背到位固定牢固，小桌板作用良好。 ③手动转动 VIP 座椅平滑无卡滞，各功能按钮作用良好，电视、小桌板作用良好。	
8	电视及内显	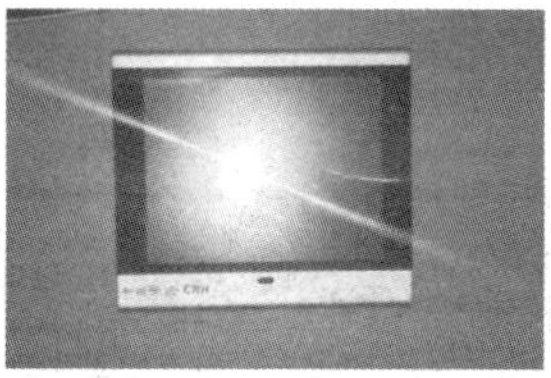   图 2－132　壁挂电视 图 2－133　吊挂电视 图 2－134　旅客信息显示器			
		作业内容	方法	标准	特别提示
		电视	目视（见图 2－132～图 2－134）	壁挂式液晶电视、吊挂式液晶电视状态良好，节目显示正常。	
		车内旅客信息显示器		车内旅客信息显示器显示正常，车号显示器内容正确。	
9	洗面间	 图 2－135　洗面间			
		作业内容	方法	标准	特别提示
		洗面间	目视，手检（见图 2－135）	①盥洗装置（按压延时水阀、皂液器、洗面盆）外观良好，无漏水。 ②镜子等外观良好，无破损。 ③检查门开启灵活，锁闭可靠。检查门内管路无泄漏，接水盘无积水。 ④垃圾投放口开启灵活，关闭可靠。	01 车、00 车和餐吧车没有设置。

续表

<table>
<tr><th>序号</th><th>作业步骤</th><th colspan="4">作业程序、标准及图示</th></tr>
<tr><td rowspan="3">10</td><td rowspan="3">电茶炉</td><td colspan="4">⚠烫伤风险：检查电茶炉时注意避免身体接触带有高温部件。

图2－136　客室电茶炉</td></tr>
<tr><td>作业内容</td><td>方法</td><td>标准</td><td>特别提示</td></tr>
<tr><td>电茶炉</td><td>目视，操作（见图2－136）</td><td>电茶炉设备安装牢固，指示灯显示正常，无漏水，接水托盘无脏堵，排水托盘无积水。</td><td>餐吧车无客室电茶炉，为餐吧电茶炉。</td></tr>
<tr><td rowspan="3">11</td><td rowspan="3">卫生间</td><td colspan="4">
图2－137　蹲式卫生间

图2－138　坐式卫生间</td></tr>
<tr><td>作业内容</td><td>方法</td><td>标准</td><td>特别提示</td></tr>
<tr><td>卫生间</td><td>目视，操作（见图2－137、图2－138）</td><td>①便器、洗手盆、按压延时水阀、便纸架、冲洗按钮等设施外观良好，便器和洗手池出水正常，作用良好。
②检查门内管路无漏水，接水盘内无积水；便器用软管固定牢固、无松脱；检查门锁闭状态良好。
③卫生间内无异味。
④检查卫生间门开关、锁闭作用良好。</td><td>餐吧车无卫生间。</td></tr>
</table>

续表

序号	作业步骤	作业程序、标准及图示			
12	通过台顶板	图 2－139　通过台顶板检查			
		作业内容	方法	标准	特别提示
		通过台顶板	目视，手检（见图 2－139）	检查通过台顶板无变形，无破损，顶板螺栓无松动。用手敲击顶板，确认顶板安装紧固，无松动。	注意：处理车内故障拆装顶板后要重点检查。
13	餐吧	图 2－140　CRH380A 餐饮区 图 2－141　CRH380AL 餐饮区 图 2－142　展示柜 图 2－143　餐吧电茶炉 图 2－144　微波炉 图 2－145　消毒柜			

续表

<table>
<tr><th>序号</th><th>作业步骤</th><th colspan="4">作业程序、标准及图示</th></tr>
<tr><td rowspan="2">13</td><td rowspan="2">餐吧检查</td><td>作业内容</td><td>方法</td><td>标准</td><td>特别提示</td></tr>
<tr><td>餐吧</td><td>目视，操作
（见图2－140～图2－145）</td><td>①柜子各拉门外观状态良好，锁闭良好。
②电茶炉、冷藏柜、冷冻柜、展示柜、保温柜、烤箱、消毒柜、售货小车等无破损，外观良好。
③清洗池清洁、无脏堵。
④餐桌、餐椅无破损；靠吧、靠垫、扶手无破损、松动，吧台无破损。</td><td>餐吧短编在05车，长编在09车。</td></tr>
<tr><td rowspan="3">14</td><td rowspan="3">监控室</td><td colspan="4">(a)　(b)
图2－146　监控室检查</td></tr>
<tr><td>作业内容</td><td>方法</td><td>标准</td><td>特别提示</td></tr>
<tr><td>监控室</td><td>目视，操作
（见图2－146）</td><td>①侧窗状态良好。
②紧急制动按钮外观状态良好。
③办公桌、座椅外观良好。
④MON屏、影视监控屏、烟火主机屏、播音装置、联络电话齐全，状态良好。</td><td>监控室短编在05车，长编在09车。</td></tr>
<tr><td>15</td><td>乘务室检查</td><td colspan="4">图2－147　乘务室检查</td></tr>
</table>

续表

序号	作业步骤	作业程序、标准及图示			
		作业内容	方法	标准	特别提示
15	乘务室检查	乘务室	目视，操作（见图 2－147）	①侧窗状态良好。 ②紧急制动按钮外观状态良好。 ③办公桌、座席安装牢固，无破损。 ④服务屏、播音装置、联络电话齐全，状态良好。	乘务室短编在 05 车，长编在 09 车。
16	服务台检查（CRH380AL：01 车、03 车、00 车）	 图 2－148　头车服务台		 图 2－149　VIP 服务台	
		作业内容	方法	标准	特别提示
		服务台	目视，操作（见图 2－148、图 2－149）	服务台台面、玻璃、插座、联络电话、水龙头等设备齐全，功能良好。 服务台各柜门动作灵活，锁闭良好。	VIP 服务台仅在 CRH380AL：03 车。

任务实施与评价

①下发任务单，明确学习任务、主要内容、知识目标、能力目标、素质目标要求；

②学生按任务单要求制订学习计划，完成预习任务及相关知识准备；

③小组内采用角色扮演形式，按照“四必”作业法要求，对动车组车内进行检查并处理故障；

④小组内采用角色扮演形式，填写《CRH380A 型动车组一级检修记录单》和《动车组一级检修竣工单》；

⑤通过查阅相关资料，各小组分别制作 PPT，讲解在一级检修车内作业期间，如何执行“四必”作业法；

⑥学生进行学习自我评价及学习小组成员互评，小组长（副组长）进行小组整体评价，教师检查任务完成情况。

项目3　动车组二级检修

项目描述

动车组二级检修项目分为预防性、更正性检修两类，二级检修周期须符合《铁路动车组运用维修规程》规定。各型动车组预防性二级检修项目周期按铁路总公司公布的《CRH系列动车组二级检修计划表》（通过动车组管理信息系统发布）规定周期执行，允许按二级修维修卡片规定的检修周期延后10%组织实施；更正性二级检修是动车组出现故障以后实施的检修，不设固定检修周期。

本项目依据《铁路动车组运用维修规程》《动车组一、二级检修质量标准》等文件，以CRH380A型动车组为例，针对关键项目并便于开展实训项目，完成动车组二级检修作业。

本项目任务：

任务1　空心轴探伤

任务2　轮对修形

任务3　闸片更换

任务4　受电弓滑板更换

任务5　主空压机润滑油和油过滤器更换

任务6　牵引电机轴承加注油脂

任务7　齿轮箱润滑油更换

任务8　空调机组冷凝器滤网清洁

教学目标

1. 知识目标

（1）了解铁路专用设备的使用方法；

（2）熟悉常用工具的使用方法；

（3）掌握二级检修关键作业项目质量标准；

（4）掌握各型动车组二级检修限度表。

2. 能力目标

依托动车组模型，完成以下任务：

（1）进行动车组二级检修部分项目作业，并填写二级检修记录；

（2）根据《动车组二级检修对规办法》，对二级检修作业进行对规检查，并填写《动车组二级检修对规记录单》。

3. 素质目标

（1）培养学生使用常用工具的能力；

（2）使学生了解铁路专用工具；

（3）培养学生严谨认真的态度、安全生产的意识、遵章守纪的作风；

（4）能客观、公正地进行学习自我评价及对小组成员的评价。

【任务1】 空心轴探伤

任务单

任务名称	空心轴探伤
任务描述	空心轴探伤是二级检修的关键项目之一，对动车组的运行安全有着十分重要的影响，如果不能认真执行作业标准，会对安全生产形成巨大隐患。
任务分析	从探伤工和辅助工两个工种学习空心轴探伤的作业标准，重点从辅助工的角度掌握轴端拆卸及组装的方法及安全卡控措施，同时掌握扭力扳手的使用方法。
学习任务	【子任务1】小组内采用角色扮演形式，模拟进行动车组空心轴探伤作业，辅助人员按照要求对动车组进行轴端拆卸和轴端部件安装等作业，并填写《CRH系列动车组空心车轴超声波探伤记录》。 【子任务2】另一小组对探伤作业小组的作业过程进行点评，并填写《动车组二级检修对规记录单》。 【子任务3】通过查阅相关资料，各小组分别制作PPT，简述CRH380A型动车组有哪些二级检修项目。 资料1：CRH系列动车组空心车轴超声波探伤记录 资料2：动车组二级检修对规记录单 资料3：CRH380A（L）动车组预防性维修项目总表
劳动组合	各组长分配小组成员角色进行作业，留下影像资料，填写记录表格，同时协同制作PPT并推荐专人讲解。 各组评判小组成员学习情况，作出小组评价。
成果展示	（1）辅助人员拆卸、安装轴端部件的照片或视频 （2）CRH系列动车组空心车轴超声波探伤记录 （3）动车组二级检修对规记录单 （4）二级检修项目介绍PPT
学习小结	

续表

	项目	A—优	B—良	C—中	D—及格	E—不及格	综合
自我评价	安全纪律（15%）						
	学习态度（15%）						
	专业知识（30%）						
	专业技能（30%）						
	团队合作（10%）						
教师评价	简要评价						
	教师签名						

资料 1：CRH 系列动车组空心车轴超声波探伤记录

辆统－075

动车组空心车轴超声波探伤记录单

车组号：＿＿＿＿＿＿　探伤单元：＿＿＿＿＿＿　探伤日期：＿＿＿＿＿＿

序号	车号	轴位	车轴类别	轴号	探伤进入轴端	累计走行公里（km）	探测结果	轴端拆卸操作者			轴端安装操作者			轴孔防锈油实施者	探伤工	质检员	备注
								A 端	B 端	电务	A 端	B 端	电务				

资料2：动车组二级检修对规记录单

CRH	××××段××××所	版本号:201307
	动车组二级检修对规记录单	

对规项目：______ 车组号：CRH______ 日期______

序号	检查项目		检查项点	总分	扣分标准	存在问题	得分
1	作业计划		检查作业项目是否存在漏修或过期检修。	—	存在漏修或过期检修，本项目失格。		
2	作业标准		(1) 作业办法、指导书是否齐全； (2) 作业办法、指导书内容是否完整，有无工具、安全、技术等要求，是否制定有误； (3) 作业办法、指导书文字、图片是否规范； (4) 作业办法、指导书制定是否符合现场实际，具有可操作性； (5) 作业指导书是否受控，更新是否及时。	35	(1) 作业办法、指导书缺失，扣30分； (2) 作业办法、指导书内容有遗漏、错误，一处扣5分； (3) 作业办法、指导书有文字错误，一处扣1分，累计不超过5分；图片错误一处扣2分，累计不超过10分； (4) 作业办法、指导书不符合现场实际，一处扣3分； (5) 作业指导书未受控，更新不及时，扣5分。		
3	作业过程	作业准备	(1) 作业人员配置是否满足作业要求，是否存在无证上岗问题； (2) 作业前工具、设备、配件是否按照要求准备齐全、定置摆放； (3) 工具、设备状态是否良好； (4) 扭力扳手是否校验； (5) 计量器具是否检验过期。	10	(1) 作业人员不足，影响作业时间及作业质量，扣5分； (2) 作业人员无证上岗，本项目失格； (3) 工具、设备、配件缺少，一件扣2分；准备不及时，一件扣1分；未定置摆放，一件扣1分； (4) 工具、设备状态不良，一件扣2分； (5) 扭力扳手未进行校验，一件扣2分； (6) 计量器具检验过期，一件扣2分。		
		作业流程	(1) 作业技术要求是否落实，作业内容是否漏项； (2) 作业人员对作业标准是否掌握； (3) 作业方法是否正确，专用工具是否会使用； (4) 检修作业是否按照作业指导书时间要求完成。	10	(1) 未按作业指导书要求进行作业，一处扣5分； (2) 作业人员对作业标准掌握不清，扣5分； (3) 作业方法不正确，专用工具不会使用，一处扣3分； (4) 检修作业超时，扣5分。		
		作业安全	(1) 作业人员是否按要求穿戴劳动防护用品； (2) 现场作业防护条件是否到位； (3) 现场作业安全要求是否落实。	10	(1) 职工未按要求穿戴防护用品，扣5分； (2) 现场作业防护条件不到位，扣5分； (3) 现场作业安全要求未落实，扣5分； (4) 发生人身伤害，本项目失格。		
		质量卡控	工班长、质检员等人员是否按照要求进行过程和结果卡控。	5	未按要求进行卡控，扣5分。		
4	作业质量		对规检查项目的质量须符合动车组二级检修质量标准。	20	未达到动车组二级检修质量标准，一处扣3~10分。		
5	作业记录		(1) 检修作业记录是否齐全； (2) 检修作业记录填写是否有误、有涂改； (3) 纸质检修记录与信息系统记录是否一致。	10	(1) 检修作业记录不全，一项扣5分； (2) 检修作业记录填写不规范，一处扣1分，填写错误一处扣2分； (3) 纸质检修记录与信息系统记录不一致，一处扣2分。		

检查人： 总得分：

填写说明：

1.本表用于对动车所进行二级检修作业对规时，记录发现问题及评分情况；
2.本表由对规检查单位保存，保存期限为1年；
3.每个检查项点分值扣完为止，不得出现负分。

资料3：CRH380A(L)动车组预防性维修项目总表

CRH380A(L)动车组预防性维修卡片总表

序号	维修项目					维修性质	维修周期	
	系统	子系统	部件	项目名称	维修方式		里程(万公里)	时间(天)
1	车内环境控制系统	空调装置	司机室空调装置	司机室空调装置检查	检查	预防性	3(制冷季节进行)	30(制冷季节进行)
2	车内环境控制系统	空调装置	空调机组	空调机组检查及清洁	检查/清洁	预防性	3	30
3	车内环境控制系统	空调装置	空调冷凝器滤网	空调冷凝器滤网清洁	清洁	预防性	0.4①/3②	4①/30②
4	车内环境控制系统	空调装置	空调蒸发器滤网	空调蒸发器滤网清洁	清洁	预防性	0.4①/3②	4①/30②
5	车内环境控制系统	空调装置	空调机组排水管路	空调机组排水泵及管路清洁	清洁	预防性	3①	30①
6	车内环境控制系统	空调装置	室内回风口、卫生间废排口滤网	室内回风口、卫生间废排口滤网清洁	清洁	预防性	3	30
7	车内环境控制系统	空调装置	换气装置及逆变器	换气装置本体及逆变器检查及清洁	检查/清洁	预防性	3	30
8	车内环境控制系统	空调装置	换气装置逆变器滤网	换气装置逆变器滤网清洁	清洁	预防性	3	30
9	车内环境控制系统	空调装置	端部新风滤网	端部新风滤网清洁	清洁	预防性	3万公里(1车) 6 000公里(2～0车)	30天(1车) 6天(2～0车)
10	车内环境控制系统	空调装置	应急通风装置	应急通风装置检查及清洁	检查/清洁	预防性	9	90
11	车内环境控制系统	空调装置	空调机组冷凝器、蒸发器	空调机组冷凝器、蒸发器清洁	清洁	预防性	——	180
12	车内设施	厨房设施	厨房设备	厨房及小卖部设备滤网清理	清洁	预防性	——	90
13	车内设施	厨房设施	微波炉	微波炉滤网清洁	清洁	预防性	——	90
14	车内设施	客室设施	观光区边柜	观光区边柜检查	检查	预防性	3	30
15	车内设施	客室设施	婴儿护理台	婴儿护理台检查	检查	预防性	3	30
16	车内设施	客室设施	座椅	座椅检查及润滑	检查/润滑	预防性	18	180
17	车内设施	内部门	内端门	内端门检测	检测	预防性	3	30
18	车内设施	内部门	残疾人卫生间门	残疾人卫生间门检测	检测	预防性	3	30
19	车内设施	内部门	防火门	防火门检查	检查	预防性	3	30
20	车体及车端连接	侧门	客室侧门	侧门检测及清洁	检测/清洁	预防性	3	30
21	车体及车端连接	侧门	侧门排水槽	侧门排水槽清洁	清洁	预防性	6	60

续表

序号	维修项目					维修性质	维修周期	
	系统	子系统	部件	项目名称	维修方式		里程（万公里）	时间（天）
22	车体及车端连接	车钩缓冲装置	电气车钩	YH400 连接器检查	检查	预防性	——	30
23	车体及车端连接	车钩缓冲装置	自动车钩	自动车钩缓冲装置检查及润滑	检查/润滑	预防性	3	30
24	车体及车端连接	车体附件	裙板滤网	牵引变流器裙板滤网清洁	清洁	预防性	0.4	4
25	车体及车端连接	车体附件	裙板滤网	辅助电源装置裙板滤网清洁	清洁	预防性	0.4	4
26	车体及车端连接	车体附件	车顶导流罩	车顶导流罩检查	检查	预防性	6	60
27	车体及车端连接	车体附件	浪涌保护装置	浪涌保护装置检查	检查	预防性	6	60
28	车体及车端连接	车体结构	车体倾斜尺寸	车体倾斜尺寸测量	检测	预防性	6	60
29	车体及车端连接	风挡	内风挡	内风挡检查及清洁	检查/清洁	预防性	3	30
30	车体及车端连接	头罩装置	头罩开闭机构	头罩开闭机构检查及润滑	检查/润滑	预防性	3	30
31	辅助电气系统	——	辅助电源装置	辅助电源装置检查及清洁	检查/清洁	预防性	3	30
32	辅助电气系统	——	蓄电池装置	蓄电池装置检查及清洁	检查/清洁	预防性	3	30
33	辅助电气系统	——	辅助整流器	辅助整流器检查及清洁	检查/清洁	预防性	3	30
34	辅助电气系统	——	接地继电器	接地继电器检查及清洁	检查/清洁	预防性	3	30
35	辅助电气系统	——	服务配电柜	服务配电柜检查及清洁	检查/清洁	预防性	3	30
36	辅助电气系统	——	运行配电柜	运行配电柜检查及清洁	检查/清洁	预防性	3	30
37	辅助电气系统	——	温水污物、继电器配电柜	温水污物、继电器配电柜检查及清洁	检查/清洁	预防性	3	30
38	辅助电气系统	——	吧台/厨房配电柜	吧台/厨房配电柜检查及清洁	检查/清洁	预防性	3	30
39	辅助电气系统	——	组合配电柜	组合配电柜检查及清洁	检查/清洁	预防性	3	30
40	辅助电气系统	——	接触器箱	接触器箱检查及清洁	检查/清洁	预防性	6	60
41	辅助电气系统	——	绝缘件	绝缘测量	检测	预防性	18	180
42	辅助电气系统	——	车体干线	干线绝缘检测	检测	预防性	——	240
43	高压牵引系统	高压电器	受电弓	受电弓检测及清洁	检测/清洁	预防性	3	30
44	高压牵引系统	高压电器	高压隔离开关	高压隔离开关检查及清洁	检查/清洁	预防性	3	30
45	高压牵引系统	高压电器	接地电阻	接地电阻检查及清洁	检查/清洁	预防性	3	30
46	高压牵引系统	高压电器	高压机器箱	高压机器箱检查及清洁	检查/清洁	预防性	9	90

续表

序号	维修项目					维修性质	维修周期	
	系统	子系统	部件	项目名称	维修方式		里程(万公里)	时间(天)
47	高压牵引系统	牵引装置	牵引变压器	牵引变压器检查及清洁	检查/清洁	预防性	3	30
48	高压牵引系统	牵引装置	油冷却器金属过滤器网	油冷却器金属过滤器网清洁	清洁	预防性	0.4	4
49	高压牵引系统	牵引装置	牵引变流器	牵引变流器检查及清洁	检查/清洁	预防性	3	30
50	高压牵引系统	牵引装置	牵引电机	牵引电机检查及清洁	检查/清洁	预防性	3	30
51	高压牵引系统	牵引装置	牵引电机进风口滤网	牵引电机进风口滤网清洁	清洁	预防性	0.8	8
52	高压牵引系统	牵引装置	牵引电机冷却风机滤网	牵引电机冷却风机滤网清洁	清洁	预防性	0.4	4
53	高压牵引系统	牵引装置	牵引电机冷却风机驱动电机	牵引电机冷却风机驱动电机排水	排水	预防性	3	30
54	高压牵引系统	牵引装置	牵引电机轴承	牵引电机轴承加注油脂	润滑	预防性	15	——
55	给排水及卫生系统	供排水装置	供排水装置	供排水装置检查及清洁	检查/清洁	预防性	3	30
56	给排水及卫生系统	供排水装置	液位显示器	液位显示器检查	检查	预防性	3	30
57	给排水及卫生系统	供排水装置	水封装置	水封装置清洁	清洁	预防性	9	90
58	给排水及卫生系统	供排水装置	应急排水阀	应急排水阀清洁	清洁	预防性	——	90
59	给排水及卫生系统	盥洗设施	盥洗设备	盥洗设备检查及清洁	检查/清洁	预防性	3	30
60	给排水及卫生系统	集便装置	真空污物装置	真空污物装置检查	检查	预防性	3	30
61	给排水及卫生系统	集便装置	污物箱	污物箱清洁	清洁	预防性	3	30
62	给排水及卫生系统	饮水设施	电开水炉	电开水炉检查及清洁	检查/清洁	预防性	3	30
63	给排水及卫生系统	饮水设施	电开水炉	电开水炉加热腔清洁	清洁	预防性	18	180
64	供风及制动系统	供风装置	调压器(CMGV)、排水阀	调压器(CMGV)、排水阀检测	检测	预防性	3	30
65	供风及制动系统	供风装置	主空压机	主空压机检查及清洁,以及润滑油取样	取样	预防性	3	30
66	供风及制动系统	供风装置	辅助空气压缩机	辅助空气压缩机检测	检测	预防性	3	30
67	供风及制动系统	供风装置	辅助空气压缩机	辅助空气压缩机排水	排水	预防性	3	30①/15②
68	供风及制动系统	供风装置	主空压机	主空压机旋风式过滤器滤芯清洁	清洁	预防性	6	60
69	供风及制动系统	供风装置	主空压机润滑油和油过滤器	主空压机润滑油和油过滤器更换	更换	预防性	60	360
70	供风及制动系统	供风装置	主空压机旋风式过滤器滤芯	主空压机旋风式过滤器滤芯更换	更换	预防性	60	360
71	供风及制动系统	基础制动装置	制动管路	制动管路状态及空气软管外观检查	检查	预防性	3	30

续表

序号	维修项目					维修性质	维修周期	
	系统	子系统	部件	项目名称	维修方式		里程(万公里)	时间(天)
72	供风及制动系统	制动控制装置	制动控制装置	制动控制装置检查	检查	预防性	3	30
73	供风及制动系统	制动控制装置	常用、快速制动缓解功能	常用、快速制动缓解功能检查	功能测试	预防性	3	30
74	供风及制动系统	制动控制装置	紧急制动功能	紧急制动功能检查	功能测试	预防性	3	30
75	驾驶设施	——	——	司机室功能检查	功能测试	预防性	3	30
76	驾驶设施	——	司机室前舱设备	司机室前舱设备检查	检查	预防性	3	30
77	驾驶设施	——	操纵台设备	操纵台设备检查	检查	预防性	3	30
78	驾驶设施	——	前窗加热装器	前窗覆膜加热装置检查	检查	预防性	3②	30②
79	其他	——	电压表、风压表	电压表、风压表更换	更换	预防性	按照国家计量仪器校验周期进行校验	
80	旅客信息系统	——	视频装置	视频装置检查	检查	预防性	6	60
81	网络控制系统	——	自动过分相装置	自动过分相装置检测	检测	预防性	3	30
82	网络控制系统	——	火灾、紧急蜂鸣器	火灾、紧急蜂鸣器功能检查	功能测试	预防性	3	30
83	网络控制系统	——	安全监控装置	烟火报警系统检查及卫生间过滤棉更换	检查/更换	预防性	18	180
84	网络控制系统	——	安全监控装置	烟火报警系统检查及包间过滤棉更换	检查/更换	预防性	36	360
85	转向架	二系悬挂装置	空气弹簧高度	空气弹簧高度测量	检测	预防性	6	60
86	转向架	轮对轴箱组成	轮对	轮对尺寸人工测量	检测	预防性	6	60
87	转向架	轮对轴箱组成	轮对	轮对修形	镟修	预防性	20～25	——
88	转向架	轮对轴箱组成	空心车轴	空心车轴探伤	探伤	预防性	9	——
89	转向架	驱动装置	齿轮箱	齿轮箱润滑油更换(福伊特)	更换	预防性	45(新造或大修后首次3万公里)	——
90	转向架	驱动装置	齿轮箱	齿轮箱润滑油更换(东洋电机)	更换	预防性	60	——
91	转向架	轮对轴箱组成	轮对	轮辐轮辋探伤	探伤	预防性	18～25	——

注:①每年4—10月实施;②每年11月—次年3月实施。

学习引导文

维修项目：

3.1.1　空心轴探伤作业[检]
（探伤工）

适用车型	CRH380A	版本	V4.1
修程	二级修	周期	9 万公里 ±10%
分类	C 类	系统	转向架
车厢号	全列	供电条件	无电
作业人数	探伤工 1 名	作业时间	60 分/辆
注意事项	①作业人员应按规定穿戴劳保用品； ②无电作业前应确认动车组受电弓已降下，接触网已断电，接地杆已挂，止轮器已设置； ③作业时防止磕碰伤； ④作业过程中作业工具、材料及配件定置摆放； ⑤空心车轴超声波探伤作业须在动车组检修（检查）库内进行； ⑥空心车轴探伤工位须远离振动、潮湿、粉尘场所，避免强电磁干扰，要求电源接地良好，供电质量满足设备电源要求； ⑦空心车轴超声波探伤用耦合剂须满足探伤要求、空心车轴技术要求。		
参考资料	①检修工艺卡片：《空心车轴探伤》CRH380A（L）－M2－02－02－01； ②《和谐系列动车组空心车轴超声波探伤规程》铁总运〔2013〕100 号。		
备注	①如实填写检修记录并及时在管理信息系统中回填； ②“[检]”表示质检员对作业过程进行检查监控； ③“⚠”表示安全风险点。		

工 具 清 单

序号	名　称	规格型号	单位	数量	备注
1	空心轴探伤设备及其套件	XHAT－M03/M02	台	2	

续表

序号	名 称	规格型号	单位	数量	备注
2	套筒扳手组套	通用	套	1	
3	扭矩扳手	40 ~ 200 N · m	把	1	
4	扭矩扳手	15 ~ 60 N · m	把	1	
5	塞尺		把	1	
6	车轴内孔专用清洁工具	通用	根	1	
7	皮风器		台	1	
8	直孔弹簧钳		个	2	
9	橡胶锤	通用	个	1	
10	扭矩校验台				
11	废油桶				
12	丝锥	150 mm			
13	梅花扳手	30 mm			

物 料 清 单

序号	物料名称	数量	备注
1	空心轴防锈油（VERZONE No. 220）	10 mL	
2	防尘堵 O 形圈	个	偶换
3	螺纹紧固胶	瓶	
4	异丙醇	1 瓶	
5	轴端防尘堵	个	偶换
6	低碳钢丝（SZ－E－1.2）		
7	防松标记笔	10 个	
8	乐泰 7063	瓶	
9	注射器		

序号	作业项目	作业内容、标准及图示
1	工前准备	
（1）	作业人员准备	①作业人员按规定穿戴劳保防护用品（工作服、防护鞋、安全帽）。 ②探伤工与辅助工配合完成探伤机器的移动、适配器领取、联挂及轴端联挂等。
（2）	作业手续办理	⚠确认作业车组号及股道正确，动车组受电弓已降下，接触网已断电，接地杆已挂，止轮器已设置。 工长确认作业车组号及股道正确，受电弓已降下，接触网已断电，接地杆已挂，止轮器已设置。放电完毕后，办理无电作业手续。见图3-1、图3-2。  图3-1　车组号正确  图3-2　受电弓已降下
（3）	探伤机状态检查	探伤工检查探伤机使用状态。 ①检查设备外观状态无异常，检查耦合剂量满足要求，油槽的油位指示不低于油位警戒线；设备供电电源为AC 220 V 50 Hz，设备不得倾斜放置。见图3-3、图3-4。  图3-3　探伤机状态  图3-4　油位指示 ②将探伤机电源线与外部电源相连，把空心轴探伤机设备右下侧电源开关旋转到“ON”，接通总电源、启动UPS、启动计算机并开启检测软件，检查仪器、设备线路质量，无接通不良、漏电等故障，各状态指示灯显示正常。见图3-5、图3-6。  图3-5　探伤机电源连接 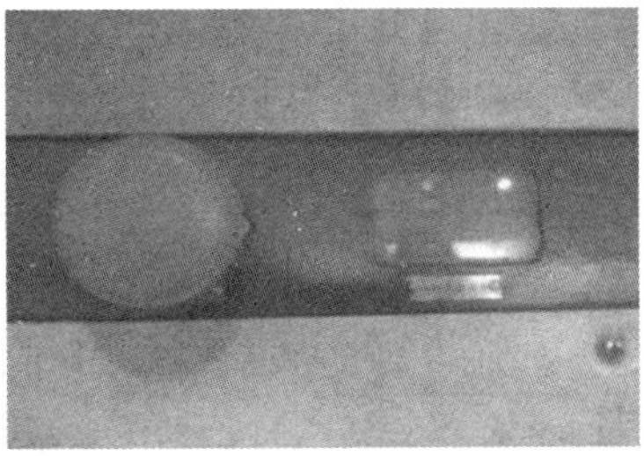 图3-6　充电指示灯

续表

<table>
<tr><th>序号</th><th>作业项目</th><th>作业内容、标准及图示</th></tr>
<tr><td>(3)</td><td>探伤机状态检查</td><td>③检查进给机构、吊装机构各部螺栓安装紧固，钢丝绳无断股、卡滞现象，自锁性能可靠；检查悬吊臂无裂纹、凹陷、折断现象，伸缩无卡滞，检查设备各柜门、滚动轮、锁定螺栓和进给机构防滑橡胶板等无丢失、破损，作用性能良好。
④打开检测软件，当日首次开机需输入“用户名”和“密码”，然后进行登录。登录后在系统主操作界面中单击“启动”按钮进入检测界面，检查在服务模式下的设备状态、探头位置、油压、油温、油位以及油泵的功效系数是否正常等。如果系统检测出有不合格项，根据相应提示进行相应的操作。见图3-7~图3-9。 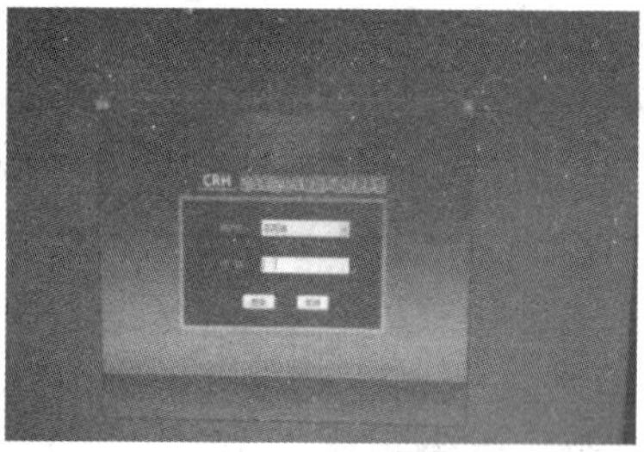
图3-7　登录页面 
图3-8　启动程序 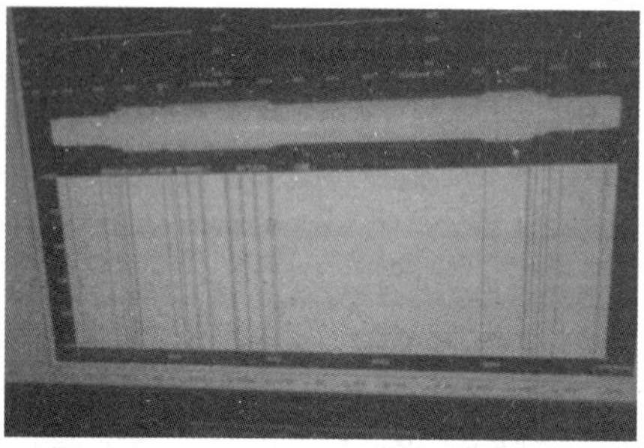
图3-9　探头位置、角度、转速、油位、油温等
⑤检查探伤机无漏油，探头无磨损。见图3-10。 
图3-10　检查探头</td></tr>
<tr><td>2</td><td>开工前校验</td><td>⚠设备性能校验（开工前）达标后方可进行探伤作业。</td></tr>
</table>

续表

<table>
<tr><th>序号</th><th>作业项目</th><th>作业内容、标准及图示</th></tr>
<tr><td>(1)</td><td>参加人员</td><td>①每班开工前由探伤工长、探伤工、质检员共同对探伤机系统的性能进行校验，检查系统的技术状态，确定探伤灵敏度。
②按当班探伤作业计划选择相应的对比试样轴进行校验，并储存校验时的系统参数，作为探伤时相应的检测参数。</td></tr>
<tr><td>(2)</td><td>探伤灵敏度标定</td><td>探伤工在规定的对比试样轴上进行灵敏度标定。
①针对对比试样轴的两个灵敏度校验基准缺陷（平底孔和横向人工缺陷）调整灵敏度，使基准缺陷反射波幅为满幅度的80% ±15%，闸门阈值设置默认为满幅度的40%，以此作为探伤灵敏度。
②每个规定缺陷均应被检出，并且其反射波幅均在满幅度的 80% ±15%，且空心车轴过渡圆弧的反射显示均匀无断续，校验通过。
③如规定缺陷的反射波幅不在满幅度的 80% ±15% 范围内，则针对不同缺陷逐个调整探头灵敏度，重新进行灵敏度标定，检测结果应满足相应的规定，合格后再重复校验一次且满足日常性能检验通过标准的要求，校验通过。见图3－11～图3－13。

图3－11　灵敏度标定图像

CRH_2C 二阶段、CRH380A/AL 型动车组空心车轴（拖轴）
超声波探伤日常校验缺陷对照
<table>
<tr><th rowspan="2">探头</th><th rowspan="2">检测轴端（A/B）</th><th colspan="11">缺陷编号</th></tr>
<tr><th>D1</th><th>D2</th><th>D3</th><th>D4</th><th>D5</th><th>D6</th><th>D9</th><th>D10</th><th>D11</th><th>D12</th><th>D13</th></tr>
<tr><td rowspan="2">双晶片聚焦组合探头</td><td>A</td><td></td><td></td><td></td><td></td><td></td><td>√</td><td></td><td></td><td></td><td></td><td></td></tr>
<tr><td>B</td><td></td><td></td><td></td><td></td><td></td><td>√</td><td></td><td></td><td></td><td></td><td></td></tr>
<tr><td rowspan="2">斜探头（+）</td><td>A</td><td>√</td><td></td><td>√</td><td></td><td>√</td><td></td><td>√</td><td>√</td><td></td><td>√</td><td></td></tr>
<tr><td>B</td><td></td><td>√</td><td></td><td>√</td><td>√</td><td></td><td>√</td><td></td><td>√</td><td></td><td>√</td></tr>
<tr><td rowspan="2">斜探头（－）</td><td>A</td><td></td><td>√</td><td></td><td>√</td><td>√</td><td></td><td>√</td><td></td><td>√</td><td></td><td>√</td></tr>
<tr><td>B</td><td>√</td><td></td><td>√</td><td></td><td>√</td><td></td><td>√</td><td>√</td><td></td><td>√</td><td></td></tr>
<tr><td>备注</td><td colspan="12"></td></tr>
</table>
图3－12　拖轴日常校验缺陷对照</td></tr>
</table>

续表

序号	作业项目	作业内容、标准及图示
(2)	探伤灵敏度标定	见下图

CRH_2C 二阶段、CRH380A/AL 型动车组空心车轴（动轴）超声波探伤日常校验缺陷对照

探头	检测轴端 (A/B)	缺陷编号										
		D1	D2	D3	D4	D6	D8	D9	D10	D11	D12	D12
双晶片聚焦组合探头	A					√						
	B					√						
斜探头（+）	A	√		√			√	√	√		√	
	B		√		√		√	√	√	√		√
斜探头（-）	A		√		√		√	√	√	√		√
	B	√		√			√	√	√		√	
备注												

图 3-13　动轴日常校验缺陷对照

序号	作业项目	作业内容、标准及图示
(3)	校验记录填写	探伤工应详细填写《动车组空心车轴超声波探伤设备日常性能校验记录单》，探伤工、探伤工长及质检员应共同在记录单上签字。

辆动-074

动车组空心车轴超声波探伤设备日常性能校验记录单

单位：＿＿＿＿＿＿＿＿　　　　年　　月　　日

探伤设备	型号		对比试样轴	型号	
	编号			编号	

探头规格	检测轴端 (A/B)	缺陷编号															增益 (dB)	声耦合情况	基准缺陷幅度	闸门阈值
		D1	D2	D3	D4	D5	D6	D7	D8	D9	D10	D11	D12	D13	D14	D15				
双晶片聚焦组合探头	A																			
	B																			
斜探头 (+)	A																			
	B																			
斜探头 (-)	A																			
	B																			

探伤工		探伤工长		质检员		验收员	
备注							

填表说明：
1. 在探头探测到的缺陷编号下方画"√"记录；
2. 声耦合情况分为：良好、一般、较差。

图 3-14　校验记录单

序号	作业项目	作业内容、标准及图示
3	探伤	
(1)	探伤机进入现场	⚠探伤机移动时，确认设备周围没有阻挡物后再操作相应开关，否则有发生碰撞的可能，导致人身及设备伤害。 探伤工与辅助工将探伤机推入作业现场，放置于待作业车轴前方，并携带《动车组空心车轴超声波探伤记录单》《动车组空心车轴超声波探伤一轴一卡记录单》《动车组空心车轴超声波探伤发现缺陷记录单》，若作业车组含有跟踪疑似缺陷轴，还需带疑似缺陷跟踪记录本。见图 3-15～图 3-17。

续表

序号	作业项目	作业内容、标准及图示
(1)	探伤机进入现场	见图3-15、图3-16

辆统-075

动车组空心车轴超声波探伤记录单

车组号: ________ 探伤单位: ________ 探伤日期: ________

序号	车号	轴位	车轴类别	轴号	探伤进入轴端	累计走行公里(km)	探测结果	轴端拆卸操作者			轴端安装操作者			轴孔防锈油实施者	探伤工	质检员	备注
								A端	B端	电务	A端	B端	电务				

图3-15 探伤记录单

辆动-076

动车组空心车轴超声波探伤一轴一卡记录单

空心轴信息	空心轴轴号		车轴类别	
	制造单位		制造时间	

空心轴装用变更记录	序号	时间	装用车号	装用轴位	变更时车组走行公里	变更时轮对走行公里	变更原因
	1						
	2						
	3						
	4						
	5						
	6						
	7						
	8						
	9						
	10						

空心轴超声波探伤记录	序号	探伤时间	探伤时走行公里	探伤轴端	检测结果	探伤工	质检员	备注
	1							
	2							
	3							
	4							
	5							
	6							
	7							
	8							
	9							
	10							
	11							
	12							
	13							
	14							
	15							
	16							
	17							
	18							
	19							
	20							

备注:

1. 空心轴因换轮等原因变更装车车号后，应填写变更记录。
2. 探伤过程中发现不正常现象应在探测结果处填写“缺陷”、“裂纹”等，并在附页上将处理情况详细说明。
3. 一轴一卡可按列号保存，如出现变更装车，一轴一卡随车号变更并调整至相应列号内。

图3-16 一轴一卡记录单

续表

<table>
<tr><th>序号</th><th>作业项目</th><th>作业内容、标准及图示</th></tr>
<tr><td>(1)</td><td>探伤机进入现场</td><td>
辆动-077

动车组空心车轴超声波探伤发现缺陷记录单

探伤单位:________ 年 月 日

<table>
<tr><td colspan="3">轴型</td><td colspan="3"></td><td>轴号</td><td colspan="2"></td></tr>
<tr><td colspan="4">车轴制造</td><td colspan="3">轮轴第一次组装</td><td colspan="2">轮轴最后一次组装</td></tr>
<tr><td colspan="4">制造单位:</td><td colspan="3">组装单位:</td><td colspan="2">组装单位:</td></tr>
<tr><td colspan="4">制造时间:</td><td colspan="3">组装时间</td><td colspan="2">组装时间</td></tr>
<tr><td colspan="9">缺陷部位详细记录</td></tr>
<tr><td colspan="9">缺陷部位及性质描述:</td></tr>
<tr><td rowspan="2">缺陷序号</td><td rowspan="2">探测端</td><td colspan="3">内部缺陷</td><td colspan="4">表面缺陷</td></tr>
<tr><td>缺陷距车轴口端面(mm)</td><td>缺陷距轴外表面距离(mm)</td><td>缺陷反射最大平底孔当量(dB)</td><td>缺陷距车轴端面(mm)</td><td>缺陷延伸长度(mm)</td><td colspan="2">缺陷反射最大深度当量(dB)</td></tr>
<tr><td></td><td></td><td></td><td></td><td></td><td></td><td></td><td colspan="2"></td></tr>
<tr><td></td><td></td><td></td><td></td><td></td><td></td><td></td><td colspan="2"></td></tr>
<tr><td></td><td></td><td></td><td></td><td></td><td></td><td></td><td colspan="2"></td></tr>
<tr><td></td><td></td><td></td><td></td><td></td><td></td><td></td><td colspan="2"></td></tr>
<tr><td colspan="9">缺陷简图示意:(背面附图)</td></tr>
<tr><td>处理方法</td><td colspan="8"></td></tr>
<tr><td>备注</td><td colspan="8"></td></tr>
<tr><td rowspan="2">参与鉴定人员</td><td>主管领导</td><td></td><td>轮轴专职</td><td></td><td>设备专职</td><td colspan="3"></td></tr>
<tr><td>验收员</td><td></td><td>质检员</td><td></td><td>探伤工长</td><td></td><td>探伤工</td><td></td></tr>
</table>

注:此表填写后需附上探伤设备显示图像。

辆动-077

<table>
<tr><td>CRH₁ 型动车组空心车轴动轴缺陷示意图
A B</td><td>CRH₁ 型动车组空心车轴拖轴缺陷示意图
A B</td></tr>
<tr><td>CRH₂、CRH380A/AL型动车组空心车轴动轴缺陷示意图
A B</td><td>CRH₂、CRH380A/AL型动车组空心车轴拖轴缺陷示意图
A B</td></tr>
<tr><td>CRH₃、CRH380B/BL型动车组空心车轴动轴缺陷示意图
A B</td><td>CRH₃、CRH380B/BL型动车组空心车轴拖轴缺陷示意图
A B</td></tr>
<tr><td>CRH₅ 型动车组空心车轴动轴缺陷示意图
A B</td><td>CRH₅ 型动车组空心车轴拖轴缺陷示意图
A B</td></tr>
</table>

图 3-17 缺陷记录单
</td></tr>
</table>

续表

序号	作业项目	作业内容、标准及图示
(2)	记录轴端信息	探伤工记录轴号、制造日期等，同时复查轴孔除油、除锈质量，合格后方可探伤。见图3－18。  图3－18　记录轴端信息
(3)	探伤机进给机构与轴端适配器联挂	辅助工将探伤机进给机构与轴端适配器联挂，并锁紧。注意：进给机构不得与地面、车体及其他硬物磕碰。联挂后探伤工要对联挂状态进行确认。见图3－19。  图3－19　探伤机联挂
(4)	开始探伤	①探伤工打开探伤软件，单击系统主操作界面中的“开始探伤”按钮，按提示输入车号、轴号、轴位信息，选择轴型、参数及班次等信息，在输入数据后，点击“开始检测”。见图3－20。 ②探伤过程中，探伤工监视探伤波形图及探伤机其他信息，出现异常情况及时处理。见图3－21。  图3－20　输入信息 　　图3－21　实时图像 ③发现疑似缺陷时，切换到手动控制方式，将探头移动到疑似缺陷位置查看该位置的A型显示图像，并通过调整螺距、探头转速等参数查找缺陷的最大反射当量；用手动控制方式进一步确认缺陷与对比试样轴上同类缺陷的反射当量，必要时使用空心车轴便携式超声波探伤仪进行手工核查。对发现疑似缺陷按照上述操作仍无法判明的，由主管检修（生产）的副段长组织，轮轴专职、设备专职、探伤工长、探伤工、质检员共同参加复探，形成鉴定结论后共同签字并报上级部门核备。

续表

序号	作业项目	作业内容、标准及图示
（5）	图像分析及缺陷判定	①图像分析：探伤工作业人员确认探头归位后，分别对各探头的 BC 显示图像进行分析，仔细确认图像中是否存在缺陷。见图 3－22 图 3－22　探伤图像分析 ②内部缺陷判定与处理：当双晶片聚焦组合探头（或直探头）发现空心车轴材料内部有达到或超过闸门阈值的疑似内部缺陷反射波时，须使用深度补偿（纵波探头 DAC 曲线）对其当量直径进行判定，达到或超过 ϕ2 mm 平底孔当量时，车轴判废，填写记录并逐级报告。 ③表面缺陷判定与处理：当横波斜探头发现空心车轴有达到或超过闸门阈值的横向表面缺陷反射波时，应采用不同的显示方式或其他探测手段进行进一步确认，最终判定为表面疲劳裂纹或判定反射当量达到或超过 1 mm 深度当量时，车轴判废，填写相关记录并逐级报告。
（6）	轴端适配器拆卸	探伤工图像分析完成后，辅助工将探伤机进给机构与轴端适配器进行分离操作，并对进给机构固定牢固。
4	台账记录	①每根空心车轴探测结束后，探伤工须填写《CRH 系列动车组空心车轴超声波探伤记录》及《CRH 系列动车组空心车轴超声波探伤一轴一卡记录》（落轮探伤不填写），不得漏项，探伤工、辅助人员、质检员均须签字确认。 ②当发现内部缺陷或裂纹时，应另填写《CRH 系列动车组空心车轴超声波探伤发现缺陷记录》，注明车轴缺陷性质、缺陷程度、缺陷位置及发现手段，并做出分析和计算，参加鉴定人员须在记录单上签字。 ③探伤记录填写时须做到字迹清晰工整、不涂不改、不错不漏。 ④《CRH 系列动车组空心车轴超声波探伤记录》保存时间为两个探伤周期；《CRH 系列动车组空心车轴超声波探伤发现缺陷记录》保存期为 6 年。
5	完工后校验	⚠设备性能校验达标后，当日探伤结果有效。 完工后由探伤工、探伤工长、质检员共同校验系统的性能，填写《CRH 系列动车组空心车轴超声波探伤设备日常性能校验记录》，要求所有规定缺陷反射波幅≥满幅度的 40%，检验通过，当日探伤结果方为有效，否则重新安排复探。
6	完工清理确认	探伤工在动车组管理信息系统中回填相关确认信息。

维修项目：

3.1.2 空心轴探伤作业 检
（辅助工）

适用车型	CRH380A	版本	V4.1
修程	二级修	周期	9万公里±10%
分类	C类	系统	转向架
车厢号	全列	供电条件	无电
作业人数	探伤辅助人员4名	作业时间	60分/辆
注意事项	①作业人员应按规定穿戴劳保用品； ②无电作业前应确认动车组受电弓已降下，接触网已断电，接地杆已挂，止轮器已设置； ③作业时防止磕碰伤； ④作业过程中作业工具、材料及配件定置摆放。 ⑤空心车轴超声波探伤作业须在动车组检修（检查）库内进行； ⑥空心车轴探伤工位须远离振动、潮湿、粉尘场所，避免强电磁干扰，要求电源接地良好、供电质量满足设备电源要求； ⑦空心车轴超声波探伤用耦合剂须满足探伤要求、空心车轴技术要求。		
参考资料	①检修工艺卡片：《空心车轴探伤》CRH380A（L）－M2－02－02－01； ②《和谐系列动车组空心车轴超声波探伤规程》铁总运〔2013〕100号。		
备注	①如实填写检修记录并及时在管理信息系统中回填； ②“检”表示质检员对作业过程进行检查监控； ③“⚠”表示安全风险点。		

工具清单

序号	名 称	规格型号	单位	数量	备注
1	空心轴探伤设备及其套件	XHAT－M03/M02	台	2	
2	套筒扳手组套	通用	套	1	

续表

序号	名　称	规格型号	单位	数量	备注
3	扭矩扳手	40～200 N·m	把	1	
4	扭矩扳手	15～60 N·m	把	1	
5	塞尺		把	1	
6	车轴内孔专用清洁工具	通用	根	1	
7	皮风器		台	1	
8	直孔弹簧钳		个	2	
9	橡胶锤	通用	个	1	
10	扭矩校验台				
11	废油桶				
12	丝锥	150 mm			
13	梅花扳手	30 mm			

物料清单

序号	物料名称	数量	备注
1	空心轴防锈油（VERZONE No. 220）	10 mL	
2	防尘堵O形圈	个	偶换
3	螺纹紧固胶	瓶	
4	异丙醇	1瓶	
5	轴端防尘堵	个	偶换
6	低碳钢丝（SZ－E－1.2）		
7	防松标记笔	10个	
8	乐泰7063	瓶	
9	注射器		

<table>
<tr><th>序号</th><th>作业项目</th><th>作业内容、标准及图示</th></tr>
<tr><td>1</td><td>工前准备</td><td></td></tr>
<tr><td>(1)</td><td>人员准备及作业人员分工</td><td>①4名作业人员按规定穿戴劳保防护用品（工作服、防护鞋、安全帽），分别为①、②、③、④号。
②①、②号配合探伤工完成探伤机器的移动、适配器领取、联挂及轴端联挂等，③号负责作业工具的领取及动车组1位侧轴端拆卸和安装，④号负责作业材料的领取及动车组2位侧轴端的拆卸和安装。见图3－23。
图3－23　作业人员</td></tr>
<tr><td>(2)</td><td>工具物料准备</td><td>①①号领取轴端适配器，并检查轴端适配器状态。②号领取探伤用耦合油。见图3－24。
图3－24　适配器、耦合油
②③号清点配送的工具齐全、状态良好，并检查确认工具功能正常，力矩扳手校验不过期。
③④号根据当班作业计划清点配送物料种类齐全、数量正确、状态良好。见图3－25、图3－26。
图3－25　作业工具
图3－26　新品O形圈</td></tr>
</table>

续表

序号	作业项目	作业内容、标准及图示
(3)	作业手续办理	⚠确认作业车组号及股道正确，动车组受电弓已降下，接触网已断电，接地杆已挂，止轮器已设置。 工长确认作业车组号及股道正确，受电弓已降下，接触网已断电，接地杆已挂，止轮器已设置，放电完毕后办理无电作业手续。见图 3－27～图 3－31。  图 3－27　车组号正确  图 3－28　受电弓已降下  图 3－29　接触网已断电  图 3－30　接地杆已挂  图 3－31　止轮器已设置
2	开工前校验	⚠设备性能校验（开工前）达标后方可进行探伤作业。

续表

序号	作业项目	作业内容、标准及图示
3	轴端拆卸	
(1)	轴端清洁	拆卸前，③号、④号分别在作业轴端用毛刷将轴箱盖与轴箱体连接处的浮尘清扫干净。 注：在拆卸时要防止轴箱、轴箱盖等零部件的磕碰，防止灰尘等颗粒物及探伤使用的耦合剂进入轴箱或轴箱轴承。见图3-32。  图3-32　轴端清洁
(2)	拆前准备	拆卸前，③号、④号分别在拆卸轴端下方放置废油盆，防止废油污染地面。见图3-33。  图3-33　废油盆
(3)	拆卸螺栓及垫片	③号、④号在作业轴端分别用克丝钳剪断轴箱前盖底部M20×20螺栓防松铁丝，取下的防松铁丝放入废料盒内；然后使用沾有化油器清洗剂的麂皮布对轴端螺栓防松标记进行清理，防松标记清理干净后使用棘轮扳手、六角套筒（30 mm）逆时针旋转取下螺栓和垫片，取下的螺栓和垫片，放入物料盒内。见图3-34。 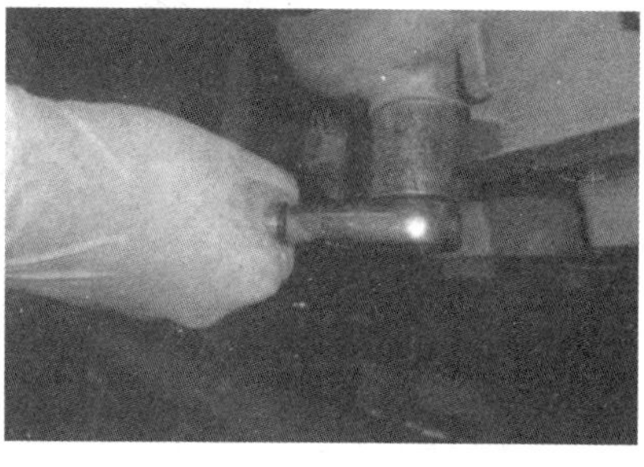 图3-34　轴端螺栓拆卸

续表

序号	作业项目	作业内容、标准及图示
(4)	取下排油口盖	③号取下1位侧轴端下部排油口盖，④号取下2位侧轴端下部排油口盖，放入物料盒内。见图3－35。 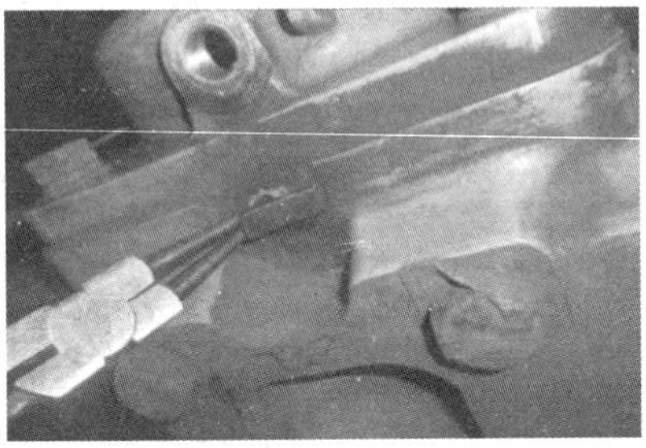 图3－35　排油口盖拆卸
(5)	打开橡胶防护盖	③号、④号在作业轴端分别打开轴端橡胶防护盖，分别挂于两侧轴箱前盖上，确保防护盖不影响探伤作业。见图3－36。  图3－36　打开橡胶防护盖
(6)	取下C形弹性挡圈	③号、④号在作业轴端分别使用直孔弹簧钳拆下C形弹性挡圈，检查其是否作用良好：若损坏则放入废料盒内，且更换新品；若状态良好则放入物料盒内。见图3－37。 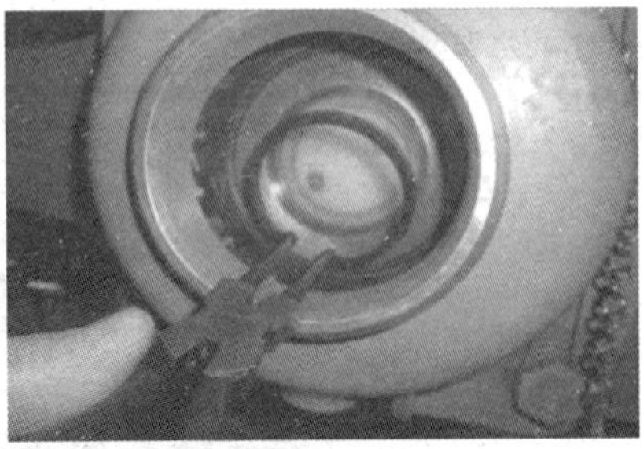 图3－37　取下C形弹性挡圈

续表

<table>
<tr><th>序号</th><th>作业项目</th><th>作业内容、标准及图示</th></tr>
<tr><td>(7)</td><td>拆卸密封盖</td><td>①③号、④号在作业轴端分别用车轴密封盖专用拆卸工具逆时针旋出车轴密封盖，放入物料盒内，取出O形圈剪断，将旧O形圈放入废料盒内。见图3-38、图3-39。 
图3-38　取下密封盖 
图3-39　O形圈（旧品）
②③号对1位侧轴端（1辆车）、④号对2位侧轴端（1辆车）拆卸的轴端零部件进行逐一清洁并检查状态，对无法继续使用的零部件要更换新品，轴端零部件按一车一盒（单侧）要求进行分类存放。见图3-40。 
图3-40　物料盒</td></tr>
<tr><td>(8)</td><td>轴孔清洁</td><td>①③号、④号用清洁杆对空心轴内的防锈油和杂质进行彻底清洁（要求用干净鹿皮布），确保轴孔内防锈油彻底清理干净。
注意：单方向进给。
②清洁时，要在清洁杆（海绵头）端部套一层鹿皮布，对空心轴内孔单方向擦拭两遍，直到内孔表面光亮无污物（视轴孔内清洁情况增加次数），以轴内壁光亮无污物为准。
③③号、④号在作业轴端分别用头灯检查轴箱内部及空心轴状态，发现锈迹或其他异常情况时，及时进行处理。见图3-41、图3-42。 
图3-41　除油除锈 
图3-42　检查清洁质量</td></tr>
</table>

续表

序号	作业项目	作业内容、标准及图示
(9)	清洁轴孔、螺纹	③号、④号分别使用鹿皮布将轴孔、螺纹内的异物清洁干净。见图3-43。 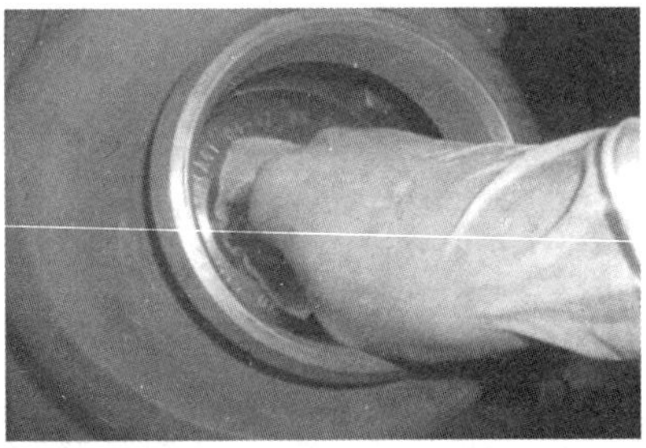 图3-43　轴孔、螺纹清洁
4	探伤	
(1)	探伤机进入现场	⚠探伤机移动时确认设备周围没有阻挡物后再操作相应开关，否则有发生碰撞的可能，导致人身及设备伤害。 ①号、②号配合探伤工将探伤机推入作业现场，放置于待作业车轴前方，并携带《动车组空心车轴超声波探伤记录单》《动车组空心车轴超声波探伤一轴一卡记录单》《动车组空心车轴超声波探伤发现缺陷记录单》，若作业车组含有跟踪疑似缺陷轴，还需带疑似缺陷跟踪记录本。
(2)	安装轴端适配器	②号将适配器与被探测轴端连接、锁死，①号检查确认安装情况良好。见图3-44。  图3-44　轴端适配器安装
(3)	探伤机进给机构与轴端适配器联挂	②号将探伤机进给机构与轴端适配器联挂，并锁紧。注意：进给机构不得与地面、车体及其他硬物磕碰。联挂后①号要对联挂状态进行确认。见图3-45。  图3-45　探伤机联挂

续表

序号	作业项目	作业内容、标准及图示
(4)	轴端适配器拆卸	①探伤工探伤结束，完成图像分析后，①号将探伤机进给机构与轴端适配器进行分离操作，并对进给机构固定牢固。 ②②号将轴端适配器与轴端进行分离。见图3－46、图3－47。  图3－46　探伤机进给机构与适配器分离 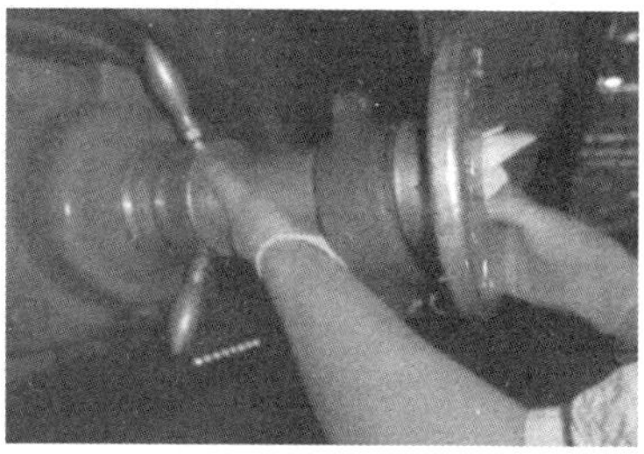　图3－47　拆下适配器
5	轴端部件安装	⚠ O形圈必须更换新品，螺栓按规定涂打力矩稳定剂，力矩符合规定。
(1)	清理耦合剂	③号、④号用清洁杆/麂皮布清除空心轴孔内的残留耦合剂。见图3－48。 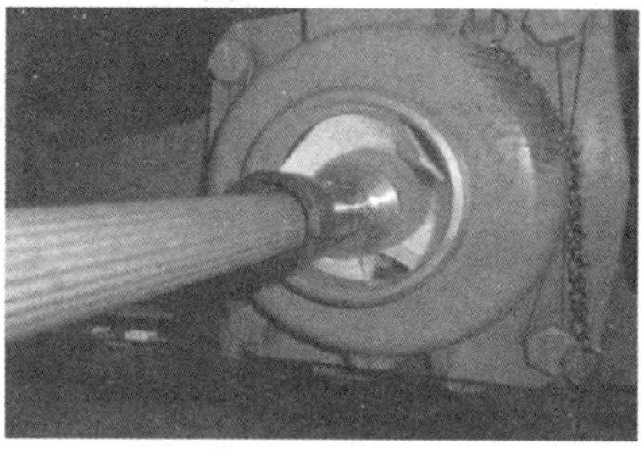 图3－48　清理耦合剂
(2)	喷涂防锈油	③号用注射器向空心轴轴孔内喷涂10 mL挥发性缓释防锈油（VERZONE No.220）。见图3－49。 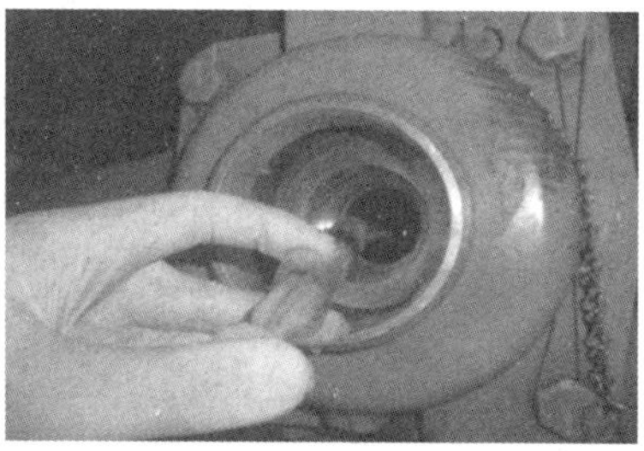 图3－49　喷涂防锈油

续表

序号	作业项目	作业内容、标准及图示
(3)	轴端安装	③号在1位侧轴端、④号在2位侧轴端安装O形圈（G65×3.1），然后用专用工具顺时针旋转安装车轴密封盖并拧紧。见图3-50、图3-51。 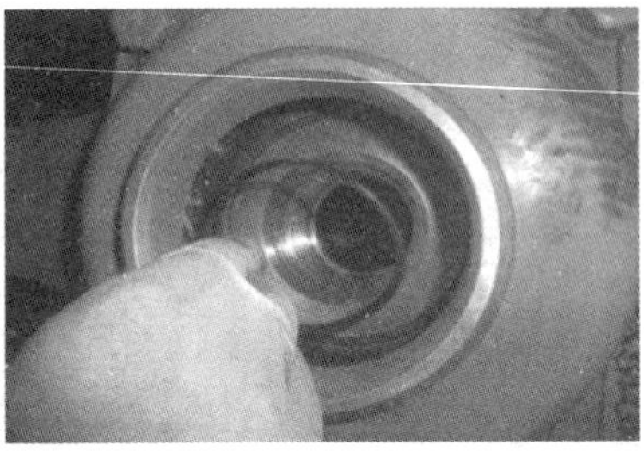 图3-50　安装O形圈 　　图3-51　安装密封盖
(4)	安装C形弹性挡圈	③号在1位侧、④号在2位侧轴端分别使用直孔弹簧钳装上C形弹性挡圈，并确认C形弹性挡圈入槽。见图3-52。  图3-52　安装C形弹性挡圈
(5)	安装橡胶盖	③号在1位侧、④号在2位侧轴端分别安装轴箱前盖的橡胶盖，并将橡胶盖挂链压在挂耳下转向右端拉紧挂链。见图3-53。  图3-53　安装橡胶盖

续表

序号	作业项目	作业内容、标准及图示
(6)	安装排油口盖	③号在1位侧、④号在2位侧轴端安装轴箱下部排油口盖，确认其安装到位。见图3-54。  图3-54　安装排油口盖
(7)	安装螺栓、涂打标记	③号、④号在作业轴端分别将安装螺栓螺纹部涂力矩稳定剂，用手将螺栓顺时针旋转至预紧位，然后用力矩扳手、六角套筒（30 mm）顺时针旋转安装轴箱前盖底部螺栓，螺栓垫片更换新品，扭力为98 N·m。按规定涂打防松标记并安装防松铁丝。见图3-55、图3-56。 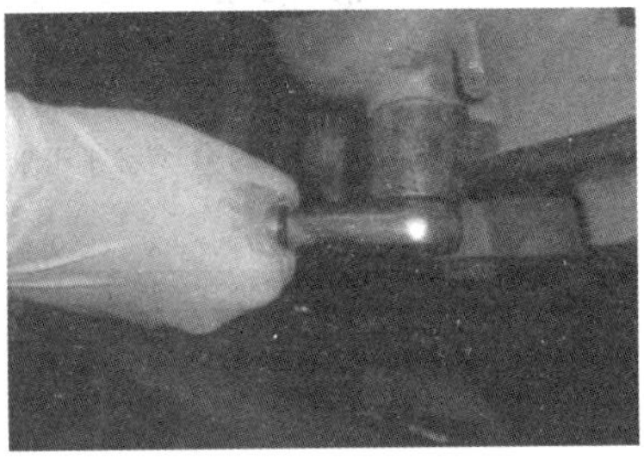 图3-55　螺栓紧固  图3-56　涂打标记
6	完工清理确认	①①号、②号清理作业废料，并将废料收齐办理交接。 ②③号、④号整理工具、工装，办理交接手续。

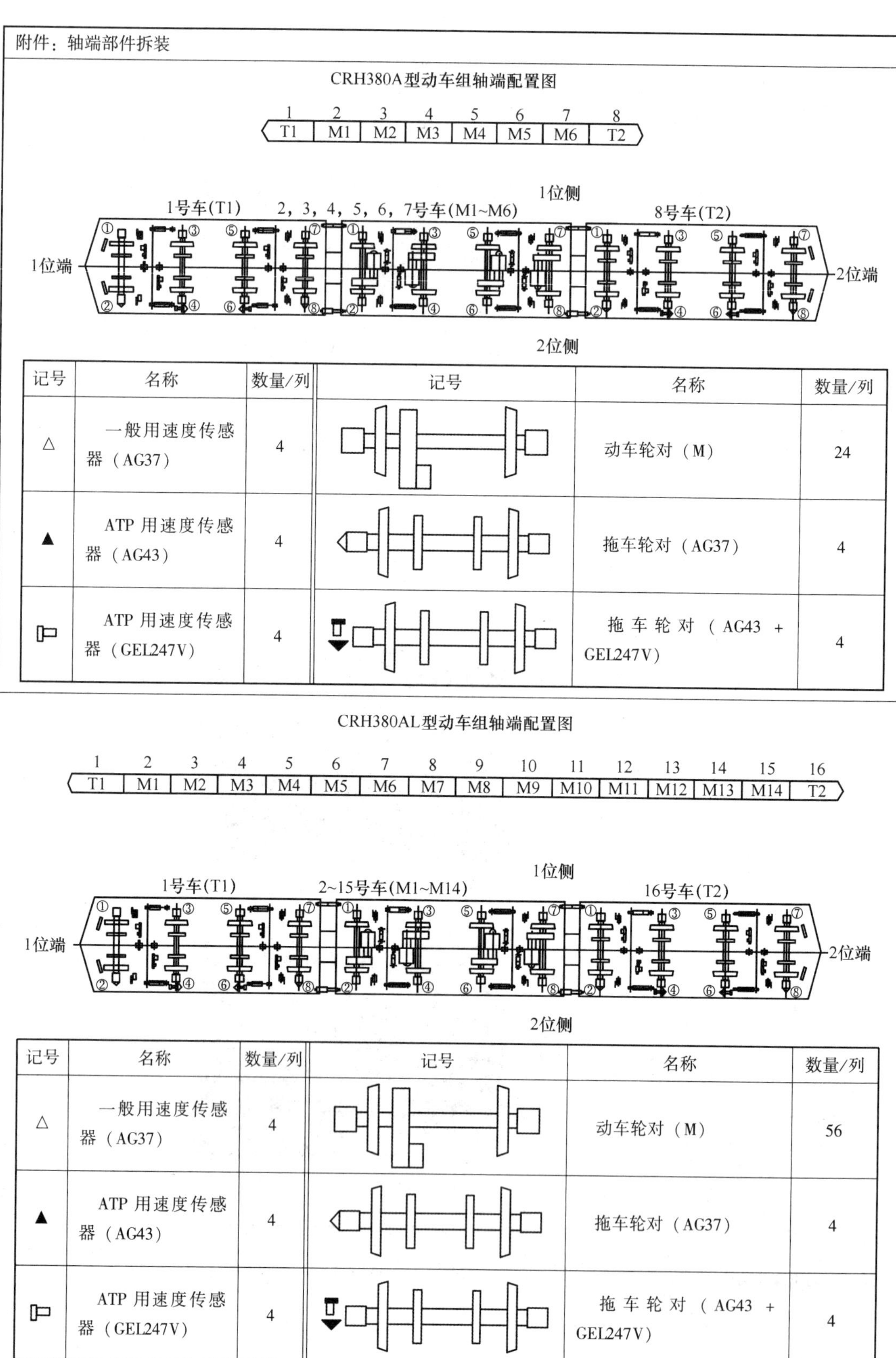

附件：轴端部件拆装

CRH380A型动车组轴端配置图

记号	名称	数量/列	记号	名称	数量/列
△	一般用速度传感器（AG37）	4		动车轮对（M）	24
▲	ATP用速度传感器（AG43）	4		拖车轮对（AG37）	4
	ATP用速度传感器（GEL247V）	4		拖车轮对（AG43 + GEL247V）	4

CRH380AL型动车组轴端配置图

记号	名称	数量/列	记号	名称	数量/列
△	一般用速度传感器（AG37）	4		动车轮对（M）	56
▲	ATP用速度传感器（AG43）	4		拖车轮对（AG37）	4
	ATP用速度传感器（GEL247V）	4		拖车轮对（AG43 + GEL247V）	4

续表

1. 拆卸轴端设备的总体要求

①拆装时必须保证零部件的清洁，避免缺失和损伤。在拆卸时要防止轴箱、轴箱盖等零部件的磕碰，防止灰尘等颗粒物及探伤使用的耦合剂进入轴箱或轴箱轴承。

②已腐蚀的紧固件、螺纹或头部受损的螺钉必须更换。

③已经拆下的零部件须放置在专用零部件存放盒中，要求一轴一盒，原拆原装，拆装时更换的零部件须做好记录。更换上的新品零部件须分类存放，保证清洁。

④轴箱前盖底部螺栓，安装前在螺纹部涂力矩稳定剂。

⑤轴端拆卸工作实行记名修制度，拆卸结束后，须由辅助工在《CRH 系列动车组空心轴超声波探伤记录》中的轴端拆卸操作者一栏签名。

2. 各种类型轴端设备的拆卸

CRH380A 型动车组有三种轴端型式：普通轴端、AG37 轴端、AG43 + GEL247V 轴端。在进行空心轴探伤时，AG37 轴端、AG43 + GEL247V 轴端不需要拆卸传感器，其拆卸安装方法与普通轴端相同。装用和利时 ATP 系统动车组，单独加装 ATP 传感器的 T1 车 1 位轴端和 T2 车 7 位轴端，探伤时不需要拆卸传感器，其拆卸安装方法与普通轴端相同。

①用毛刷将轴箱盖与轴箱体连接处的浮尘清扫干净。

②用克丝钳剪断轴箱前盖底部螺栓防松钢丝。

③用套筒扳手松开轴箱前盖底部螺栓（M20 × 20），取下螺栓和垫片。

④取下轴箱下部排油口盖，在前盖排油口下放置探伤液收集容器。

⑤将轴箱前盖上的橡胶盖取下，挂于轴箱前盖上。

⑥用直孔弹簧钳取出空心车轴内的 C 形弹性挡圈放在探伤工作小车的定置格内。

⑦用专用工具将空心车轴内部的塑料车轴密封盖（实物为白色）旋出放在探伤工作小车的定置格内。

⑧取出 O 形密封圈放在探伤工作小车的定置格内。见图 3 – 57 ~ 图 3 – 60。

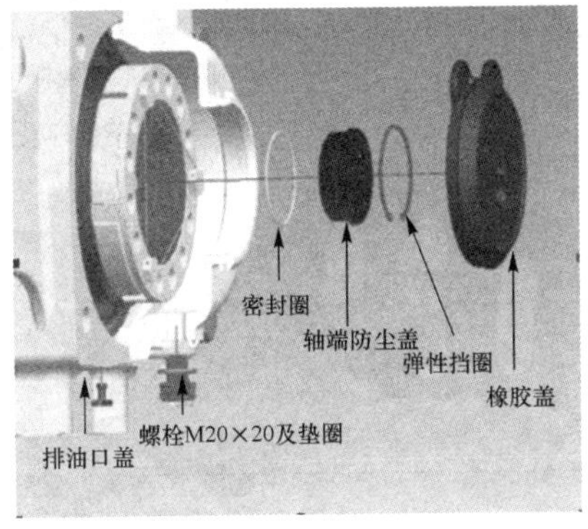

图 3 – 57　普通轴端三维视图

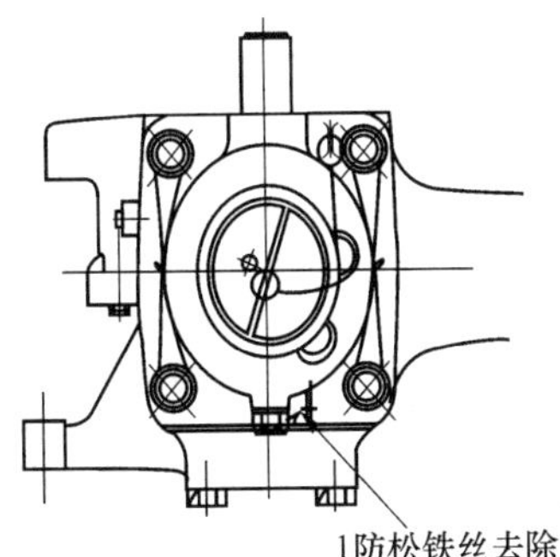

图 3 – 58　普通轴端

续表

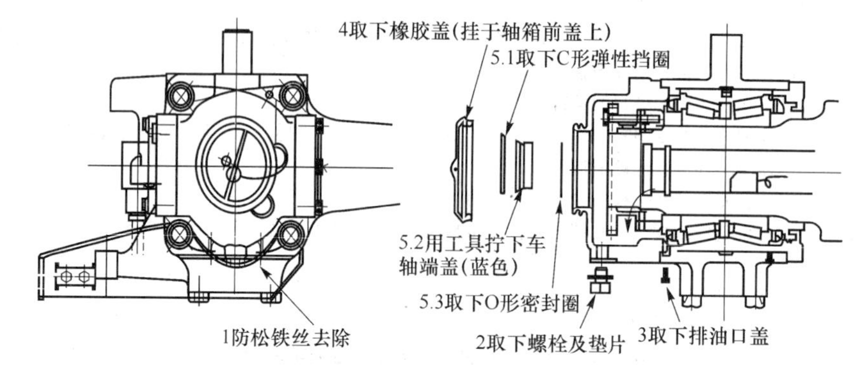

图 3－59　AG37 轴端

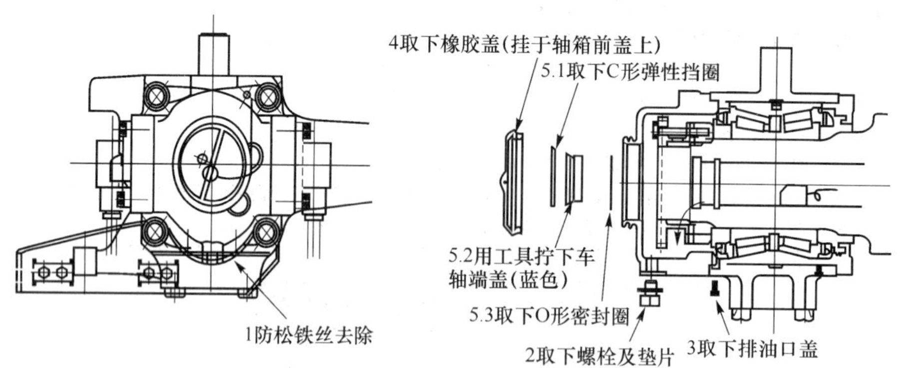

图 3－60　AG43＋GEL247V 轴端

3. 安装轴端设备的总体要求

①检查弹性挡圈、O 形圈，损坏时更换。已腐蚀的紧固件和螺纹或者头部受损的螺钉必须更换。

②在用螺纹锁固胶防松的紧固件重新使用前，螺纹里固胶残渣，必须完全清理干净。

③对用多个螺栓固定的装置，应按照对角紧固的原则分三次紧固到规定力矩。在拧紧时，不允许使用冲击扳手，防止损坏螺纹。

④每种轴端在安装后必须在螺栓端部用油漆笔打上防松标记。

⑤扭力扳手应每天作业前由辅助工进行校验，并填写动车组空心轴探伤作业安全卡控表、工作日志及扭力扳手校验的相关内容。

⑥轴端安装工作实行记名修制度，安装结束后，须由辅助工在《CRH 系列动车组空心轴超声波探伤记录》中的轴端安装操作者一栏签名。

4. 各种类型轴端设备的安装

①拆下探伤适配器。

②安装轴箱前盖配件。

③用车轴内孔专用工具对空心轴内的残留耦合剂进行清洁。

④向空心轴内部喷入 10 mL 挥发性缓释防锈油（VERZONE No. 220）。

续表

⑤对车轴内部及端面清洁状况进行检查，清洁各零部件。 ⑥装上新品 O 形密封圈（G65×3.1）。 ⑦将塑料车轴密封盖旋入车轴端部，并用专用工具拧紧。 ⑧检查 C 形弹性挡圈作用是否良好，若良好则用直孔弹簧钳装上 C 形弹性挡圈，如果损坏则更换新品。 ⑨检查确认 C 形弹性挡圈入槽。 ⑩盖上轴箱前盖上的橡胶盖，将橡胶盖挂链压在挂耳下转向右端拉紧挂链。 ⑪安装轴箱下部排油口盖，确认其压紧状态。 ⑫在安装螺栓螺纹部涂力矩稳定剂，用手将安装螺栓（M20×20）和垫片安装到螺孔中并拧至螺栓头部，质检员确认扭力扳手扭矩后，作业人员用扭力扳手紧固螺栓，紧固扭矩为 98 N·m，拧紧后用标记笔画防松标记线。质检员进行确认。 ⑬作业人员为轴箱前盖底部螺栓安装防松铁丝。质检员进行确认。

任务实施与评价

①下发任务单，明确学习任务、主要内容、知识目标、能力目标、素质目标要求；

②学生按任务单要求制订学习计划，完成预习任务及相关知识准备；

③小组内采用角色扮演形式，模拟进行动车组空心轴探伤作业，辅助人员按照要求对动车组进行轴端拆卸和轴端部件安装等作业，并填写《CRH 系列动车组空心车轴超声波探伤记录》；

④另一小组对探伤作业小组的作业过程进行点评，并填写《动车组二级检修对规记录单》；

⑤通过查阅相关资料，各小组分别制作 PPT，简述 CRH380A 型动车组有哪些二级检修项目；

⑥学生进行学习自我评价及学习小组成员互评，小组长（副组长）进行小组整体评价，教师检查任务完成情况。

【任务 2】 轮对修形

任务单

任务名称	轮对修形
任务描述	CRH380A 型动车组采用 LMA32 型磨耗型踏面外形，列车运行一段时间后，踏面外形发生改变，影响列车运行品质，需要对全列轮对进行修形作业。另外，如果个别踏面存在剥离、擦伤超限等缺陷，需要对超限轮对进行修形作业。
任务分析	从旋轮工、辅助工和公铁车司机三个工种学习轮对修形的作业标准，重点从辅助工的角度掌握如何配合进行修形作业及安全卡控措施，同时学习轮对尺寸人工测量。

续表

<table>
<tr><td>学习任务</td><td colspan="7">【子任务1】小组内采用角色扮演形式，模拟进行动车组轮对修形作业。
【子任务2】通过查阅相关资料，各小组分别制作 PPT，通过具体故障案例，讲解什么是踏面剥离、擦伤、硌伤等缺陷。</td></tr>
<tr><td>劳动组合</td><td colspan="7">各组长分配小组成员角色进行作业，留下影像资料，同时协同制作 PPT 并推荐专人讲解。
各组评判小组成员学习情况，作出小组评价。</td></tr>
<tr><td>成果展示</td><td colspan="7">（1）模拟进行动车组轮对修形作业的照片或视频
（2）轮对踏面缺陷讲解 PPT</td></tr>
<tr><td>学习小结</td><td colspan="7"></td></tr>
<tr><td rowspan="6">自我评价</td><td>项目</td><td>A—优</td><td>B—良</td><td>C—中</td><td>D—及格</td><td>E—不及格</td><td>综合</td></tr>
<tr><td>安全纪律（15%）</td><td></td><td></td><td></td><td></td><td></td><td rowspan="5"></td></tr>
<tr><td>学习态度（15%）</td><td></td><td></td><td></td><td></td><td></td></tr>
<tr><td>专业知识（30%）</td><td></td><td></td><td></td><td></td><td></td></tr>
<tr><td>专业技能（30%）</td><td></td><td></td><td></td><td></td><td></td></tr>
<tr><td>团队合作（10%）</td><td></td><td></td><td></td><td></td><td></td></tr>
<tr><td rowspan="2">教师评价</td><td>简要评价</td><td colspan="5"></td><td rowspan="2"></td></tr>
<tr><td>教师签名</td><td colspan="5"></td></tr>
</table>

学习引导文

维修项目：

3.2.1 轮对旋修 检
（旋轮工）

适用车型	CRH380A	版本	V4.1
修程	二级修	周期	20 万 ~25 万公里
分类	C 类	系统	转向架
车厢号	全列	供电条件	接触网供电、动车组断电、降弓
作业人数	1 名机械师	作业时间	40 分/轴

续表

注意事项	①作业人员应按规定穿戴劳保用品； ②作业时防止磕碰伤； ③作业过程中作业工具、材料及配件定置摆放； ④作业过程中加强作业联控，禁止盲目动车和操作设备； ⑤在不落轮车床运行时严禁关掉或者拆卸提屑器和通风设备，以免造成设备损坏或因自动保护而造成的停机； ⑥机床内、监控站台有人或者碎片防护网打开时严禁开启设备； ⑦冬季要加强温度盯控，做好动车组保温工作。
参考资料	①检修工艺卡片：《轮对修形》CRH380A（L）-S-02-02-01； ②《关于下发 CN 型轮对系列薄轮缘车轮外形评审意见的通知》运装客车〔2011〕357 号； ③《CRH 系列动车组一、二级检修发文》铁运〔2011〕71 号； ④《关于补充 CN 型轮对系列薄轮缘车轮外形的通知》运装客车电〔2011〕3298 号。
备注	①如实填写检修记录并及时在管理信息系统中回填； ②“检”表示质检员对作业过程进行检查监控； ③“⚠”表示安全风险点。

工具清单

序号	名　称	规格型号	单位	数量	备注
1	不落轮车床		台	1	
2	公铁两用车		辆	1	
3	车辆踏面检查样板	LMA32 型	套	1	
4	粗糙度检查样板	Ra6.3、12.5、25 μm	套	1	
5	对讲机		部	2	
6	毛刷		个	2	
7	铁屑清理铁钩		个	1	
8	头灯		个	3	
9	塞尺		把	1	
10	主控钥匙		把	1	
11	通用钥匙（六角）		把	1	

物料清单

序号	物料名称	物料号	单位	数量	备注
1	通用锂基润滑油脂	979300000165	克	若干	
2	反光膜		卷	1	
3	口罩		副	1	
4	手套	979900000263	双	1	
5	防护镜		副	1	
6	刀头	272490000040	对	1	

序号	作业项目	作业内容、标准及图示
1	工前准备	
(1)	人员准备	3名作业者（旋轮工、辅助工、公铁车司机）按规定穿戴劳保防护用品（工作服、劳保鞋、安全帽）。其中旋轮工1名、辅助人员1名、公铁车司机1名。见图3－61。  图3－61　作业人员
(2)	作业条件确认	旋轮工确认接触网供电，旋轮库大门已打开。见图3－62。  图3－62　打开旋轮库门
(3)	工具物料准备	①旋轮工确认工具、物料齐全，状态良好，并确认LMA32检查样板、粗糙度样板校验不超期。见图3－63。 ②旋轮工根据当班作业计划单，核对当班修形计划。  图3－63　工具、作业材料

续表

<table>
<tr><th>序号</th><th>作业项目</th><th>作业内容、标准及图示</th></tr>
<tr><td>(4)</td><td>设备状态检查</td><td>①旋轮工检查刀具是否损坏或过限，若有损坏或过限及时进行更换。
②旋轮工对不落轮车床各外部元件进行检查，重点检查安全装置、液压电磁阀和液压油管无漏油、连接无松动、磨损或破损，确认可正常运行操作，清扫、检查导轨，并确认导轨处于伸出状态且无异物。见图3－64。 
图3－64　各部油管
③旋轮工检查两侧下压爪是否处于初始位置，活动导轨是否处于伸出（过车）状态，确保不落轮车床处于准备好状态（绿色信号灯亮）。见图3－65。 
图3－65　卡具
④旋轮工确认废屑箱固定良好，并确保废屑箱放置在车辆限界以外。见图3－66。 
图3－66　废屑箱</td></tr>
<tr><td>(5)</td><td>联挂作业</td><td>此步骤旋轮工无作业内容，相应的作业由公铁车司机和辅助工完成。</td></tr>
</table>

续表

序号	作业项目	作业内容、标准及图示
2	修形作业	⚠轮对被顶起前，公铁两用车应处于缓解状态。
(1)	修形对位	旋轮工引导公铁车司机以不超过3 km/h的速度牵引动车组至待旋修位置处，待修形轮对处于机床中心位置（当蓝、黄信号灯同时亮时表示动车组到位，旋轮工通知公铁车司机操作公铁两用车停车）。公铁车司机负责监控公铁两用车状态及线路情况。
(2)	轮对夹紧	①对位完成后，公铁车司机操纵公铁两用车为制动状态，拔取钥匙，防护公铁两用车，严禁移动，并通知旋轮工动车组已停稳，可以开始作业。 ②旋轮工在“识别”界面输入轮对ID、加工类型、操作员姓名、车辆类型、走行公里数等。 ③旋轮工通知公铁车司机缓解公铁两用车并操作不落轮车床，选择“AUTO（自动工作模式）”按键，然后依次按下界面左下角的“装夹/松夹”键，以及右上角的“夹紧”键。在装夹界面下选择适合的下压力，然后按“NC Start”键开始夹紧动作，此时绿灯灭、红灯亮，滚轮架顶起车轮，滑动导轨缩回。旋轮工通知公铁车司机公铁两用车可以制动。见图3-67。  图3-67 架起轮对 ④旋轮工按手持操作单元上的“刀台选择（右）”键和“开门”键，手动打开右侧扶梯安全锁，然后通过“上、下、左、右”键调整下压爪的位置将轮轴右侧固定，同时在轮辋外侧贴上反光膜，手动关闭安全门，再次按下“开门”键将安全门锁死。用同样的方法固定轮轴左侧。见图3-68、图3-69。  图3-68 卡具定位 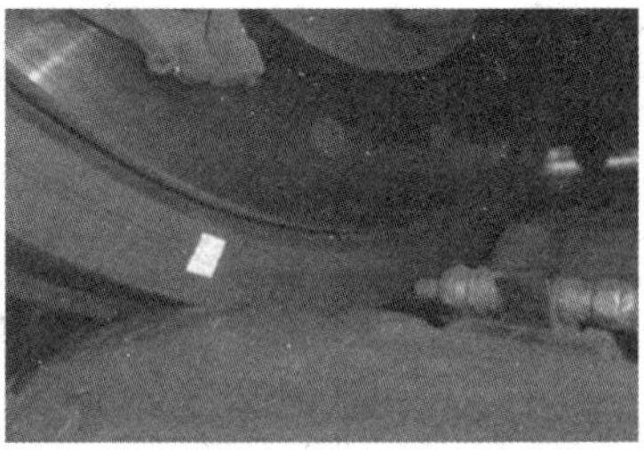　　图3-69 粘贴反光膜

续表

序号	作业项目	作业内容、标准及图示
(3)	加工前测量	①旋轮工按下“加工前测量”键进入预测量界面，按手持操作单元上的“刀台选择左（或右）”键和“开门”键，手动打开安全观察窗，测量左右轮的轮辋宽度，并将数值手工输入当前界面相应空格内，按“Input（输入）”和“OK”键确认，然后手动关闭安全观察窗并再次按手动操作设备上的“开门”键将观察窗锁死。见图3－70。 ②旋轮工按“Feed Start（进给开始）”键启动进给系统，然后按“NC Start”键，预测量开始。(测量项目：内侧距、轮径、轴向窜动量、径向窜动量、突出轮缘高度、突出轮缘厚度等) 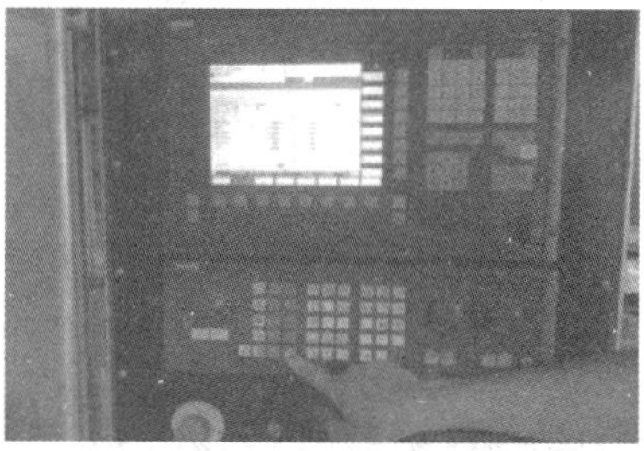 图3－70　预测量界面
(4)	修形计算	①旋轮工按“计算”键，进入计算界面，手工输入旋修后所希望达到的目标直径值，按“OK”键确认；也可以直接按“OK”键选择系统推荐的加工轮径，在确定目标直径值后可通过屏幕右上角的“型号列表”选择合适的加工型号。见图3－71。 ②旋轮工根据系统测量直径值和目标直径值选择最优化加工工艺，确定切削次数和每次的进刀量。见图3－72。 ③旋轮工设定直径后需确认轮缘厚度。(原型为32 mm，设定值控制在26～33 mm)  图3－71　计算界面 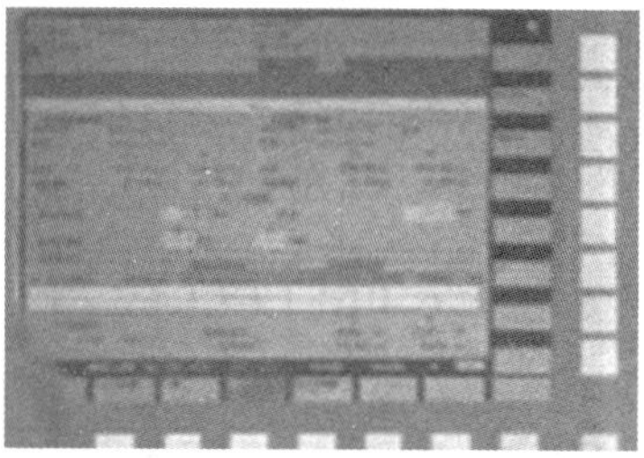　　图3－72　参数设定界面
(5)	修形作业	①公铁车司机使用毛刷在轮对内侧面靠轮缘处均匀涂抹适量润滑脂。见图3－73。 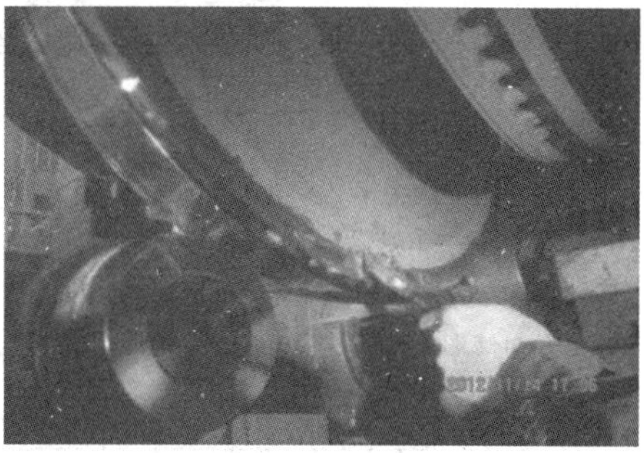 图3－73　涂抹润滑脂

续表

序号	作业项目	作业内容、标准及图示
(5)	修形作业	②旋轮工按“加工”键，进入旋修处理界面，首先复查目标直径值是否正确，按“OK”键确认，然后按“NC Start”键，开始按原型旋修车轮。在旋修时注意，通过控制面板上的左边/右边“进给倍率”控制刀具的进给速度，保证左右两侧轮对切削线不要同时到达车轮与驱动轮的接触面。见图3－74。 ③旋修完毕后，旋轮工按手持操作单元上的“刀台选择左（或右）”键和“开门”键，手动打开安全观察窗，清扫刀具箱、驱动轮下方、横梁等处的铁屑，清扫结束后，手动关闭安全观察窗，再次按手动操作设备上的“开门”键将观察窗锁死。 ④轮对修形时，旋轮工应时刻注意观察刀具进刀情况和监听切削声音，如有异常，立即通过急停按钮进行停车，并仔细检查车床和刀具，必要时及时进行处理。轮对修形期间须及时清理刀架处铁屑。见图3－75。 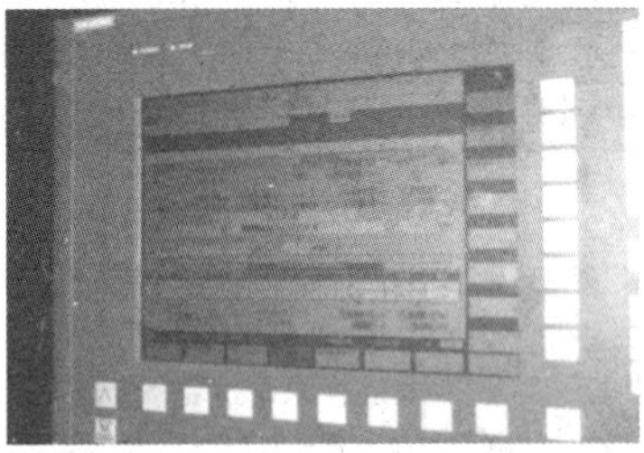 图3－74　修形界面 　　图3－75　过程盯控
(6)	轮对补测量	轮对修形结束后，旋轮工按“加工后测量”键进入补测量界面，按“NC Start”键进行补测量（内侧距、轮径、轮径差、轴向窜动量、径向窜动量、突出轮缘高度、突出轮缘厚度等尺寸，见图3－76）。各项尺寸应符合限度要求： 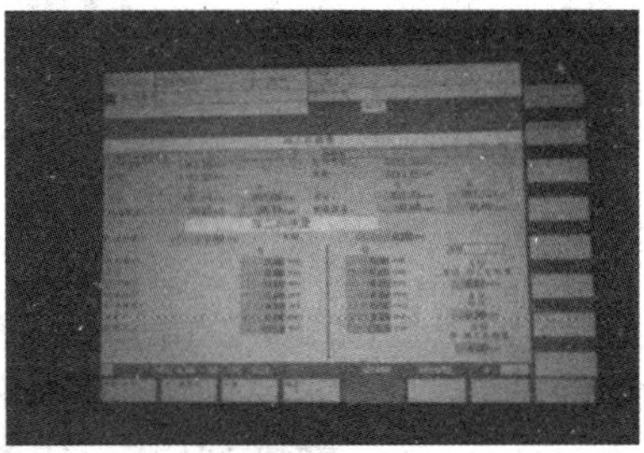 图3－76　修形后测量 ①轮对内侧距为1 352～1 355 mm；轮径≥790 mm；轮径差：同一轮对≤1 mm，同一转向架≤4 mm，同一车辆≤10 mm，同一车辆单元内车辆间≤40 mm；轴向、径向窜动量≤0.3 mm；轮缘高为28 mm；轮缘厚度：$26 \leq h \leq 33$ mm（h 为轮缘厚度）。 ②轮对修形后，各部尺寸必须符合上述限度要求，超出限度时，须进行再次修形。

续表

序号	作业项目	作业内容、标准及图示
(7)	修形结果检查	①旋轮工每修形完一条轮对，须使用LMA32型车辆踏面检查样板、塞尺对所加工的踏面外形进行检测，其各部间隙不大于1 mm。见图3－77。 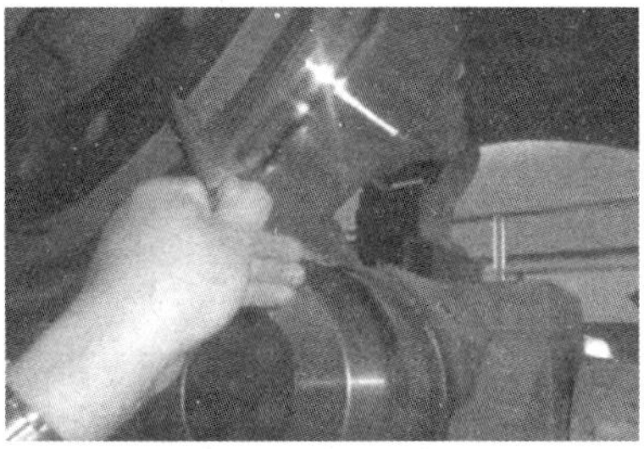 图3－77　踏面检查 ②旋轮工采用*Ra*6.3 μm、*Ra*12.5 μm和*Ra*25 μm三种粗糙度样板对修形轮对的踏面及轮缘加工表面进行对比检测，确保粗糙度不大于*Ra*12.5 μm。见图3－78。 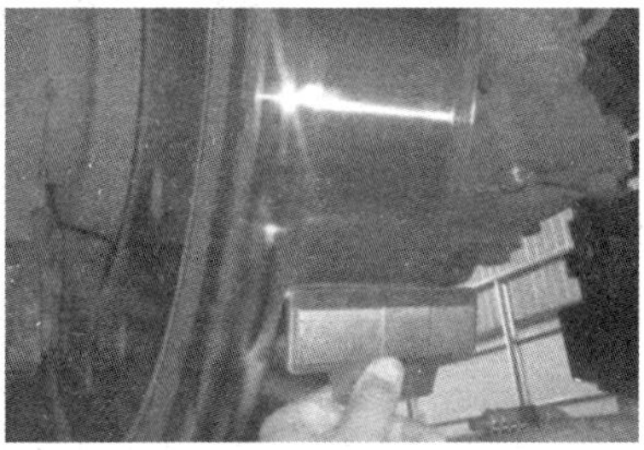 图3－78　踏面粗糙度检查
(8)	轮对松夹	①旋轮工按屏幕左下角的“装夹/松夹”键，右上角的“选择松夹”键，然后按“NC Start”键开始松夹动作，侧压轮降下，滑动导轨伸出，滚轮架落下。 ②旋轮工按下手持操作单元上的“刀台选择（左）”键和对应的“开门”键，手动打开左侧扶梯安全锁，然后通过“上、下、左、右”键将下压爪松开并退到原位。此时手持操作单元上的方向键上有指示，手动关闭安全门，再次按手持操作单元上的“开门”键锁紧安全门。利用同样的方法将右侧下压爪松开并退到原位。当两侧下压爪都退回原位后，再按下“NC Start”键，此时驱动轮支架降回原位，绿色指示灯亮。
(9)	打印修形记录	①旋轮工检查无误后，打印轮对修形记录。 ②轮对修形记录须按要求进行分类装订成册，并保存。
(10)	修形结束	轮对修形完成后，旋轮工使用毛刷对不落轮车床上及刀具上的铁屑进行清理。见图3－79。  图3－79　铁屑清理

续表

序号	作业项目	作业内容、标准及图示
(11)	继续轮对修形	旋轮工通知公铁车司机本条轮对修形完毕，可以牵引动车。
3	关闭车床	旋轮工按“Menu select（菜单选择）”键，然后按“Extension（扩展）”键，选择屏幕右下角“Exit（退出）”键退出系统。退出系统后，将电气柜上的总电源开关旋到“Off”位关闭电源。
4	完工确认	①旋轮工向工长报告轮对修形结束。 ②旋轮工需对车轮车床进行保养，及时清除床身及四周铁屑，并对废屑箱内铁屑进行清理，做到“工完料净场地清”。见图 3－80。  图 3－80　保养及检查

维修项目：

3.2.2　轮对旋修 检
（辅助工、公铁车司机）

适用车型	CRH380A	版本	V4.1
修程	二级修	周期	20 万～25 万公里
分类	C 类	系统	转向架
车厢号	全列	供电条件	有电
作业人数	3 名机械师	作业时间	30 分/轴
注意事项	①作业人员应按规定穿戴劳保用品； ②作业时防止磕碰伤； ③作业过程中作业工具、材料及配件定置摆放； ④作业过程中加强作业联控，禁止盲目动车和操作设备； ⑤在不落轮车床运行时严禁关掉或者拆卸提屑器和通风设备，以免造成设备损坏或因自动保护而造成的停机； ⑥机床内、监控站台有人或者碎片防护网打开时严禁开启设备； ⑦冬季要加强温度盯控，做好动车组保温工作。		
参考资料	①检修工艺卡片：《轮对修形》CRH380A（L）－S－02－02－01； ②《关于下发 CN 型轮对系列薄轮缘车轮外形评审意见的通知》运装客车〔2011〕357 号； ③《CRH 系列动车组一、二级检修发文》铁运〔2011〕71 号； ④《关于补充 CN 型轮对系列薄轮缘车轮外形的通知》运装客车电〔2011〕3298 号。		

续表

备注	①如实填写检修记录并及时在管理信息系统中回填； ②“检”表示质检员对作业过程进行检查监控； ③“⚠”表示安全风险点。

工具清单

序号	名　称	规格型号	单位	数量	备注
1	不落轮车床		台	1	
2	公铁两用车		辆	1	
3	车辆踏面检查样板	LMA32 型	套	1	
4	粗糙度检查样板	*Ra*6.3、12.5、25 μm	套	1	
5	对讲机		部	2	
6	毛刷		个	2	
7	铁屑清理铁钩		个	1	
8	头灯		个	3	
9	塞尺		把	1	
10	主控钥匙		把	1	
11	通用钥匙（六角）		把	1	

物料清单

序号	物料名称	物料号	单位	数量	备注
1	通用锂基润滑油脂	979300000165	克	若干	
2	反光膜		卷	1	
3	口罩		副	1	
4	手套	979900000263	双	1	
5	防护镜		副	1	
6	刀头	272490000040	对	1	

序号	作业项目	作业内容、标准及图示
1	工前准备	
(1)	人员准备	3 名作业者（旋轮工、辅助工、公铁车司机）按规定穿戴劳保防护用品（工作服、劳保鞋、安全帽）。其中旋轮工 1 名、辅助人员 1 名、公铁车司机 1 名。见图 3-81。 图 3-81　作业人员

续表

序号	作业项目	作业内容、标准及图示
(2)	设备状态检查	公铁车司机检查公铁两用车状态：检查液压系统的油位状态是否正常，有无漏油现象；检查设备各部连接件、紧固件有无松动，传动、走行部润滑是否良好；检查电气元器件表面有无烧损；检查各电缆及接插件状态是否良好，连接是否紧固；确认各部位状态，手动空车试运转；检查蓄电池电量表，查看电量是否充足（尽量保持满电）；检查所有急停按钮是否复位。见图3－82、图3－83。  图3－82　公铁两用车 　　图3－83　电量指示表
(3)	联挂作业	⚠防压风险：公铁两用车与动车组联挂和作业时，公铁两用车不通过或不压在不落轮车床的移动导轨上。 ①辅助工引导地勤司机在待联挂位置处停稳动车组。见图3－84。  图3－84　旋轮库前一度停车 ②辅助工在车上对动车组蓄电池电压、总风管风压进行检查确认（蓄电池电压≥87 V、总风管风压≥600 kPa），并打开头罩。见图3－85、图3－86。  图3－85　蓄电池电压、总风管风压 　　图3－86　打开头罩 ③辅助工按规定办理主控钥匙交接手续。公铁车司机检查止轮器设置情况，确保止轮器设置状态良好。见图3－87。  图3－87　止轮器设置

续表

序号	作业项目	作业内容、标准及图示
(3)	联挂作业	④辅助工在车厢内对动车组全列进行“关门车”操作，将运行配电盘内的白色“供给阀”和红色“紧急阀”旋至关位。作业结束后辅助工投入主控并在MON屏确认各车BC压力值为0。确认后取出主控钥匙。见图3－88。 ⑤公铁车司机操作公铁两用车到达待联挂位置。见图3－89。  图3－88　关门车设置  图3－89　公铁两用车上轨 ⑥公铁车司机撤除止轮器，并操作公铁两用车与动车组进行联挂（进行联挂时，公铁两用车速度不得超过3 km/h）。辅助工观察联挂车钩情况，联挂后要对联挂状态进行确认，确保联挂状态良好。联挂后进行试拉再次确认联挂状态。见图3－90～图3－92。  图3－90　撤除止轮器  图3－91　试拉  图3－92　牵引动车组
2	修形作业	⚠轮对被顶起前，公铁两用车应处于缓解状态。
(1)	修形对位	①旋轮工引导公铁车司机以不超过3 km/h的速度牵引动车组至待旋修位置处，待修形轮对处于机床中心位置（当蓝、黄信号灯同时亮时表示动车组到位，旋轮工通知公铁车司机操作公铁两用车停车）。 ②公铁车司机责监控公铁两用车状态及线路情况。

续表

序号	作业项目	作业内容、标准及图示
(2)	轮对夹紧	对位完成后，公铁车司机操纵公铁两用车为制动状态，拔取钥匙，防护公铁两用车，严禁移动，并通知旋轮工动车组已停稳，可以开始作业。
(3)	修形作业	修形开始前，公铁车司机使用毛刷对轮对内侧面靠轮缘处均匀涂抹适量润滑脂。见图3－93。 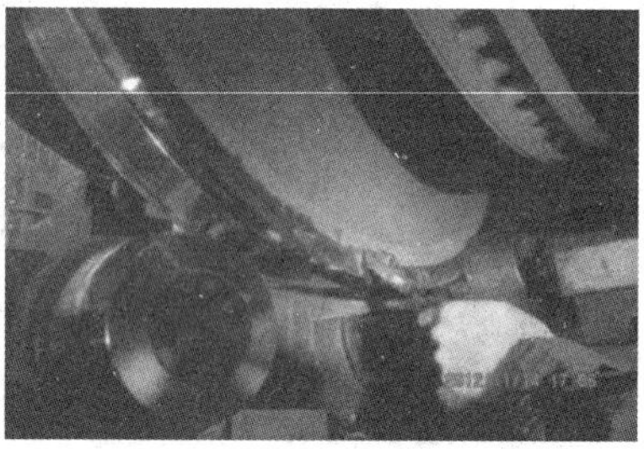 图3－93　涂抹润滑脂
(4)	打印修形记录	①旋轮工检查无误后，打印轮对修形记录。 ②轮对修形记录须按要求进行分类装订成册，并保存。
(5)	修形结束	轮对修形完成后，旋轮工使用毛刷对不落轮车床上及刀具上的铁屑进行清理。见图3－94。  图3－94　铁屑清理
(6)	继续轮对修形	①旋轮工通知公铁车司机本条轮对修形完毕，可以牵引动车。 ②车上辅助工要及时对动车组蓄电池电压进行检查确认，确保蓄电池电压符合要求。 ③重复本项作业项目。
3	轮对修形结束	辅助工引导公铁车司机操作公铁两用车，将动车组牵引至旋轮库门外。
(1)	动车组状态恢复	①辅助工将运行配电盘内的白色“供给阀”和红色“紧急阀”旋至开位。见图3－95。  图3－95　关门车复位

续表

序号	作业项目	作业内容、标准及图示
(1)	动车组状态恢复	②辅助工设置止轮器，并恢复旋轮前的动车组状态。见图3－96。  图3－96 设置止轮器
(2)	公铁两用车与动车组分离	辅助工配合公铁车司机将公铁两用车与动车组分离，并移动公铁两用车，使之与被修形动车组保持10 m以上的安全距离。见图3－97。  图3－97 分离
(3)	关闭头罩	分离后，辅助工投入主控关闭头罩，作业结束后取出主控钥匙。见图3－98、图3－99。  图3－98 关头罩操作旋钮  图3－99 头罩关闭
4	完工确认	动车组调走以后，公铁车司机将公铁两用车移动到指定存放位置，做好当日的保养充电等工作。见图3－100。  图3－100 保养及检查

维修项目：

3.2.3 轮对尺寸人工测量

适用车型	CRH380A	版本	V4.1
修程	二级修	周期	6万公里或60天
分类	B类	系统	转向架
车厢号	01、00车	供电条件	无电
作业人数	机械师2名	作业时间	20分/辆
注意事项	①作业人员应按规定穿戴劳保用品。 ②作业中注意避免磕碰。		
参考资料	①检修工艺卡片：《轮对尺寸人工测量》CRH380A（L）-S-02-02-01； ②时速350公里速度级动车组（16辆编组）维护检修手册。		
备注	①如实填写检修记录并及时在管理信息系统中回填。 ②“检”表示质量检查员对作业过程进行检查监控。 ③“📷”表示作业人员拍照留存。 ④作业人员分工：①号作业人员主要负责空簧及调整板的测量，②号作业人员主要负责记录测量数值，具体分工详见作业步骤。		

工具清单

序号	名　称	规格型号	单位	数量	备注
1	轮径尺	通用型	把	1	
2	第四种检查器	通用型	把	1	
3	游标卡尺	通用型	把	1	
4	钢板尺	300 mm	把	1	
5	内距尺	通用型	把	1	

序号	作业项目	作业内容、标准及图示
1	准备工作	两名（①号、②号）作业者按规定穿戴劳保用品，戴安全帽和手套，穿劳保鞋，穿戴整齐。见图3-101。  图3-101　作业人员

续表

序号	作业项目	作业内容、标准及图示
1	准备工作	②号：联系调度申请无电作业，检查接触网和动车组处于无电状态，止轮器已设置，进行动车组放电作业；确认作业计划单中的作业车组号及股道。见图 3 – 102。 图 3 – 102　②号准备工作
		①号：按照工装工具和材料清单清点工装工具和材料，检查各计量器具校验周期。 工具主要包括轮径尺、第四种检查器、游标卡尺、钢板尺（300 mm）、内距尺。各计量器具不超期。
2	轮对外观检查	①号、②号配合作业： 目视检查轮对外观，发现缺陷时使用第四种检查器进行复测，超限时记录并申请旋修。
3	轮对尺寸测量	①号、②号配合作业： 使用轮径尺测量轮径，要求： ①测量点为轮辋内侧面向外 70 mm 处。 ②每个轮对测量前需进行标定。 ③一个轮对测量三个点求平均值。
4	轮缘高度测量	①号、②号配合作业： 使用第四种检查器，测量轮对轮缘高度，要求： ①用手向下压住定位销手柄并移动轮箍宽度测尺尺框，使定位销落入销孔内，然后锁紧其锁紧螺钉。 ②将定位角铁与车轮内侧面密贴，并使轮箍宽度测头与车轮踏面接触。 ③移动踏面磨耗及轮缘高度测尺尺框到合适位置并锁紧，使 QR 值定位测量定位点不与车轮接触。 ④推动踏面磨耗及轮缘高度测尺使其测量面与车轮轮缘最高点接触，从左边游标读取踏面磨耗值，从右边游标读取轮缘高度值。见图 3 – 103。

续表

序号	作业项目	作业内容、标准及图示
4	轮缘高度测量	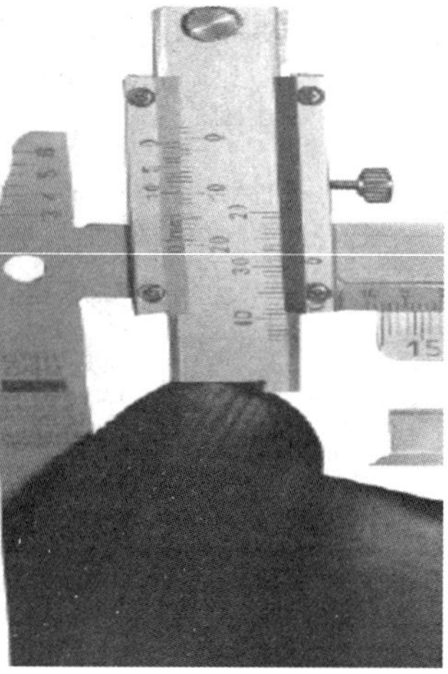 图 3－103　轮缘高度测量
5	轮缘厚度测量	①号、②号配合作业： 使用第四种检查器，测量轮对轮缘厚度，要求： ①移动轮箍宽度测尺尺框，使定位销落入销孔内，然后锁紧其锁紧螺钉。 ②将定位角铁与车轮内侧面密贴，并使轮箍宽度测头与车轮踏面接触。 ③推动轮缘厚度测尺，使其测量头与轮缘接触。 ④从游标尺中读取轮缘厚度值。见图 3－104。  图 3－104　轮缘厚度测量
6	轮对内侧距测量	①号：测量轮对内侧距。 ②号：读取读数（一侧固定一侧滑动，记录下最小读数）。车轴水平位置测量，须在 1 352 ～1 356 mm 范围，若有轮对内侧距超限情况，复检时测量轮轨接触部、车轴水平位置及轮对最高处 3 处位置的轮对内侧距，以其平均值为准。见图 3－105。  图 3－105　轮对内侧距测量

续表

<table>
<tr><th>序号</th><th>作业项目</th><th>作业内容、标准及图示</th></tr>
<tr><td>7</td><td>制动盘磨耗测量</td><td>①号、②号各作业一侧：
使用钢板尺与塞尺对制动盘磨耗进行测量。利用制动盘有效摩擦面两端的未磨耗环形带作为基准，以钢板尺侧立定位，用塞尺辅助测量。见图3－106。
图3－106　制动盘磨耗测量</td></tr>
<tr><td rowspan="2">8</td><td rowspan="2">完工检查</td><td>①号、②号共同检查：
测量数值不超限。发现超限时及时组织相关人员复测。</td></tr>
<tr><td>①号、②号共同确认：
清理作业现场周边工具和材料，并通知工长作业结束。将工具存放在指定位置，确保工装工具齐全，现场地面无杂物。</td></tr>
<tr><td>9</td><td>填写记录</td><td>①号、②号共同完成：
①在作业结束后，认真填写作业记录单。
②对作业中出现的问题要做好记录并及时反映情况。作业记录上不得涂改、乱画，保持作业记录单据整洁，要统一保管，做到一车一档。</td></tr>
</table>

任务实施与评价

①下发任务单，明确学习任务、主要内容、知识目标、能力目标、素质目标要求；

②学生按任务单要求制订学习计划，完成预习任务及相关知识准备；

③小组内采用角色扮演形式，模拟进行动车组轮对修形作业；

④通过查阅相关资料，各小组分别制作PPT，通过具体故障案例，讲解什么是踏面剥离、擦伤、硌伤等缺陷；

⑤学生进行学习自我评价及学习小组成员互评，小组长（副组长）进行小组整体评价，教师检查任务完成情况。

【任务3】 闸 片 更 换

任务单

<table>
<tr><td>任务名称</td><td colspan="7">闸片更换</td></tr>
<tr><td>任务描述</td><td colspan="7">闸片更换不仅是二级检修项目，由于闸片数量较多，在一级检修中发现磨耗到限或闸片存在缺陷时，也应对闸片进行更换。在闸片更换作业过程中，如果不严格执行双人作业、“合”字作业法等安全卡控措施，极易造成动车组运行途中闸片脱落，对动车组的运行安全造成巨大威胁。</td></tr>
<tr><td>任务分析</td><td colspan="7">从准备工作、拆下闸片、闸片安装、功能检查、完工检查、填写记录等全过程学习闸片更换作业标准，熟悉“合”字作业法等安全卡控措施。在动车组信息系统中，没有单独的闸片更换二级检修记录单，但是针对此类配件更换项目，各动车段一般都要求填写相应的配件更换记录，此记录没有全路统一格式。</td></tr>
<tr><td>学习任务</td><td colspan="7">【子任务1】小组内采用角色扮演形式，按照“合”字作业法要求，进行动车组闸片更换作业。
【子任务2】另一小组对闸片更换作业小组的作业过程进行点评，并填写《动车组二级检修对规记录单》。
【子任务3】教师播放现场闸片更换作业视频，各小组分别指出作业中存在的违章情况。</td></tr>
<tr><td>劳动组合</td><td colspan="7">各组长分配小组成员角色进行作业，留下影像资料，填写记录表格。
各组评判小组成员学习情况，作出小组评价。</td></tr>
<tr><td>成果展示</td><td colspan="7">（1）学生进行闸片更换作业的照片或视频
（2）动车组二级检修对规记录单</td></tr>
<tr><td>学习小结</td><td colspan="7"></td></tr>
<tr><td rowspan="6">自我评价</td><td>项目</td><td>A—优</td><td>B—良</td><td>C—中</td><td>D—及格</td><td>E—不及格</td><td>综合</td></tr>
<tr><td>安全纪律（15%）</td><td></td><td></td><td></td><td></td><td></td><td rowspan="5"></td></tr>
<tr><td>学习态度（15%）</td><td></td><td></td><td></td><td></td><td></td></tr>
<tr><td>专业知识（30%）</td><td></td><td></td><td></td><td></td><td></td></tr>
<tr><td>专业技能（30%）</td><td></td><td></td><td></td><td></td><td></td></tr>
<tr><td>团队合作（10%）</td><td></td><td></td><td></td><td></td><td></td></tr>
<tr><td rowspan="2">教师评价</td><td>简要评价</td><td colspan="5"></td><td rowspan="2"></td></tr>
<tr><td>教师签名</td><td colspan="5"></td></tr>
</table>

学习引导文

<table>
<tr><td colspan="4">维修项目：
闸片更换</td></tr>
<tr><td>适用车型</td><td>CRH380A</td><td>版本</td><td>V4.1</td></tr>
<tr><td>修程</td><td>二级修</td><td>周期</td><td>必要时</td></tr>
<tr><td>分类</td><td>更正性</td><td>系统</td><td>供风制动系统</td></tr>
<tr><td>车厢号</td><td>全列</td><td>供电条件</td><td>无电</td></tr>
<tr><td>作业人数</td><td>机械师2名</td><td>作业时间</td><td>15分/辆</td></tr>
<tr><td>注意事项</td><td colspan="3">①应注意尖锐角边可能造成绊倒、挤伤事故及皮肤割伤。
②对所用工具严格检查，确认状态良好。
③严禁将工件、工具等物放置在设备润滑面上。
④防止闸片跌落造成人身伤害。
⑤作业前，须先将转向架侧位制动缸截断塞门关闭，将该转向架“关门”。
⑥相关作业人员要严格落实“合”字作业法。“合”字标记全部使用白色粉笔涂打，作业人员在涂打“合”字标记前要将旧的标记擦拭掉，再重新进行涂打。</td></tr>
<tr><td>参考资料</td><td colspan="3">①检修工艺卡片：《闸片更换》CRH380A（L）-C-05-03-01；
②时速350公里速度级动车组（8辆编组）维护检修手册。</td></tr>
<tr><td>备注</td><td colspan="3">①如实填写检修记录并及时在管理信息系统中回填。
②“检”表示质量检查员对作业过程进行检查监控。
③“”表示作业人员拍照留存。
④作业人员分工：①号作业人员主要负责闸片拆卸，②号作业人员主要负责闸片安装，具体分工详见作业步骤。</td></tr>
</table>

工具清单

序号	名　称	规格型号	单位	数量	备注
1	钢丝钳	通用型	把	1	
2	套筒	通用型	把	1	
3	棘轮扳手	通用型	把	1	
4	50~200 N·m力矩扳手	通用型	把	1	
5	橡胶锤	通用型	把	1	
6	克丝钳	通用型	把	1	

材料清单

序号	名　称	规格型号	单位	数量	备注
1	CRH380A型动车组闸片	通用型	对	1	
2	铁丝	通用型	根	1	

序号	作业项目	作业内容、标准及图示
1	准备工作	两名（①号、②号）作业者按规定穿戴劳保用品，戴安全帽和手套，穿劳保鞋，穿戴整齐。见图 3－107。  图 3－107　作业人员
		②号：联系工长确认无电作业牌已领取，检查接触网处于断电状态，止轮器已设置；确认作业计划单中的作业车组号及股道，接触网断电，止轮器设置牢靠，作业车组号及股道正确。见图 3－108。  图 3－108　②号准备工作
		①号：按照工装工具和材料清单清点工装工具和材料，检查力矩扳手校验周期和力矩。
2	拆下闸片	①号：按作业标准降下受电弓，断开 VCB；关闭相应转向架侧制动缸截断塞门，排风缓解；使用专用工具将闸片扳向远离制动盘一侧；剪断闸片底座螺栓防松铁丝并抽出；松开螺栓，取下螺栓和平垫圈；将闸片底座向下移动，如难以移动时，可用橡胶锤轻轻向下敲击；将簧销卡住的闸片底座向制动盘外侧旋转，抽出闸片。见图 3－109、图 3－110。作业人员在拆装完成后在更换闸片处的扎盘或轴盘写“ノ”。注意：防止闸片掉落，另一侧按上述方法同样进行。 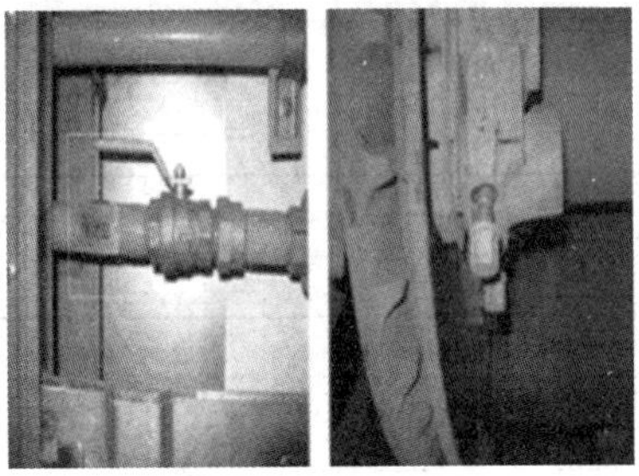 图 3－109　关闭截断塞门 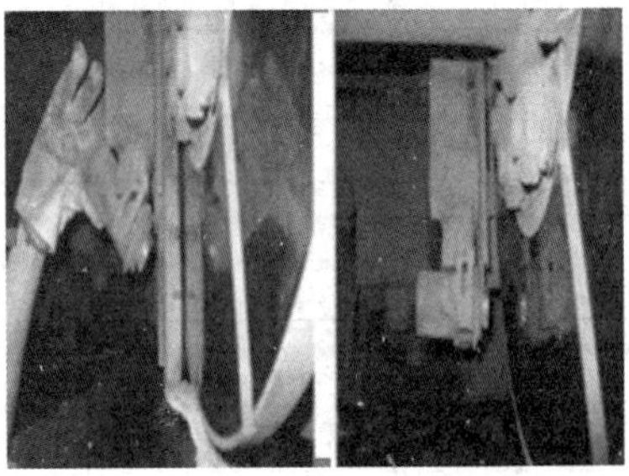　　图 3－110　抽出闸片

续表

序号	作业项目	作业内容、标准及图示
3	闸片安装	②号：先安装无液压缸侧闸片；确认间隙调整装置及液压缸处于返回状态；无液压缸侧的安装，从本体上方沿闸片支持槽将闸片顶住闸片底座；旋转闸片底座，返回水平位置后，用固定螺栓与平垫片来紧固闸片，相邻的螺栓用铁丝防松（紧固力矩78 N·m）；安装液压缸侧闸片时，从液压缸相反侧压住本体，并在支持销上滑动；从下方将闸片插入液压缸侧闸片支持槽内，至顶住上侧闸片底座；旋转闸片底座，返回水平位置后，用固定螺栓与平垫片来紧固闸片，相邻的螺栓用铁丝防松（紧固力矩78 N·m）；闸片更换完毕后，打开相应转向架侧制动缸截断塞门；作业人员在对闸片安装检查无误后写“丶”。 质检员：检查良好后写“一”。 技术干部：验收合格后写“口”，最后形成一个“合”。 质检员和技术员必须在“合”字旁用数字化手电拍照存档。
4	功能检查	投主控钥匙后，②号将司机室BV手柄在“运行”和“快速”位来回移动（MR管风压须在600 kPa以上）。①号在车下确认制动、缓解时，闸片动作良好，缓解状态下，检查闸片与制动盘两侧表面的间隙。两侧间隙之和应为（4±1.6）mm，允许单侧虚抱。
5	完工检查	①号、②号共同完成： 清理作业现场周边工具和材料，并通知工长作业结束；将工具和材料存放在指定位置，工装工具齐全；作业现场地面无杂物。
6	填写记录	①号、②号共同完成： ①在作业结束后，认真填写作业记录单。 ②对作业中出现的问题要做好记录及时反映情况。作业记录上不得涂改、乱画，保持作业记录单据整洁，要统一保管，做到一车一档。

任务实施与评价

①下发任务单，明确学习任务、主要内容、知识目标、能力目标、素质目标要求；

②学生按任务单要求制订学习计划，完成预习任务及相关知识准备；

③小组内采用角色扮演形式，按照“合”字作业法要求，进行动车组闸片更换作业；

④另一小组对闸片更换作业小组的作业过程进行点评，并填写《动车组二级检修对规记录单》；

⑤教师播放现场闸片更换作业视频，各小组分别指出作业中存在的违章情况；

⑥学生进行学习自我评价及学习小组成员互评，小组长（副组长）进行小组整体评价，教师检查任务完成情况。

【任务4】 受电弓滑板更换

任务单

<table>
<tr><td>任务名称</td><td colspan="7">受电弓滑板更换</td></tr>
<tr><td>任务描述</td><td colspan="7">在一级检修中，发生受电弓滑板磨耗到限或损坏时，同样经常需要对滑板进行更换。在滑板更换作业过程中，要严格执行双人作业，避免受电弓降落造成人身伤害。</td></tr>
<tr><td>任务分析</td><td colspan="7">从准备工作、受电弓滑板更换、受电弓试验、填写记录等全过程学习受电弓滑板更换作业标准，并对更换过程中的注意事项予以重点关注。在动车组信息系统中，没有单独的受电弓滑板更换二级检修记录单，但是针对此类配件更换项目，各动车段一般都要求填写相应的配件更换记录，此记录没有全路统一格式。</td></tr>
<tr><td>学习任务</td><td colspan="7">【子任务1】小组内采用角色扮演形式，进行受电弓滑板更换作业。
【子任务2】另一小组对受电弓滑板更换作业小组的作业过程进行点评，并填写《动车组二级检修对规记录单》。</td></tr>
<tr><td>劳动组合</td><td colspan="7">各组长分配小组成员进行作业，留下影像资料，填写记录表格。
各组评判小组成员学习情况，作出小组评价。</td></tr>
<tr><td>成果展示</td><td colspan="7">（1）学生进行受电弓滑板更换作业的照片或视频
（2）动车组二级检修对规记录单</td></tr>
<tr><td>学习小结</td><td colspan="7"></td></tr>
<tr><td rowspan="6">自我评价</td><td>项目</td><td>A—优</td><td>B—良</td><td>C—中</td><td>D—及格</td><td>E—不及格</td><td>综合</td></tr>
<tr><td>安全纪律（15%）</td><td></td><td></td><td></td><td></td><td></td><td rowspan="5"></td></tr>
<tr><td>学习态度（15%）</td><td></td><td></td><td></td><td></td><td></td></tr>
<tr><td>专业知识（30%）</td><td></td><td></td><td></td><td></td><td></td></tr>
<tr><td>专业技能（30%）</td><td></td><td></td><td></td><td></td><td></td></tr>
<tr><td>团队合作（10%）</td><td></td><td></td><td></td><td></td><td></td></tr>
<tr><td rowspan="2">教师评价</td><td>简要评价</td><td colspan="5"></td><td rowspan="2"></td></tr>
<tr><td>教师签名</td><td colspan="5"></td></tr>
</table>

学习引导文

维修项目：			
受电弓滑板更换			
适用车型	CRH380A	版本	V4.1
修程	更正性	周期	必要时
分类		系统	高压牵引系统
车厢号	04、06 车	供电条件	无电
作业人数	机械师 2 名	作业时间	40 分/辆
注意事项	①作业人员应按规定穿戴劳保用品； ②确认车顶 EGS 闭合。		
参考资料	①检修工艺卡片：《受电弓滑板更换》CRH380A（L）－C－03－01－01； ②时速 350 公里速度级动车组（8 辆编组）维护检修手册。		
备注	①如实填写检修记录并及时在管理信息系统中回填。 ②“检”表示质量检查员对作业过程进行检查监控。 ③“ ”表示作业人员拍照留存。 ④作业人员分工：①号作业人员主要负责全部检查及清洁作业，②号作业人员主要负责部件拆装，具体分工详见作业步骤。		

工 具 清 单

序号	名　称	规格型号	单位	数量	备注
1	棘轮扳手	通用型	把	1	
2	扭力扳手	40 N·m	把	1	
3	扭力扳手	10 N·m	把	1	
4	注油枪	500 cm^3 G1/8	个	1	
5	试漏剂	通用型	个	1	
6	木槌	3 m	个	1	
7	钢卷尺	通用型	个	1	
8	钢直尺	300 mm	把	1	
9	机械秒表	通用型	个	1	
10	弹簧秤	0～100 N	个	1	

材 料 清 单

序号	名　称	规格型号	单位	数量	备注
1	FT40V1 或 LIQU MOLY 3142 型导电接触脂			若干	
2	棉纱	通用型	块	若干	
3	白湿布	通用型	块	若干	
4	螺纹润滑脂	VOLER AC	瓶	1	

<table>
<tr><th>序号</th><th>作业项目</th><th>作业内容、标准及图示</th></tr>
<tr><td rowspan="3">1</td><td rowspan="3">准备工作</td><td>两名（①号、②号）作业者按规定穿戴劳保用品，戴安全帽和手套，穿劳保鞋，穿戴整齐。见图 3－111。 
图 3－111　作业人员</td></tr>
<tr><td>②号：联系调度申请无电作业，检查接触网和动车组处于无电状态，止轮器已设置，进行动车组放电作业；确认作业计划单中的作业车组号及股道。见图 3－112。 
图 3－112　准备工作</td></tr>
<tr><td>①号：按照工装工具和材料清单清点工装工具和材料，检查力矩扳手校验周期和力矩。</td></tr>
<tr><td rowspan="2">2</td><td rowspan="2">受电弓滑板更换</td><td>②号：
①在相应车受电弓控制阀板上断开受电弓空气管路阀门，注意空气管不要进入灰尘；
②拆卸受电弓滑板空气管，再拆卸下滑板固定螺栓。
①号：
清理受电弓滑板座，将表面清理干净，弓头滑板支撑接触面涂导电接触脂（型号：FT40V1 或 LIQU MOLY 3142，仅 DSA380 型受电弓）；各螺纹连接处涂专用螺纹润滑脂（型号：VOLER AC）；对受电弓滑板进行检查，确认状态良好后进行更换。</td></tr>
<tr><td>②号：
①将受电弓滑板放入安装位置后，用扭力扳手紧固 M8 螺母，拧紧力矩 15 N·m（注意：拧紧力矩过大时会导致滑板 M8 螺柱脱落）。
②将 PU－4 管插入进气接头后，用手拧紧套紧螺母。
③用扳手紧固套紧螺母（注意：拧紧力矩为不超过 3 N·m，转 1 周即可）。见图 3－113。 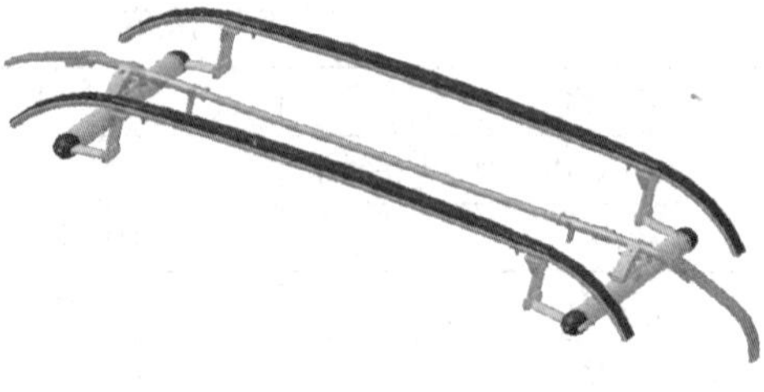
图 3－113　受电弓滑板更换</td></tr>
</table>

续表

序号	作业项目	作业内容、标准及图示
3	受电弓试验	②号： 在司机室进行升弓。 ①号： 将受电弓置于0.4～0.5 m，置ADD试验阀于“试验”位，受电弓应迅速降下（注意：避免受电弓降落造成人身伤害）；恢复ADD试验阀于“工作”位，并用塑料扎带固定试验阀柄。
4	其他注意事项	①更换滑板时，接触面涂专用导电接触脂（型号：FT40V1或LIQU MOLY 3142，仅DSA380型受电弓），保证托架与滑板底面良好的导电接触。 ②滑板使用初期，应加强检查滑板的磨损情况，如出现滑板偏磨情况，应检查弓头是否水平，如有必要应调整。 ③如只需更换一条滑板时，注意新旧滑板的高度差不应超过3 mm，否则应同时更换前后滑板。 ④滑板磨耗后可能导致接触压力少量增加，属正常情况，这时无须调整减压阀。 ⑤严格按照图纸或有关技术文件要求装配滑板。
5	填写记录	①号、②号共同完成： ①在作业结束后，认真填写作业记录单。 ②对作业中出现的问题要做好记录，及时反映情况。作业记录上不得涂改、乱画，保持作业记录单据整洁，要统一保管，做到一车一档。

任务实施与评价

①下发任务单，明确学习任务、主要内容、知识目标、能力目标、素质目标要求；

②学生按任务单要求制订学习计划，完成预习任务及相关知识准备；

③小组内采用角色扮演形式，进行受电弓滑板更换作业；

④另一小组对受电弓滑板更换作业小组的作业过程进行点评，并填写《动车组二级检修对规记录单》；

⑤学生进行学习自我评价及学习小组成员互评，小组长（副组长）进行小组整体评价，教师检查任务完成情况。

【任务5】 主空压机润滑油和油过滤器更换

任务单

<table>
<tr><td>任务名称</td><td colspan="7">主空压机润滑油和油过滤器更换</td></tr>
<tr><td>任务描述</td><td colspan="7">主空压机润滑油和油过滤器更换作业在列车每运行60万公里或360天进行一次，是比较重要的换油项目。</td></tr>
<tr><td>任务分析</td><td colspan="7">从工前准备、拆卸裙板底板、空压机清洁、空压机油过滤器更换、空压机加油、申请有电作业、空压机油冲洗、申请无电作业、空压机排油、空压机加油、安装底板、申请有电作业、有电检查、关闭裙板、完工检查、填写记录等全过程学习主空压机润滑油和油过滤器更换作业标准。</td></tr>
<tr><td>学习任务</td><td colspan="7">【子任务1】小组内采用角色扮演形式，进行主空压机润滑油和油过滤器更换作业。
【子任务2】另一小组对主空压机润滑油和油过滤器更换作业小组的作业过程进行点评，并填写《动车组二级检修对规记录单》。</td></tr>
<tr><td>劳动组合</td><td colspan="7">各组长分配小组成员角色进行作业，留下影像资料，填写记录表格。
各组评判小组成员学习情况，作出小组评价。</td></tr>
<tr><td>成果展示</td><td colspan="7">（1）学生进行主空压机润滑油和油过滤器更换作业的照片或视频
（2）动车组二级检修对规记录单</td></tr>
<tr><td>学习小结</td><td colspan="7"></td></tr>
<tr><td rowspan="6">自我评价</td><td>项目</td><td>A—优</td><td>B—良</td><td>C—中</td><td>D—及格</td><td>E—不及格</td><td>综合</td></tr>
<tr><td>安全纪律（15%）</td><td></td><td></td><td></td><td></td><td></td><td rowspan="5"></td></tr>
<tr><td>学习态度（15%）</td><td></td><td></td><td></td><td></td><td></td></tr>
<tr><td>专业知识（30%）</td><td></td><td></td><td></td><td></td><td></td></tr>
<tr><td>专业技能（30%）</td><td></td><td></td><td></td><td></td><td></td></tr>
<tr><td>团队合作（10%）</td><td></td><td></td><td></td><td></td><td></td></tr>
<tr><td rowspan="2">教师评价</td><td>简要评价</td><td colspan="5"></td><td rowspan="2"></td></tr>
<tr><td>教师签名</td><td colspan="5"></td></tr>
</table>

学习引导文

<table>
<tr><td colspan="4">维修项目：
主空压机润滑油和油过滤器更换</td></tr>
<tr><td>适用车型</td><td>CRH380A（L）</td><td>版本</td><td>V4.1</td></tr>
<tr><td>修程</td><td>二级修</td><td>周期</td><td>60 万公里/360 天</td></tr>
<tr><td>分类</td><td>B 类</td><td>系统</td><td>供风及制动系统</td></tr>
<tr><td>车厢号</td><td>03、07 车</td><td>供电条件</td><td>无电 & 有电</td></tr>
<tr><td>作业人数</td><td>机械师 3 名</td><td>作业时间</td><td>50 分/辆</td></tr>
<tr><td>注意事项</td><td colspan="3">①作业人员应按规定穿戴劳保用品；
②注意防止高温烫伤；
③作业过程中防止磕碰；
④在安装螺栓时，首先用手将螺栓拧进 1 ~ 2 丝扣，之后进行预紧，最后用力矩扳手紧固。</td></tr>
<tr><td>参考资料</td><td colspan="3">①检修工艺卡片：《主空压机润滑油和油过滤器更换》CRH380A（L）－S－05－01－01；
②时速 350 公里速度级动车组（16 辆编组）维护检修手册；
③时速 350 公里速度级动车组（8 辆编组）维护检修手册；
④CRH380A 型时速 350 公里速度级动车组（非高寒）维护检修手册。</td></tr>
<tr><td>备注</td><td colspan="3">①如实填写检修记录并及时在管理信息系统中回填。
②“检”表示质量检查员对作业过程进行检查监控。
③“📷”表示作业人员拍照留存。
作业人员分工：①号作业人员主要负责螺栓拆装，②号作业人员主要负责司机室操作，③作业人员主要负责注油作业，具体分工详见作业步骤。</td></tr>
</table>

工具清单

序号	名　称	规格型号	单位	数量	备注
1	扭力扳手	40 N·m	把	1	
2	棘轮扳手	通用型	把	1	
3	六角套筒	16 mm	个	1	

续表

序号	名　称	规格型号	单位	数量	备注
4	六角套筒	32 mm	个	1	
5	毛刷	通用型	把	1	
6	螺栓存放盒	通用型	个	4	
7	地垫	通用型	张	4	
8	数字化手电	通用型	把	1	
9	小推车	专用	辆	1	
10	针管	通用型	个	1	
11	内六方扳手	通用型	套	1	
12	量杯	通用型	个	1	
13	废油桶	通用型	个	1	
14	链条钳	通用型	把	1	
15	头灯	通用型	个	1	
16	油漆笔	通用型	支	1	

材料清单

序号	物料名称	物料号	单位	数量	备注
1	Atlas Copco RXD 空压机油		L	约 20	
2	空压机油过滤器		个	4	
3	白布		块	若干	
4	无纺布		包	1	

序号	作业项目	作业内容、标准及图示
1	工前准备	3 名（①号、②号、③号）作业者按规定穿戴劳保用品。戴安全帽和手套，穿劳保鞋，穿戴整齐。见图 3－114。 图 3－114　工作人员
		②号：联系调度办理无电作业申请，检查接触网和动车组处于无电状态，止轮器已设置，进行动车组放电作业；确认作业计划单中的作业车组号及股道。见图 3－115。 图 3－115　准备工作
		⚠存在风险：加注不纯净的空压机油脂、过期的油脂或油脂型号不正确，会导致空压机故障。 卡控措施：对空压机注油作业前，确认油脂型号为“Atlas Copco RXD”，且未过质保期，油脂纯净、无污染。 ①号：按照工装工具和材料清单清点工装工具和材料，检查力矩扳手校验周期和力矩。 ①六角套筒（16 mm、32 mm）各 1 个、棘轮扳手 1 把、力矩扳手（40 N·m）1 把、毛刷 1 把（或高压风管 1 根）、螺栓盒 4 个、地垫 4 张、数字化手电 1 把、小推车 1 辆、针管 1 个、内六方扳手 1 套、量杯 1 个、废油桶 1 个、头灯 1 个、链条钳 1 把、油漆笔 1 支。 ②干净白布若干、空压机油过滤器 4 个、Atlas Copco RXD 空压机油约 20 L、无纺布 1 包。 ③力矩扳手校验周期不超标准规定，力矩大小符合规定。见图 3－116。

续表

序号	作业项目	作业内容、标准及图示
1	工前准备	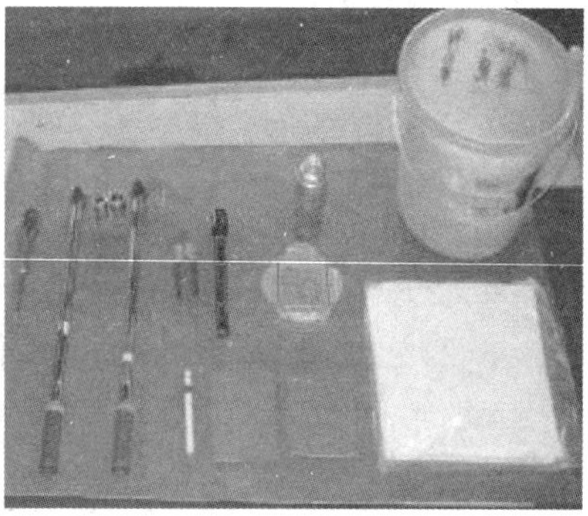 图 3－116　工装工具和材料 ①号、③号：共同将地垫、螺栓盒分别放置至各车作业部位。 ②号：在车内 BV 手柄悬挂“禁动”牌。
2	拆卸裙板、底板	①号：使用棘轮扳手、六角套筒（16 mm）逆时针旋转拆除主空压机相应位置底板 18 颗螺栓（3 块底板）。检查螺栓、垫片状态，要求螺栓丝扣及垫片外观良好、无损坏，并放于螺栓盒内。最后打开相应位置裙板活门。见图 3－117。  图 3－117　打开裙板活门 ②号、③号：共同拆下底板及裙板，放置在地垫之上。注意做好地面防护。见图 3－118。  图 3－118　拆下底板及裙板

续表

<table>
<tr><th>序号</th><th>作业项目</th><th>作业内容、标准及图示</th></tr>
<tr><td>3</td><td>空压机
清洁</td><td>②号：清扫空气压缩机周围卫生，使用毛刷进行清洁，使周边干净无异物。见图 3 - 119。 

图 3 - 119　空压机清洁</td></tr>
<tr><td rowspan="2">4</td><td rowspan="2">空压机油
过滤器
更换</td><td>⚠存在风险：如空压机内存在压力，快速打开注油堵时，易造成人身伤害。
卡控措施：在注油作业前，先将注油堵旋转一圈，释放内部压力，确认无漏气声后，再打开注油堵。
①号：将注油口螺塞旋松一圈，释放压力，以使油路系统降压。使用棘轮扳手、六角套筒（32 mm）逆时针旋松。见图 3 - 120。 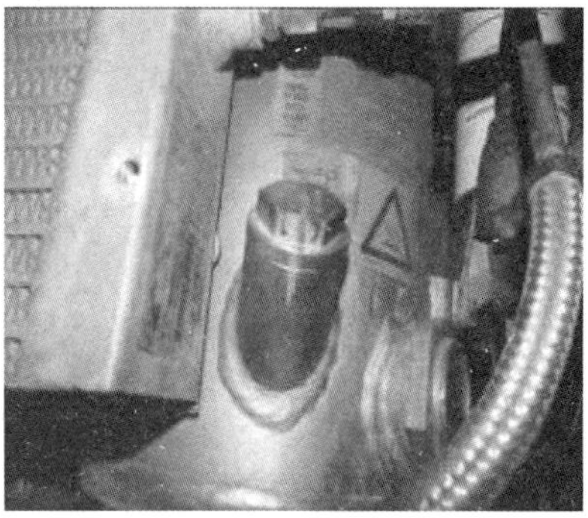

图 3 - 120　旋松螺塞</td></tr>
<tr><td>②号：将废油桶放置于空压机排油口地面上。
①号：使用内六方扳手（5 mm）逆时针旋松排油塞，取下放油塞（DP1）后，②号接收废油，将油排空。见图 3 - 121。 

图 3 - 121　排空废油</td></tr>
</table>

续表

序号	作业项目	作业内容、标准及图示
4	空压机油过滤器更换	①号：排油后重新旋紧放油塞（DP1）。使用内六方扳手（5 mm）顺时针旋紧排油塞即可。
		①号：拆卸油过滤器。使用链条钳逆时针旋转拆下油过滤器，使用油漆笔标记后放置于地垫上（新、旧品分开放置，防止污染及混用）。见图 3－122。  图 3－122　拆卸油过滤器
		①号：清洁油过滤器底座。使用无纺布对底座进行清洁。见图 3－123。  图 3－123　清洁油过滤器底座
		①号：安装新的油过滤器。新过滤器垫圈浸油后，将过滤器旋入直至垫圈接触到底座，然后用手旋紧，禁止使用链条钳（防止用力过大造成配件损坏）。
5	空压机加油	③号：取下注油口螺塞（FC）。手动逆时针拧下注油口螺塞。见图 3－124。 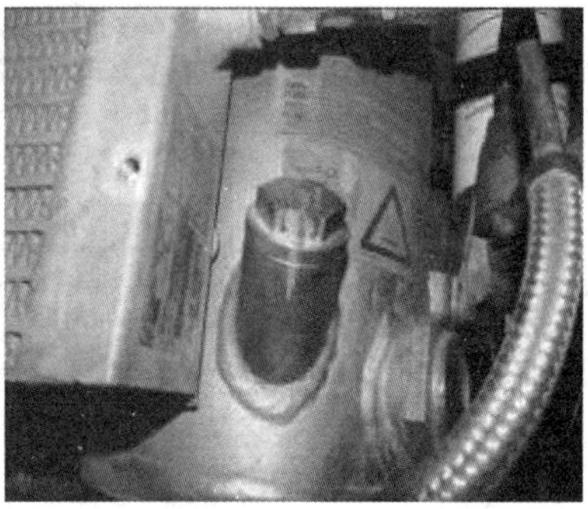 图 3－124　拧下注油口螺塞

续表

序号	作业项目	作业内容、标准及图示
5	空压机加油	③号：给空压机注油后拧紧注油口螺塞。 ①注入新油至 MIN 刻度线（注意：不要让杂质进入系统）。见图 3－125。  图 3－125　注油刻度线 ②装上并拧紧螺塞。使用棘轮扳手、六角套筒（32 mm）顺时针紧固即可。
6	申请有电作业	②号：无电检查结束后，作业人同工长联系"无电作业结束，申请有电作业"；同调度联系办理有电作业申请，领取主控钥匙。
7	空压机油冲洗	②号：取下"禁动"牌，将主控钥匙插入后旋转，将 BV 手柄置快速位后，反复将 BV 手柄在"运行"位⇔"快速"位来回移动，启动主空压机 10 次。操作过程中间歇 10 s。见图 3－126。 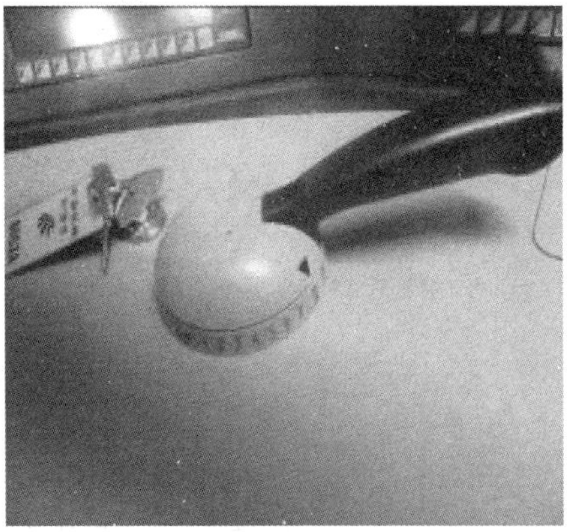 图 3－126　BV 手柄
		②号：将 BV 手柄置拔取位，旋转主控钥匙拔出，悬挂"禁动"牌。

续表

序号	作业项目	作业内容、标准及图示
8	申请无电作业	①归还主控钥匙。 ②有电检查结束后，作业人同工长联系“有电作业结束，申请无电作业”。 ③同工长联系确认已办理无电作业申请，开始作业。
9	空压机排油	①号：将注油口螺塞（FC）旋松一圈，释放压力，以使油路系统降压。使用棘轮扳手、六角套筒（32 mm）逆时针旋松。见图 3 - 127。 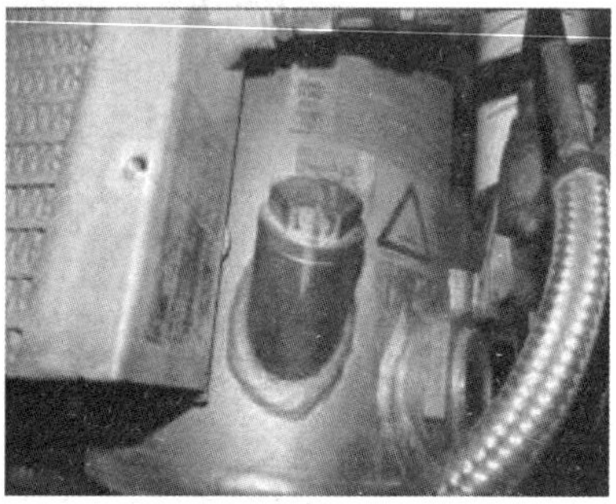 图 3 - 127　旋松螺塞
		②号：将废油桶放置于空压机排油口地面上。 ①号：使用内六方扳手（5 mm）逆时针打开排油塞，取下放油塞（DP1）后，②号使用废油桶收集废油，将油排空。见图 3 - 128。  图 3 - 128　排空废油
		①号：排油后重新旋紧排油塞。使用内六方扳手（5 mm）顺时针旋紧排油塞即可。见图 3 - 129。  图 3 - 129　旋紧排油塞

续表

序号	作业项目	作业内容、标准及图示
10	空压机加油	③号：取下注油口螺塞（FC）。手动逆时针拧下注油口螺塞（FC）。
		③号：给空压机注油后拧紧注油口螺塞。 ①注入新油至 MIN ~ MAX 之间（注意：不要让杂质进入系统）。见图 3 – 130。 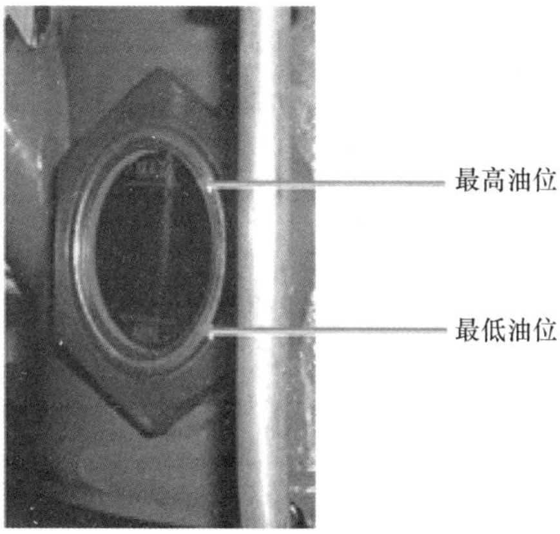 最高油位 最低油位 图 3 – 130　注油刻度线 ②装上并拧紧螺塞。使用棘轮扳手、六角套筒（32 mm）顺时针紧固即可。
		②号：清洁周边油污。使用白布清洁，周边干净无油污。
11	安装底板	②号、③号：将底板斜向插入设备舱，并按位置安装。 ①号：顺时针用棘轮扳手、六角套筒（16 mm）紧固螺栓，并按照力矩要求对角紧固。使用力矩扳手（40 N · m）、六角套筒（16 mm）按照 25 N · m 力矩对角紧固螺栓。见图 3 – 131。 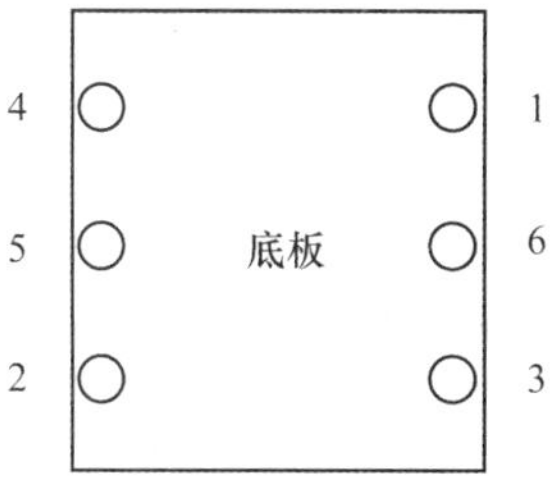 4　1 5　底板　6 2　3 图 3 – 131　底板螺栓紧固顺序
12	申请有电作业	①无电检查结束后，作业人同工长联系“无电作业结束，申请有电作业”。见图 3 – 132。  图 3 – 132　申请有电作业 ②同工长联系确认已办理供电作业申请，②号领取主控钥匙。

续表

序号	作业项目	作业内容、标准及图示
13	有电检查	②号：取下“禁动”牌，将主控钥匙插入后旋转，将BV手柄置快速位。
		①号、③号：在车下观察。主空压机应运转平稳，油位在MIN～MAX之间。
		②号：运行主空气压缩机两分钟后，将BV手柄置拔取位。 ①号、③号：在车下观察。油位稳定在MIN～MAX之间。
		如油位超出限度，申请再次断电；进行补油后，再次进行有电试验。如果油位不正确，等待一分钟，使油位平稳。通过将注油口螺塞（FC）旋松一圈，释放压力，以使油路系统降压。调整油位至MIN～MAX之间。
		检查正常后②号：待全部有电项目结束后，拔出主控钥匙并归还。
14	关闭裙板	①号、③号关闭空压机侧裙板活门，使用四角钥匙将锁打至锁闭位。
15	完工检查	①号、③号共同确认：主空压机相应位置底板、裙板螺栓安装状态。螺栓安装良好，垫片压紧。见图3－133。 图3－133　检查安装状态
		②号：清理作业现场、清点工具和材料，并通知工长作业结束。将工具和材料存放在指定位置，工装工具齐全，作业周边无杂物。
16	填写记录	①号、②号、③号共同完成： ①在作业结束后，认真填写作业记录单。 ②对作业中出现的问题要做好记录，及时反映情况。质检员上传、留存作业影像资料。作业记录上不得涂改、乱画，保持作业记录单据整洁，要统一保管，做到一车一档。

【任务6】　牵引电机轴承加注油脂

任务单

任务名称	牵引电机轴承加注油脂
任务描述	牵引电机轴承需要定期加注油脂，防止因润滑效果差而导致牵引电机轴承损坏。

续表

<table>
<tr><td>任务分析</td><td colspan="7">从工前准备、加油枪检查、流量计检查、注油准备、注油作业、安装电机注油堵、完工检查和填写记录等全过程学习牵引电机轴承加注油脂作业标准，掌握加油枪和流量计的使用方法。</td></tr>
<tr><td>学习任务</td><td colspan="7">【子任务 1】小组内采用角色扮演形式，进行牵引电机轴承加注油脂作业，并填写相关检修记录。
【子任务 2】另一小组对牵引电机轴承加注油脂作业小组的作业过程进行点评，并填写《动车组二级检修对规记录单》。
资料 1：牵引电机轴承加注油脂作业检修记录</td></tr>
<tr><td>劳动组合</td><td colspan="7">各组长分配小组成员角色进行作业，留下影像资料，填写记录表格。
各组评判小组成员学习情况，作出小组评价。</td></tr>
<tr><td>成果展示</td><td colspan="7">（1）学生进行牵引电机轴承加注油脂作业的照片或视频
（2）牵引电机轴承加注油脂作业检修记录
（3）动车组二级检修对规记录单</td></tr>
<tr><td>学习小结</td><td colspan="7"></td></tr>
<tr><td rowspan="6">自我评价</td><td>项目</td><td>A—优</td><td>B—良</td><td>C—中</td><td>D—及格</td><td>E—不及格</td><td>综合</td></tr>
<tr><td>安全纪律（15%）</td><td></td><td></td><td></td><td></td><td></td><td rowspan="5"></td></tr>
<tr><td>学习态度（15%）</td><td></td><td></td><td></td><td></td><td></td></tr>
<tr><td>专业知识（30%）</td><td></td><td></td><td></td><td></td><td></td></tr>
<tr><td>专业技能（30%）</td><td></td><td></td><td></td><td></td><td></td></tr>
<tr><td>团队合作（10%）</td><td></td><td></td><td></td><td></td><td></td></tr>
<tr><td rowspan="2">教师评价</td><td>简要评价</td><td colspan="5"></td><td rowspan="2"></td></tr>
<tr><td>教师签名</td><td colspan="5"></td></tr>
</table>

资料1：牵引电机轴承加注油脂作业检修记录

<table>
<tr><td rowspan="5">CRH
CRH380A_ 1型动车组
检修记录</td><td colspan="9">维修卡：CRH380A（L）－S－03－02－01</td></tr>
<tr><td colspan="9">修理：二级修</td></tr>
<tr><td colspan="9">系统：高压牵引系统</td></tr>
<tr><td colspan="9">部件：牵引电机轴承</td></tr>
<tr><td colspan="9">维修周期：－－天/150 000公里（全年）</td></tr>
<tr><td colspan="10">牵引电机轴承加注油脂</td></tr>
<tr><td>检修日期：</td><td colspan="4">车组号：</td><td colspan="5">检修时走行：</td></tr>
<tr><td>检修班组：</td><td>检修人员：</td><td colspan="8"></td></tr>
<tr><td>检查要点</td><td>01</td><td>02</td><td>03</td><td>04</td><td>05</td><td>06</td><td>07</td><td>00</td><td>检修人</td></tr>
<tr><td>牵引电机加注油脂（传动端）1</td><td>N/A</td><td></td><td></td><td></td><td></td><td></td><td></td><td>N/A</td><td></td></tr>
<tr><td>牵引电机加注油脂（传动端）2</td><td>N/A</td><td></td><td></td><td></td><td></td><td></td><td></td><td>N/A</td><td></td></tr>
<tr><td>牵引电机加注油脂（传动端）3</td><td>N/A</td><td></td><td></td><td></td><td></td><td></td><td></td><td>N/A</td><td></td></tr>
<tr><td>牵引电机加注油脂（传动端）4</td><td>N/A</td><td></td><td></td><td></td><td></td><td></td><td></td><td>N/A</td><td></td></tr>
<tr><td>牵引电机加注油脂（非传动端）1</td><td>N/A</td><td></td><td></td><td></td><td></td><td></td><td></td><td>N/A</td><td></td></tr>
<tr><td>牵引电机加注油脂（非传动端）2</td><td>N/A</td><td></td><td></td><td></td><td></td><td></td><td></td><td>N/A</td><td></td></tr>
<tr><td>牵引电机加注油脂（非传动端）3</td><td>N/A</td><td></td><td></td><td></td><td></td><td></td><td></td><td>N/A</td><td></td></tr>
<tr><td>牵引电机加注油脂（非传动端）4</td><td>N/A</td><td></td><td></td><td></td><td></td><td></td><td></td><td>N/A</td><td></td></tr>
<tr><td>检修
记事</td><td colspan="9"></td></tr>
<tr><td>备注</td><td colspan="9"></td></tr>
</table>

检修工长：__________　　　　　　　　　　质检员：__________

填写说明：

“检修记事”栏应包含发现、处理故障，材料配件更换信息。

CRH380A_ 2 型动车组
检修记录

维修卡：CRH380A（L）－S－03－02－01
修理：二级修
系统：高压牵引系统
部件：牵引电机轴承
维修周期：－－天/150 000 公里（全年）

牵引电机轴承加注油脂

检修日期：	车组号：	检修时走行：
检修班组：	检修人员：	

检查要点	01	02	03	04	05	06	07	00	检修人
油量检查	N/A							N/A	
对注油枪的内腔进行添加润滑油脂（unimax R No. 2），要求添加量至少为内腔容量的 2/3	N/A							N/A	
对注油枪进行试喷，要求在喷射流量稳定时，喷射 10 次，并将这 10 次的油脂进行称重，从而得出每次喷射的数量（记为 A），该数值 $A \leqslant 1$ g	N/A							N/A	
对注油枪的内腔进行补加润滑油脂（unimax R No. 2），要求添加量至少为内腔的 2/3	N/A							N/A	
油脂，要求两处均加 20～25 g。加注油脂过程中，要求：①数值 $A \times$ 喷射次数 $\leqslant 10$ g；②对注油枪称重；③对注油孔继续注油 1 次；④对注油枪称重。按照③和④循环作业，直到注射前与注射结束的注油枪重量差满足 20～25 g	N/A							N/A	
使用乐泰 755 及白布对注油口外漏位置进行清理，要求手摸无油	N/A							N/A	
紧固注油堵，并手动检查注油堵不松动，涂打防松标记	N/A							N/A	
做好加注油脂的相关记录	N/A							N/A	

检修记事	
备注	

检修工长：__________　　　　质检员：__________

填写说明：

“检修记事”栏应包含发现、处理故障，材料配件更换信息。

学习引导文

维修项目：			
牵引电机轴承加注油脂 检			
适用车型	CRH380A	版本	V4.1
修程	二级修	周期	15 万公里
分类	C 类	系统	高压牵引系统
车厢号	02、03、04、05、06、07	供电条件	无电
作业人数	机械师 2 名	作业时间	40 分/辆
注意事项	①作业人员应按规定穿戴劳保用品； ②禁止触摸发热部件。		
参考资料	①检修工艺卡片：《牵引电机轴承加注油脂》CRH380A（L）－S－03－02－01； ②时速 350 公里速度级动车组（8 辆编组）维护检修手册。		
备注	①如实填写检修记录并及时在管理信息系统中回填。 ②“检”表示质量检查员对作业过程进行检查监控。 ③“📷”表示作业人员拍照留存。 ④作业人员分工：①号作业人员主要负责注油，②号作业人员主要负责安装注油堵，具体分工详见作业步骤。		

工具清单

序号	名　称	规格型号	单位	数量	备注
1	扭力扳手	10 N·m	把	1	
2	棘轮扳手	通用型	把	1	
3	六角套筒	16 mm	个	1	
4	电子秤	通用型	台	1	
5	注油枪	通用型	把	1	

续表

序号	名 称	规格型号	单位	数量	备注
6	地垫	通用型	张	1	
7	油漆笔	通用型	支	1	
8	配件盒	通用型	个	1	

材 料 清 单

序号	物料名称	物料号	单位	数量	备注
1	润滑油脂（unimax R No. 2）		桶	1	
2	乐泰755		瓶	1	
3	白布		块	若干	

序号	作业项目	作业内容、标准及图示
1	工前准备	作业车号：02、03、04、05、06、07
		两名（①号、②号）作业者按规定穿戴劳保用品，戴安全帽和手套，穿劳保鞋，穿戴整齐。见图3－134。 图3－134 作业人员
		②号：联系调度申请无电作业，检查接触网和动车组处于无电状态，止轮器已设置，进行动车组放电作业；确认作业计划单中的作业车组号及股道。见图3－135。 图3－135 工前准备

续表

序号	作业项目	作业内容、标准及图示
1	工前准备	⚠加注不纯净的油脂、过期的油脂或油脂型号不正确，会导致牵引电机轴承烧损故障。 卡控措施：对注油枪进行油脂加注前，确认油脂型号为“unimax R No. 2”，且未过质保期，油脂纯净、无污染。 ①号：按照工装工具和材料清单清点工装工具和材料，检查力矩扳手、电子秤校验周期。 ①棘轮扳手 1 把、力矩扳手（10 N · m）1 把、六角套筒（16 mm）1 个、电子秤 1 台、注油枪 1 把、油漆笔 1 支、地垫 1 张、配件盒 1 个。 ②润滑油脂（unimax R No. 2）1 桶、乐泰 755 1 瓶、干净白布若干。 ③力矩扳手、电子秤校验周期不超标准规定。见图 3－136。  图 3－136　电子秤
2	注油枪检查	②号：对注油枪的内腔进行补加润滑油脂（unimax R No. 2），要求添加量至少为内腔的 2/3。
		②号：压动润滑脂注油枪的手柄使润滑脂从出口处溢出少许，用干净的无纺布擦拭干净。如压动手柄时发现流量计数值无变化，则是润滑脂注油枪内部有空气。此时注油枪头不能出油，可用手按压润滑脂注油枪头部排气阀排出，若注油枪仍不能出油，则将注油枪头对准抹布，反复压动手柄，直到有油冒出。或将软管拆卸，用铁丝疏通，或更换注油枪。见图 3－137。 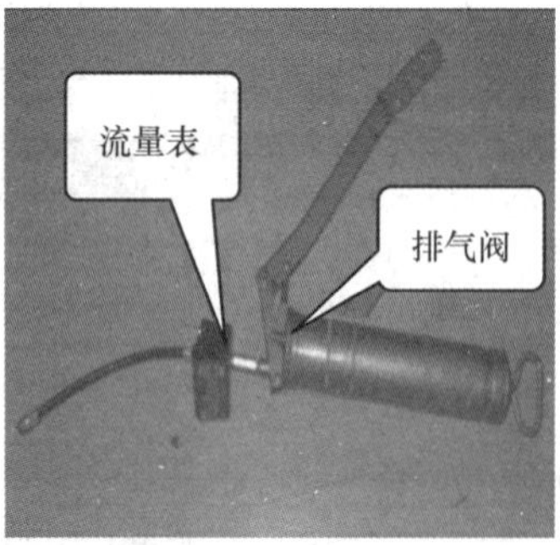 图 3－137　注油枪检查

续表

序号	作业项目	作业内容、标准及图示
3	流量计检查	②号：按一下计量表面板上的键打开润滑油计量表电源，如一分钟后没有油通过，则计量表自动关闭，需再次按键开启。每次注完油后计量表需清零，在开机状态下再次按下键即可清零。如光线过暗看不清读数，可按键开启照明灯。见图 3－138。  图 3－138　流量计检查
4	注油准备	①号：牵引电机传动端及非传动端油脂加注量均为 20～25 g。
		①号：对注油枪进行试喷。在电子秤上放置一张无纺布，向无纺布上挤压润滑脂，当重量到达 20 g 时，记录当时流量计读数；继续挤压润滑脂，当重量到达 25 g 时，记录当时流量计的读数。重复上述过程 3 次，取重量为 20 g 时的流量平均值 X，重量为 25 g 时的流量平均值 Y。见图 3－139。  图 3－139　注油准备
		①号：每次注油时非传动端和传动端的注油量为 Z，数值 Z 满足的条件为 $X \leqslant Z \leqslant Y$。

续表

序号	作业项目	作业内容、标准及图示
5	注油作业	①号和②号作业人员进入地沟，在动车（02、03、04、05、06、07 车）轮轴中央位置找到牵引电机。见图 3－140。 图 3－140　注油作业
		①号：使用棘轮扳手和 16 mm 套筒拆卸传动端注油堵（靠近联轴节端）和非传动端注油堵各 1 颗。在拆卸传动端注油堵时，应先使用专用工装对传动端注油嘴进行固定，然后使用棘轮扳手进行拆卸。将油堵放入存放盒，并将存放盒置于存放处，严禁在轨道上或动车组设备舱内存放。使用乐泰 755 及白布对注油孔外露位置进行清理，要求手摸无油迹、尘土。见图 3－141、图 3－142。 图 3－141　拆卸注油堵　　图 3－142　清洁注油堵
		①号：将注油枪油嘴旋入注油孔，通过注油孔对传动端及非传动端的轴承加注油脂，要求两处各加注的流量为 Z。见图 3－143。  图 3－143　加注油脂

续表

<table>
<tr><th>序号</th><th>作业项目</th><th>作业内容、标准及图示</th></tr>
<tr><td rowspan="1">6</td><td>安装电机注油堵</td><td>②号：对注油口外漏位置进行清理。使用乐泰 755 及白布进行清洁，清除外漏油脂。见图 3－144。 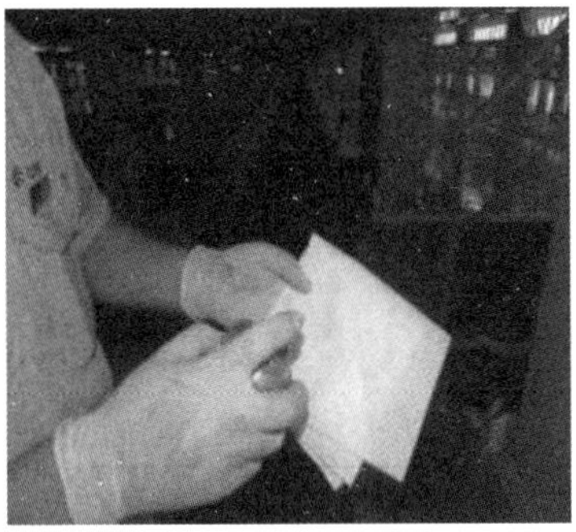
图 3－144　清理注油口
②号：安装注油堵。手动顺时针旋紧注油堵后，使用力矩扳手、六角套筒（16 mm）顺时针按照 9.8 N·m 力矩进行紧固。见图 3－145。 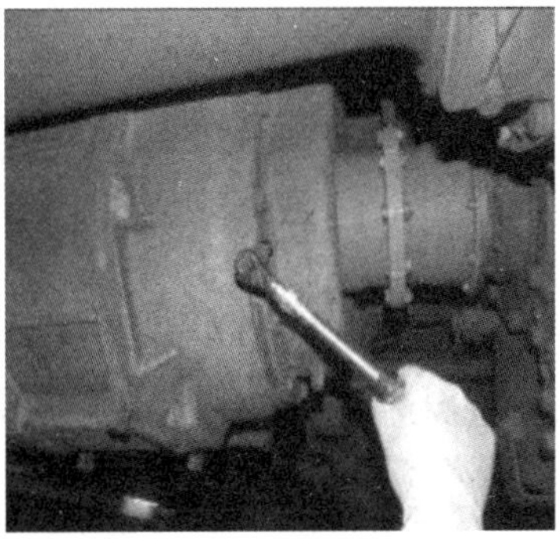
图 3－145　安装注油堵</td></tr>
<tr><td rowspan="2">7</td><td rowspan="2">完工检查</td><td>①号、②号共同确认：检查牵引电机注油堵安装状态。安装牢固、标记齐全。</td></tr>
<tr><td>①号、②号共同确认：清理作业现场、牵引电机周边工具和材料，并通知工长作业结束。将工具和材料存放在指定位置，工装工具齐全；作业周边无杂物。
①力矩扳手（40 N·m）1 把、棘轮扳手 1 把、六角套筒（16 mm）1 个、电子秤 1 台、注油枪 1 把、油漆笔 1 支、地垫 1 张、配件盒 1 个。
②剩余及使用后的润滑油脂（unimax R No. 2）、乐泰 755、白布。</td></tr>
<tr><td>8</td><td>填写记录</td><td>①号、②号共同完成：
①在作业结束后，认真填写作业记录单。
②对作业中出现的问题要做好记录，及时反映情况。作业记录上不得涂改、乱画，保持作业记录单据整洁，要统一保管，做到一车一档。</td></tr>
</table>

任务实施与评价

①下发任务单，明确学习任务、主要内容、知识目标、能力目标、素质目标要求；

②学生按任务单要求制订学习计划，完成预习任务及相关知识准备；

③小组内采用角色扮演形式，进行牵引电机轴承加注油脂作业，并填写相关检修记录；

④另一小组对牵引电机轴承加注油脂作业小组的作业过程进行点评，并填写《动车组二级检修对规记录单》；

⑤学生进行学习自我评价及学习小组成员互评，小组长（副组长）进行小组整体评价，教师检查任务完成情况。

【任务7】 齿轮箱润滑油更换

任务单

<table>
<tr><td>任务名称</td><td colspan="7">齿轮箱润滑油更换</td></tr>
<tr><td>任务描述</td><td colspan="7">动车组不仅需要定期更换主空压机润滑油，齿轮箱润滑油等也需要定期更换。如果超期使用润滑油，会造成润滑油油质变差，影响润滑效果，甚至造成设备的损坏。</td></tr>
<tr><td>任务分析</td><td colspan="7">按照“合”字作业法的要求，从工前准备、外观清洁及检查、拆下加油堵、排出废油、检查磁栓、加注新油、安装加油堵、完工检查和填写记录等全过程学习更换齿轮箱润滑油作业标准，掌握液态油的更换方法。</td></tr>
<tr><td>学习任务</td><td colspan="7">【子任务1】小组内采用角色扮演形式，进行更换齿轮箱润滑油作业，并填写相关检修记录。
【子任务2】另一小组对更换齿轮箱润滑油作业小组的作业过程进行点评，并填写《动车组二级检修对规记录单》。
资料1：更换齿轮箱润滑油作业检修记录</td></tr>
<tr><td>劳动组合</td><td colspan="7">各组长分配小组成员角色进行作业，留下影像资料，填写记录表格。
各组评判小组成员学习情况，作出小组评价。</td></tr>
<tr><td>成果展示</td><td colspan="7">（1）学生进行更换齿轮箱润滑油作业的照片或视频
（2）更换齿轮箱润滑油作业检修记录
（3）动车组二级检修对规记录单</td></tr>
<tr><td>学习小结</td><td colspan="7"></td></tr>
<tr><td rowspan="6">自我评价</td><td>项目</td><td>A—优</td><td>B—良</td><td>C—中</td><td>D—及格</td><td>E—不及格</td><td>综合</td></tr>
<tr><td>安全纪律（15%）</td><td></td><td></td><td></td><td></td><td></td><td rowspan="5"></td></tr>
<tr><td>学习态度（15%）</td><td></td><td></td><td></td><td></td><td></td></tr>
<tr><td>专业知识（30%）</td><td></td><td></td><td></td><td></td><td></td></tr>
<tr><td>专业技能（30%）</td><td></td><td></td><td></td><td></td><td></td></tr>
<tr><td>团队合作（10%）</td><td></td><td></td><td></td><td></td><td></td></tr>
<tr><td rowspan="2">教师评价</td><td>简要评价</td><td colspan="5"></td><td rowspan="2"></td></tr>
<tr><td>教师签名</td><td colspan="5"></td></tr>
</table>

资料 1：更换齿轮箱润滑油作业检修记录

CRH CRH380A_ 1 型动车组 检修记录	维修卡：CRH380A（L）－S－02－05－01B 修理：二级修 系统：转向架 部件：齿轮箱润滑油 维修周期：－－天/600 000 公里（全年）

齿轮箱润滑油更换（东洋电机）

检修日期：	车组号：	检修时走行：
检修班组：	检修人员：	

检查要点	01	02	03	04	05	06	07	00	检修人
使用手钳拆除排油塞上的防松铁丝，使用非冲击性扳手或普通扳手拆卸注油塞	N/A							N/A	
排净齿轮箱内的润滑油，将报废润滑油装入容器中	N/A							N/A	
清洗齿轮箱磁栓	N/A							N/A	
分解磁石式油塞、低碳铁丝 φ1. 2－L	N/A							N/A	
在磁石式油塞的锥螺纹部涂三键 1215 密封剂，后拧到安装座上；使用叉口式扭力扳手进行紧固，扭矩 98 N·m	N/A							N/A	
组装排油塞、密封垫圈，使用 160～800 N·m 叉口扭力扳手进行紧固，该处扭矩 275 N·m；紧固到位后使用低碳铁丝 φ1. 2－L 防松紧固。排油塞紧固前要将使用的密封垫圈更新	N/A							N/A	
通过注油孔向齿轮箱内注入新的齿轮箱润滑油（JOMO 的 JRK65），注油至中刻度线和上刻度线之间。注油时须做到小心轻缓，防止尘埃混入	N/A							N/A	
注油完后检查齿轮箱外观状态良好，各部位无漏油，紧固部件无松动，铁丝防松紧固到位	N/A							N/A	
对换下润滑油按表 1 进行取样化验，发现金属元素超标时立即更换轮对	N/A							N/A	

检修记事	
备注	

检修工长：__________　　　质检员：__________

填写说明：

“检修记事”栏应包含发现、处理故障，材料配件更换信息。

CRH380A_ 2 型动车组
检修记录

维修卡：CRH380A（L）－S－02－05－01B

修理：二级修

系统：转向架

部件：齿轮箱润滑油

维修周期：－－天/600 000 公里（全年）

齿轮箱润滑油更换（戚墅堰所）

检修日期：	车组号：	检修时走行：
检修班组：	检修人员：	

检查要点	01	02	03	04	05	06	07	00	检修人
使用手钳拆除排油塞上的防松铁丝，使用非冲击性扳手或普通扳手拆卸注油塞	N/A							N/A	
排净齿轮箱内的润滑油，将报废润滑油装入容器中	N/A							N/A	
清洗齿轮箱磁栓	N/A							N/A	
分解磁石式油塞、低碳铁丝 φ1.2－L	N/A							N/A	
在磁石式油塞的锥螺纹部涂三键 1215 密封剂，后拧到安装座上；使用叉口式扭力扳手进行紧固，扭矩 98 N·m	N/A							N/A	
组装排油塞、密封垫圈，使用 160～800 N·m 叉口扭力扳手进行紧固，该处扭矩 275 N·m；紧固到位后使用低碳铁丝 φ1.2－L 防松紧固。排油塞紧固前要将使用的密封垫圈更新	N/A							N/A	
通过注油孔向齿轮箱内注入新的齿轮箱润滑油（JOMO 的 JRK65），注油至中刻度线和上刻度线之间。注油时须做到小心轻缓，防止尘埃混入	N/A							N/A	
在注油塞上装密封垫圈，用叉口扭力扳手紧固注油塞，该处扭矩 127 N·m；紧固到位后使用低碳铁丝 φ1.2－L 防松紧固。注油塞紧固前要将其使用的密封垫圈更新	N/A							N/A	
注油完后检查齿轮箱外观状态良好，各部位无漏油，紧固部件无松动，铁丝防松紧固到位	N/A							N/A	
对换下润滑油按表 1 进行取样化验，发现金属元素超标时立即更换轮对	N/A							N/A	

检修记事	
备注	

检修工长：__________　　　　质检员：__________

填写说明：

“检修记事”栏应包含发现、处理故障，材料配件更换信息。

学习引导文

维修项目：			
齿轮箱润滑油更换 检			
适用车型	CRH380A	版本	V4.1
修程	二级修	周期	60 万公里
分类	C 类	系统	转向架
车厢号	02、03、04、05、06、07	供电条件	无电
作业人数	机械师 2 名	作业时间	80 分/辆
注意事项	①作业人员应按规定穿戴劳保用品。 ②确认齿轮箱温度接近常温后方可进行，防止润滑油烫伤。 ③卸下油塞时，应注意防止润滑油溅到身上。 ④在安装紧固件时，首先用手将紧固件拧进 1～2 丝扣，之后进行预紧，最后用扭力扳手紧固。 ⑤周边无吹灰及清洗作业，防止灰尘混入。		
参考资料	①检修工艺卡片：《东洋电机及戚墅堰所齿轮箱润滑油更换》CRH380A（L）－S－02－05－01B； ②时速 350 公里速度级动车组（8 辆编组）维护检修手册； ③时速 350 公里速度级动车组（16 辆编组）维护检修手册。		
备注	①如实填写检修记录并及时在管理信息系统中回填。 ②"检"表示质量检查员对作业过程进行检查监控。 ③""表示作业人员拍照留存。 ④作业分工：①号作业人员主要负责拆装注油堵，②号作业人员主要负责检查及清洁，具体分工详见作业步骤。		

工具清单

序号	名　称	规格型号	单位	数量	备注
1	六角套筒	36 mm	个	1	
2	六角套筒	30 mm	个	1	
3	四角套筒	19 mm	个	1	
4	棘轮扳手	通用型	把	1	

续表

序号	名　称	规格型号	单位	数量	备注
5	扭力扳手	98 N·m	把	1	
6	扭力扳手	127 N·m	把	1	
7	扭力扳手	275 N·m	把	1	
8	油桶	通用性	个	1	
9	注油工装	通用性	套	1	
10	运输小车	通用型	辆	1	
11	克丝钳	通用型	把	1	
12	配件盒	通用型	个	1	
13	回收盒	通用型	个	1	
14	数字化手电	通用型	把	1	
15	油漆笔	通用型	支	1	
16	毛刷	通用型	把	1	

物料清单

序号	物料名称	物料号	单位	数量	备注
1	JOMO 的 JRK65 润滑油		L	若干	
2	φ1.2－L 的低碳铁丝		m	1	
3	密封垫圈（M23、M29）		个	各 1	
4	TS－75 化油器清洗剂		瓶	1	
5	三键 1215 密封剂		瓶	1	
6	干净白布		块	若干	

<table>
<tr><th>序号</th><th>作业项目</th><th>作业内容、标准及图示</th></tr>
<tr><td rowspan="3">1</td><td rowspan="3">工前准备</td><td>两名（①号、②号）作业者按规定穿戴劳保用品，戴安全帽和手套，穿劳保鞋，穿戴整齐。见图3－146。

图3－146　工作人员</td></tr>
<tr><td>②号联系调度申请无电作业，检查接触网和动车组处于无电状态，止轮器已设置，进行动车组放电作业；确认作业计划单中的作业车组号及股道。见图3－147。

图3－147　工前准备</td></tr>
<tr><td>①号：按照工装工具和材料清单清点工装工具和材料，检查扭力扳手校验周期和扭力值。
①六角套筒（36 mm、30 mm）各1个、四角套筒（19 mm）1个、棘轮扳手1把、力矩扳手（98 N·m、127 N·m、275 N·m）各1把、油桶1个、注油工装1套、运输小车1辆、克丝钳1把、数字化手电1把、配件盒及回收盒各1个、油漆笔1支、毛刷1把。
②JOMO的JRK65润滑油、φ1.2－L的低碳铁丝、三键1215密封剂1瓶、密封垫圈（M23、M29）各1个、化油器清洗剂1瓶。
③扭力扳手校验周期不超标准规定，扭力大小符合规定。见图3－148。
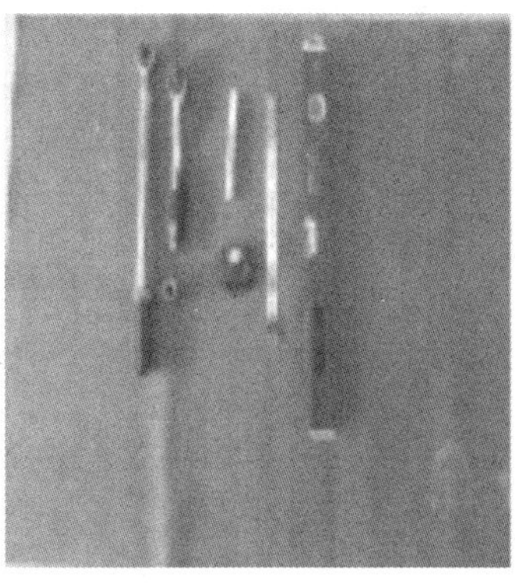
图3－148　工装工具</td></tr>
</table>

续表

序号	作业项目	作业内容、标准及图示
2	外观清洁及检查	①号：检查齿轮箱外观状态。箱体无裂纹，螺栓紧固，防松标记无错位，防松铁丝紧固牢靠、无折断。检查外观良好后按照“合”字作业法要求，在齿轮箱上划“〃”。见图 3－149。 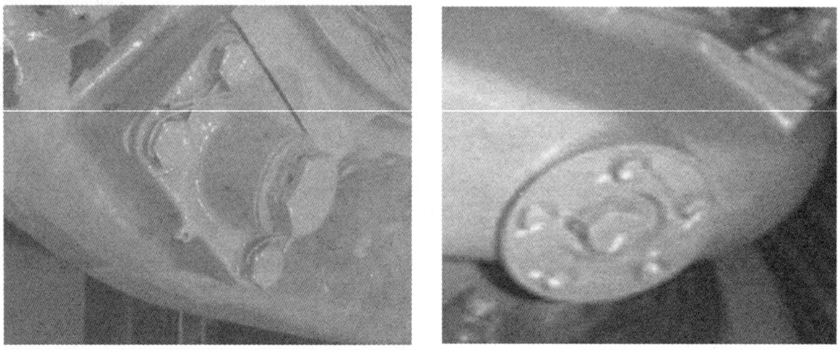 (a)　(b) 图 3－149　外观清洁及检查
		②号：先用毛刷清扫排油口、注油口、磁栓口、观察窗灰尘，然后用化油器清洗剂及干净白布对其进行清洁。确保排油口、注油口、观察窗周围无污垢、无尘土。
3	拆下加油堵	①号：使用克丝钳拆除注油堵上的防松铁丝，用棘轮扳手和 30 mm 六角套筒逆时针旋转拆下加油堵。见图 3－150。 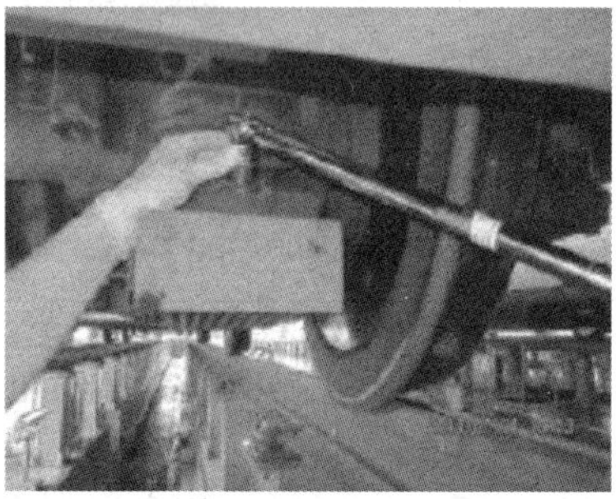 图 3－150　拆下加油堵
		②号：用干净白布对加油堵和注油口进行清洁，检查螺孔和螺柱丝扣状态，将加油堵放置在指定位置，用克丝钳将旧密封圈剪断报废，检查加油堵和注油口清洁、无污物，螺孔和螺柱丝扣无滑丝，加油堵放到配件盒内，报废旧密封圈放到材料回收盒内。见图 3－151。 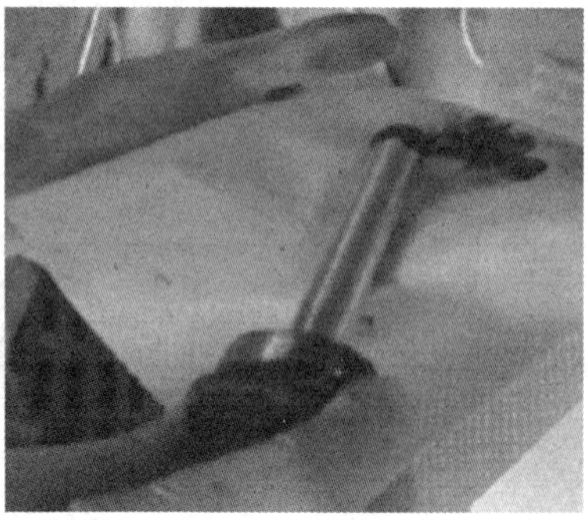 图 3－151　清洁加油堵和注油口

续表

<table>
<tr><th>序号</th><th>作业项目</th><th>作业内容、标准及图示</th></tr>
<tr><td rowspan="3">4</td><td rowspan="3">排出废油</td><td>①号：使用克丝钳拆除放油堵上的防松铁丝，在排油口下方放置油桶，用带 36 mm 套筒的棘轮扳手逆时针旋转拆下排油塞开始排油。待废油流出 10 s 后，再使用集油小瓶收集废油。排油过程中注意观察有无异物排出，排尽齿轮箱内的废润滑油为止。见图 3－152。 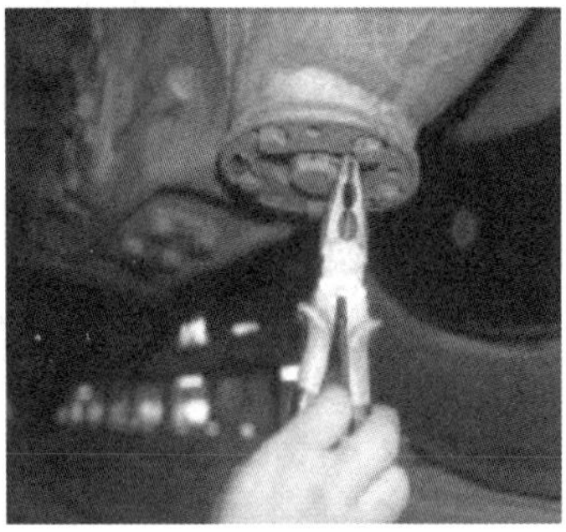

图 3－152　拆除防松铁丝</td></tr>
<tr><td>②号：使用手电检查放油堵上的附着物情况，并用干净白布对放油堵进行清洁，检查螺柱丝扣状态，并将放油堵放置在指定位置，用克丝钳将旧密封圈剪断报废。废润滑油排尽后，使用手电筒检查排油口内情况及螺孔丝扣状态，并用干净白布对排油口周边残油进行清洁。
放油堵和排油口清洁、无污物，若发现有大量金属屑或金属片时，通知技术和管理人员；螺孔和螺柱丝扣无滑丝；放油堵放到存放盒内，报废旧密封圈放到材料回收盒内。见图 3－153。 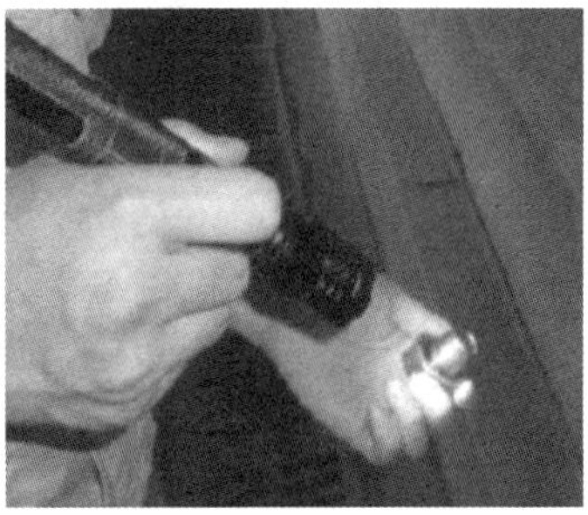

图 3－153　检查放油堵</td></tr>
<tr><td>①号：从材料配件盒中取出新密封垫圈（M29），组装放油堵和新密封垫圈，安装放油堵，用带 36 mm 套筒的扭力扳手顺时针旋转安装放油堵塞，紧固力矩为 275 N · m，用低碳铁丝 φ1. 2－L 进行防松紧固，紧固到位后用油漆笔涂打防松标记。检查放油堵与新密封垫圈作用良好；防松标记涂打清晰、正确，防松铁丝捆绑牢固、正确。见图 3－154。 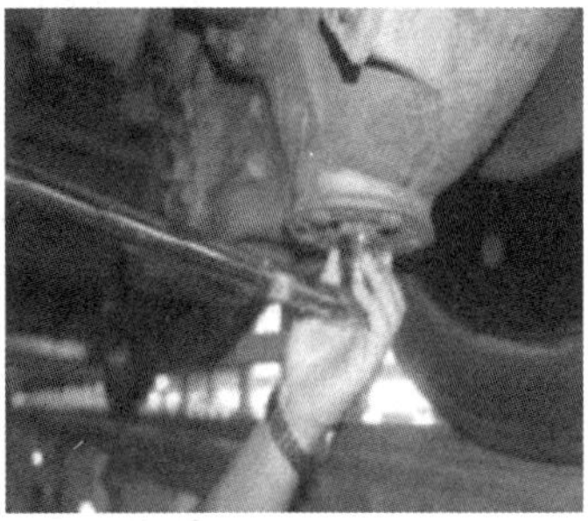

图 3－154　组装放油堵</td></tr>
</table>

续表

序号	作业项目	作业内容、标准及图示
5	检查磁栓	①号：使用克丝钳拆除磁石式油塞防松铁丝，用带 19 mm 四角套筒的棘轮扳手逆时针旋转拆下磁石式油塞。见图 3－155。 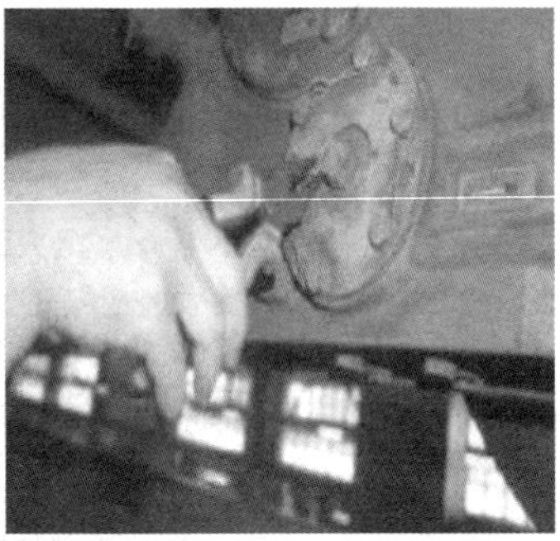 图 3－155　拆除防松铁丝
		②号：使用摄像手电筒检查磁石式油塞口和磁石式油塞上的附着物情况，用干净白布清理磁石式油塞口周边和磁石式油塞表面附着物。检查磁石式油塞和磁石式油塞口清洁、无污物。若发现有大量金属屑或金属片时，通知技术和管理人员。见图 3－156。 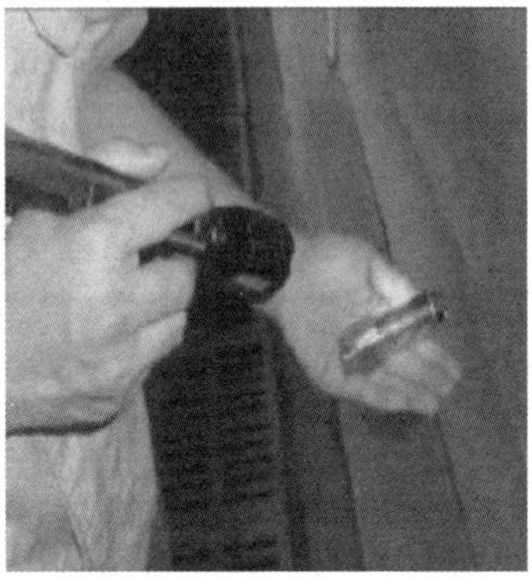 图 3－156　检查附着物情况
		①号：在磁石式油塞的锥螺纹部涂三键 1215 密封剂，安装磁石式油塞，使用带 19 mm 四角套筒的扭力扳手顺时针旋转紧固，紧固扭矩为 98 N·m，紧固到位后用油漆笔涂打防松标记，用低碳铁丝 φ1.2－L 进行防松紧固，检查防松标记涂打清晰、正确，防松铁丝捆绑牢固、正确。见图 3－157。 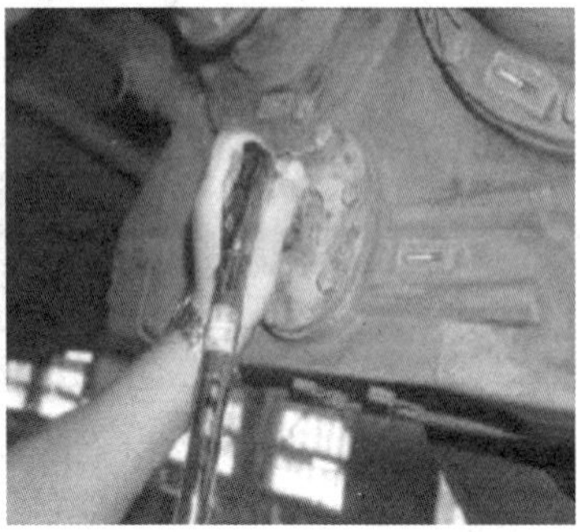 图 3－157　安装磁石式油塞

续表

<table>
<tr><th>序号</th><th>作业项目</th><th>作业内容、标准及图示</th></tr>
<tr><td>6</td><td>加注新油</td><td>注意：注入不同型号的齿轮箱润滑油，会导致齿轮箱油变质等情况发生。
卡控措施：在齿轮箱润滑油更换之前，需要作业人员、质检员共同到场确认油脂型号方能加注。
①号：操作注油工装，使用注油工装从齿轮箱注油口处注入新的 JOMO 的 JRK65 齿轮箱润滑油。
②号：掌握注油状态，眼睛平视油量观察窗中润滑油凹面，接近中刻度线时停止 30 s 左右（正常语速，口数 30 个数），再继续注入润滑油至中刻度线处，眼睛平视油量观察窗中润滑油凹面，凹面在中刻度线和上刻度线之间。注油时须做到小心轻缓，防止尘埃混入。见图 3－158。 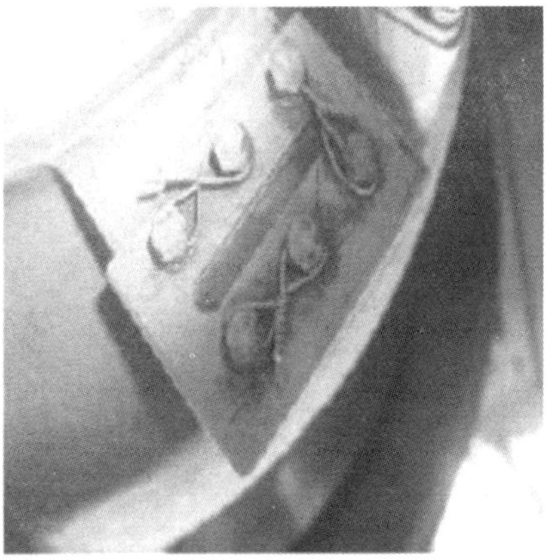
图 3－158　加注新油</td></tr>
<tr><td>7</td><td>安装加油堵</td><td>①号：润滑油加注完毕后安装加油堵，从材料存放盒中取出新密封垫圈（M23），组装加油堵和新密封垫圈，用带 30 mm 六角套筒的扭力扳手顺时针旋转安装加油堵，紧固力矩为 127 N · m，到位后用油漆笔涂打防松标记。检查防松标记涂打清晰、正确。见图 3－159。 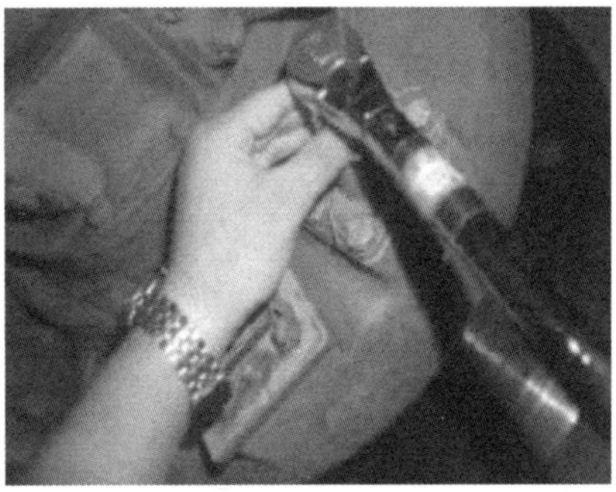
图 3－159　安装加油堵</td></tr>
</table>

续表

<table>
<tr><th>序号</th><th>作业项目</th><th>作业内容、标准及图示</th></tr>
<tr><td rowspan="2">8</td><td rowspan="2">完工检查</td><td>①号、②号共同作业：
①检查齿轮箱外观和齿轮箱油位。齿轮箱外观状态良好，齿轮箱油位凹面在中刻度线和上刻度线中间。
②检查放油堵、加油堵紧固状态。放油堵、加油堵等各部位无漏油，防松标记涂打清晰、正确，防松铁丝捆绑牢固、正确。作业完成后作业者按照“合”字作业法，在齿轮箱上划“、”。
质检员：检查合格后使用数字化手电筒进行齿轮箱外观拍照，并按照“合”字作业法，在齿轮箱上划“一”。
技术员：检查合格后按照“合”字作业法，在齿轮箱上划“口”。见图3－160。 
图3－160　完工检查</td></tr>
<tr><td>①号、②号共同作业：
清理作业现场、齿轮箱周边工具和材料。将工具和材料存放在指定位置，将棘轮扳手和扭力扳手归还工具室，确保工装工具齐全：
①六角套筒（36 mm、30 mm）各1个、四角套筒（19 mm）1个、棘轮扳手1把、力矩扳手（98 N·m、127 N·m、275 N·m）各1把、油桶1个、注油工装1套、运输小车1辆、克丝钳1把、数字化手电1把、配件盒及回收盒各1个、油漆笔1支、毛刷1把。
②使用剩余的JOMO的JRK65润滑油、φ1.2－L的低碳铁丝、三键1215密封剂、化油器清洗剂、报废的密封垫圈。见图3－161。 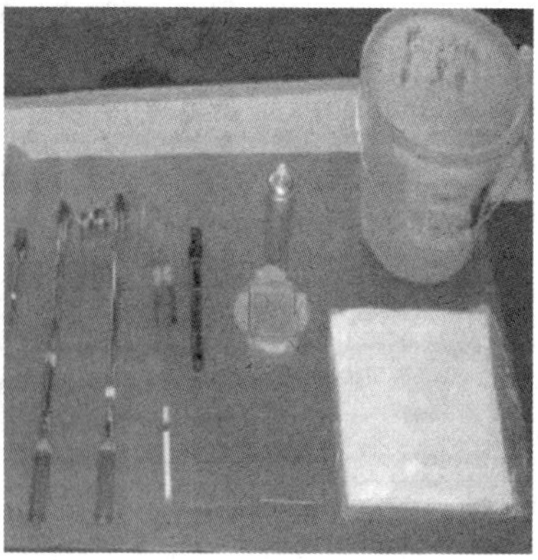
图3－161　清理工具和材料</td></tr>
</table>

续表

序号	作业项目	作业内容、标准及图示
9	填写记录	①号、②号共同完成： ①在作业结束后，认真填写作业记录单，作业记录上不得涂改、乱画，保持作业记录单据整洁，要统一保管，建立一车一档。 ②对作业中出现的问题要做好记录及时反映情况。

任务实施与评价

①下发任务单，明确学习任务、主要内容、知识目标、能力目标、素质目标要求；

②学生按任务单要求制订学习计划，完成预习任务及相关知识准备；

③小组内采用角色扮演形式，进行更换齿轮箱润滑油作业，并填写相关检修记录；

④另一小组对更换齿轮箱润滑油作业小组的作业过程进行点评，并填写《动车组二级检修对规记录单》；

⑤学生进行学习自我评价及学习小组成员互评，小组长（副组长）进行小组整体评价，教师检查任务完成情况。

【任务8】 空调机组冷凝器滤网清洁

任务单

任务名称	空调机组冷凝器滤网清洁
任务描述	动车组需要定期清洁空调机组冷凝器滤网，以CRH380A型动车组为例，滤网清洁主要包括空调滤网和设备滤网清洁工作，其中空调滤网主要是指空调机组蒸发器滤网清洁、室内回风口及卫生间废排口滤网清洁、换气装置逆变器滤网清洁、空调机组冷凝器滤网清洁和端部新风滤网清洁等，设备滤网清洁主要是指辅助电源装置裙板滤网清洁、厨房及小卖部设备滤网清洁、微波炉滤网清洁、烟火报警系统卫生间过滤棉更换、烟火报警系统客室过滤棉更换、主空压机滤芯更换、牵引电机进风口滤网清洁、牵引电机冷却风机滤网清洁和牵引变流器裙板滤网清洁等。滤网清洁周期会随着季节的变化而改变，如果清网不及时或不彻底，会对空调效果造成影响，或造成风冷设备的损坏。
任务分析	从准备工作、拆除底板、拆除滤网、检查清洁、安装滤网及底板、完工检查和填写记录等全过程学习空调机组冷凝器滤网清洁作业标准，同时在作业结束后要重点加强对底板恢复情况的检查，避免因底板脱落而对动车组安全运行造成危害。

续表

<table>
<tr><td>学习任务</td><td colspan="7">【子任务 1】小组内采用角色扮演形式，进行动车组空调机组冷凝器滤网清洁作业，并填写相关检修记录。
【子任务 2】另一小组对空调机组冷凝器滤网清洁作业小组的作业过程进行点评，并填写《动车组二级检修对规记录单》。
资料 1：空调机组冷凝器滤网清洁检修记录</td></tr>
<tr><td>劳动组合</td><td colspan="7">各组长分配小组成员角色进行作业，留下影像资料，填写记录表格，同时协同制作 PPT 并推荐专人讲解。
各组评判小组成员学习情况，作出小组评价。</td></tr>
<tr><td>成果展示</td><td colspan="7">（1）学生进行动车组空调机组冷凝器滤网清洁作业的照片或视频
（2）空调机组冷凝器滤网清洁检修记录
（3）动车组二级检修对规记录单</td></tr>
<tr><td>学习小结</td><td colspan="7"></td></tr>
<tr><td rowspan="6">自我评价</td><td>项目</td><td>A—优</td><td>B—良</td><td>C—中</td><td>D—及格</td><td>E—不及格</td><td>综合</td></tr>
<tr><td>安全纪律（15%）</td><td></td><td></td><td></td><td></td><td></td><td rowspan="5"></td></tr>
<tr><td>学习态度（15%）</td><td></td><td></td><td></td><td></td><td></td></tr>
<tr><td>专业知识（30%）</td><td></td><td></td><td></td><td></td><td></td></tr>
<tr><td>专业技能（30%）</td><td></td><td></td><td></td><td></td><td></td></tr>
<tr><td>团队合作（10%）</td><td></td><td></td><td></td><td></td><td></td></tr>
<tr><td rowspan="2">教师评价</td><td>简要评价</td><td colspan="5"></td><td rowspan="2"></td></tr>
<tr><td>教师签名</td><td colspan="5"></td></tr>
</table>

资料 1：空调机组冷凝器滤网清洁检修记录

CRH CRH380A_ 1 型动车组 检修记录	维修卡：CRH380A（L）－I2－08－01－07
	修理：二级修
	系统：车内环境控制系统
	部件：空调机组冷凝器滤网
	维修周期：30 天/30 000 公里（全年）

空调冷凝器滤网清洁

检修日期：	车组号：	检修时走行：
检修班组：	检修人员：	

检查要点	01	02	03	04	05	06	07	00	检修人
检查进风口侧的换热器									
清除过滤网周边底板上的灰尘、杂物									
更换过滤材料或更换过滤网									
安装相应底板，螺栓力矩符合要求									
检修记事									
备注									

检修工长：__________　　　　质检员：__________

填写说明：

“检修记事”栏应包含发现、处理故障，材料配件更换信息。

CRH CRH380A_ 2 型动车组 检修记录	维修卡：CRH380A（L）－I2－08－01－07
	修理：二级修
	系统：车内环境控制系统
	部件：空调机组冷凝器滤网
	维修周期：30 天/30 000 公里（全年）

空调冷凝器滤网清洁

检修日期：	车组号：	检修时走行：
检修班组：	检修人员：	

检查要点	01	02	03	04	05	06	07	00	检修人
打开空调机组滤网对应位置的底板，取下过滤网									
检查进风侧的冷凝器，有积污时用吸尘器对其进行清洁；或用水（中性洗涤剂）进行清洗									
清除过滤网周边底板上的灰尘、杂物。如有框架变形、损坏时更换新品									
检修记事									
备注									

检修工长：__________　　　　质检员：__________

填写说明：

“检修记事”栏应包含发现、处理故障，材料配件更换信息。

学习引导文

<table>
<tr><td colspan="4">维修项目：
空调机组冷凝器滤网清洁</td></tr>
<tr><td>适用车型</td><td>CRH380A</td><td>版本</td><td>V4.1</td></tr>
<tr><td>修程</td><td>二级修</td><td>周期</td><td>S［4 000 公里或 3 天（4 月—10 月）］
I2［3 万公里或 30 天（11 月—次年 3 月）］</td></tr>
<tr><td>分类</td><td>A 类</td><td>系统</td><td>车内环境控制系统</td></tr>
<tr><td>车厢号</td><td>全列</td><td>供电条件</td><td>无电</td></tr>
<tr><td>作业人数</td><td>机械师 1 名</td><td>作业时间</td><td>20 分/辆</td></tr>
<tr><td>注意事项</td><td colspan="3">安全防护及注意事项：
①作业人员应按规定穿戴劳保用品；
②作业中注意不得损坏空调热交换器；
③在安装螺栓时，首先用手将螺栓拧进 1～2 丝扣之后进行预紧，最后用力矩扳手紧固；
④作业中防止滤网磕碰、损伤；
⑤应安装充分干燥的滤网；
⑥采用换件维修方式；
⑦作业中各配件不得落地，禁止将配件直接放置在自流坪上。</td></tr>
<tr><td>参考资料</td><td colspan="3">①检修工艺卡片：《空调机组冷凝器滤网清洁》CRH380A（L）－I2－08－01－07；
②时速 350 公里速度级动车组（8 辆编组）维护检修手册。</td></tr>
<tr><td>备注</td><td colspan="3">①如实填写检修记录并及时在管理信息系统中回填。
②“检”表示质量检查员对作业过程进行检查监控。
③“[相机图标]”表示作业人员拍照留存。
④作业人员分工：作业人员主要负责全部检查作业，具体分工详见作业步骤。</td></tr>
</table>

工 具 清 单

序号	名　称	规格型号	单位	数量	备注
1	力矩扳手	40 N·m	把	1	
2	高压风管	通用型	根	1	
3	棘轮扳手	通用型	把	1	
4	六角套筒	13 mm	个	1	
5	六角套筒	16 mm	个	1	
6	配件盒	通用型	个	32	
7	地垫	通用型	张	32	
8	摄像手电	通用型	个	1	
9	油漆笔	通用型	支	1	

材料清单

序号	名　称	规格型号	单位	数量	备注
1	干净滤网	通用型	块	96	
2	化油器清洗剂	通用型		若干	
3	干净白布	通用型	块	若干	

序号	作业项目	作业内容、标准及图示
1	准备工作	1名作业者按规定穿戴劳保用品，戴安全帽和手套，穿劳保鞋，穿戴整齐。见图3－162。  图3－162　作业人员
		联系工长确认已领取无电作业牌，检查接触网和动车组处于无电状态，止轮器已设置；确认作业计划单中的作业车组号及股道，接触网断电，止轮器设置牢靠；作业车组号及股道正确。见图3－163。  图3－163　准备工作
		按照工装工具和材料清单清点工装工具和材料，检查力矩扳手校验周期和力矩。见图3－164。  图3－164　清点工装工具和材料

续表

序号	作业项目	作业内容、标准及图示
2	拆除底板	逐个拆卸空调滤网相应位置底板的螺栓，放入配件盒内。用棘轮扳手加 16 mm 套筒逐个逆时针旋转拆除空调滤网相应位置的底板螺栓（底板 1 块，螺栓 62 条）。 拆下底板在地面定置摆放。将底板摆放在规定位置处的地垫上，禁止将配件直接放置在自流坪上。见图 3－165。  图 3－165　拆除底板
3	拆除滤网	逐个拆卸滤网器边框的固定螺栓，拆卸滤网。过滤材料拆除步骤： ①卸下滤网边框。 ②取下压紧框。 ③拆下过滤材料。用棘轮扳手加 13 mm 套筒逐个逆时针旋转拆除滤网器边框固定螺栓（边框器 2 个，螺栓 4 条）；拆卸压紧框时检查压紧框无变形、断裂、缺失；拆卸下的滤网无破损，放置在规定位置，统一回收。见图 3－166。  图 3－166　拆除滤网
4	检查清洁	检查换热器：清除过滤网周边底板上的灰尘、杂物。有积污时用吸尘器对其进行清洁或用水进行清洗；过滤网周边底板上无杂物、无积尘。见图 3－167。  图 3－167　检查清洁

续表

<table>
<tr><th>序号</th><th>作业项目</th><th>作业内容、标准及图示</th></tr>
<tr><td rowspan="2">5</td><td rowspan="2">安装滤网及底板</td><td>使用备用滤网，按以上相反步骤安装滤网，用手先顺时针旋转固定螺栓至预紧位，用力矩扳手加 13 mm 套筒顺时针旋转紧固至规定力矩并涂打防松标记。安装时滤网要均匀放置在边框器内，不要堆积在一起，放置压紧框时注意不要损坏压紧框；滤网器边框固定螺栓力矩 13.5 N · m，标记齐全、清晰。见图 3 – 168。 
图 3 – 168　安装滤网</td></tr>
<tr><td>将底板安装到位，先手动顺时针旋转安装各螺栓至预紧位，用力矩扳手加 16 mm 套筒顺时针旋转紧固至规定力矩，涂打防松标记及相关标记。底板螺栓紧固时应按照对角紧固的顺序紧固，紧固力矩 25 N · m，各相关标记齐全、清晰。见图 3 – 169。 
图 3 – 169　安装底板</td></tr>
<tr><td rowspan="2">6</td><td rowspan="2">完工检查</td><td>作业人员确认底板固定螺栓紧固，各标记齐全、清晰。质检员拍照留影相。</td></tr>
<tr><td>清理作业现场周边工具和材料，并通知工长作业结束。将工具和材料存放在指定位置，工装工具齐全；地面无杂物。力矩扳手（40 N · m）1 把、高压风管 1 根、棘轮扳手 1 把、地垫 32 张、配件盒 32 个、六角套筒（16 mm、13 mm）各 1 个、油漆笔 1 支、摄像手电 1 个，使用及剩余的化油器清洗剂、白布、滤网 96 块。</td></tr>
<tr><td>7</td><td>填写记录</td><td>①在作业结束后，认真填写作业记录单。
②对作业中出现的问题要做好记录及时反映情况。作业记录上不得涂改、乱画，保持作业记录单据整洁，要统一保管，做到一车一档。</td></tr>
</table>

任务实施与评价

①下发任务单，明确学习任务、主要内容、知识目标、能力目标、素质目标要求；

②学生按任务单要求制订学习计划，完成预习任务及相关知识准备；

③小组内采用角色扮演形式，进行动车组空调机组冷凝器滤网清洁作业，并填写相关检修记录；

④另一小组对作业小组的作业过程进行点评，并填写《动车组二级检修对规记录单》；

⑤学生进行学习自我评价及学习小组成员互评，小组长（副组长）进行小组整体评价，教师检查任务完成情况。

项目4　动车组高级检修

项目描述

动车组高级检修须坚持质量第一的原则，贯彻以装备保工艺、以工艺保质量、以质量保安全的方针，实现工艺科学、装备先进、质量可靠、管理规范的目标。承修单位须认真制定工艺文件，建立质量检查制度，完善质量保证体系，全面落实质量责任制。承修单位须持续开展检修技术研究，积极开展技术创新和国产化工作，贯彻零部件的标准化、通用化要求，提高检修质量，确保动车运用安全。

本项目依据《和谐2C二阶段/380A（L）型动车组三级检修规程》《和谐2C二阶段/380A（L）型动车组四级检修规程》《和谐2C二阶段/380A（L）型动车组五级检修规程》等文件，介绍动车组高级检修作业内容。

本项目任务：

任务1　动车组架车

任务2　动车组尺寸测量

任务3　转向架分解

任务4　构架检修

教学目标

1．知识目标

（1）了解动车组高级检修修程修制、检修范围；

（2）了解动车组架车作业标准；

（3）熟悉动车组尺寸测量方法；

（4）了解转向架分解作业标准；

（5）了解构架检修作业标准。

2．能力目标

完成以下任务：

使用量具对动车组相关尺寸进行测量。

3．素质目标

（1）使学生对动车组高级检修作业有初步认识，了解主要作业流程；

（2）在项目完成过程中培养学生的团队协作能力；

（3）能客观、公正地进行学习自我评价及对小组成员的评价。

【任务1】 动车组架车

任务单

<table>
<tr><td>任务名称</td><td colspan="7">动车组架车</td></tr>
<tr><td>任务描述</td><td colspan="7">通过动车组架车作业，实现转向架与车体的分离，为下一步检修做好准备。</td></tr>
<tr><td>任务分析</td><td colspan="7">从开工前准备、举升车体、车体与转向架连接件分离、转向架下落及推出、现场清理等全过程学习动车组架车作业标准，熟悉所需工装工具及作业材料，掌握安全防护措施及注意事项。</td></tr>
<tr><td>学习任务</td><td colspan="7">【子任务1】通过查阅相关资料，各小组分别制作PPT，讲解CRH380A型动车组三、四、五级检修的异同，同时讲解动车组架车作业工艺流程。
资料1：和谐2C二阶段/380A（L）型动车组三、四、五级检修范围</td></tr>
<tr><td>劳动组合</td><td colspan="7">各组长分配任务，协同制作PPT并推荐专人讲解。
各组评判小组成员学习情况，作出小组评价。</td></tr>
<tr><td>成果展示</td><td colspan="7">CRH380A型动车组三、四、五级检修异同及动车组架车作业工艺流程讲解PPT</td></tr>
<tr><td>学习小结</td><td colspan="7"></td></tr>
<tr><td rowspan="6">自我评价</td><td>项目</td><td>A—优</td><td>B—良</td><td>C—中</td><td>D—及格</td><td>E—不及格</td><td>综合</td></tr>
<tr><td>安全纪律（15%）</td><td></td><td></td><td></td><td></td><td></td><td rowspan="5"></td></tr>
<tr><td>学习态度（15%）</td><td></td><td></td><td></td><td></td><td></td></tr>
<tr><td>专业知识（30%）</td><td></td><td></td><td></td><td></td><td></td></tr>
<tr><td>专业技能（30%）</td><td></td><td></td><td></td><td></td><td></td></tr>
<tr><td>团队合作（10%）</td><td></td><td></td><td></td><td></td><td></td></tr>
<tr><td rowspan="2">教师评价</td><td>简要评价</td><td colspan="5"></td><td rowspan="2"></td></tr>
<tr><td>教师签名</td><td colspan="5"></td></tr>
</table>

资料1

（1）和谐2C二阶段/380A（L）型动车组三级检修范围

表4-1　三级检修范围

序号	检修项目	检修要求			备注
		状态修	分解修	试验	
1	转向架组成		△◎	◎	
2	构架组成	◎			
3	轮对组成	△◎			
4	制动盘	◎			
5	轴箱定位装置		△◎		
6	轴箱轴承	◎			
7	轴箱弹簧组成		△◎	◎	
8	空气弹簧组成	△◎			
9	高度调整阀	◎			
10	高度调整阀附件	◎			
11	差压阀	◎			
12	油压减振器	△◎		◎	
13	牵引拉杆	△◎		◎	
14	中心销	◎			
15	减振器安装座	◎			
16	牵引电机		△◎	◎	更换油脂
17	齿轮箱装置	◎			
18	联轴节	△◎			
19	齿轮箱接地装置		△◎		
20	轴端接地装置	△◎			
21	制动夹钳装置	◎			
22	踏面清扫装置	◎			
23	配管配线	◎			
24	排障装置	△◎			
25	速度传感器	△◎			
26	抗侧滚扭杆装置	◎			
27	换气装置		△◎		CRH380A（L）型不下车除尘
28	辅助电源装置	◎			
29	牵引变流器	◎			
30	牵引变压器及油冷却器	◎			
31	浪涌保护装置	◎			

注：表中“◎”表示该项目在本检修规程中为检修项目，“△”表示从上一级部件上拆下检修。

（2）和谐2C二阶段/380A（L）型动车组四级检修范围

表4－2　四级检修范围

序号	分类	检修配件名称	检修状态			
			状态检修	分解检修	试验	
					部件	整车
1	车体	车体结构	◎			
2		客室侧门	◎			
3		侧门机构	◎			
4		车窗	◎			◎
5		底板、裙板及设备舱		◎△		
6		风挡	◎			
7		密接式车钩		◎△	探伤	◎
8		车钩缓冲器		◎△	探伤	
9		车钩托架		◎△	探伤	
10		车钩从板座组成	◎			
11		过渡车钩		◎△	探伤	
12		前罩	◎			
13		开闭机构	◎			
14		前照灯	◎			◎
15		标志灯罩	◎			
16		前头排障装置	◎			
17		受电弓导流罩	◎			
18		蓄电池箱过渡支架	◎		探伤	
19		污物箱过渡支架	◎		探伤	
20		牵引变压器送风机过渡支架	◎		探伤	
21		刮雨器装置	◎			◎
22		刮雨器水箱		◎△	◎	
23	转向架组成	构架组成		◎◎	探伤	
24		轮对组成		◎△	探伤	
25		车轴		◎◎	探伤	
26		轴箱轴承		◎△		
27		轴箱装置		◎△		
28		轴箱定位节点		◎◎	检测	
29		轴箱弹簧		◎◎	探伤	
30		轮对提吊	◎			

续表

序号	分类	检修配件名称	检修状态			
			状态检修	分解检修	试验	
					部件	整车
31	转向架组成	油压减振器		◎△	检测	
32		防振橡胶		◎◎	检测	
33		M－28658 空气弹簧（5%）		◎△	检测	
34		M－28701 空气弹簧		◎△	检测	
35		差压阀		◎△	◎	
36		高度调整阀		◎△	◎	
37		高度调整阀附件		◎◎		
38		横向挡	◎			
39		抗侧滚扭杆装置	◎			
40		KD575－A－M 及 G301 齿轮箱		◎△	◎	
41		齿轮箱组成吊杆组成		◎△	探伤	
42		ESCO 联轴节		◎△	探伤	
43		SE363 齿轮箱	◎			
44		KWD 联轴节	◎			
45		牵引拉杆		◎△	探伤	
46		中心销组成	◎			
47		制动盘	◎			
48		制动夹钳	◎			
49		速度传感器		◎◎	◎	
50		轴温检测器	◎		◎	
51		加速度传感器	◎			
52		踏面清扫装置	◎			
53		KD575－A－M 及 G301 接地装置		◎△	探伤	
54		SE363 接地装置	◎			
55		接地装置（AB－414E）		◎△		
56		转向架排障器		◎△		
57		管路	◎			
58		配线	◎			

续表

序号	分类	检修配件名称	检修状态			
			状态检修	分解检修	试验	
					部件	整车
59	制动装置	电动空气压缩机		◎△	◎	
60		除湿装置		◎△	◎	
61		辅助电动空气压缩机		◎△	◎	
62		制动控制装置	◎			◎
63		EPLA 电空转换阀、FD－1 中继阀、B10（B10B）及 B11 压力调整阀、VM32－2H 电磁阀、单向阀、UMA 过滤器、E1L 安全阀（乙）等		◎△	◎	
64		压力开关	◎			
65		空气软管		◎◎	◎	
66		ASV11 防滑阀		◎△	◎	
67		管路中的过滤器		◎◎		
68		空气管开闭器		◎△	◎	
69		制动转换装置	◎			◎
70		踏面清扫用电磁阀箱	◎		◎	
71	牵引系统	受电弓	◎		◎	◎
72		真空断路器		◎△	◎	◎
73		接地保护开关		◎△		◎
74		高压隔离开关		◎△	◎	◎
75		避雷器	◎		◎	
76		电流互感器	◎			
77		高压绝缘子	◎			
78		高压电缆及特高压连接器	◎			
79		高压设备箱	◎			
80		高压联锁钥匙箱		◎△	◎	
81		接地电阻器	◎		测量	
82		浪涌保护装置		◎◎	试验	
83		牵引变压器	◎		测量	◎
84		牵引变压器冷却电动送风机		◎△	◎	◎
85		牵引变流器	◎		检测	◎
86		牵引电机		◎△	◎	◎
87		牵引电机冷却风机	◎		◎	
88		主电动机用软风道和主电动机用伸缩管		◎☆		

续表

序号	分类	检修配件名称	检修状态			
			状态检修	分解检修	试验	
					部件	整车
89	辅助系统	辅助电源装置、辅助整流装置	◎		◎	◎
90		蓄电池及蓄电池箱		◎△	探伤	
91		配电盘	◎			◎
92		接触器箱	◎		◎	
93		控制、辅助、高压电路接线箱	◎			
94		车间连接器	◎			
95		外部电源连接器及连接插头	◎			
96		车下配线	◎			
97		救援用电源变换装置	◎			
98		单相逆变电源	◎			
99		隔离变压器	◎		◎	
100	网络控制及信息系统	车辆信息显示器	◎			◎
101		中央装置、终端装置等		◎△	◎	◎
102		无线数据传输装置	◎			
103		牵引制动数据记录装置	◎			
104		烟火报警系统	◎			◎
105		旅客信息系统	◎			◎
106		影视系统	◎			◎
107		广播电话系统	◎			◎
108		呼唤装置	◎			
109		自动过分相装置		◎△	◎	◎
110		外温传感器	◎		检测	◎
111		天线	◎			
112	空调、采暖及通风系统	客室空调装置		◎△		
113		司机室空调装置	◎			
114		空调显示设定器	◎			
115		司机室暖风机	◎		◎	
116		换气装置本体		◎△	◎	
117		换气装置逆变器	◎			
118		应急通风装置	◎			
119		新风风道	◎			
120		回风过滤网和回风格栅	◎			

续表

序号	分类	检修配件名称	检修状态			
			状态检修	分解检修	试验	
					部件	整车
121	给排水及卫生系统	水箱装置	◎		◎	
122		加热装置		◎☆		
123		加热毯、伴热线	◎		◎	
124		泵房检修	◎		◎	
125		车上水泵系统	◎			
126		温水器	◎			
127		保温继电器	◎		◎	
128		电开水炉		◎△		
129		坐便器		◎△		◎
130		蹲便器		◎△		◎
131		真空集便系统部件		◎◎		◎
132		卫生间模块	◎			
133		污物箱		◎△	◎	
134		水封装置		◎◎	◎	
135	内装与设备	内装	◎			
136		卷帘	◎		◎	
137		内门	◎			
138		司机室座椅	◎			
139		司机室操纵台及设备	◎			
140		电压表	◎			
141		21－6095B6342 型牵引控制器	◎			◎
142		S334CC. 810 型牵引控制器		◎△	◎	◎
143		CMC100 型司机制动控制器	◎			◎
144		S620CC. 942 型司机制动控制器		◎△	◎	◎
145		连接切换开关	◎		测量	
146		配管单元箱	◎		◎	
147		车内压力开放阀	◎			
148		风笛装置	◎			
149		司机室各类开关	◎			
150		显示及监控装置	◎			
151		连接器及配线	◎			

续表

序号	分类	检修配件名称	检修状态			
			状态检修	分解检修	试验	
					部件	整车
152	内装与设备	客室座椅	◎			
153		卧铺包间设备及翻板凳	◎			
154		垃圾箱和垃圾袋框	◎			
155		安全锤	◎			
156		灭火器及箱	◎			
157		广告框	◎			
158		杂志架	◎			
159		客室火灾报警按钮、紧急制动按钮、紧急呼叫按钮	◎			
160		乘务员开关	◎			◎
161		办公桌	◎			
162		餐车设备	◎		检测	

注："状态检修"为该件允许在安装位置状态下进行检修，允许在安装状态下进行检查、更换、清灰等工作，用"◎"表示。

"分解检修"为该件须本体分解才能进行检修；用"◎◎"表示从上一级分解下来后进行状态检修；用"◎△"表示从上一级分解下来后还要进行本体的分解；用"◎☆"表示从上一级分解下来后进行更新。

"试验"栏中："检测"表明主要的工作除状态检修外为检测部件主要性能指标；"测量"表明主要的工作除状态检修外主要为测量部件绝缘值；"探伤"表明主要的工作除状态检修外主要为探伤；用在"部件"或"整车"栏中的"◎"表示本件要在部件或整车时进行试验。

(3) 和谐2C二阶段/380A（L）型动车组五级检修范围

表4－3 五级检修范围

序号	检修项目		检修要求			
	分类	检修配件名称	状态检修	分解检修	试验	
					部件	整车
1	车体	密接式车钩		◎△	◎	
2		缓冲器		◎△	◎	
3		内风挡	◎			
4		外风挡	◎			
5		防雪风挡	◎			
6		排障板	◎			
7		裙板、底板、端板、防雪板、裙板安装梁		◎		
8		骨架安装梁		◎		

续表

序号	检修项目		检修要求			
	分类	检修配件名称	状态检修	分解检修	试验	
					部件	整车
9	车体	车体结构	◎			
10		过渡车钩		◎△	◎	
11		客室侧门		◎		
12		侧门机构		◎△	◎	◎
13		车窗	◎			
14		前照灯		◎△	◎	◎
15		司机室侧门		◎		
16		开闭机构		◎△	◎	◎
17		前罩		◎		
18		刮雨器装置	◎			◎
19		刮雨器水箱		◎△	◎	◎
20	转向架	转向架组成		◎△	◎	◎
21		构架组成		◎		
22		空气弹簧		◎△	◎	◎
23		油压减振器		◎△	◎	
24		AG37 型、AG43 型速度传感器	◎△		◎	
25		轴箱装置		◎△		
26		轮对组成		◎△	◎	
27		轴箱轴承		◎☆		
28		联轴节		◎△		
29		轴制动盘	◎			
30		轮盘	◎		◎	
31		齿轮传动装置		◎△	◎	
32		齿轮箱吊杆组成		◎△		
33		接地装置		◎△		
34		差压阀		◎△	◎	
35		牵引拉杆组成		◎△	◎	
36		高度调整阀		◎△	◎	
37		轴箱弹簧组成		◎△	◎	
38		制动卡钳		◎△	◎	◎

续表

序号	检修项目		检修要求			
	分类	检修配件名称	状态检修	分解检修	试验	
					部件	整车
39	转向架	踏面清扫装置		◎△	◎	◎
40		转向架配管及配线	◎			◎
41		轴温检测器	◎		◎	
42		转向架排障器		◎△		
43		中心销组成	◎△			
44		抗蛇行减振器座（车体侧）	◎△			
45		抗蛇行减振器托架（转向架侧）	◎△			
46		横向减振器托架	◎△			
47		调整棒组成		◎△		
48		横向止挡	◎			
49		抗侧滚扭杆装置		◎	◎	
50	制动系统	制动控制装置		◎△	◎	◎
51		电动空气压缩机		◎△	◎	◎
52		辅助电动空气压缩机		◎△	◎	◎
53		干燥装置		◎△	◎	◎
54		ASV11 滑行控制阀组成		◎△	◎	◎
55		踏面清扫电磁阀箱		◎△	◎	◎
56		空气软管		◎☆		◎
57		阀类		◎△	◎	
58		管路	◎			◎
59		管路滤清器	◎△			
60		双针、单针压力表	◎			◎
61		配管单元箱		◎△	◎	◎
62		空气管开闭器		◎△	◎	◎
63		截断塞门、过滤器		◎△	◎	
64	牵引系统	受电弓		◎△	◎	◎
65		真空断路器		◎☆		◎
66		接地保护开关	◎			◎
67		高压隔离开关		◎△	◎	◎
68		避雷器		◎	◎	◎
69		高压互感器	◎			◎

续表

序号	检修项目		检修要求			
	分类	检修配件名称	状态检修	分解检修	试验	
					部件	整车
70	牵引系统	电流互感器	◎			◎
71		高压绝缘子	◎			◎
72		高压电缆及高压接头		◎		◎
73		连接导体	◎			◎
74		车顶导流罩	◎			
75		高压设备箱	◎			◎
76		高压联锁钥匙箱		◎△	◎	◎
77		接地电阻器		◎△	◎	◎
78		浪涌保护装置		◎△	◎	
79		接地装置（AB－414E）		◎△	◎	
80		牵引变压器		◎△	◎	◎
81		牵引变流器		◎△	◎	◎
82		牵引电机		◎△	◎	◎
83	辅助系统	辅助电源装置		◎△	◎	◎
84		辅助整流器		◎△	◎	◎
85		蓄电池箱（含蓄电池）		◎△	◎	◎
86		配电盘、配电柜		◎△	◎	◎
87		50A 及以上断路器、接触器，部分继电器		◎△	◎	◎
88		接触器箱	◎			◎
89		控制电路接线箱	◎			◎
90		辅助电路接线箱	◎			◎
91		高压电路接线箱	◎			◎
92		高压、广播、影视及车钩电连接器	◎			◎
93		头车自动电气连接器		◎△	◎	◎
94		外部电源连接器及连接插头	◎			◎
95		车下配线	◎			◎
96		救援用电源变换装置		◎△	◎	◎
97		单相逆变电源	◎			◎
98		UPS 电源系统		◎△	◎	◎

续表

序号	检修项目		检修要求			
	分类	检修配件名称	状态检修	分解检修	试验	
					部件	整车
99	网络控制及信息系统	车辆信息控制系统		◎△		◎
100		无线数据传输装置	◎			◎
101		牵引制动数据记录装置	◎			◎
102		旅客信息系统	◎			◎
103		影视系统	◎			◎
104		广播系统	◎			◎
105		自动过分相装置		◎△	◎	◎
106		外温传感器		◎△	◎	◎
107		TCR 天线、Balise 天线、雷达天线	◎			
108		半主动控制箱及加速度传感器	◎			◎
109		CIR、ATP 及 DMS 装置	◎			
110	空调、采暖及通风系统	空调装置		◎△	◎	◎
111		换气装置本体		◎△	◎	◎
112		换气装置逆变器		◎△	◎	◎
113		司机室空调机组（室外机、室内机）		◎△	◎	◎
114		应急通风机	◎			◎
115		空调显示设定器	◎			◎
116		暖风机	◎			◎
117		司机室空调室电源箱、变压器及管路	◎			◎
118		司机室通风机	◎			◎
119		回风过滤网和回风格栅		◎		
120		出风口	◎			
121		端部新风风道	◎			
122	给排水及卫生系统	电开水炉		◎△	◎	◎
123		面镜	◎			
124		婴儿护理台	◎			
125		洗脸间热水器、皂液盒		◎△	◎	◎
126		坐便器		◎△	◎	◎
127		蹲便器	◎△			
128		洗脸盆及水阀	◎			

续表

序号	检修项目		检修要求			
	分类	检修配件名称	状态检修	分解检修	试验	
					部件	整车
129	给排水及卫生系统	车上水箱、管路	◎			
130		车上泵箱		◎△		
131		水箱装置		◎△	◎	◎
132		污物箱		◎△	◎	◎
133		水封装置		◎△	◎	◎
134	内装与设备	外端门	◎			
135		室内门	◎			
136		座椅	◎			
137		车内装饰	◎			
138		地板布	◎			
139		行李架	◎			
140		垃圾箱和垃圾袋柜	◎			
141		大件行李放置处	◎			
142		卷帘		◎		
143		除臭发生器	◎			◎
144		安全锤	◎			
145		广告框	◎			
146		扶手	◎			
147		间壁桌	◎			
148		车内标识	◎			
149		小间设备	◎			◎
150		展示柜、冰箱、冷冻箱、单、双门冷藏箱		◎△		
151		厨房储藏柜	◎			
152		小推车	◎			
153		单、双门保温箱及电烤箱		◎△		
154		厨房洗池	◎			
155		卧铺包间设备及走廊翻板凳	◎			
156		插座、开关	◎			
157		观光区边柜	◎			
158		半包隔断	◎			

续表

序号	检修项目		检修要求			
	分类	检修配件名称	状态检修	分解检修	试验	
					部件	整车
159	内装与设备	地毯		◎△		
160		VIP 服务台	◎			
161		餐桌、吧桌、靠吧、吧台	◎			
162		端部侧拉门罩板	◎			
163		餐椅、沙发	◎			
164		茶几、操作台、办公桌、搁物台、电视桌、包间茶桌设备	◎			
165		锁件	◎			
166		灯具	◎			◎
167		插座、开关	◎			◎
168		客室火灾报警按钮、紧急制动按钮、紧急呼叫按钮	◎			◎
169		电压表	◎			◎
170		牵引控制器		◎△	◎	◎
171		司机制动控制器		◎△	◎	◎
172		连接切换开关		◎△	◎	◎
173		乘务员开关		◎△	◎	◎
174		司机室其他部件	◎			◎
175		连接切换开关		◎△	◎	◎
176		司机室座椅	◎			
177		司机室可翻转座椅	◎			
178		设备室门	◎			
179		机器室气密门	◎			
180		风笛		◎		
181		车内压力开放阀		◎△	◎	◎
182	车辆落成编组与试验	油漆及标记		◎		
183		绝缘耐压试验				◎
184		调试试验				◎
185		试运行				◎

注:“状态检修”为该配（部）件在安装位置状态下检修;“分解检修”为该配（部）件须从上级部件分解下来检修;“◎”表示该配（部）件的检修状态;状态检修中的“△”表示该配（部）件中部分零部件须分解下来;分解检修中的“△”表示该配（部）件需要自身分解检修;“☆”表示该配（部）件需要更换新品。

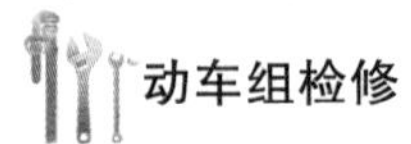

学习引导文

维修项目： **动车组架车**	
适用车型：CRH380A（L）/380A统	修　程：三级修
周　期：60$^{+2}_{-5}$万公里或不超过1.5年	部　件：整列车
作业人员：39人	作业时间：480分
工装工具：车端减振器拆装专用工装、半主动减振器拆装专用扳手、风动扳手、电动扳手、风管、克丝钳、斜口钳、尖嘴钳、棘轮扳手（S55、S41、S24、S19、S17、S13、S10）、叉口扳手（S41、S27、S19、S13）、350 mm管钳、300 mm活扳手、壁纸刀、一字螺丝刀	作业材料： 酒精、纸胶带、密封袋、塑料布、胶带、风管堵、电机风道盖板、扎带、标记笔
参考资料： ①《和谐2C二阶段/380A（L）型动车组三级检修规程》铁总运〔2014〕76号 ②《中国铁路总公司关于印发〈和谐2C二阶段/380A（L）型动车组三级检修规程补充内容〉的通知》铁总运〔2014〕271号	
安全防护及注意事项： ①作业人员须穿戴好防护用品。 ②作业时应严格遵守现场的安全规定。 ③对作业过程中产生的材料包装、清洗液、清洁布等固液体废弃物应及时清理并分类处理，保持清洁。 ④作业中使用的白布、铁丝、弹垫等报废零部件包装，以及其他固体废弃物要分类收集，综合利用，避免污染。 ⑤自CRH380A－2641起后续CRH380A型动车组简称CRH380A统型动车组。	

序号	作业步骤	作业程序、标准及图示
1	工艺流程	①地坑式架车机：开工前准备—举升车体—车体与转向架连接件分离—二次举升—转向架下落及推出—现场清理。 ②移动式架车机：开工前准备—车体与转向架连接件分离—举升车体—转向架推出—现场清理。

续表

序号	作业步骤	作业程序、标准及图示
2	开工前准备	①检查确认移动式接触网断电并且移出，接地杆已挂。将主控台各电源开关闭合，同时闭合电钥匙开关（见图 4－1）。进入架车机程序控制系统，在主控制台上选择 CRH_2 车型。在每次架车之前必须进行联动的空载升、降试验，确认架车机工作性能正常，并且使丝杠得到充分润滑。 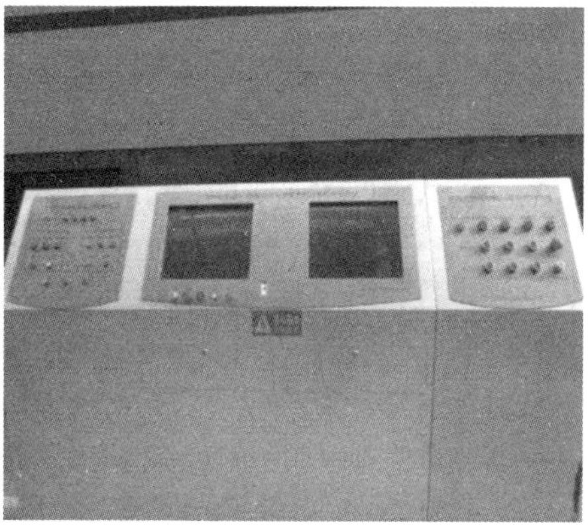 图 4－1　架车机主控台 ②将动车组牵引至检修股道，并对位。 ③领取作业所需工装工具、辅料。
3	举升车体	（1）地坑式架车机。 ①选择“转向架同步联控”模式，确认止挡完全伸出后（见图 4－2），起升转向架举升轨至 850 mm（见图 4－3）。  图 4－2　止挡升起 　　图 4－3　举升高度 850 mm ②拆下轴箱弹簧上部橡胶防尘堵，安装 M32×170 的工艺螺栓（见图 4－4），将轴箱弹簧防尘堵进行回收。若车体与转向架之间间距不能满足工艺螺栓安装要求，需对动车组进行充风至工艺螺栓可顺利装入。 ③进行车体与转向架分离作业，详细内容见序号 4 内容。 ④转向架举升轨升至 1 100 mm。 ⑤架车机车体支撑托头对位。 在“车体支撑装置单机本地控制”模式下，利用本地控制器对架车机车体支撑托头进行插入对位（见图 4－5）。 点击本地控制器“确认”按钮，32 个车体支撑装置本地控制器托头对位，确认蓝灯亮。车体托头对位作业完成后，主控制台收到由本地控制器给出的确认信号。

续表

序号	作业步骤	作业程序、标准及图示
3	举升车体	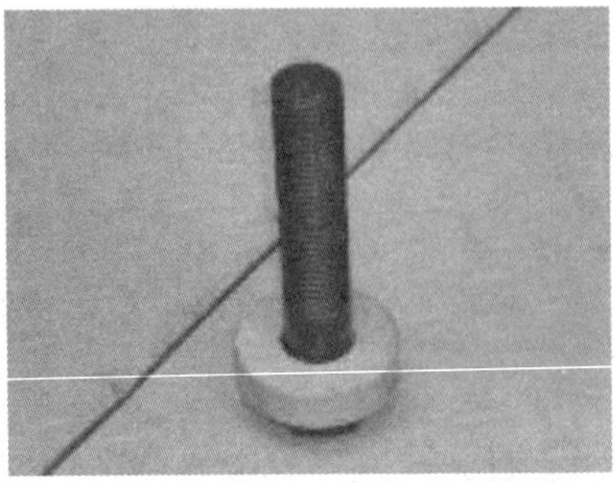 图4－4　M32×170工艺螺栓 　　图4－5　车体支撑托头对位完成示意 （2）移动式架车机。 ①在调试库内拆下轴箱弹簧上部橡胶防尘堵，安装M32×170的工艺螺栓。若车体与转向架之间间距不能满足工艺螺栓安装要求，需对动车组进行充风至工艺螺栓可顺利装入。 ②安装完成之后，将动车组转入检修库。 ③架车机对位。 选择“单机本地”控制模式，架车机分控箱“单机本地”绿灯亮，使用分控箱手持控制器逐个进行纵向、横向、高度方向的精确对位，并承受规定压力（见图4－6）。  图4－6　单车移动式架车机控制台 车体托头对位作业完成后，操作分控箱“确认”按钮逐个给出确认信号。主控台接收全部的确认信号后，程序画面相应显示确认完成情况。 在主控台上点击“托头对位确认”按钮，流程画面上蓝灯亮，同时现场32个分控箱“托头对位确认”蓝灯亮。
4	车体与转向架连接件分离	（1）空气软管拆卸。 ①拆卸空气软管前，使用白布将制动、踏面清扫管路连接处擦拭干净。 ②拆下制动、踏面清扫管路连接空气软管，分别将空气软管口的车体侧及转向架侧管路口进行防护，防止灰尘、杂物进入（见图4－7）。 （2）电气连接器拆卸。 将捆绑电缆的扎带剪开，松开支架（注意取出电缆后将支架临时固定），将支架固定到车体安装座上。

续表

<table>
<tr><th>序号</th><th>作业步骤</th><th>作业程序、标准及图示</th></tr>
<tr><td>4</td><td>车体与转向架连接件分离</td><td> 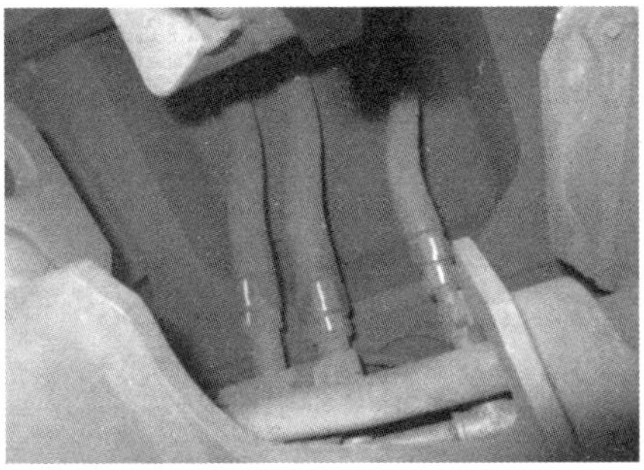图4－7　制动、踏面清扫管路
①卸下AG43速度传感器航空插头（见图4－8），检查AG43传感器电缆上黄色塑胶带标记及AG43传感器插座处的黄色标记是否完好，破损须重新标记，卸下AG43速度传感器航空插头并对航空插头进行防护。 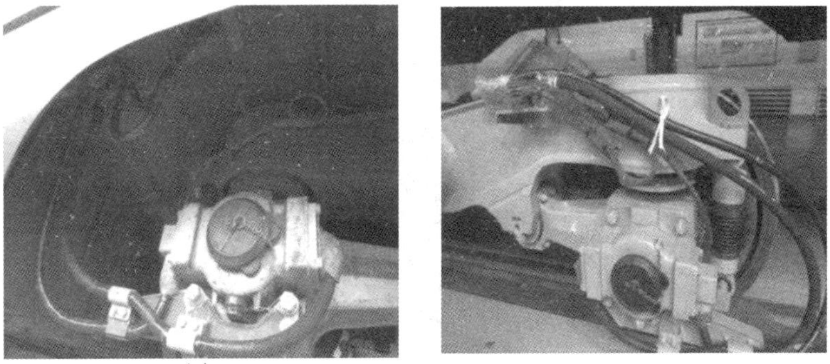
(a)　(b)
图4－8　拆卸前后的AG43速度传感器航空插头
②卸下AG37速度传感器航空插头，拆卸下失稳连接器插头，对传感器航空插头进行防护（见图4－9）。 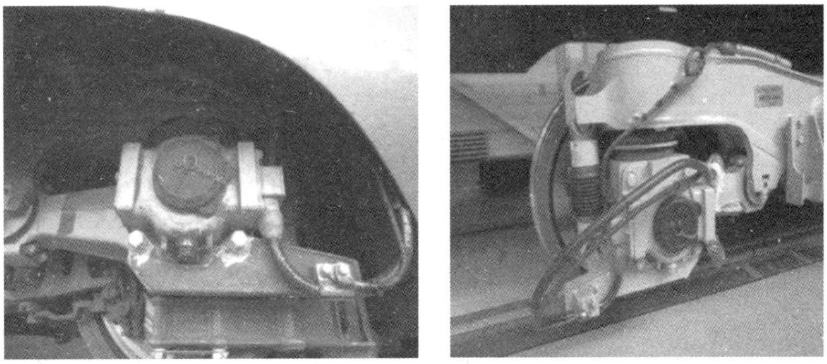
(a)　(b)
图4－9　拆卸前后的AG37速度传感器航空插头
③卸下牵引电机转速传感器航空插头，并对传感器航空插头进行防护（见图4－10）。
④卸下轴温传感器航空插头，并对传感器航空插头进行防护（见图4－11）。
⑤拆下牵引电机航空插头，并对牵引电机航空插头进行防护（见图4－12）。</td></tr>
</table>

续表

序号	作业步骤	作业程序、标准及图示
4	车体与转向架连接件分离	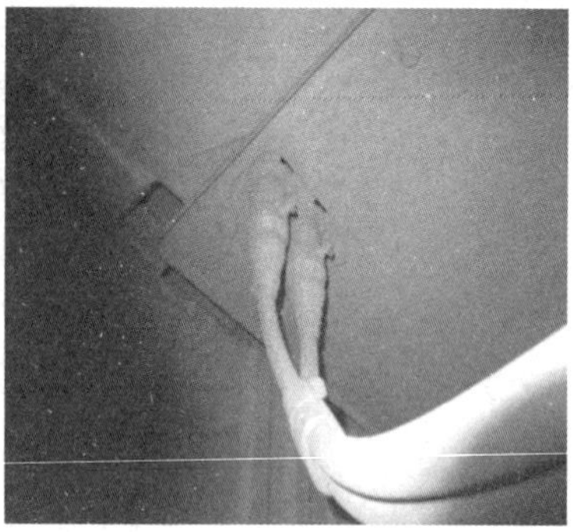 图4－10　牵引电机转速传感器航空插头 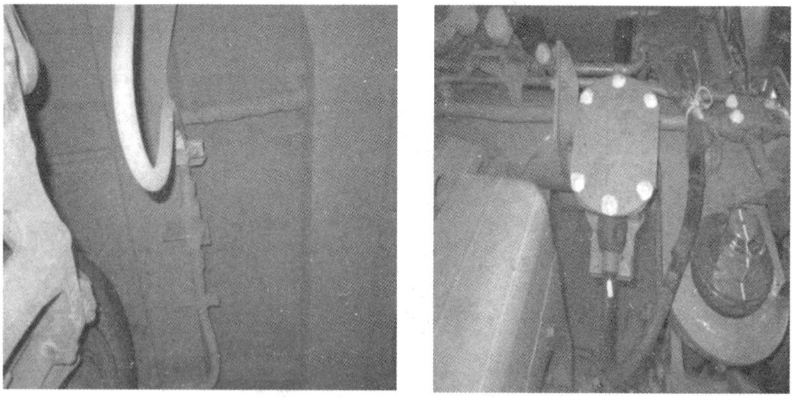 (a)　(b) 图4－11　拆卸前后的轴温传感器航空插头 ⑥拆下半主动横向减振器与转向架连接部位，并对半主动横向减振器安装孔和航空插头进行防护（见图4－13）。  图4－12　牵引电机航空插头 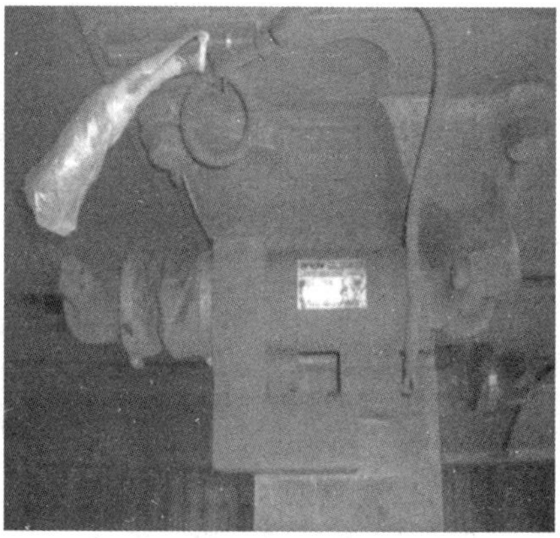　图4－13　半主动横向减振器 ⑦卸下接地线，将转向架上接地线座板原位组装，并将螺栓紧固（见图4－14）。 ⑧拆卸两头车浪涌装置连接线，并对接头进行防护（见图4－15）。

续表

序号	作业步骤	作业程序、标准及图示
4	车体与转向架连接件分离	 图 4－14　接地线 　　图 4－15　浪涌装置连接线 ⑨牵引电机航空插头、速度传感器、温度传感器防护固定。 用密封塑料袋包裹速度传感器插头、牵引电机航空插头，用塑胶带密封紧固； 用塑料布对插头进行再次包扎，用塑胶袋缠绕密封良好； 用扎带将速度传感器线固定在转向架侧，将牵引电机电缆用扎带绑扎在转向架牵引电机侧，将温度传感器航空插头固定于转向架横向制动管上，将电机接地线用扎带固定于牵引电机电源线固定支架上，确认绑扎紧固（见图 4－16）。 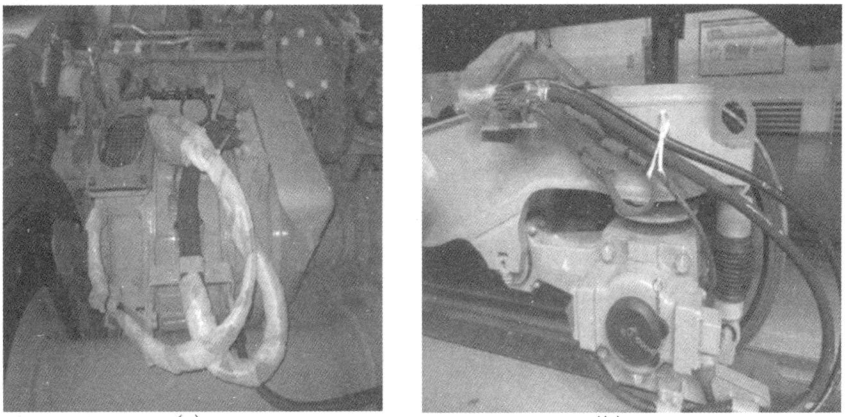 (a)　(b) 图 4－16　连接器、传感器插头防护固定 （3）机械连接器拆卸。 ①松开牵引电机软风道与牵引电机风道安装座卡箍（见图 4－17）。 ②拆卸牵引拉杆与车体侧连接螺栓，牵引拉杆保持原位，并对各螺栓孔进行防护（见图 4－18）。 ③拆下抗蛇行减振器，减振器放置在指定区域（见图 4－19）。 ④拔下高度调整杆下部螺母开口销，卸下螺母，用扎带或者铁丝将高度调整杆固定到车体侧（见图 4－20）。 ⑤拆卸牵引电机下部两个 M27 × 70 紧固螺栓（见图 4－21）。拆卸下的螺栓、垫片报废处理。

续表

序号	作业步骤	作业程序、标准及图示
4	车体与转向架连接件分离	 图4－17　牵引电机软风道拆卸  图4－18　牵引拉杆  图4－19　抗蛇行减振器  图4－20　高度调节杆下部螺母  图4－21　牵引电机组装螺栓 （4）检查确认。 检查确认车体与转向架所有连接部件是否分离完全。确认完全分离后，进行落车作业。

续表

<table>
<tr><th>序号</th><th>作业步骤</th><th>作业程序、标准及图示</th></tr>
<tr><td>5</td><td>转向架下落及推出</td><td>（1）地坑式架车机。
①选择“转向架本地控制”模式，逐个下降转向架举升单元，在下降的过程中再次确认车体与转向架之间的连接部件是否完全分离。
②转向架全部落下后，逐个推出转向架，点击“转向架牵出确认”按钮，转向架现场控制器转向架牵出确认蓝灯亮，推出转向架后逐个按下现场控制器确认按钮（见图4－22）。
③将动力转向架上牵引电机通风口滤网拆下，用专用盖板进行封盖。
④对转向架空气弹簧进气孔进行防护，并做好标记（包括车号、车辆号、位数）（见图4－23）。 
图4－22　落转向架 
图4－23　空气弹簧防护
⑤检查转向架侧半主动横向减振器安装螺孔、各空气管路接头等防护到位。最后将转向架推送移交转向架车间。
⑥从车体上拆下半主动横向减振器，与抗蛇行减振器一起送修。
⑦检查车体侧空气弹簧进气孔、各部件安装孔、各风管路接头、各线缆连接器座，须防护到位，并定期检查，防止意外脱落。
⑧检查相邻车体之间高度差，如偏差较大（大于40 mm），则使用车体支撑单机本地控制进行微调。
（2）移动式架车机。
①经“复位”按钮选择“同步联动”控制模式，现场控制器“同步联动”红灯亮，按下警示电铃，主控台控制架车机同步上升，上升过程中各架车机警示灯闪烁。
②主控台控制架车机同步举升至1 100 mm时停机（见图4－24）。 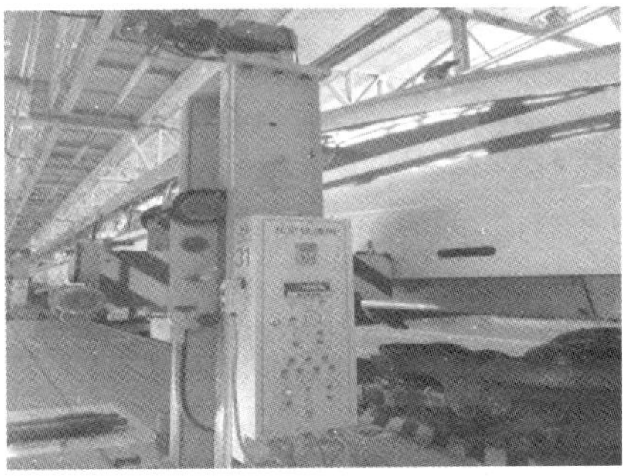
图4－24　架车机同步举升
③逐个推出转向架，在主控台上点击“转向架牵出确认”按钮，流程画面上“转向架牵出确认”蓝灯亮，同时32个分控箱“转向架牵出确认”蓝灯亮。</td></tr>
</table>

续表

序号	作业步骤	作业程序、标准及图示
5	转向架下落及推出	④逐个确认转向架已推出，并按下对应分控箱“确认”按钮，程序画面相应显示确认完成情况。 ⑤将动力转向架上牵引电机通风口滤网拆下，用专用盖板进行封盖。 ⑥对转向架空气弹簧进气孔进行防护，并做好标记（包括车号、车辆号、位数）。 ⑦检查转向架侧半主动横向减振器安装螺孔、各空气管路接头等防护到位。确认完毕后将转向架推送移交转向架车间。 ⑧从车体上拆下半主动横向减振器，与抗蛇行减振器一起送修。 ⑨检查车体侧空气弹簧进气孔、各部件安装孔、各风管路接头、各线缆连接器座，须防护到位，并定期检查，防止意外脱落。 ⑩检查相邻车体之间高度差，如偏差较大（大于 40 mm），则使用车体支撑单机本地控制进行微调。
6	现场清理	①拆卸下的部件放置在地布上，码放整齐。 ②每一项工序作业完成后须对作业场地进行清理，确保现场整洁。

任务实施与评价

①下发任务单，明确学习任务、主要内容、知识目标、能力目标、素质目标要求；

②学生按任务单要求制订学习计划，完成预习任务及相关知识准备；

③通过查阅相关资料，各小组分别制作 PPT，讲解 CRH380A 型动车组三、四、五级检修的异同，同时讲解动车组架车作业工艺流程；

④学生进行学习自我评价及学习小组成员互评，小组长（副组长）进行小组整体评价，教师检查任务完成情况。

【任务 2】 动车组尺寸测量

任务单

任务名称	动车组尺寸测量
任务描述	动车组尺寸测量是在现有实训条件下最容易开展的动车组高级检修项目，同时有利于学生掌握各种量具的使用方法。
任务分析	从开工前准备、尺寸测量、车下天线测量、尺寸调整、整理场地、数据记录等全过程学习动车组尺寸测量作业标准，熟悉所需工装工具及作业材料，掌握安全防护措施及注意事项。
学习任务	【子任务 1】小组内采用角色扮演形式，按照“四必”作业法要求，对动车组进行尺寸测量作业。
劳动组合	各组长分配小组成员角色，进行动车组尺寸测量作业并留下影像资料。 各组评判小组成员学习情况，作出小组评价。
成果展示	学生进行动车组尺寸测量作业的照片或视频

续表

<table>
<tr><td>学习小结</td><td colspan="7"></td></tr>
<tr><td rowspan="6">自我评价</td><td>项目</td><td>A—优</td><td>B—良</td><td>C—中</td><td>D—及格</td><td>E—不及格</td><td>综合</td></tr>
<tr><td>安全纪律（15%）</td><td></td><td></td><td></td><td></td><td></td><td rowspan="5"></td></tr>
<tr><td>学习态度（15%）</td><td></td><td></td><td></td><td></td><td></td></tr>
<tr><td>专业知识（30%）</td><td></td><td></td><td></td><td></td><td></td></tr>
<tr><td>专业技能（30%）</td><td></td><td></td><td></td><td></td><td></td></tr>
<tr><td>团队合作（10%）</td><td></td><td></td><td></td><td></td><td></td></tr>
<tr><td rowspan="2">教师评价</td><td>简要评价</td><td colspan="5"></td><td rowspan="2"></td></tr>
<tr><td>教师签名</td><td colspan="5"></td></tr>
</table>

<table>
<tr><td colspan="2">维修项目：
动车组尺寸测量</td></tr>
<tr><td>适用车型：CRH380A（L）/380A 统</td><td>修　程：三级修</td></tr>
<tr><td>周　期：60^{+2}_{-5}万公里或不超过 1.5 年</td><td>部　件：整列车</td></tr>
<tr><td>作业人员：8 人</td><td>作业时间：720 分</td></tr>
<tr><td>工装工具：钢板尺（150 mm、500 mm）、2 m 卷尺、尺杆、内卡钳、液态水平尺、叉口扳手（14～17、17～19、36）、棘轮扳手、电动扳手、扭力扳手（10～200 N·m、50～330 N·m、60～400 N·m）、PRO3600 水平仪等。</td><td>作业材料：
白色标记笔、3M 红色标记笔、3M 黑色标记笔等。</td></tr>
<tr><td colspan="2">参考资料：
①《和谐 2C 二阶段/380A（L）型动车组三级检修规程》铁总运〔2014〕76 号
②《中国铁路总公司关于印发 < 和谐 2C 二阶段/380A（L）型动车组三级检修规程补充内容 > 的通知》铁总运〔2014〕271 号</td></tr>
<tr><td colspan="2">安全防护及注意事项：
①作业人员须穿戴好防护用品。
②作业时应严格遵守现场的安全规定。
③对作业过程中产生的材料包装、清洗液、清洁布等固液体废弃物应及时清理并分类处理，保持清洁。
④作业中使用的白布、铁丝、弹垫等报废零部件，以及其他包装等固体废弃物要分类收集，综合利用，避免污染。
⑤自 CRH380A－2641 起后续 CRH380A 型动车组简称 CRH380A 统型动车组。</td></tr>
</table>

学习引导文

序号	作业步骤	作业程序、标准及图示
1	工艺流程	开工前准备—尺寸测量—车下天线测量—尺寸调整—整理场地—填写记录。
2	开工前准备	①领取作业所需辅料：白色标记笔、3M 红色标记笔、3M 黑色标记笔等。 ②准备作业所需工装工具：钢板尺（150 mm、500 mm）、2 m 卷尺、尺杆、内卡钳、液态水平尺、叉口扳手（14～17、17～19、36）、棘轮扳手、电动扳手、扭力扳手（10～200 N·m、50～330 N·m、60～400 N·m）、PRO3600 水平仪等。
3	尺寸测量	①车钩高度。 车钩中心高度为 1 000 mm，中间车的车钩高度 B 为$1\,000^{+10}_{-15}$ mm，两头车的车钩高度为（1 000 ±5） mm（柴田式为（1 000 ±5） mm，10 型车钩为$1\,000^{+10}_{-15}$ mm）。控制同一车辆前后两车钩的高度差在 20 mm 以内；将过渡车钩安装到两头车车钩上，把尺杆水平放于轨道上，用卷尺测量车钩及过渡车钩距轨面的高度，保证过渡车钩的高度为880^{+10}_{-5} mm（统型车过渡车钩的高度为880^{+10}_{-40} mm），如图 4－25 所示。 ②车钩上翘量、下垂量。 水平仪的一端放在车钩及与车钩托架连接的横销处，然后将水平仪水平放置（水平仪的气泡在中间位置），测量水平仪前端与车钩标记点的高度距离 H。车钩的上翘量、下垂量 $X = \lvert H-30 \rvert$ mm（30 为车钩横销的半径），车钩上翘量或下垂量均不应大于 5 mm，如图 4－26 所示。 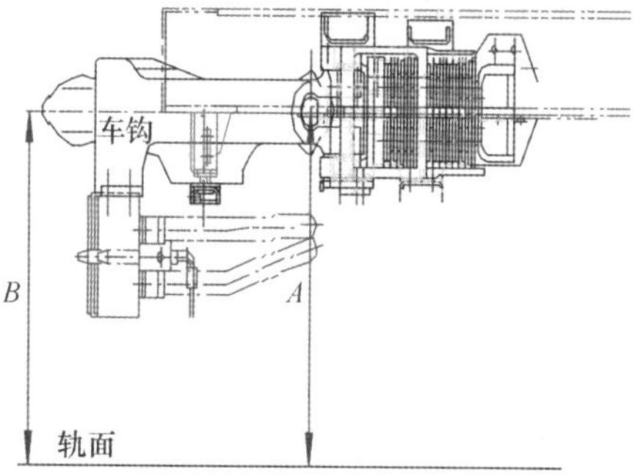 车钩 B A 轨面 图 4－25　车钩高度测量  图 4－26　车钩上翘量、下垂量测量 ③车体四角高。 将尺杆水平放于轨道上，用卷尺分别测量底架缓冲梁下平面（靠近车体侧墙纵向向里 30 mm处共测四处）到轨面的距离（如图 4－27 所示），要求左右之差小于 15 mm，前后之差小于 25 mm，对角线之差小于 25 mm。头车由于前端无缓冲梁，故取空气弹簧周围车体下表面处测量。 ④测量空气弹簧高度应满足 $(330+t)^{+6}_{-3}$ mm（t 为调整垫厚度，同一转向架空气弹簧高度差≤3 mm），如图 4－28 所示。 ⑤空车时，用内卡钳和钢板尺测量轴箱安装面与构架基准面的高度尺寸为70^{+3}_{0} mm，且同一转向架四处的高度差≤2 mm，加调整垫总厚度不超过 21 mm（根据调整垫数量及厚度进行计算），如图 4－29 所示。

续表

<table>
<tr><th>序号</th><th>作业步骤</th><th>作业程序、标准及图示</th></tr>
<tr><td>3</td><td>尺寸测量</td><td>⑥用内卡钳和钢板尺测量中心销安装零部件与转向架构架安装零部件的间距不小于48 mm，如图4－30所示。 

图4－27 车体四角高度测量 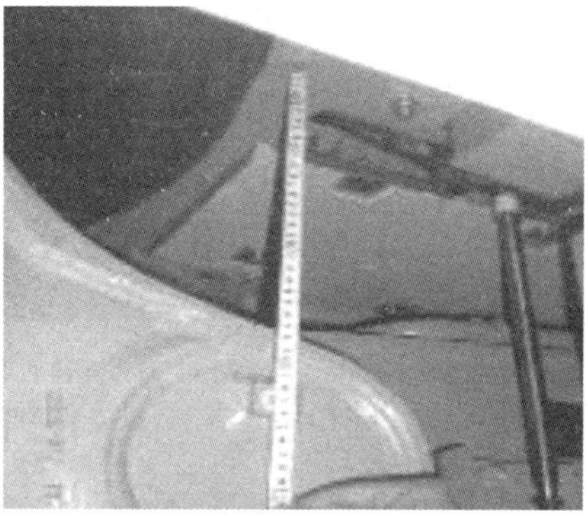

图4－28 空气弹簧高度测量 

图4－29 轴箱安装面与构架基准面的高度测量 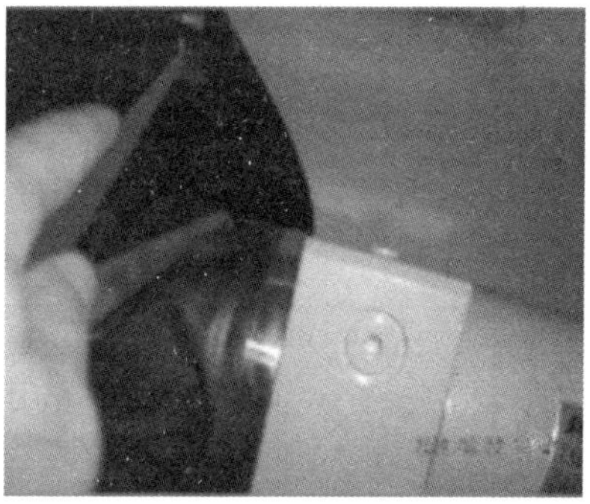

图4－30 中心销及中心销安装零部件与转向架构架装零部件的间距测量

⑦用内卡钳和钢板尺测量车体底架安装零部件与转向架安装零部件间距：转向架横梁内不小于53 mm，转向架横梁外不小于68 mm，如图4－31所示。
⑧用内卡钳和钢板尺测量车体底架安装零部件与轮缘顶面的间距不小于85 mm，如图4－32所示。
⑨用内卡钳和钢板尺测量车体底架安装零部件与弹簧帽上面的间距不小于85 mm，如图4－33所示。
⑩测量横向缓冲橡胶止挡与中心销间隙应满足40^{+2}_{0} mm，如图4－34所示。
⑪抗侧滚扭杆装置尺寸测量：
依据1位侧连杆组成的尺寸408.5±0.5 mm，将水平尺杆横放在轨面上，然后分别量出特殊螺栓头部样冲眼到尺杆上平面，以及连杆组成上部缓冲橡胶样冲眼到尺杆上平面的距离，两者之差即为要求尺寸401.5～416.5 mm，如图4－35所示。
⑫测量过分相检测器到轨面距离时，将水平尺杆放置在天线下方，用钢板尺测量天线下表面中心的高度L，L需在110^{+20}_{0} mm范围内，如图4－36所示。</td></tr>
</table>

续表

序号	作业步骤	作业程序、标准及图示
3	尺寸测量	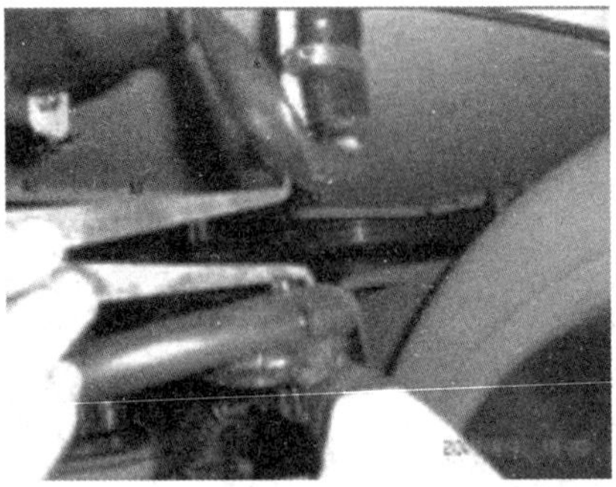 图 4－31　车体底架安装零部件与转向架安装零部件间距测量 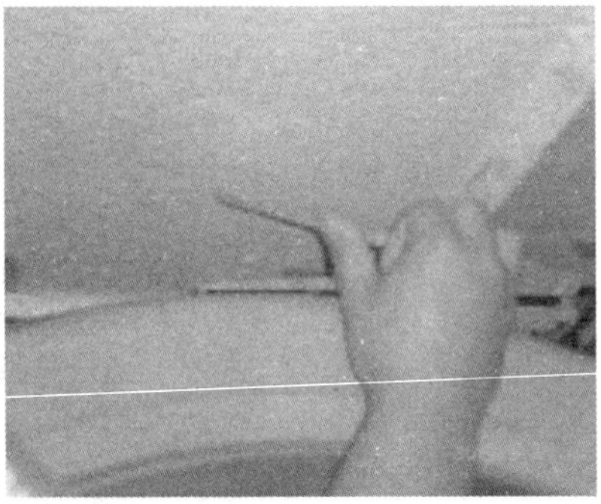 图 4－32　车体底架安装零部件与轮缘顶面间距测量  图 4－33　车体底架安装零部件与弹簧帽上面的间距测量 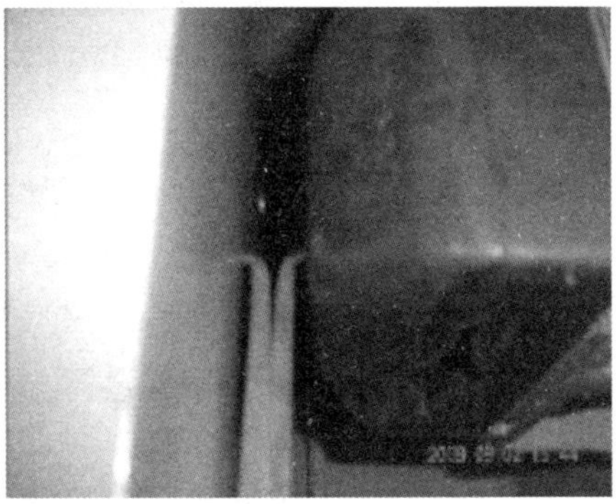 图 4－34　横向缓冲橡胶止挡与中心销间隙测量 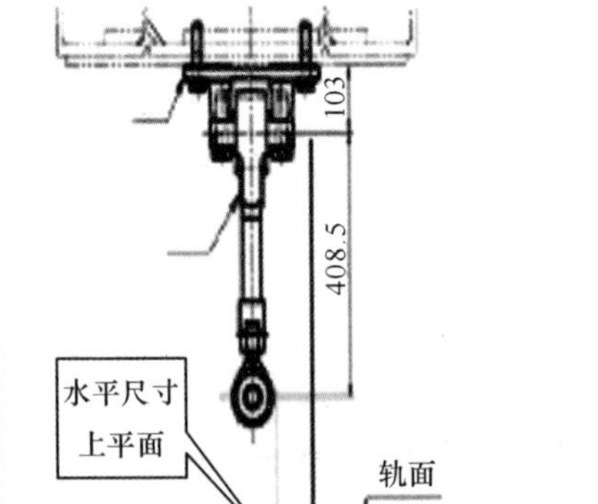 图 4－35　抗侧滚扭杆装置尺寸测量 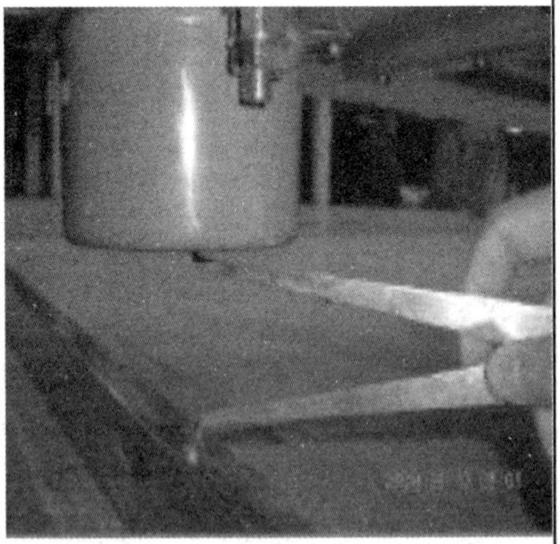 图 4－36　过分相检测器到轨面距离测量（仅限于 8 编组 04、06 号车）

续表

序号	作业步骤	作业程序、标准及图示
4	车下 天线测量	（1）天线偏移量测量。 ①标记天线中心线及中心点。 利用钢尺找出天线横向两边的中点，连接两边的中点找出天线的中心点，如图 4－37 所示。 ②标记车体中心线及中心点。 在牵引梁的 4 个位置，利用钢板尺找出牵引梁横向中心，并用记号笔进行标记，如图 4－38、图 4－39 所示。 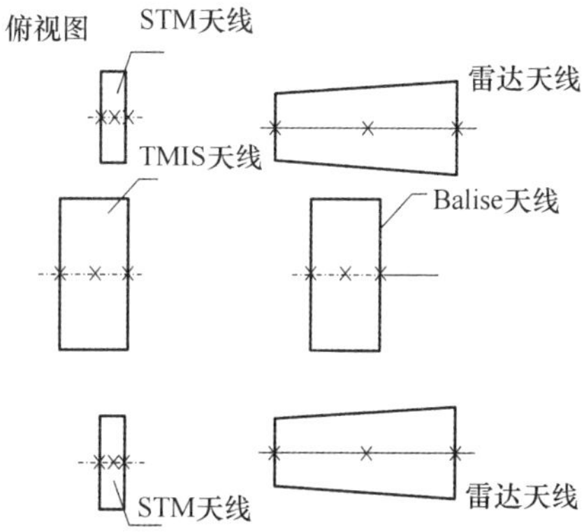 图 4－37　天线的中心 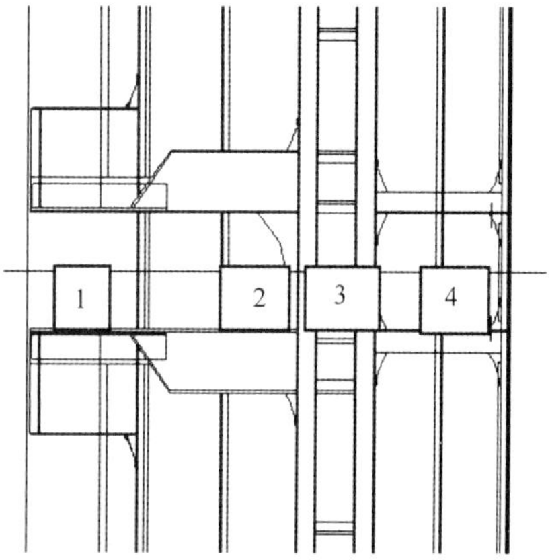 图 4－38　车体牵引梁 将定位仪放置图 4－38 所示位置 3 和位置 4 之间，将定位仪打开，调整定位仪的位置使得定位仪打向位置 3、位置 4 的红外线和位置 3、位置 4 所标注的牵引梁的中点重合，找出车体中心线，如图 4－40 所示。  图 4－39　牵引梁中心  图 4－40　车体中心线 ③测量天线偏移量。 用卷尺测出天线两边的中点到车体中心线（红外线）的距离 L_1、L_2（如图 4－41 所示），L_1、L_2 都满足规定的尺寸时，天线偏移量合格。Balise 天线、TCR 及 STM 天线、雷达天线、TCR 及 STM 天线的偏移量见学习引导文后表 4－4。

续表

序号	作业步骤	作业程序、标准及图示
4	车下天线测量	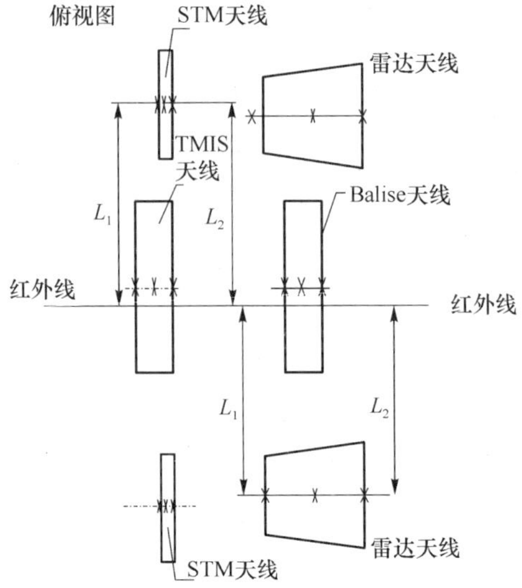 图 4－41　天线偏移量测量 ④标记位置。 天线偏移量调整合格后，在安装架与天线连接处，以及安装架与车体安装座连接处，进行标记。标记时用油性笔划一宽 3 mm 的白色检查线，检查线沿纵向贯穿天线和安装架，以及车体安装座和安装架。在天线、安装架、车体安装座上检查线的长度为 10～15 mm（如图 4－42 所示）。（注：标记线是后工序在调整天线高度时，确认天线偏移量的依据，可结合天线的实际结构在纵向上进行划线标记。因空间关系无法划线标记时，可不用划线标记。） 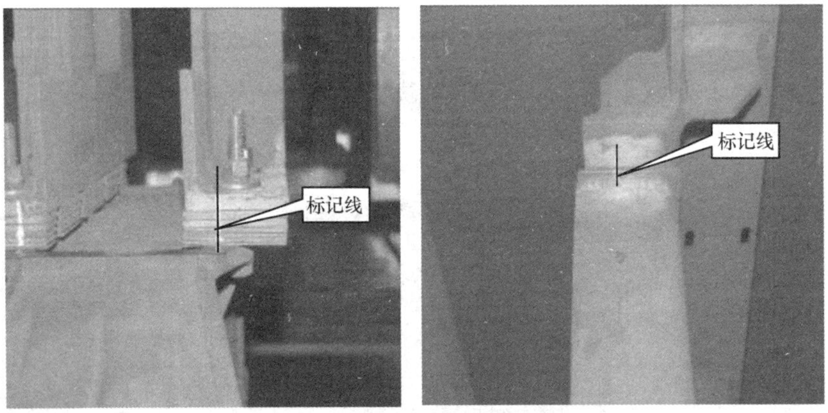 (a)　(b) 图 4－42　标记线 （2）Balise 天线中心距轨面高度测量。 用水平尺杆放置在天线下方，用钢板尺测量天线下表面中心的高度 l；为保证天线下表面安装后水平，分别测量天线的四个角高度 1、2、3、4，四个角的高度需同时满足天线高度尺寸要求，如图 4－43 所示。 （3）TCR 天线高度测量（仅头车）。 用卡钳测量天线下表面（距轨面最近的面）的 3 个点距轨面的高度（中心 1 个点，两端 2

续表

序号	作业步骤	作业程序、标准及图示
4	车下天线测量	个测量点)。因 TCR 天线有防护套，测量的尺寸应加上防护套的厚度约6 mm，算出3个点高度分别为 K、K_1、K_2，3个值要同时满足尺寸要求（见学习引导文后表4－5)，如图4－44所示。  图4－43　轨面至 Balise 天线下表面的高度 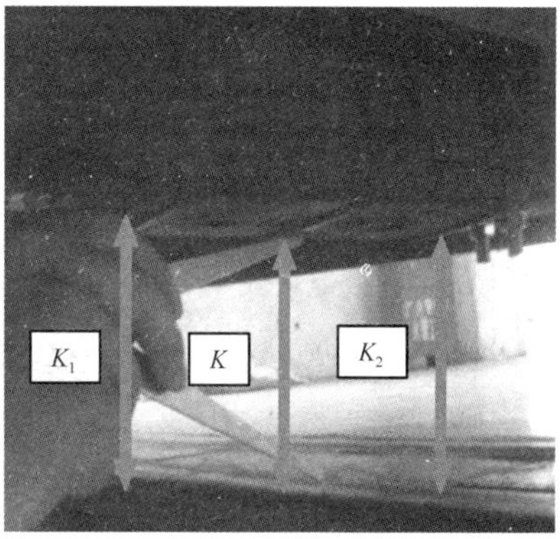 图4－44　TCR 天线高度测量 （4）雷达天线高度测量。 将水平尺杆水平放置在轨道上，用卡钳测量雷达天线下表面标记的中心点距轨面的距离(如图4－45所示)。 CRH380A 统：天线下表面与水平面之间的倾斜角度为8°～10.2°（仅头尾车)。使用百洁布擦去天线下表面浮灰，使用钢直尺连接雷达天线长边对边中心，沿钢直尺做两标记点（两标记点间距以略小于角度测量尺长边长度为宜)，使数显角度尺长边与标记点对齐，贴紧雷达下表面，测出雷达天线倾斜角度，要求天线下表面与水平面之间的倾斜角度为8°～10.2°，如图4－46所示。  图4－45　雷达天线高度测量  图4－46　角度测量
5	尺寸调整	（1）头车车钩高度调整。 用40 N·m 的扭力扳手拆横排的两个 M12×45 螺栓，用95 N·m 的扭力扳手拆竖排的两个 M16×90 螺栓，然后用液压小车顶起车钩，调整车钩高度，再用扭力扳手拧紧4个螺栓，打黑红防松标记，如图4－47所示。 （2）中间车车钩高度调整。 用36 mm 叉口扳手拆车钩托板调整高度螺栓，用棘轮扳手拆车钩托板固定螺栓 M8、垫片 M8，调整车钩高度，紧固螺栓扭矩为20 N·m，涂打防松标记，如图4－48所示。

续表

序号	作业步骤	作业程序、标准及图示
5	尺寸调整	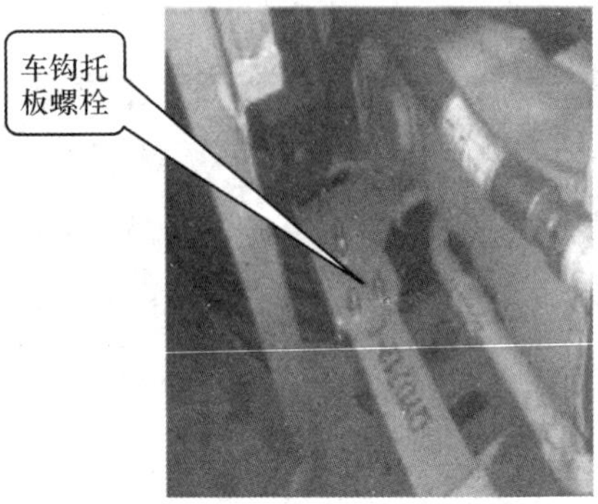 图 4－47　车钩高度调整 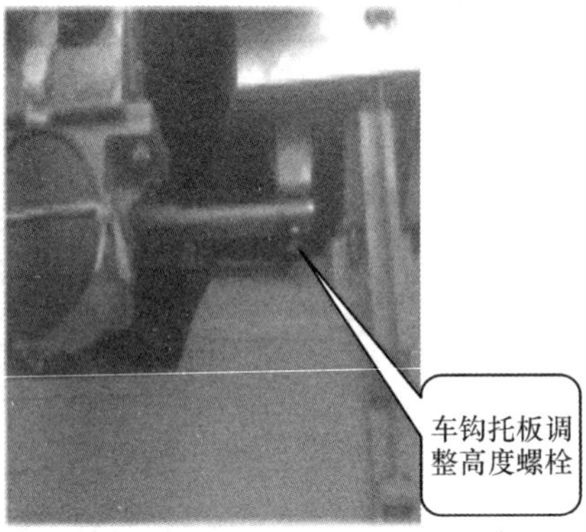　　图 4－48　中间车钩高度调整 （3）Balise 天线高度调整。 Balise 天线中心距轨面高度不满足规定要求时，在位置 1 处通过加减调整垫对天线高度进行调整。当加减位置 1 处调整垫无法达到要求时，可通过加减位置 2 处的垫片使天线的高度满足规定要求，然后用螺栓 M10、弹垫 M10、扭矩 24 N·m 紧固螺栓，打黑红防松标记，如图 4－49、图 4－50 所示。 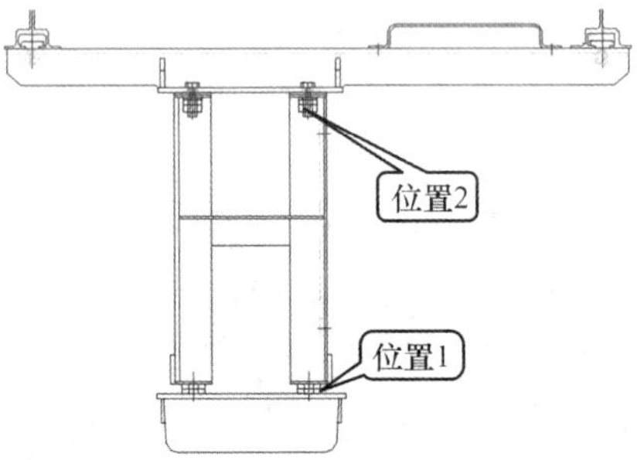 图 4－49　Balise 天线 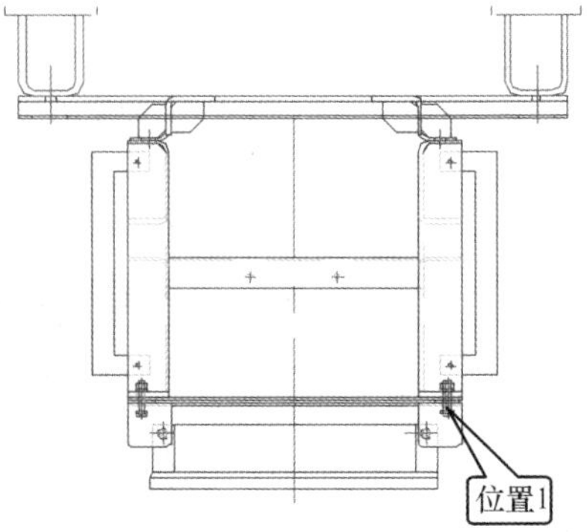　　图 4－50　头部 Balise 天线 （4）TCR 天线高度调整。 当 TCR 天线中心距轨面高度不满足规定要求时，在位置 1 处通过加减垫片对天线高度进行调整。当加减位置 1 处调整垫无法达到要求时，可通过加减位置 2 处的调整垫使天线的高度满足规定要求，然后用螺栓 M20、弹垫 M20、扭矩 160 N·m 紧固螺栓，打黑红防松标记，如图 4－51 所示。 （5）雷达天线调整。 当雷达天线中心距轨面高度不满足规定要求时，在位置 1 处通过加减调整垫对天线高度进行调整，然后用螺栓 M8、弹垫 M8、扭矩 14 N·m 紧固螺栓，打黑红防松标记，如图 4－52 所示。 （6）过分相检测器到轨面距离调整。 过分相检测天线应基本保持水平，允许存在轻微倾斜，即最高与最低边缘高度差≤5 mm（三级修时最高与最低边缘高度差≤10 mm）。尺寸不符时通过天线安装座的长圆孔调整并重

续表

<table>
<tr><th>序号</th><th>作业步骤</th><th>作业程序、标准及图示</th></tr>
<tr><td>5</td><td>尺寸调整</td><td>新紧固及涂打防松标记：采用螺栓 M12 时紧固扭矩为 60 N·m；采用特殊螺母 M12、弹垫 M12 时紧固扭矩为 39 N·m。如图4－53 所示。 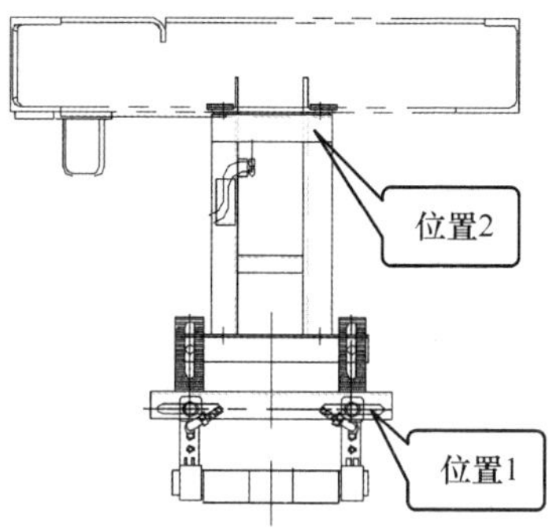

位置2
位置1
图4－51　TCR 天线高度调整 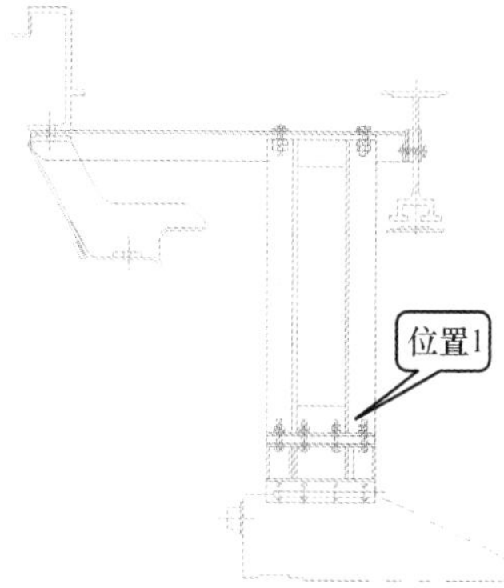

位置1
图4－52　雷达天线高度调整 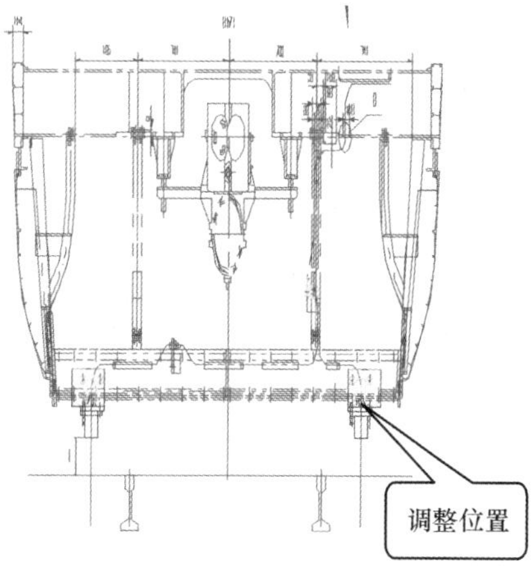

调整位置
图4－53　过分相检测器到轨面距离调整

（7）横向止挡调整。
拆卸横向止挡紧固螺栓上开口销，用24 扳手拧下横向止挡间隙调整 M16 螺栓，通过加减垫片使横向止挡与中心销的间隙符合要求。调整横向止挡，更新 M16 螺栓、弹垫、开口销，开口销安装角度大于60°，用104 N·m 扭力扳手紧固螺栓，打白色防松标记。</td></tr>
<tr><td>6</td><td>整理场地</td><td>①作业完成后将工装工具进行清点、整理。
②作业后将剩余材料及料盒放到指定存放地点，做到“工完、料净、场地清”。</td></tr>
<tr><td>7</td><td>填写记录</td><td>填写《尺寸测量》（CRH_2/CRH380A（AL）－M3－01－00－012）和《车下天线尺寸测量》（CRH_2/CRH380A（AL）－M3－01－00－013）质量确认表格。</td></tr>
</table>

表 4－4　头车下部天线偏移量

单位：mm

车型		Balise 天线	TCR 天线	雷达天线	STM 天线	TMIS 天线	BTM 天线	FS 传感器	天线厂家
E01	1～56、59～60	0±5			750±5	0±5			日立
	57、58					0±5	0±5	760±5	CSEE
	151～190	0±5			750±5	0±5			日立
E06	111～120	0±5			750±5	0±5			日立
E02	61、62	0±10	750±5						安萨尔多
	63～70	0±10	750±5	474±3					庞巴迪
E09	71～88	0±10	750±5	474±3					庞巴迪
	89、90	0±10	750±5						安萨尔多
E05	91～96	0±10	750±5						安萨尔多
	97～110	0±10	750±5	474±3					庞巴迪
	141～144	0±10	750±5	474±3					庞巴迪
	145～149	0±10	750±5						安萨尔多
E10	150	0±10	750±5	474±3					庞巴迪
E03	121～140	0±5			750±5	0±5			日立
E11	1～9	0±10	750±5	474±5					庞巴迪
	10	0±5	750±5	474±5					日立
	11～20	0±10	750±5	474±5					安萨尔多
	21～40	0±10	750±5	474±5					庞巴迪
E12	41～70、106～126	0±10	750±5	474±5					庞巴迪
	71～105	0±10	750±5	474±5					安萨尔多
	127～140	0±5	750±5	474±5					日立

表 4－5　头车下部天线高度

单位：mm

车型		Balise 天线	TCR 天线	雷达天线	STM 天线	TMIS 天线	BTM 天线	FS 传感器
E01	1～56、59～60	230^{+0}_{-21}			135±5	715^{+0}_{-10}		
	57、58					565^{+0}_{-10}	190^{+10}_{-0}	155±5
	151～190	230^{+0}_{-21}			135±5	715^{+0}_{-10}		
E06	111～120	230^{+0}_{-21}			135±5	715^{+0}_{-10}		
E02	61、62	202±5	155±5					
	63～70	240^{+0}_{-5}	155±5	282±3				
E09	71～88	240^{+0}_{-5}	155±5	282±3				
	89、90 91～96	202±5 202±5	155±5 155±5					
	97～110	240^{+0}_{-5}	155±5	282±3				
	141～144	240^{+0}_{-5}	155±5	282±3				
	145～149	202±5	155±5					

续表

车型		Balise 天线	TCR 天线	雷达天线	STM 天线	TMIS 天线	BTM 天线	FS 传感器
E10	150	240^{+0}_{-5}	155 ± 5	282 ± 3				
E03	121 ~ 122、124 ~ 126	230^{+0}_{-21}			135 ± 5	715^{+0}_{-10}		
	123	230^{+0}_{-21}			155 ± 5	715^{+0}_{-10}		
	127 ~ 140	230^{+0}_{-21}			135 ± 5	715^{+0}_{-10}		
E11	1 ~ 9	235^{+5}_{-5}	155 ± 5	282 ± 5				
	10	220 ± 5	155 ± 5	282 ± 5				
	11 ~ 20	202 ± 5	155 ± 5	282 ± 5				
	21 ~ 40	235^{+5}_{-5}	155 ± 5	282 ± 5				
E12	41 ~ 70、106 ~ 126	235^{+5}_{-5}	155 ± 5	282 ± 5				
	71 ~ 105	202^{+5}_{-5}	155 ± 5	282 ± 5				
	127 ~ 140	220^{+5}_{-5}	155 ± 5	282 ± 5				

注：2063 ~ 2066、2069、2070 高度测量为轨面至天线上表面的高度（庞巴迪改造车辆）。

任务实施与评价

①下发任务单，明确学习任务、主要内容、知识目标、能力目标、素质目标要求；

②学生按任务单要求制订学习计划，完成预习任务及相关知识准备；

③小组内采用角色扮演形式，按照“四必”作业法要求，对动车组进行尺寸测量作业；

④学生进行学习自我评价及学习小组成员互评，小组长（副组长）进行小组整体评价，教师检查任务完成情况。

【任务 3】　转向架分解

任务单

任务名称	转向架分解
任务描述	通过转向架分解作业，实现转向架各部件的分解，为下一步检修做好准备。
任务分析	从分解前检查及编号记录、牵引电机联轴节拆卸、拆轮对提吊组成、分解吊运牵引电机、垂向减振器拆卸、拆卸吊运空气弹簧、轴温传感器、齿轮箱温度传感器和轴温实时检测系统温度传感器分解及防护、速度传感器分解、拆除排障器装置、分解轴箱定位节点、分解（构架侧）齿轮箱吊杆、牵引拉杆组成拆卸、构架防护、轮对构架分离、分解（齿轮箱侧）齿轮箱吊杆、轴箱弹簧组成分解、轴箱体分解、轮对防护和零部件外观检查等全过程学习转向架分解作业标准，熟悉所需工装工具及作业材料，掌握安全防护措施及注意事项。
学习任务	【子任务 1】通过查阅相关资料，各小组分别制作 PPT，讲解转向架分解作业工艺流程。
劳动组合	各组长分配任务，协同制作 PPT 并推荐专人讲解。 各组评判小组成员学习情况，作出小组评价。

续表

<table>
<tr><td>成果展示</td><td colspan="7">转向架分解作业工艺流程讲解 PPT</td></tr>
<tr><td>学习小结</td><td colspan="7"></td></tr>
<tr><td rowspan="6">自我评价</td><td>项目</td><td>A—优</td><td>B—良</td><td>C—中</td><td>D—及格</td><td>E—不及格</td><td>综合</td></tr>
<tr><td>安全纪律（15%）</td><td></td><td></td><td></td><td></td><td></td><td rowspan="5"></td></tr>
<tr><td>学习态度（15%）</td><td></td><td></td><td></td><td></td><td></td></tr>
<tr><td>专业知识（30%）</td><td></td><td></td><td></td><td></td><td></td></tr>
<tr><td>专业技能（30%）</td><td></td><td></td><td></td><td></td><td></td></tr>
<tr><td>团队合作（10%）</td><td></td><td></td><td></td><td></td><td></td></tr>
<tr><td rowspan="2">教师评价</td><td>简要评价</td><td colspan="5"></td><td rowspan="2"></td></tr>
<tr><td>教师签名</td><td colspan="5"></td></tr>
</table>

学习引导文

<table>
<tr><td colspan="2">维修项目：
转向架分解</td></tr>
<tr><td>适用车型：CRH380A（L）/380A 统</td><td>修　程：三级修</td></tr>
<tr><td>周　期：60^{+2}_{-5}万公里或不超过 1.5 年</td><td>部　件：转向架</td></tr>
<tr><td>作业人员：8 人</td><td>作业时间：180 分/台</td></tr>
<tr><td>设备工具工装：详见表 4－6</td><td>作业材料：详见表 4－7</td></tr>
<tr><td colspan="2">参考资料：
①《中国铁路总公司关于印发〈和谐 2C 二阶段/380A（L）型动车组三级检修规程〉的通知》（铁总运〔2014〕76 号）
②《中国铁路总公司关于印发〈和谐 2C 二阶段/380A（L）型动车组三级检修规程补充内容〉的通知》（铁总运〔2014〕271 号）</td></tr>
</table>

续表

安全防护及注意事项：
①转向架及工具的吊运采用规定的吊具和吊挂位置，使用人应对吊具进行检查，确认吊具状态良好方可使用。天车吊运按照起重机械的相关操作规程执行，避免产生人身伤害及造成产品质量损坏。 ②对作业过程中产生的材料包装、清洗液、清洁布等固液体废弃物应及时清理并分类处理，保持清洁生产。 ③对作业过程中产生的工业废水按照污水排放管理规定的要求，排放到指定的污水管道内，不允许随意排放到雨水管道内。 ④现场施工作业人员应穿戴好相应的安全防护用品。 ⑤转向架分解作业中作业人员应严格按照钳工相关安全操作规程进行作业。 ⑥操作者应遵守相关钳工的操作规程，使用起重机械应按起重机械的操作规定操作，避免意外伤害。 ⑦作业中使用的白布、铁丝、弹垫等报废零部件，以及其他包装等固体废弃物要分类收集，综合利用，避免污染。 ⑧自 CRH380A－2641 起后续 CRH380A 型动车组简称 CRH380A 统型动车组。

表4－6　设备工具工装

序号	设备名称	规格	数量	用途	备注
1	天车	10 t	1	吊构架、牵引电机	
2	转向架举升机		2	举升转向架	
3	自立式起重机	2 t	4	吊空簧、轴箱弹簧、轴箱体	
4	蓄电池搬运车		2	运输部件	
5	电子秤		1	漏油检查	
序号	工具名称	规格	数量	用途	备注
1	重型棘轮扳手		1	拆卸牵引电机	
2	套筒	41 mm	1	拆卸牵引电机	
3	开口扳手	41 mm	4	拆卸牵引电机	
4	棘轮开口扳手	17 mm	4		
5	斜口钳		6	拆卸防松铁丝和扎带	
6	平口钳		4	拆卸防松铁丝和扎带	
7	手钳		6	拆卸防松铁丝	
8	棘轮扳手		6		
9	套筒	24 mm	4		
10	棘轮开口扳手	24 mm	4		
11	开口扳手	22×24 mm	4		
12	开口扳手	24×27 mm	4		
13	手锤		2	拆卸垫片等	
14	扁铲		2	拆卸垫片等	
15	内六角扳手			拆卸传感器	
16	棘轮开口扳手	10 mm	2	拆卸温度传感器	
17	套筒	17 mm	4		
18	尼龙锤		4		

续表

序号	设备名称	规格	数量	用途	备注
19	套筒	30 mm	4		
20	开口扳手	30 mm	4	拆卸排障装置	
21	加长套筒	24 mm	4	拆卸轴箱定位节点螺栓	
22	套筒	46 mm	2	齿轮箱防脱螺栓拆卸	
23	特制扳手	75 mm	2	拆卸槽形螺母	
24	套筒	55 mm	2	拆卸牵引拉杆	
25	扁刃冲子		2	拆卸轴箱弹簧下夹板	
26	大锤		2	拆卸轴簧	
27	长撬棍		2	轴箱转臂与构架分离	
28	棘轮开口扳手	30 mm	4		
29	开口扳手	30 × 32 mm	4		
30	活口扳手		2		
31	橡胶锤		4		
32	手锤		4	折平垫片	
33	扁铲		4	折平垫片	
34	套筒	18 mm	4		
35	套筒	19 mm	4		
36	棘轮开口扳手	19 mm	4		
37	棘轮开口扳手	18 mm			
38	开口扳手	17 × 19 mm	4		
39	开口扳手	19 × 22 mm	4		
40	通心改锥		4		
41	内六角		2	与退卸工具配合，轴箱后盖退卸	
42	橡胶锤		4	轴箱前、后盖退卸	
序号	工装名称	规格	数量	用途	备注
1	防护盖	白色	若干	防护齿轮箱侧联轴节	
2	空气弹簧专用吊具		6	吊运空气弹簧	
3	空气弹簧存放工装		若干	存放空气弹簧	
4	专用防护工艺螺堵		若干	防护空气弹簧进气口	
5	专用防护工装		若干	防护速度传感器	
6	轴箱体支撑工装		8	支撑轴箱体	

续表

序号	设备名称	规格	数量	用途	备注
7	开口器		2	拆卸开口销	
8	定位节点拆卸工装		8	拆转臂定位节点	
9	齿轮箱移动支撑		32	支撑齿轮箱	
10	构架吊具	四钩 8 t	1	吊运构架	
11	吊环		16	吊运轴簧	
12	单钩吊具	2 t 1 m	4	吊运空簧	
13	电机吊具	2 t 1 m	2	吊运电机	
14	煤油槽		2	承接轴箱体内润滑油	
15	轴箱专用退卸工装		2	退卸轴箱体	
16	接油托盘		4	轮对轴箱分解	
17	铜棒		1	轴箱后盖退卸	
18	自制加长开口扳手	30 mm	1	轴箱后盖拆卸	
19	轴箱体支撑工装		8	支撑轴箱体	
20	环形吊带	2 t 2 m	8	轴箱体拆卸及吊运	
21	吊带	2 t	8	轴箱弹簧吊运	
22	工艺螺堵		96（短编）	齿轮箱实时温度传感器安装螺孔防护	

表 4－7　作业材料

序号	作业材料名称	规格	数量	用途	备注
1	白色标记笔		若干	部件编号标记	
2	塑料袋		若干	部件防护	
3	封箱胶带		若干	部件防护	
4	防水胶带		若干	部件防护	
5	扎带		若干	部件防护固定	
6	白布带		若干	部件防护固定	
7	腹膜胶带		若干	轴承防护	
8	纸胶带		若干	部件防护	
9	红色油性笔		若干	缺陷部位标识记录	

序号	作业步骤	作业程序、标准及图示
1	作业流程	待修转向架—分解牵引电机（动）和拆轮对提吊组成—拆卸垂向减振器—空气管路、螺丝孔、传感器插头防护—分解轴温传感器和齿轮箱温度传感器（含实时温度传感器）—温度传感器防护—拆除空气弹簧组成—分解速度传感器—（分解排障器 T1/T4）—分解轴箱定位节点—分解构架组成{检查、确认空气管路、螺丝孔、传感器插头防护良好—构架清洗 拆下轴箱弹簧组成—分解齿轮箱吊杆（动）—分解推出轮对轴箱组成}退卸轴箱组成—轮对轴箱分解

续表

序号	作业步骤	作业程序、标准及图示
2	注意事项	①空气弹簧不得接触酸、碱、油或其他有机溶剂，避免热损伤和人为磕碰损伤。 ②螺栓拆解不允许用冲击扳手，以避免损伤紧固件和破坏表面防锈镀层。 ③拆解下的待检修零部件搬运和转序时，轻拿轻放、文明操作，做好防护，避免磕碰伤工件。 ④检修工件用白色标记笔标识出工件的列号、转向架型号和位数等内容。 ⑤空气弹簧、牵引电机、轴箱弹簧、轴箱体组成、垂向减振器和排障装置拆除后用白色标记笔在工件醒目位置做出标识，以便能清楚识别工件的编号和位置。紧固件不需要原位组装。轴箱弹簧调整垫不需要原位组装，但拆解后应该记录各位置弹簧调整垫的厚度，保证转向架组装时参照原来的厚度加装调整垫。调整垫厚度：带缺口为1.2 mm、3 mm、6 mm，无缺口为2 mm、4.5 mm。
3	分解前检查及编号记录（8人，5分）	①待修转向架进入转向架车间后，由相关人员进行鉴定。鉴定重点检查重要部件的外观质量，包括：空气弹簧胶囊是否龟裂和裂纹的深度和长度；减振器是否漏油和橡胶套是否破损；构架表面侧梁和横梁结合处焊缝、电机吊架、齿轮箱吊架和定位臂处焊缝是否有裂纹；构架是否有明显的变形；管系、管接头和制动夹钳是否有明显的漏油现象；轮对轴箱、驱动装置质量状况等项点。 ②使用白色标记笔在构架、牵引电机、垂向减振器、联轴节、速度传感器、轴箱体等部件上标注部件列号、车号及位号，并记录转向架、构架、垂向减振器、速度传感器、联轴节等部件的编号及轴箱弹簧调整垫厚度。编号记录由部件编号记录人员做好保存及备份，并将复印件随配件检修流程传递到相应检修工位。
4	牵引电机联轴节拆卸（4人，10分）	①检查牵引电机风道口是否防护良好。 ②牵引电机联轴节拆卸（装ESCO联轴节）。使用两个17 mm棘轮开口扳手松开牵引电机联轴节特殊连接螺栓M10×32和M10螺母，将电机侧联轴节与齿轮箱侧联轴节分开，见图4－54。手动转动电机侧联轴节可以自由转动确认联轴节已完全分离，见图4－55。待牵引电机吊离转向架后，使用橡胶盖、塑料袋、封箱胶带对齿轮箱侧联轴节进行防护，具体防护方法详见“构架防护”工序。 图4－54　分开联轴节 图4－55　联轴节已分离 （装ESCO联轴节）牵引电机吊运至联轴节退卸工位后，对电机侧联轴节进行退卸，具体退卸方法详见《联轴节分解作业指导书》（BJG/DC－3JZ－380A/AL－2015 A－1003）。

续表

序号	作业步骤	作业程序、标准及图示
5	拆轮对提吊组成（4人，10分）	用斜口钳及手钳拆卸防松铁丝，使用 24 mm 开口扳手或通用扳手拆下轮对提吊 M16×45 螺栓，将轮对提吊用小车运转到零部件检修区域，进行清洗检修。M16×45 螺栓为必换件。弹性垫圈换新，螺栓放进周转箱，运转至清洗和检修区域。轮对提吊的拆解见图 4－56。 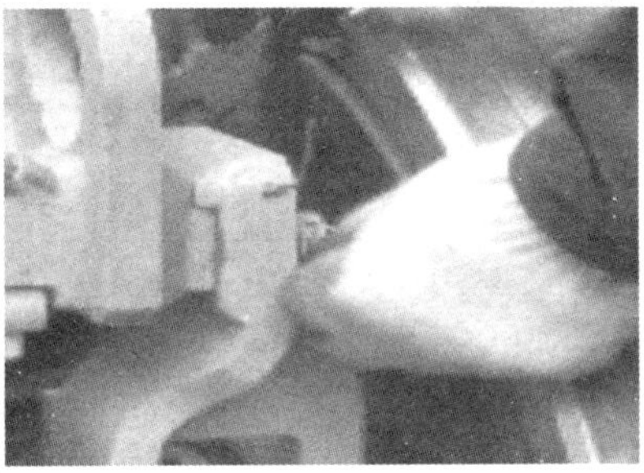 (a) 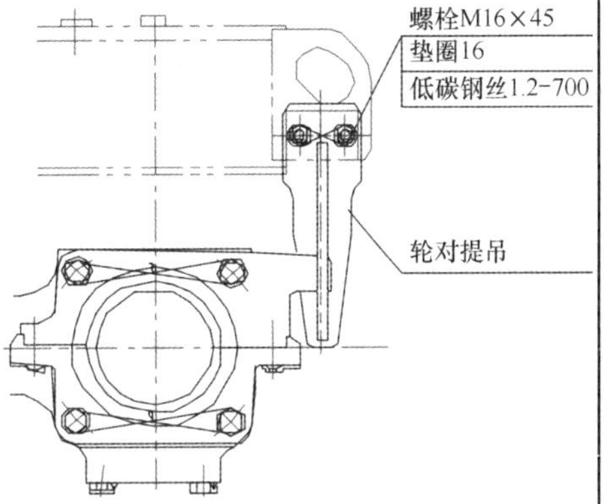　(b) 螺栓M16×45 垫圈16 低碳钢丝1.2-700 轮对提吊 图 4－56　轮对提吊拆解
6	分解吊运牵引电机（4人，10分）	注：电机下部两个 M27×70 螺栓和 M27 螺母的拆卸由总装工序架落车工位完成。转向架车间负责拆解上部两个 M27×70 螺栓。 ①用手钳剪断 M27×70 电机螺栓的防松铁丝，用重型棘轮扳手配合 41 mm 套筒松开并拆下 M27×70 电机上部吊挂螺栓。 ②手动转动电机侧联轴节可以自由转动确认联轴节已完全分离，并确认吊挂螺栓拆除后，将牵引电机从转向架上拆下，用白色标记笔在电机外壳上做好标识，标识内容包括列数、转向架型号和位数。用天车配合电机吊带将电机转运至电机检修区。注意拆下电机时，要扶好工件，防止电机起动时摆动碰伤电机或其他部件。电机的拆解见图 4－57。 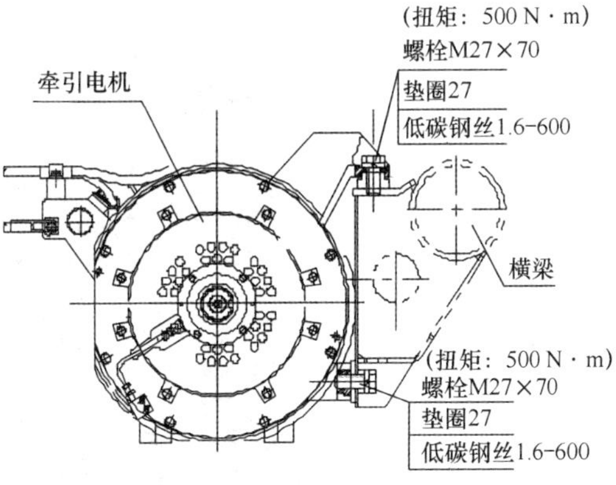 (扭矩：500 N·m) 螺栓M27×70 垫圈27 低碳钢丝1.6-600 牵引电机 横梁 (扭矩：500 N·m) 螺栓M27×70 垫圈27 低碳钢丝1.6-600 (a)

续表

序号	作业步骤	作业程序、标准及图示
6	分解吊运 牵引电机 （4人，10分）	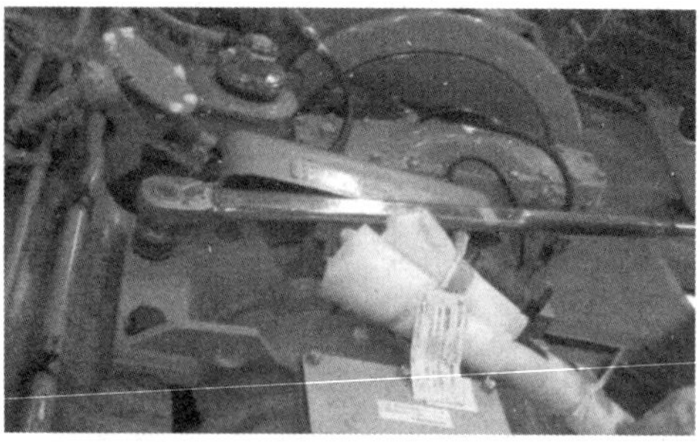 (b) 图4－57　电机拆解
7	垂向 减振器 拆卸 （4人， 10分）	使用斜口钳配合手钳拆卸垂向减振器四个安装螺栓的防松铁丝，使用棘轮扳手配合24 mm套筒、24 mm棘轮开口扳手松开垂向减振器螺栓M16×85和螺母M16，拆下垂向减振器，并做好原位标识。将拆下的垂向减振器用小车转运到减振器检修区。螺栓、螺母和弹垫换新，将螺栓、螺母和弹垫存放于废品区。减振器的拆解见图4－58。 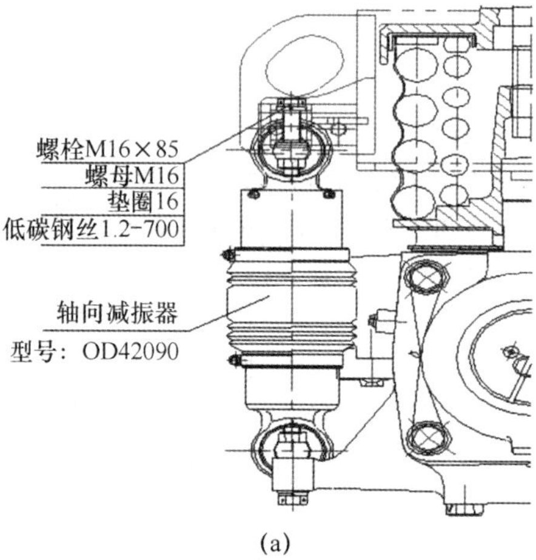 (a)  (b) 图4－58　减振器拆解

续表

序号	作业步骤	作业程序、标准及图示
8	拆卸吊运空气弹簧（4 人，10 分）	①揭开空气弹簧的防护塑料布，用空气弹簧的专用吊具将空气弹簧缓慢吊起，注意不要损伤空簧进气孔。将空气弹簧放置于专用检修台位上，并做好工件原位的标识。空气弹簧的吊运见图 4－59。  图 4－59　空气弹簧吊运 ②用专用防护工艺堵塞入空气弹簧进气座孔，然后用防水胶带进行粘贴，防止构架清洗时高压水进入附加空气室。工件的标识贴在空气弹簧上盖板上。空簧进气座孔防护见图 4－60。  (a)　(b) 图 4－60　空簧进气座孔防护 ③空气弹簧组成送往空气弹簧检修工位进行检修，空气弹簧垫片送往清洗间进行清洗检修。
9	轴温传感器、齿轮箱温度传感器和轴温实时检测系统温度传感器分解及防护（4 人，10 分）	①使用手锤配合扁铲折平轴温传感器及齿轮箱温度传感器垫片，使用 10 mm 棘轮开口扳手将轴温传感器和齿轮箱温度传感器从轴箱体上和齿轮箱上拆下，用防护塑料布包好轴温传感器和齿轮箱温度传感器，并用胶带将防护塑料布扎紧扎牢，防止高压冲洗时进水。 ②使用白布条或塑料扎带将电线绑在电线支架上。要求温度传感器头斜向上，防止构架清洗时水流进入传感器内部，见图 4－61。 ③分解轴温实时检测系统温度传感器。 轴温实时检测系统温度传感器每个转向架共有 4 个，分别在 4 个轴箱体上，见图 4－62，拆卸方式均相同。

续表

<table>
<tr><th>序号</th><th>作业步骤</th><th>作业程序、标准及图示</th></tr>
<tr><td>9</td><td>轴温传感器、齿轮箱温度传感器和轴温实时检测系统温度传感器分解及防护（4 人，10 分）</td><td> 图 4－61　绑电线 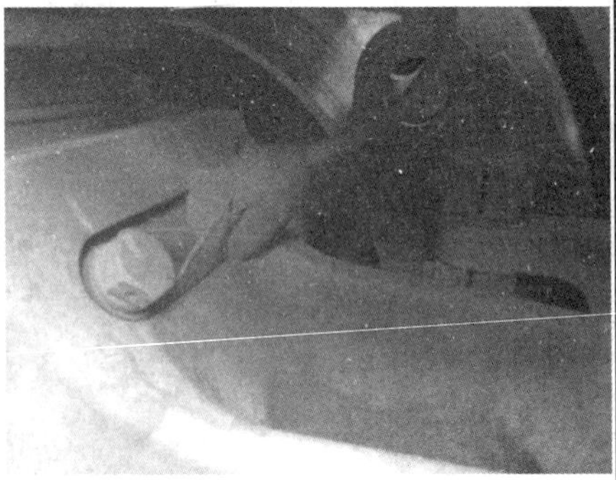　　图 4－62　传感器位置

使用手钳剪断拆解工艺螺栓与传感器间的防松铁丝，见图 4－63。
手工除去传感器周围密封腻子，配合壁纸刀清除传感器线缆的保护压接件与活动螺母之间的硅密封胶，使得传感器线缆与活动螺母间可自由旋转，见图 4－64。 

图 4－63　剪断防松铁丝 　　图 4－64　放松传感器线缆与活动螺母

使用 24 mm 开口扳手直接逆时针拆卸传感器下部的通孔螺栓，留存垫圈 16（达克罗）（弹垫）、垫圈 16（镀锌）（平垫），拆卸过程中应避免传感器线缆随活动螺母转动，见图 4－65。
（特殊情况下，如须分离通孔螺栓和活动螺母，准备两把 24 mm 开口扳手，其中一把扳手用于固定下部通孔螺栓，另外一把开口扳手逆时针拆卸上部活动螺母，拆卸过程中应避免传感器线缆随活动螺母转动。待活动螺母拆卸完毕后，取下传感器，使用棘轮扳手及 24 mm 套筒逆时针拆卸通孔螺栓，留存垫圈 16（达克罗）（弹垫）、垫圈 16（镀锌）（平垫）。最后将通孔螺栓与活动螺母组装固定。） 

图 4－65　拆卸通孔螺栓

对传感器进行防护，见图 4－66。使用 M16 工艺螺栓依次穿入垫圈 16（达克罗）（弹垫）、垫圈 16（镀锌）（平垫）安装到轴箱体上，拧紧即可，见图 4－67。</td></tr>
</table>

续表

序号	作业步骤	作业程序、标准及图示
9	轴温传感器、齿轮箱温度传感器和轴温实时检测系统温度传感器分解及防护（4 人，10 分）	图 4－66　传感器防护　　图 4－67　安装工艺螺栓 ④分解齿轮箱温度实时检测系统温度传感器。 每个齿轮箱上有 4 个齿轮箱温度实时检测系统传感器，拆卸方式均相同。 手工除去传感器周围密封腻子，配合壁纸刀清除传感器线缆的保护压接件与活动螺母之间的硅密封胶，使得传感器线缆与活动螺母间可自由旋转。 使用 16 mm 开口扳手直接逆时针拆卸传感器下部的通孔锥螺堵，拆卸过程中应避免传感器线缆随活动螺母转动。 （特殊情况下，如须分离通孔锥螺堵和活动螺母，须准备一把 16 mm 开口扳手与一把棘轮扳手配合 16 mm 套筒，其中开口扳手用于固定通孔锥螺堵，棘轮扳手顺时针拆卸活动螺母，拆卸过程中应避免传感器线缆随活动螺母转动。待活动螺母拆卸完毕后，取下传感器，使用棘轮扳手及 16 mm 套筒逆时针拆卸通孔锥螺堵。最后将通孔锥螺堵与活动螺母组装固定。） 对传感器进行防护。使用棘轮扳手配合 10 mm 套筒将工艺螺栓依次安装到齿轮箱体上，拧紧即可。 注：若齿轮箱实时温度传感器未分解，则按温度传感器防护方法对其进行防护，并使用白布条或塑料扎带对其进行固定，防止轮对推送及清洗时损坏。
10	速度传感器分解（4 人，10 分）	（1）AG37、ATP 及 AG43 传感器分解（T 车）。 ①使用斜口钳及手钳将传感器和电线支架上的防松铁丝剪断取下，使用棘轮扳手配合 17 mm套筒拆卸电线支架上的管卡螺栓 M10×30，然后拆下传感器上的 M10×30 螺栓。一手扶住传感器，使用尼龙锤轻敲速度传感器侧面（注：在敲击时应当内外轮流轻轻敲击，不可使用蛮力，不可使传感器偏离安装方向），传感器松动后取下传感器，并使用专用防护工装做好防护，见图 4－68。 ②传感器调整垫片取下后，对表面进行擦拭清洗后可再次使用，AG37、AG43 轴箱前盖上的定位销无需更换，若有损坏，使用手钳将其取下，重新组装时更换新品。 注：AG37、AG43 前盖靠近节点一侧的盖板原则上不分解拆卸。若其 M10×30 安装螺栓或防松铁丝松动时，使用扭力扳手确认紧固扭矩（21 N·m），并重新穿防松铁丝。 ③电线支架分左右件，AG37 传感器用于 T1、T2 的 2、8 位；ATP 传感器和 AG43 传感器用于 T1、T2 的 4、6 位。见图 4－69、图 4－70。

续表

序号	作业步骤	作业程序、标准及图示
10	速度传感器分解（4人，10分）	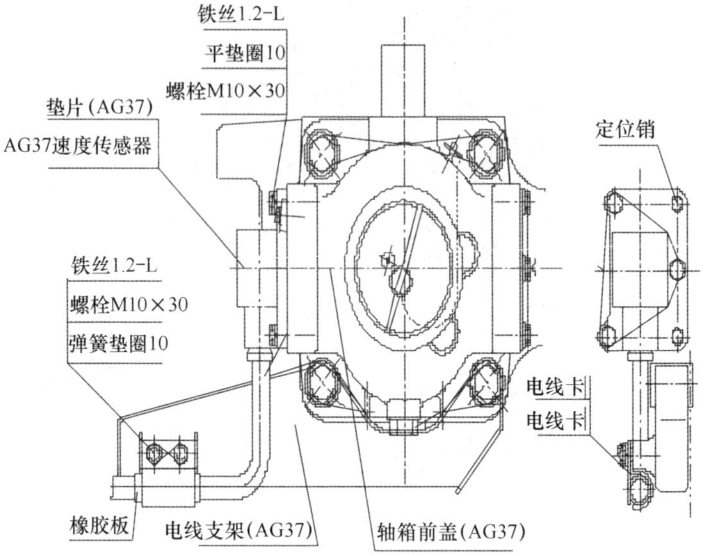 (a) 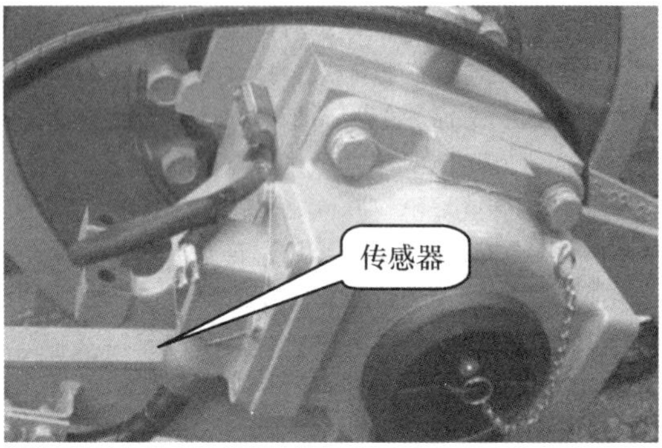 (b) 图4－68　AG37 传感器 ④AG37、ATP 传感器及 AG43 速度传感器重新组装时，安装使用的 M10 螺栓、平垫、弹簧垫圈均更新。 （2）轴端接地装置分解（T车）。 ①使用手钳及斜口钳将接地装置安装螺栓上的防松铁丝拆下。 ②使用棘轮扳手配合 19 mm 套筒将接地装置安装螺栓拆下，如图 4－71 所示。 ③拆下接地装置。遇到拆卸困难可一手扶住传感器，使用尼龙锤轻敲接地装置侧面（注：在敲击时应当内外轮流轻轻敲击，不可使用蛮力），接地装置取下后使用专用防护工装做好防护。

续表

<table>
<tr><th>序号</th><th>作业步骤</th><th>作业程序、标准及图示</th></tr>
<tr><td>10</td><td>速度传感器分解（4人，10分）</td><td>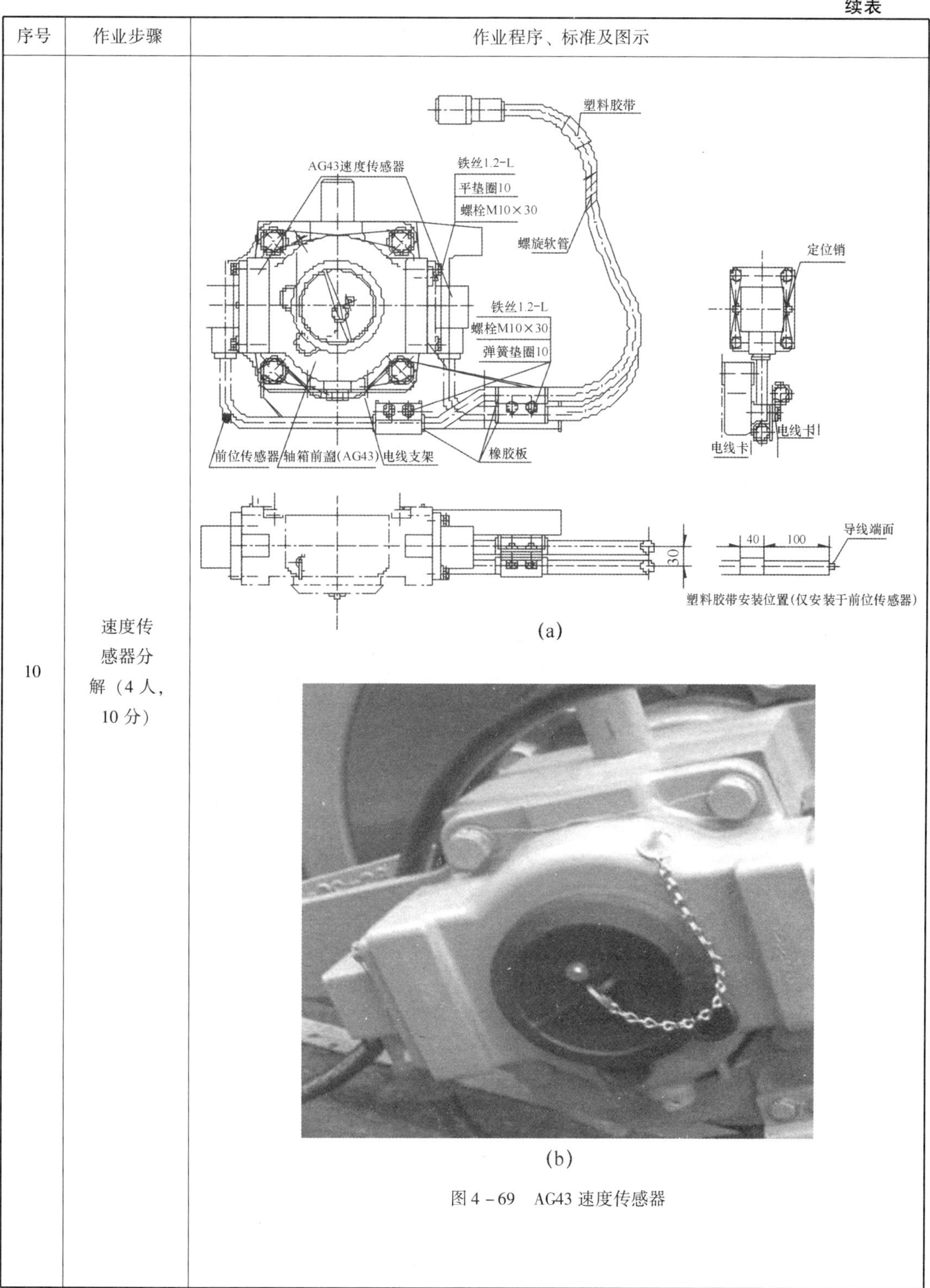(a)
(b)
图4－69　AG43速度传感器</td></tr>
</table>

续表

序号	作业步骤	作业程序、标准及图示
10	速度传感器分解（4人，10分）	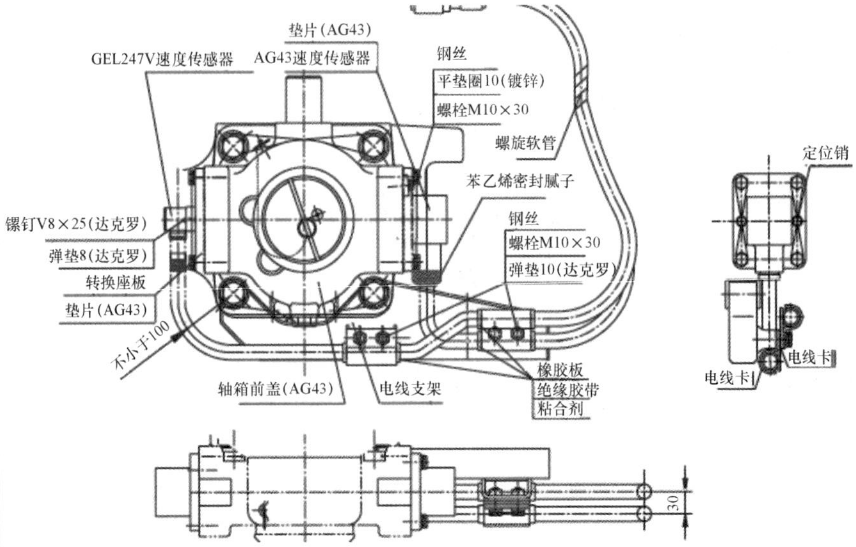 图4－70　GEL247V及AG43速度传感器  图4－71　拆下安装螺栓
11	拆除排障器装置（4人，10分）	对拖车转向架，在转向架举升机上，作业人员扶稳排障器后，使用重型棘轮扳手配合30 mm套筒将轴箱体下部的4个M20×130螺栓松开，整体拆下排障装置。螺栓M20×130和弹簧垫圈、止转垫圈更换新品，见图4－72。用平口钳剪断铁丝后使用棘轮扳手配合13 mm套筒分解排障器盖，见图4－73。使用手锤及开口器拆卸安装臂与排障板托架紧固螺栓开口销，一端使用棘轮扳手配合36 mm套筒固定安装臂与排障板托架紧固螺栓，另一端使用棘轮扳手配合36 mm套筒分解安装臂与排障板托架紧固螺母，见图4－74。用白色标记笔在工件上做好排障装置原位的标识，保证检修合格后工件原位原装。白色油性标识在工件组装完成后，用油漆笔找油覆盖。

续表

序号	作业步骤	作业程序、标准及图示
11	拆除排障器装置（4人，10分）	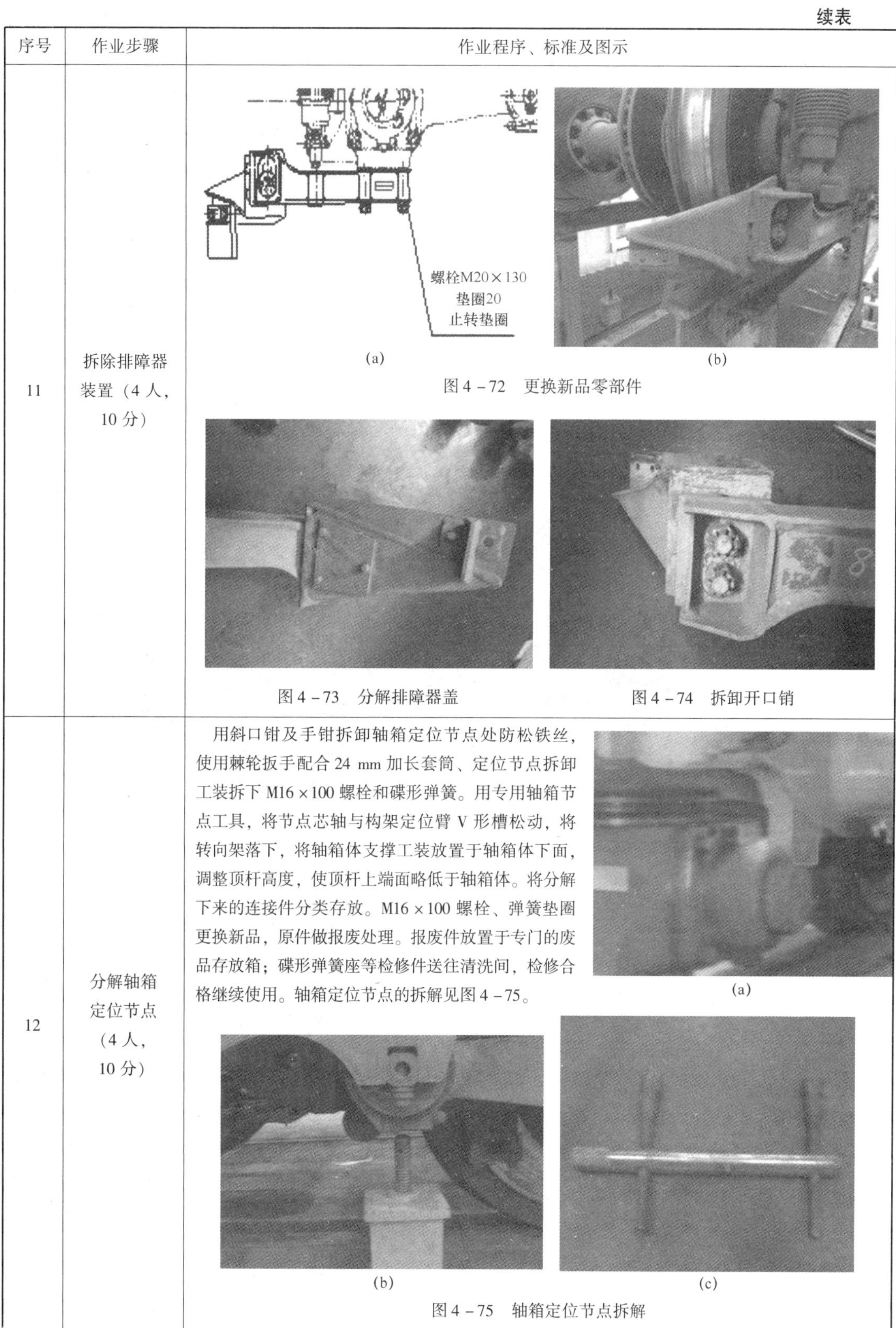 (a)　(b) 图4－72　更换新品零部件 图4－73　分解排障器盖　图4－74　拆卸开口销
12	分解轴箱定位节点（4人，10分）	用斜口钳及手钳拆卸轴箱定位节点处防松铁丝，使用棘轮扳手配合24 mm加长套筒、定位节点拆卸工装拆下M16×100螺栓和碟形弹簧。用专用轴箱节点工具，将节点芯轴与构架定位臂V形槽松动，将转向架落下，将轴箱体支撑工装放置于轴箱体下面，调整顶杆高度，使顶杆上端面略低于轴箱体。将分解下来的连接件分类存放。M16×100螺栓、弹簧垫圈更换新品，原件做报废处理。报废件放置于专门的废品存放箱；碟形弹簧座等检修件送往清洗间，检修合格继续使用。轴箱定位节点的拆解见图4－75。 (a) (b)　(c) 图4－75　轴箱定位节点拆解

续表

序号	作业步骤	作业程序、标准及图示
13	分解（构架侧）齿轮箱吊杆（2人，10分）	齿轮箱吊杆和防脱螺栓分解（装KD575－A－M及G301齿轮箱）主要过程如下。 ①支好齿轮箱支撑，使用手锤及开口器拆卸齿轮箱防脱螺栓开口销 ϕ 6.3×50，见图4－76。使用棘轮扳手配合46 mm套筒松开M30×110螺栓，拆下齿轮箱防脱螺栓和螺母。 ②打开齿轮箱吊杆处开口销，见图4－77，使用特制75 mm扳手松开M48螺母，见图4－78。将上压板、上部垫片、上压盖、防振橡胶及M48螺母分解，将齿轮箱吊杆和构架分离。此时等待构架与轮对分离。 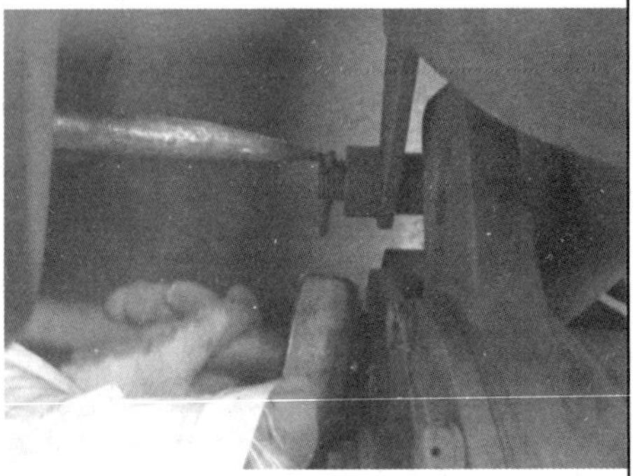 图4－76　拆卸开口销  图4－77　打开开口销  图4－78　松开螺母
14	牵引拉杆组成拆卸（2人，10分）	使用重型棘轮扳手配合55 mm套筒拆卸牵引拉杆安装的特殊螺栓M36×80（8.8级），将牵引拉杆拆下，并在构架侧一端杆体上方用白色标记笔标记“△”，送至检修区检修，见图4－79。  图4－79　牵引拉杆组成拆卸

续表

序号	作业步骤	作业程序、标准及图示
15	构架防护（8人，5分）	将拆解完牵引电机（动车）的转向架进行防护。防护的部位包括空气管路进气口、横向减振器托架螺丝孔、电机吊座螺丝孔、电缆插头、传感器插头等部位。 ①二系横向减振器安装螺丝孔的防护，使用纸胶带盖住螺丝孔后，再使用塑料胶带缠绕牢固，如图4－80所示。制动软管接口处、停放制动软管接口处使用16开塑料袋包好，塑料袋口用塑料胶带扎紧。在塑料袋外边用塑料布包裹，塑料胶带扎紧。要求塑料胶带应缠2～3圈，塑料布包一层即可，胶带粘贴牢靠，如图4－81所示。  图4－80　缠绕塑料胶带  (a)  (b) 图4－81　软管接口处防护

续表

序号	作业步骤	作业程序、标准及图示
15	构架防护 （8人， 5分）	②电缆插头、传感器插头等部位的防护，用16开塑料袋包好电气插头，塑料袋口用塑料胶带扎紧。在塑料袋外边用塑料布包裹，塑料胶带扎紧。要求塑料胶带应缠2～3圈，塑料布包一层即可，胶带粘贴牢靠，见图4－82。  (a)　(b) 图4－82　插头防护 ③用塑料扎带将传感器插头绑在电线支架上，电缆插头绑在附近的空气管上。白布带或塑料扎带绑缚牢靠、不松脱。绑扎时要求电气插头头部斜向上，严禁头部朝向下，防止水流顺电线流入头部的针孔。 ④用塑料袋将失稳检测装置包裹，塑料胶带扎紧。要求塑料胶带应缠2～3圈，塑料袋包一层即可，胶带粘贴牢靠。失稳传感器防护见图4－83。 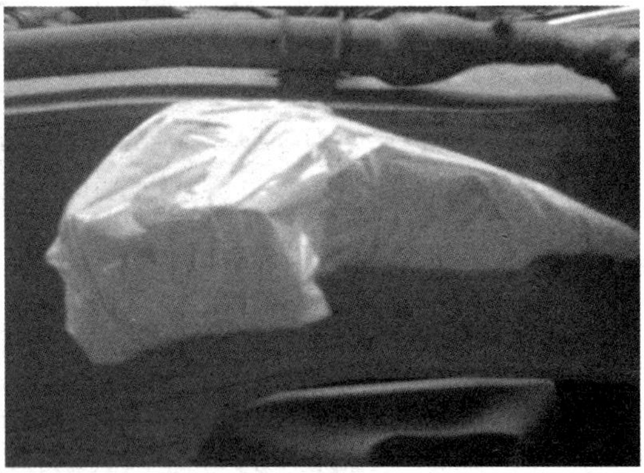 图4－83　失稳传感器防护 ⑤在构架防护时，对于配管中的电线防护胶管存在穿透性开裂的，使用塑料布缠绕紧密后，再使用塑料胶布缠绕紧固，检查不松脱。 ⑥用塑料袋将齿轮箱温度实时检测系统温度传感器线缆端子包裹，塑料袋扎紧。要求塑料袋胶带应缠2～3圈，塑料袋包一层即可，胶带粘贴牢靠，见图4－84。

续表

序号	作业步骤	作业程序、标准及图示
15	构架防护（8 人，5 分）	 (a)  (b)  (c) 图 4－84　线缆端子防护
16	轮对构架分离（8 人，5 分）	制动夹钳、风压管路和电线管不分解。用构架吊具将构架组成缓慢吊起，使构架组成和轮对轴箱组成分解。遇到难以分解的情况，可辅助使用长撬棍或大锤，将拆下的构架组成吊运到构架清洗专用台位进行表面清洗。用高压清洗装置和手工清洗的方法清洗表面灰尘和油垢，工艺要求见《构架清洗作业指导书》（BJG/DC－3JZ－380A/AL－2015 A－1005）。轮对构架的分离见图 4－85。

续表

序号	作业步骤	作业程序、标准及图示
16	轮对构架分离（8人，5分）	 图4－85　轮对构架分离
17	分解（齿轮箱侧）齿轮箱吊杆（4人，10分）	①构架和轮对分离完毕后，使用棘轮扳手配合17 mm套筒，将固定齿轮箱吊杆安全托的4个M10螺栓拆下，将安全托拆下。 ②使用自立式起重机配合吊带将齿轮箱吊起一定角度，将齿轮箱吊杆从齿轮箱上拆下。上下垫片、提吊橡胶和螺母预装在吊杆上，开口销换新。齿轮箱吊杆的拆解见图4－86。 注：齿轮箱安全托处的螺母M30为偶换件，目视检查M30螺母及其配合使用的M30×110螺栓，存在牙型损伤、变形、锈蚀、镀层脱落时更换。  图4－86　齿轮箱吊杆拆解
18	轴箱弹簧组成分解（4人，10分）	将吊环旋紧至轴箱弹簧上，用自立式起重机将轴箱弹簧组成吊运到运输小车上，转运到轴箱弹簧检修区。防振橡胶用橡皮锤敲击无法从轴箱弹簧下夹板上拆解下来时，可以用扁刃冲子辅助拆卸。填写每个轴箱体上调整垫的厚度尺寸记录表，待转向架落成时按照原来厚度加装相同厚度的调整垫。轴箱弹簧组成的拆解见图4－87。  图4－87　轴箱弹簧组成拆解

续表

<table>
<tr><th>序号</th><th>作业步骤</th><th>作业程序、标准及图示</th></tr>
<tr><td>19</td><td>轴箱体分解
（8人，
15分）</td><td>轴箱分解前对轮对轴箱组成进行外观检查，检查车轮踏面是否有擦伤，轴箱组件及轴身是否有严重磕碰伤，若发现异常要使用红色油性笔对缺陷部位进行标识并记录。
①准备煤油槽在轴箱体下方承接轴箱体内润滑油，使用斜口钳配合手钳将后盖及前盖的各防松铁丝剪断去除后，先使用30 mm开口扳手将轴箱前盖的4个M20×55（M20×105）紧固螺栓均松开少许，松开幅度约5 mm，见图4－88；然后使用30 mm开口扳手完全松开后盖的4个M20×55螺栓，见图4－89；最后将橡胶盖取下，使用轴箱专用退卸工装、棘轮扳手配合24 mm套筒（或活口扳手）及橡胶锤将后盖顶出，此时前盖和轴箱体也有松动，见图4－90。 
图4－88　前盖螺栓预松 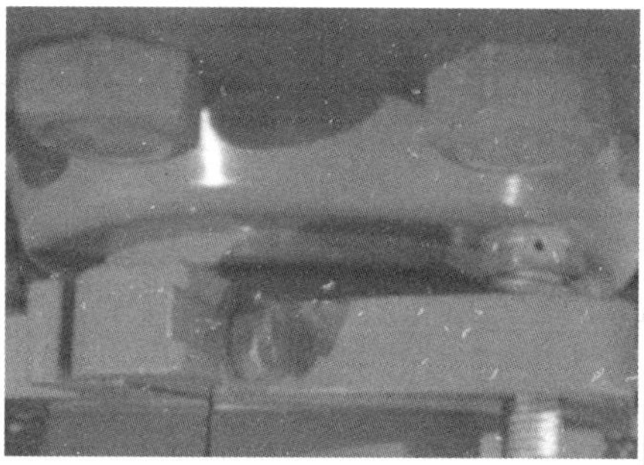
图4－89　后盖拆卸
②橡胶盖容易损坏，发现橡胶盖破损时要及时更换新品。
③装有普通前盖、AG37轴箱前盖、AG43和ATP轴箱前盖的轴箱装置，退卸后盖的方法相同。
④后盖顶出松脱后，使用棘轮扳手配合30 mm套筒完全松开轴箱前盖的4个M20×55（M20×105）紧固螺栓，使用橡胶锤轻敲轴箱前盖侧面，前盖振动松动后取下。
⑤使用环形吊带吊挂轴箱体两端，使用自立式起重机微调，使吊带趋于拉伸状态，然后两名工作人员分别抬轴箱体两端，沿轴向向外拖出轴箱体，见图4－91。 
图4－90　安装拆卸工具并退卸后盖 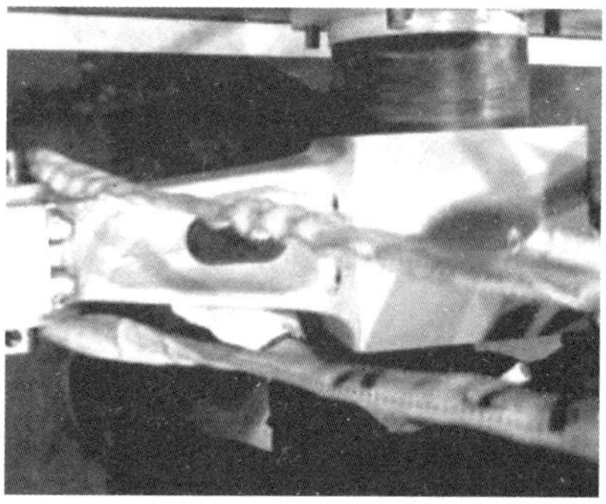
图4－91　轴箱体拆卸
⑥前盖闭塞螺栓M20×20和装AG37、AG43的轴箱前盖靠近节点一侧的盖板均不需要拆卸，防松铁丝不紧绷的，再次组装前使用扭矩扳手对螺栓扭矩进行检查，重新穿防松铁丝。
注：若压盖固定螺栓采用止动垫片防松，则按照以下要求进行处理。若采用防松铁丝防松，则全部拆除，组装时更换止动垫片。</td></tr>
</table>

续表

序号	作业步骤	作业程序、标准及图示
19	轴箱体分解（8人，15分）	⑦拖车轮对组成（AG43 和 GEL247V）的普通端压盖对探伤和轮对旋修没有影响，不需要拆卸。AG43 测速齿轮端须拆下：使用手锤配合扁铲折平止动垫片，用棘轮扳手配合 19 mm 套筒、19 mm 棘轮开口扳手或 19 mm 开口扳手将 3 个 M12 螺栓分解，然后依次将 AG43 测速齿轮和轴端压板拆下，见图 4－92，在齿轮及压板上做好标识后待组。 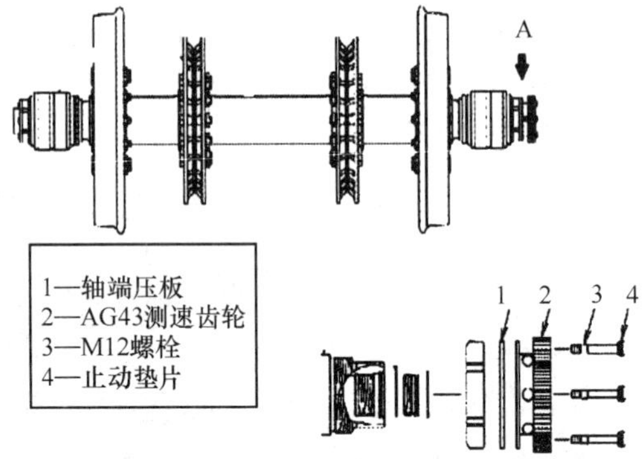 1—轴端压板 2—AG43测速齿轮 3—M12螺栓 4—止动垫片 图 4－92　拖车轮对组成（AG43 和 GEL247V）轴端压盖分解示意图 ⑧拖车轮对组成（AG37）的普通端压盖对后面探伤和轮对旋修没有影响，可以不拆卸。AG37 测速齿轮端须拆下：使用手锤配合扁铲折平止动垫片，用棘轮扳手配合 19 mm 套筒、19 mm 棘轮开口扳手或 19 mm 开口扳手将 3 个 M12 螺栓分解，将 AG37 测速齿轮和轴端压板拆下，见图 4－93，在齿轮及压板上做好标识后待组。 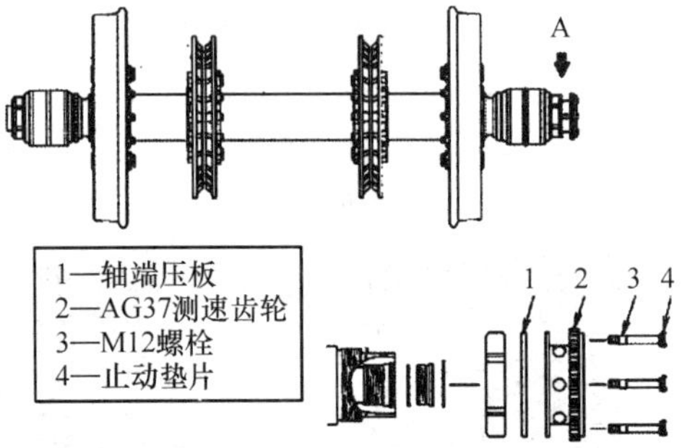 1—轴端压板 2—AG37测速齿轮 3—M12螺栓 4—止动垫片 图 4－93　拖车轮对组成（AG37）轴端压盖分解示意图 ⑨动车轮对组成的车轴齿轮箱侧的压板盖须拆卸：使用手锤配合扁铲折平止动垫片，用棘轮扳手配合 19 mm 套筒、19 mm 棘轮开口扳手或 19 mm 开口扳手将 3 个 M12 螺栓分解，然后将轴端压板拆下，见图 4－94，在压板上做好标识后待组；另一侧的压盖对探伤和轮对旋修没有影响，可以不拆卸。 待轴箱体、前盖及轴端压盖退卸后，使用手锤配合通心改锥将后盖的舌簧垫片折平，使用棘轮扳手配合 18 mm、19 mm 套筒或 18 mm、19 mm 棘轮开口扳手松开 2 个 M12 螺栓并取下后拆下后盖。后盖取下后，为避免配对的后盖之间编号混乱，可用 M12 螺栓将其连接后清洗检修，见图 4－95。

续表

序号	作业步骤	作业程序、标准及图示
19	轴箱体分解 （8 人， 15 分）	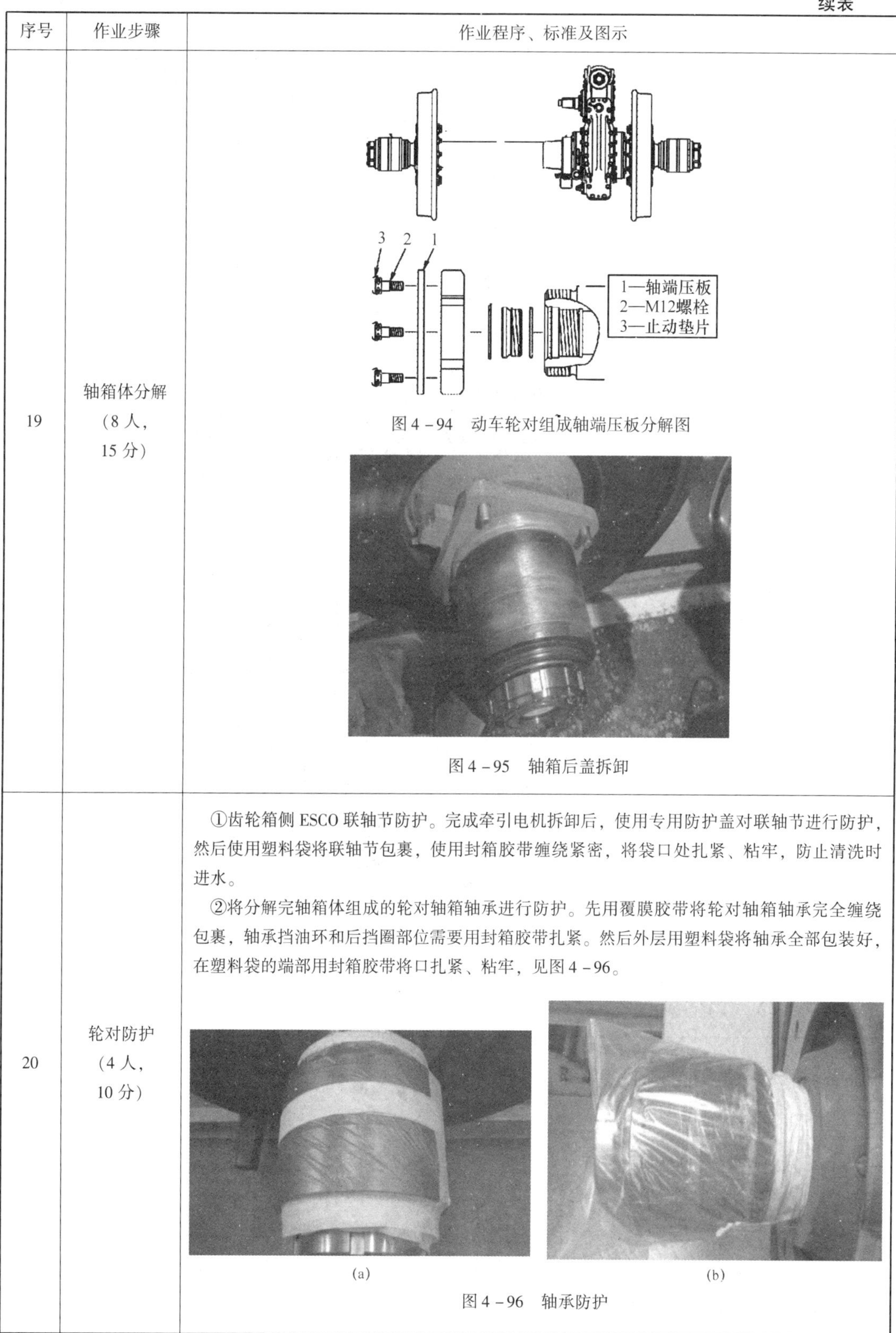 图 4－94　动车轮对组成轴端压板分解图 图 4－95　轴箱后盖拆卸
20	轮对防护 （4 人， 10 分）	①齿轮箱侧 ESCO 联轴节防护。完成牵引电机拆卸后，使用专用防护盖对联轴节进行防护，然后使用塑料袋将联轴节包裹，使用封箱胶带缠绕紧密，将袋口处扎紧、粘牢，防止清洗时进水。 ②将分解完轴箱体组成的轮对轴箱轴承进行防护。先用覆膜胶带将轮对轴箱轴承完全缠绕包裹，轴承挡油环和后挡圈部位需要用封箱胶带扎紧。然后外层用塑料袋将轴承全部包装好，在塑料袋的端部用封箱胶带将口扎紧、粘牢，见图 4－96。 (a)　(b) 图 4－96　轴承防护

续表

序号	作业步骤	作业程序、标准及图示
21	零部件外观检查（4人，10分）	 注：轴箱退卸后使用电子秤对轴承进行检查，每套NSK轴承润滑脂的单侧泄漏量不超过2.5 g；每套NTN轴承润滑脂的泄漏量不超过50 g。油脂泄漏位置如图4－97所示。  位置1 (a) 位置2 (b) 图4－97　油脂泄漏位置 轴箱组件退卸后对各部件再次进行目视检查，发现异常使用红色油性笔对缺陷部位进行标识并记录。

任务实施与评价

①下发任务单，明确学习任务、主要内容、知识目标、能力目标、素质目标要求；

②学生按任务单要求制订学习计划，完成预习任务及相关知识准备；

③通过查阅相关资料，各小组分别制作PPT，讲解转向架分解作业工艺流程；

④学生进行学习自我评价及学习小组成员互评，小组长（副组长）进行小组整体评价，教师检查任务完成情况。

【任务 4】　构架检修

任务单

<table>
<tr><td>任务名称</td><td colspan="7">构架检修</td></tr>
<tr><td>任务描述</td><td colspan="7">选取动车组三级检修中各部件检修的一个项目进行学习，以期对动车组高级检修工艺流程有个大致了解。</td></tr>
<tr><td>任务分析</td><td colspan="7">从物料、配件准备、防护拆除及进水情况处理、转向架构架螺纹孔检修、溜丝及吹干、转向架构架本体外观状态检查、转向架配管检修、未分解部件检修、踏面清扫器检修、制动单元检修、抗侧滚扭杆检修、闸片检修及更换、组装牵引拉杆和螺栓扭力确认及防松标记的涂打等全过程学习构架检修作业标准，熟悉所需工装工具及作业材料，掌握安全防护措施及注意事项。</td></tr>
<tr><td>学习任务</td><td colspan="7">【子任务 1】通过查阅相关资料，各小组分别制作 PPT，讲解构架检修作业工艺流程。</td></tr>
<tr><td>劳动组合</td><td colspan="7">各组长分配任务，协同制作 PPT 并推荐专人讲解。
各组评判小组成员学习情况，作出小组评价。</td></tr>
<tr><td>成果展示</td><td colspan="7">动车组构架检修作业工艺流程讲解 PPT</td></tr>
<tr><td>学习小结</td><td colspan="7"></td></tr>
<tr><td rowspan="6">自我评价</td><td>项目</td><td>A—优</td><td>B—良</td><td>C—中</td><td>D—及格</td><td>E—不及格</td><td>综合</td></tr>
<tr><td>安全纪律（15%）</td><td></td><td></td><td></td><td></td><td></td><td rowspan="5"></td></tr>
<tr><td>学习态度（15%）</td><td></td><td></td><td></td><td></td><td></td></tr>
<tr><td>专业知识（30%）</td><td></td><td></td><td></td><td></td><td></td></tr>
<tr><td>专业技能（30%）</td><td></td><td></td><td></td><td></td><td></td></tr>
<tr><td>团队合作（10%）</td><td></td><td></td><td></td><td></td><td></td></tr>
<tr><td rowspan="2">教师评价</td><td>简要评价</td><td colspan="5"></td><td rowspan="2"></td></tr>
<tr><td>教师签名</td><td colspan="5"></td></tr>
</table>

学习引导文

<table>
<tr><td colspan="2">维修项目：
构架检修</td></tr>
<tr><td>适用车型：CRH380A（L）/380A 统</td><td>修　程：三级修</td></tr>
<tr><td>周　期：60^{+2}_{-5}万公里或不超过 1.5 年</td><td>部　件：转向架构架</td></tr>
<tr><td>作业人员：8 人</td><td>作业时间：245 分/台</td></tr>
<tr><td>设备工具工装：详见表 4－8
作业材料：详见表 4－9</td><td>必换件明细：详见表 4－10</td></tr>
<tr><td colspan="2">参考资料：
①《中国铁路总公司关于印发〈和谐 2C 二阶段/380A（L）型动车组三级检修规程〉的通知》（铁总运〔2014〕76 号）
②《中国铁路总公司关于印发〈和谐 2C 二阶段/380A（L）型动车组三级检修规程补充内容〉的通知》（铁总运〔2014〕271 号）</td></tr>
<tr><td colspan="2">安全防护及注意事项：
①操作者应遵守相关操作规程，使用起重机械应按起重机械的操作规定操作，避免意外伤害。
②推进清洁生产，在作业中使用的煤油、润滑脂及各种清洁剂须按规定放置，使用完毕后的废油要按有关部门的规定进行收集，集中处理，不得随意排放。
③作业中使用的白布、材料包装等固体废弃物要分类收集，综合利用，避免污染。
④工作过程中，工作人员需遵守环保、安全要求并穿戴劳保用品。
⑤施工作业场所要求保持干净、整洁，卫生状况良好。
⑥如无特别注明，转向架检修过程中，因零部件拆卸需分解的紧固件再次组装时须更新。如果紧固件更新后因异常需多次拆装，弹簧垫圈、开口销和止转垫片须更新，螺栓、螺母使用不超过 5 次。
⑦自 CRH380A－2641 起后续 CRH380A 型动车组简称 CRH380A 统型动车组。</td></tr>
</table>

表 4－8　设备工具工装

序号	设备名称	规格	数量	用途	备注
1	天车	10 t	1	吊运构架	
2	自立式起重机	2 t	1	安装牵引拉杆	
3	牵引拉杆安装小车		2	安装牵引拉杆	
序号	工具名称	规格	数量	用途	备注
1	油光锉		1	修理管路	
2	普通铜锤		1	拆装夹钳	
3	钢板尺		1	测量牵引拉杆安装位置	
4	丝锥		1	螺纹孔溜丝	

续表

序号	设备名称	规格	数量	用途	备注
5	撬棍		1	开口销退卸	
6	活扳手		1	溜丝、拆装制动软管	
7	钳子		2	捆绑防松铁丝	
8	棘轮扳手		2	安装、拆卸螺栓	
9	棘轮式扭矩扳手		1	安装调整杆托架 104 N · m	
10	棘轮式扭矩扳手		1	螺堵 R1 紧固 180 N · m	
11	棘轮式扭矩扳手		1	安装抗蛇行减振器支架 200 N · m	
12	棘轮式扭矩扳手		1	安装横向减振器托架 200 N · m	
13	棘轮式扭矩扳手		1	安装夹钳 550 N · m	
14	棘轮式扭矩扳手		1	安装牵引拉杆 1 000 N · m	
15	棘轮式扭矩扳手		1	紧固抗侧滚扭杆螺栓 200 N · m	
16	棘轮式扭矩扳手		1	紧固 M6 × 12 螺栓 10 N · m	
17	棘轮式扭矩扳手		1	安装横向止挡 104 N · m	
18	套筒	24 mm	2	拆装构架上 M16 螺栓	
19	套筒	36 mm	2	安装拆卸夹钳	
20	套筒	55 mm	1	安装牵引拉杆	
21	套筒	30 mm	1	紧固抗侧滚扭杆螺栓	
22	套筒	10 mm	1	紧固 M6 × 12 螺栓	
23	开口扳手	24 mm	2	紧固对丝平头端	
24	开口扳手	27 mm	2	安装拆卸制动软管	
序号	工装名称	规格	数量	用途	备注
1	构架存放支架		16	存放构架	
2	构架检修移动台		2	存放构架	
3	配合棘轮扳手加长杆		1	安装拆卸夹钳，安装牵引拉杆	
4	吊索具	5 t、3 t	1	构架吊运	
5	吊带	2 t	1	安装牵引拉杆	

表 4 - 9　作业材料

序号	作业材料名称	规格	数量	用途	备注
1	砂纸		若干	除锈	
2	WD - 40 除锈润滑剂		若干	除锈润滑	
3	清洗剂 755		若干	清洗	
4	白布		若干	清洗、擦拭	
5	单组分改性环氧涂料 N - 1. 5		若干	抗侧滚扭杆	黑色漆

表 4 – 10　必换件明细

序号	名称	数量		单位	所属部位	物料编码	备注
		短编	长编				
1	垫圈 36（达克罗）	32	64	个	牵引拉杆安装	11025010164	
2	镀锌钢丝 SZ – E – 1.2	2	3	kg	转向架	11592020045	
3	单连接杆安装用特殊螺栓	32	64	个	牵引拉杆安装	24753000004	
4	镀锌钢丝 SZ – E – 2.0	2	4	kg	牵引拉杆安装	11592020047	
5	二硫化钼	500	1 000	g	螺栓	24753000010	
6	Pyronol universal No. 2 油脂	0.1	0.2	桶	踏面	13403000018	
7	转向架用双组分环氧金属底漆	5.5	11	kg	构架	18010005705	
8	转向架用双组分环氧金属底漆 稀释剂	1.1	2.2	kg	构架	18010005704	
9	双组分高光聚氨酯面漆 N6	5.5	11	kg	构架	18010005707	
10	双组分高光聚氨酯面漆 N6 稀释剂	1.1	2.2	kg	构架	18010005703	
11	转向架加工面磷酸锌通用底漆（暗绿色）	2	4	kg	各安装面	13401000012	
12	转向架加工面磷酸锌通用底漆（暗绿色）稀释剂	0.4	0.8	kg	各安装面	13401000013	
13	HJ – 906 铬酸锌特种树脂底漆	0.5	1	kg	温度传感器	13401000014	
14	HJ – 906 铬酸锌特种树脂底漆 稀释剂	0.125	0.25	kg	温度传感器	13401000015	

序号	作业步骤	作业程序、标准及图示
1	作业流程	物料、配件准备→防护拆除及进水情况处理→转向架构架螺纹孔检修、溜丝及吹干→转向架构架本体外观状态检查→转向架配管检修→未分解部件检修→踏面清扫装置检修→制动单元检修→抗侧滚扭杆检修→闸片检修及更换→组装牵引拉杆→螺栓扭矩确认及防松标记涂打
2	物料、配件准备（4 人，5 分）	①将构架检修需使用的工具工装准备齐全，如丝锥、刮刀等。 ②准备构架检修时需使用的物料，如砂纸、白布等。 ③提前准备必换件和构架检修时经常需更换的偶换件，如横向挡、闸片等。
3	防护拆除及进水情况处理（4 人，5 分）	将横向减振器座、空气管路进气口及空气弹簧进气孔的防护拆除，并检查是否有进水现场，对进水的部位进行处理。确认无水后，使用相应防护堵重新将进气口进行防护。
4	转向架构架螺纹孔检修、溜丝及吹干（4 人，20 分）	①构架组成及安装各部件上外露的螺纹孔须外观检查，电机吊座、定位臂、横向减振器座等关键部位螺纹存在缺扣、乱丝等缺陷时焊修。构架的梯形槽划伤、磕碰等缺陷须修复，修复后的梯形槽加工面采用 5 ~ 10 μm 的铅丹膜染色检查，接触面积不小于 75%。使用 M16 × 100 螺栓将构架各螺纹孔，包括横向减振器安装螺栓孔、轮对提吊安装螺纹孔以及轮对定位臂内外安装螺纹孔进行溜丝处理，对于牵引拉杆安装螺纹孔使用 M36 × 80 进行溜丝。溜丝前向螺纹孔内喷射除锈松动剂，以防由于清洗时螺纹孔内产生的铁锈刮伤螺纹导致乱丝。若出现螺栓无法溜丝的情况，使用配合丝锥进行溜丝处理，溜丝时同样需要向螺纹孔内补充松动剂保持润滑。用丝锥溜丝时，要注意丝锥一定要与组装安装面保持垂直，以免溜坏螺纹。 ②使用风枪对转向架构架进行吹干时，要将构架本体表面、各螺纹孔、缝隙清理干净，使其风干、无异物。

续表

<table>
<tr><th>序号</th><th>作业步骤</th><th>作业程序、标准及图示</th></tr>
<tr><td>5</td><td>转向架构架本体外观状态检查（4 人，20 分）</td><td>
①构架组成表面存在划伤、磕碰、腐蚀、磨损等缺陷时：
板厚与允许缺陷深度见表 4 – 11。当缺陷深度不大于表 4 – 11 规定时，须对缺陷部位进行打磨消除，并确保打磨部位与钢板轧制状态的表面交界处平滑过渡。
当缺陷深度大于表 4 – 11 限度值，小于设计板厚的 20% 且缺陷面积小于 400 mm^2 时，可焊修。焊修时焊接部位在边缘上不可有咬边或重叠，焊接时堆高须高出轧制面 1.5 mm 以上，打磨至与轧制面高度一致，焊接部位表面做磁粉探伤检查。
表 4 – 11　板厚与允许缺陷深度
<table>
<tr><th>设计板厚/mm</th><th>缺陷允许深度/mm</th></tr>
<tr><td>$6 \leq t < 16$</td><td>0.65</td></tr>
<tr><td>$16 \leq t < 25$</td><td>0.75</td></tr>
<tr><td>$25 \leq t < 40$</td><td>0.8</td></tr>
<tr><td>$40 \leq t \leq 50$</td><td>0.95</td></tr>
</table>
②构架组成表面各外露可视焊缝外观状态检查，存在裂纹等缺陷时须焊修。构架主体及各安装座之间的焊缝裂纹长度不大于 20 mm 时，打磨消除后焊修，焊修后表面打磨圆滑并做磁粉探伤检查。构架各部位焊修后须磁粉探伤。
③注意观察各构架上未拆卸部件：横向减振器托架、调整棒托等无磕碰伤，磕碰严重须更换。
④填写相关检查记录表。
</td></tr>
<tr><td>6</td><td>转向架配管检修（4 人，20 分）</td><td>
①各管路安装管夹无松动、脱落现象；各管路无抗磨现象；管路外表面损伤严重者更换。电线管路、踏面清扫管路、各配管等各接头无松动（通过外观检查防松标记线是否有错位进行判定）。
②对于管路严重损伤的要求进行更换；表面存在较浅的损伤部位，须用油光锉、油石或细砂纸（180 号以上）等打磨表面圆滑过渡。
③各种规格管夹与管支架连接螺栓无松动现象。
④制动软管组成外层防护丝网出现毛刺、破损时须更换，防松铁丝无松动，尼龙结扎带完好。空气制动软管组成及各配线用结扎带绑扎固定良好；传感器螺旋软管出现局部破损、断裂等缺陷时，允许用绝缘防水材料处理，出现三处及以上破损断裂缺陷时更换。密封防水剂脱落、缺损时修复。
⑤填写相关检查记录表。
</td></tr>
<tr><td>7</td><td>未分解部件检修（4 人，20 分）</td><td>
①调整棒托、横向减振器托架及抗蛇行减振器托架外观无损伤、变形、掉漆，局部轻微磕碰伤的进行打磨圆滑过渡；掉漆的进行找补油漆；中心销、各减振器安装座划伤、磕碰、裂纹、腐蚀、磨损等缺陷的检修限度按第 5 项作业步骤执行。中心销、各减振器托架焊修后需磁粉探伤，见图 4 – 98 ~ 图 4 – 100。
②螺栓 M16 × 30、扭矩 104 N · m，M16 × 45、扭矩 200 N · m，M16 × 50、扭矩 200 N · m 无松动。如需紧固，使用棘轮式扭矩扳手配合 24 mm 套筒紧固，低碳钢丝 $\phi 1.2 \times 200$ 无松动、断裂、缺失。
③铭牌表面使用清洗剂、白布擦拭干净，名牌上的字迹要清楚，对于字迹磨损的要用红色和黑色油漆笔进行描涂。横向挡无明显破损、龟裂、老化现象，橡胶表面伤痕长度大于 15 mm 或深度大于 5 mm 时更换，安装扭矩为 104 N · m，使用工具为棘轮式扭矩扳手配合 24 mm 套筒。
</td></tr>
</table>

续表

<table>
<tr><th>序号</th><th>作业步骤</th><th>作业程序、标准及图示</th></tr>
<tr><td>7</td><td>未分解
部件检修
（4 人，20 分）</td><td> 图 4－98　调整棒 
图 4－99　抗蛇行减振器托架 
④螺堵 R1 紧固良好，检查 R1 螺纹生料带是否老化，老化则更换；扭矩扳手特殊套筒紧固扭矩为 180 N・m，紧固无松动、无乱丝。螺堵 R1 若出现乱丝，使用钳工台固定螺堵 R1，用小扁锉进行修正，使乱丝平滑过渡。由于螺堵的硬度大于构架本体，当螺堵 R1 乱丝时，一定要对构架螺纹孔进行溜丝，使用除锈松动剂喷射螺纹孔，用 M55 专用管丝锥进行溜丝，修整受伤的构架本体螺纹，最后更换新生料带紧固螺堵 R1。
图 4－100　横向减振器托架
⑤高度调整阀、调整棒组成、差压阀不分解，外观状态检查须良好。静载试验过程中发现差压阀损坏时，需使用棘轮扳手配合 17 mm 套筒将差压阀分解，返回专业厂家进行差压阀检修。检修合格后重新安装差压阀，更新差压阀 2 条 M10×65 安装螺栓、弹垫，使用棘轮扭力扳手配合 17 mm 套筒配打扭矩 25 N・m。
⑥用白布清理空气弹簧安装座内孔表面油脂，检查内孔是否存在划伤。轻微划伤的使用 400 号砂纸轻微打磨，去除高点，并使用白布将空气弹簧安装座内孔清理干净，打磨后禁止使用风枪对内孔吹扫。</td></tr>
<tr><td>8</td><td>踏面清扫
装置检修
（4 人，20 分）</td><td>①踏面清扫装置外观状态检查，橡胶波纹管破损时更换。试验时动作良好无卡滞。检测研磨子内外侧厚度尺寸，转向架外侧的剩余厚度（包括钢背）不小于 13 mm，转向架内侧的剩余厚度（包括钢背）不小于 7 mm，超限时更换。退下橡胶波纹管 A 端，检查活塞杆状态，使用干净白布将活塞杆表面污物擦拭干净。活塞杆表面有锈蚀时，使用 400 号砂纸清理干净；活塞杆表面及闸瓦托安装钩头部涂抹专用油脂（专用油脂型号：Pyronoc universal No. 2 油脂）。
②检查踏面清扫装置研磨子卡簧动作良好，无卡滞现象。如有卡滞，喷松动剂进行处理。</td></tr>
<tr><td>9</td><td>制动单元
检修
（4 人，40 分）</td><td>①制动夹钳外观状态检查，波纹管无破损，各紧固件防松标记不清楚者须补打，消失者须按规定扭矩确认未松动后补打。夹钳外表面磕碰伤标准如下：
（a）若闸片托磕碰伤直径大于 3 mm 且深度大于 2 mm，更换新部件。
（b）平衡导向杆（臂）如果磕碰伤直径大于 4 mm、深度大于 3 mm（或超过壁厚 1/3），更换新部件。</td></tr>
</table>

续表

序号	作业步骤	作业程序、标准及图示
9	制动单元检修 （4人，40分）	（c）如果闸调器外壳磕碰伤直径大于4 mm、深度大于3 mm（或超过壁厚1/3），更换新部件；若磕碰伤在可接受范围内，则进行补漆处理。 （d）如果卡钳壳体磕碰伤直径大于2 mm、深度大于2 mm，悬架转轴和安装座磕碰伤直径大于4 mm、深度大于3 mm，则更换新部件；若磕碰伤在可接受范围内，则进行补漆处理。 （e）如果卡钳臂磕碰伤直径大于4 mm、深度大于3 mm或卡钳臂的安装部位磕碰伤直径大于2 mm、深度大于2 mm则更换新部件；若磕碰伤在可接受范围内，则进行补漆处理。 （f）如果制动缸盖磕碰伤直径大于2 mm且深度大于2 mm，更换新部件。 （g）制动软管外层防护丝网破损时须更换。 ②转动悬架转轴检查确认转轴转动无卡滞。转动整体夹钳单元如有卡滞，喷洒除锈剂D40后再进行转动，要求每次夹钳单元能左右转动碰到夹钳座，转动至少三次。如仍无法转动则更换夹钳，见图4－101。  图4－101　转动夹钳单元 ③检查夹钳单元各部件是否缺失，如有缺失，及时与技术人员联系。 ④如制动夹钳需要拆卸，组装时按如下步骤操作。 （a）制动夹钳应正向放置，底部安置软质支撑物（如木块等）。吊装时吊带应从夹钳本体支撑臂穿过，不得吊装滑块臂，避免夹钳滑块臂受力变形。 （b）组装前用白布将制动卡钳安装面擦拭干净。 （c）组装前检查制动装置安装部位的防锈涂料涂抹情况，涂抹要求及部位见图4－102。 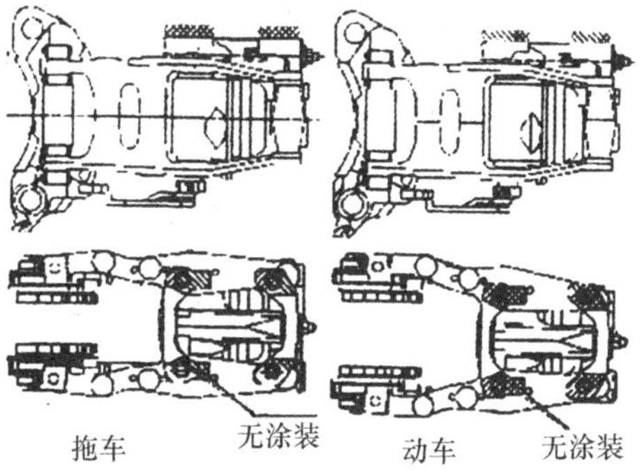 拖车　无涂装　动车　无涂装 图4－102　动车、拖车卡钳涂抹防锈涂料 （d）确认安装制动卡钳型号与要求相同，即动车制动卡钳铭牌标识型号为RZKK30M18X135，拖车制动卡钳铭牌标识型号为RZKK19M12X135。 （e）制动装置安装时，取下制动卡钳闸调处固定用支撑木块，通过闸调器部调节螺栓将轮盘、轴盘制动夹钳间隙调整至205 $^{+5}_{0}$ mm，闸片待落成后试验前安装。 （f）用吊带吊运卡钳制动装置到构架制动安装座下方，缓慢移动使制动卡钳安装螺纹孔与构架安装座通孔一一对齐，可以使用尼龙锤轻轻敲击制动卡钳使其对正，用M24×55（8.8级）螺栓涂抹螺纹防卡剂Molykote1000套上弹簧垫圈扭入螺孔，使用棘轮式扭矩扳手配合36 mm套筒紧固至550 N·m，并用低碳钢丝SZ－E－1.2进行“8”字缠绕防松。防松时应注意钢丝的缠绕方向，保证缠绕后钢丝正确的压紧方向以防止松动和划伤。之后找补油漆，最

续表

序号	作业步骤	作业程序、标准及图示
9	制动单元检修 （4 人，40 分）	后用白笔做好防松标记，具体如图 4－103 所示。制动卡钳安装必须在正向组装工序中进行，组装完成后构架不得再翻转。 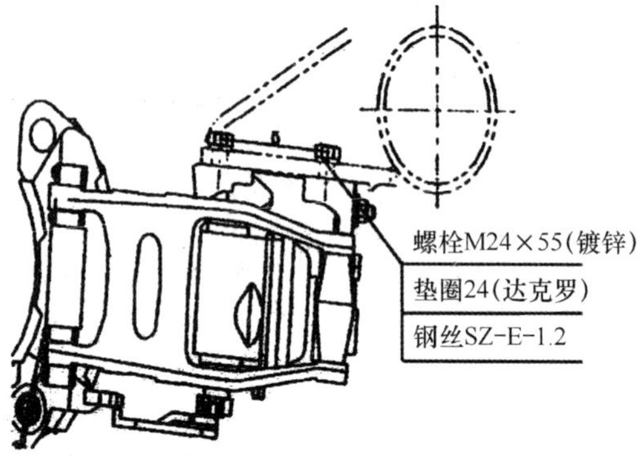 螺栓M24×55(镀锌) 垫圈24(达克罗) 钢丝SZ-E-1.2 图 4－103　制动装置组装示意图 注：正常情况下，制动夹钳无需下车检修，仅状态检查。如需下车检修，则按上述要求进行组装。 ⑤制动软管的组装。 （a）目视检查对丝，确认两端螺纹无乱丝、坏丝等情况，使用乐泰 565 或 577 金属密封胶均匀涂抹在制动软管接头与卡钳、内外弯接头处。 （b）对制动夹钳进风接头进行固定，防止追加拧紧造成接头损坏；使用 24mm 开口扳手或活扳手将对丝平头端紧固到制动夹钳背板的螺纹孔上，确保密封胶已均匀渗透到丝扣内部。 （c）紧固软管接头，使用 27 mm 开口扳手或活扳手将制动风管的活动螺纹头紧固到已组装到制动夹钳背板上的对丝锥形端；紧固时同时使用 24 mm 开口扳手卡住对丝，并调整风管角度，确保安装后连接夹钳软管接头向下与水平方向成 0°～45°。 （d）紧固完成后使用低碳钢丝将对丝与风管端进行“8”字形防松处理。紧固后的风管要求做制动夹钳动作试验，无漏风现象。安装后如图 4－104 所示。 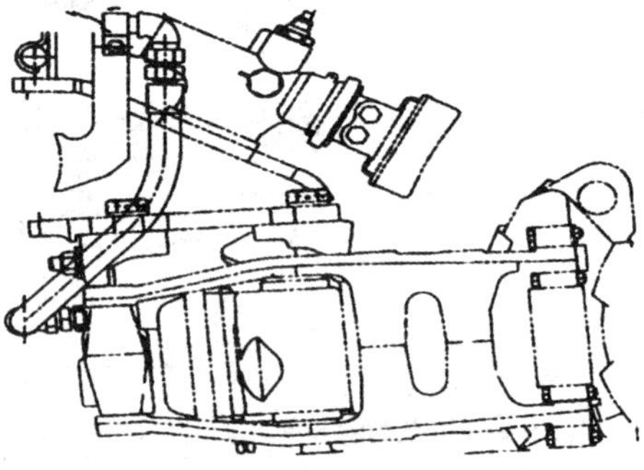 图 4－104　制动软管连接示意图 ⑥停放制动装置各部件外观状态良好，紧固件无松动；手动缓解装置安装状态良好，紧固件无松动，控制线缆无破损。
10	抗侧滚扭杆检修 （4 人，20 分）	①检查轴承座组成上的防松铁丝无断裂、松动现象，紧固螺栓 M20×50、螺栓 M6×12 上的防松标记清晰，注油嘴紧固良好无松动。防松铁丝断裂或松动的、防松标记缺失的要求校核扭矩，扭矩校核时分别使用棘轮式扭矩扳手配合 30 mm 套筒和 10 mm 套筒。螺栓 M20×50 扭矩值 200 N·m，螺栓 M6×12 扭矩值 10 N·m，见图 4－105。

续表

序号	作业步骤	作业程序、标准及图示
10	抗侧滚扭杆检修 （4 人，20 分）	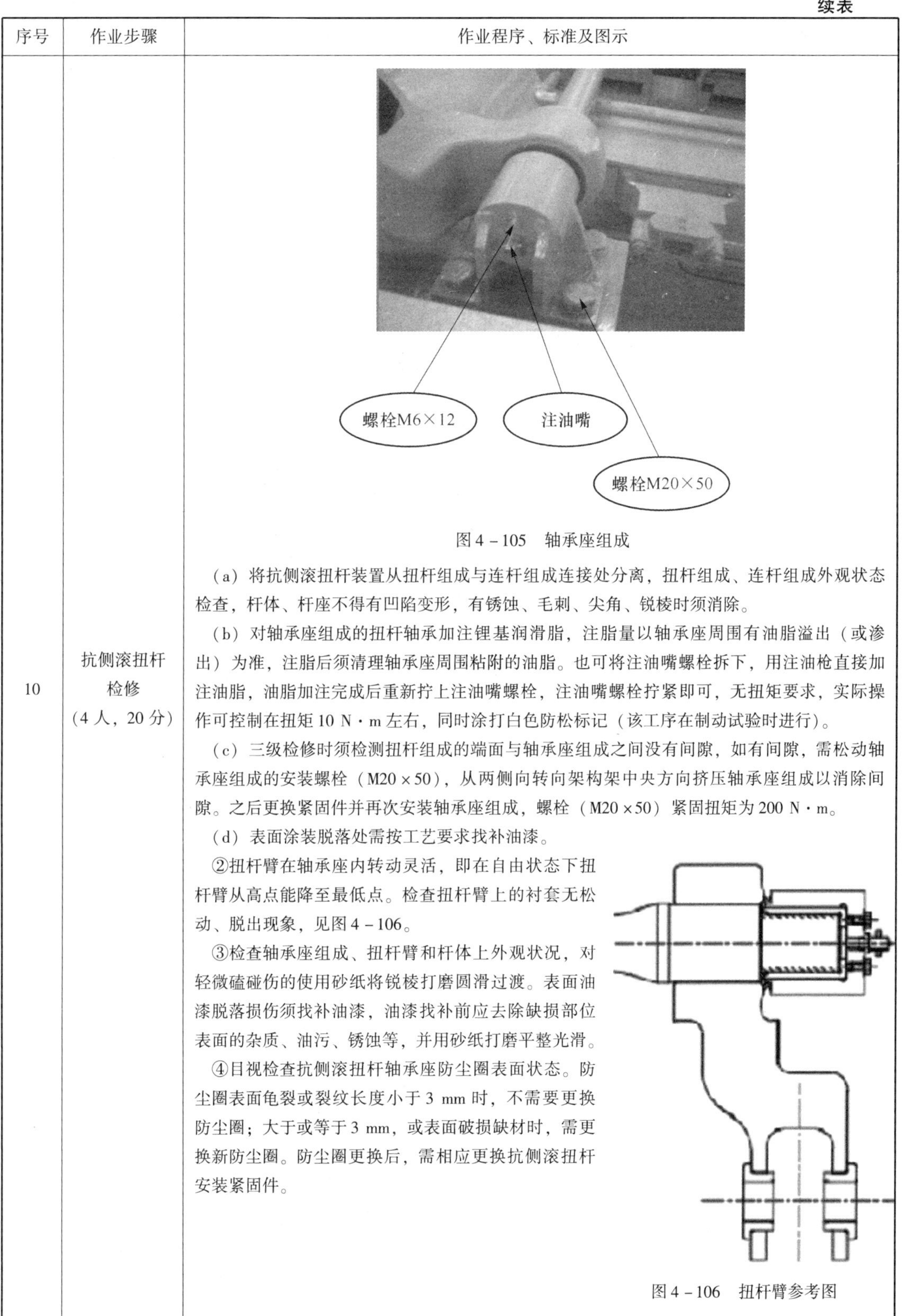 图 4－105　轴承座组成 （a）将抗侧滚扭杆装置从扭杆组成与连杆组成连接处分离，扭杆组成、连杆组成外观状态检查，杆体、杆座不得有凹陷变形，有锈蚀、毛刺、尖角、锐棱时须消除。 （b）对轴承座组成的扭杆轴承加注锂基润滑脂，注脂量以轴承座周围有油脂溢出（或渗出）为准，注脂后须清理轴承座周围粘附的油脂。也可将注油嘴螺栓拆下，用注油枪直接加注油脂，油脂加注完成后重新拧上注油嘴螺栓，注油嘴螺栓拧紧即可，无扭矩要求，实际操作可控制在扭矩 10 N·m 左右，同时涂打白色防松标记（该工序在制动试验时进行）。 （c）三级检修时须检测扭杆组成的端面与轴承座组成之间没有间隙，如有间隙，需松动轴承座组成的安装螺栓（M20×50），从两侧向转向架构架中央方向挤压轴承座组成以消除间隙。之后更换紧固件并再次安装轴承座组成，螺栓（M20×50）紧固扭矩为 200 N·m。 （d）表面涂装脱落处需按工艺要求找补油漆。 ②扭杆臂在轴承座内转动灵活，即在自由状态下扭杆臂从高点能降至最低点。检查扭杆臂上的衬套无松动、脱出现象，见图 4－106。 ③检查轴承座组成、扭杆臂和杆体上外观状况，对轻微磕碰伤的使用砂纸将锐棱打磨圆滑过渡。表面油漆脱落损伤须找补油漆，油漆找补前应去除缺损部位表面的杂质、油污、锈蚀等，并用砂纸打磨平整光滑。 ④目视检查抗侧滚扭杆轴承座防尘圈表面状态。防尘圈表面龟裂或裂纹长度小于 3 mm 时，不需要更换防尘圈；大于或等于 3 mm，或表面破损缺材时，需更换新防尘圈。防尘圈更换后，需相应更换抗侧滚扭杆安装紧固件。 图 4－106　扭杆臂参考图

续表

序号	作业步骤	作业程序、标准及图示
11	闸片检修 及更换 （2人，25分）	（1）制动闸片组装的相关要求。 制动闸片拆卸时，要做好标记（安装时可以保证成对安装），检测单个闸片厚度。闸片磨耗限度为5 mm加磨耗余量0.5 mm（到下个一级检修前闸片厚度不低于5 mm，测量时包含摩擦块的金属背板在内，在最薄处测量），任一闸片厚度小于此限度时，同制动夹钳两侧的闸片须同时更换；闸片单个摩擦粒子摩擦材料损伤缺陷面积总和不大于1 cm^2，且整个闸片摩擦表面摩擦材料面积最少不能低于闸片面积的80%。闸片单个摩擦粒子摩擦材料表面的污渍或烧灼点面积总和不大于1 cm^2。 （2）闸片的拆装。 ①用普通铜锤配合撬棍拆掉闸片托架下方的开口销（拆下的开口销报废）。打开锁簧3，并用螺丝刀或用手将其向外拉。将锁簧别在锁紧凸台N上。从闸片托架上取下闸片11。关闭时，将锁簧从锁紧凸台N上挑下来，使其扣入槽内，见图4－107。 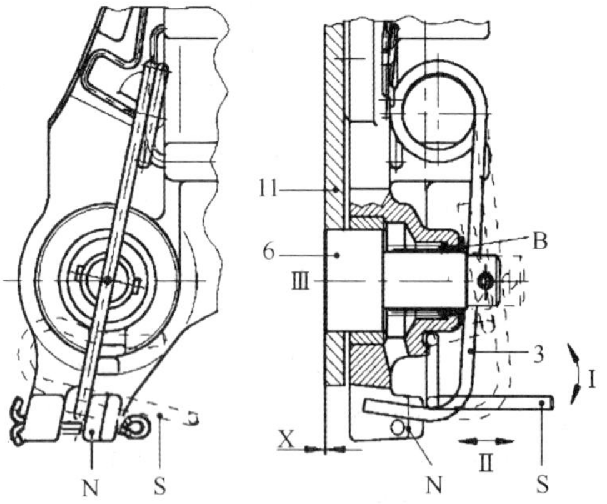 图4－107　闸片托架组成 ②通过转动重置螺母R来使制动夹钳张开最大的距离。将锁簧使用螺丝刀或用手拔起，使其别在支撑凸台上。闸片放到闸片托架的导轨中并沿弧形推到头（如果安装困难时采取该作业方式）。用合适的工具将锁簧从支撑凸台上挑下，使锁簧侧边自行弹回制动闸片托架中的U形开口中。销钉应能够灵活地进入闭锁位置，并将闸片固定住，见图4－108。在闭锁之后，进行下列检查：锁簧背面的销钉插入闸片下部的孔中，锁簧在U形开口中（目视）。 ③在闸片托架下方插入新的开口销，前端劈开呈180°（注意：进行闸片更换作业时，须充分当心闸片的坠落。若与身体部分碰触则有可能给身体造成危害，另外也会造成闸片的损伤）。打入的开口销不允许有转动松动情况出现。开口销长端朝上，短端朝下。 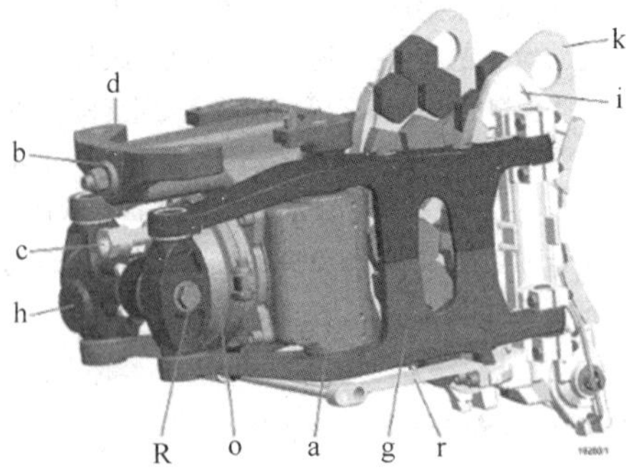 (a)

续表

序号	作业步骤	作业程序、标准及图示
11	闸片检修及更换（2 人，25 分）	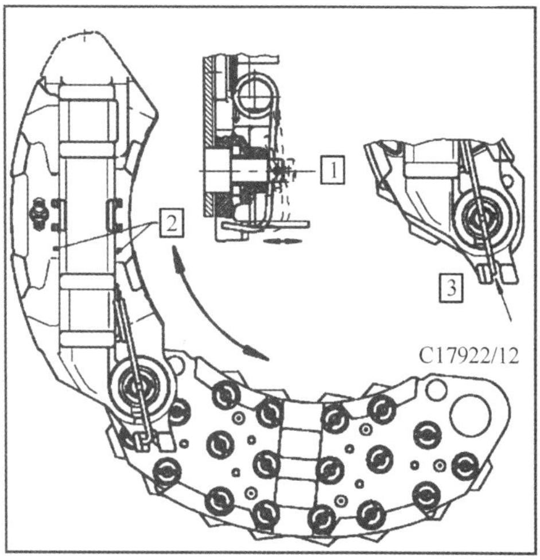 1 2 3 C17922/12 (b) 图 4 – 108　闸片拆装
12	组装牵引拉杆（2 人，25 分）	组装牵引拉杆组成，使用牵引拉杆安装小车或自力式起重机配合吊带将牵引拉杆组成吊起，悬吊至拉杆的安装部位（此时注意将牵引拉杆的上下方向调整正确，带穿铁丝孔的方向朝下）；将安装牵引拉杆的螺栓 M36 × 80 预安装（预安装前对螺栓涂抹力矩系数稳定剂，涂抹要求为距离螺纹端 10 ~ 20 mm 长度范围，沿螺纹圆周方向涂抹一半），将吊带卸下，使用 100 ~ 1 000 N · m 棘轮式扭矩扳手配合 55 mm 套筒紧固；紧固过程中，使用钢板尺量取牵引拉杆组成橡胶外圈平面与构架本体拉杆安装内平面的距离满足 20 mm，两边距离之差不大于 1 mm；紧固扭矩为 1 000 N · m，紧固后使用 $\phi 2.0 \times 200$ 的铁丝，按“8”字形进行防松处理。
13	螺栓扭矩确认及防松标记涂打（4 人，25 分）	①构架组成各部件安装螺栓的防松铁丝或止动垫片状态良好者，不进行扭矩检查，只涂打防松标记；防松铁丝断裂或止动垫片破损时须更换，并进行扭矩检查，涂打防松标记。构架检修需要对各未分解部件紧固螺栓进行防松标记确认，对于防松标记变动或不清楚者要求重新用扭矩扳手打扭矩并涂打新标记。 ②构架检修需对构架本体进行整体找补油漆，要对所有外露可视焊缝及表面找补均匀，对于所有配管固定螺栓、各部件紧固螺栓，都要进行均匀找补，找补油漆不能太厚，均匀覆盖住底漆即可。 ③对于所有组装安装面、轮对提吊安装面、横向减振器安装面、垂向减振器安装面、抗蛇行减振器安装面等的底漆，需要使用专用工具进行铲除，内外定位节点梯形槽内加工面需打磨光滑。 ④待找补的油漆干燥后，使用白色油漆笔对整个构架的紧固螺栓进行防松标记涂打。

任务实施与评价

①下发任务单，明确学习任务、主要内容、知识目标、能力目标、素质目标要求；

②学生按任务单要求制订学习计划，完成预习任务及相关知识准备；

③通过查阅相关资料，各小组分别制作 PPT，讲解构架检修作业工艺流程；

④学生进行学习自我评价及学习小组成员互评，小组长（副组长）进行小组整体评价，教师检查任务完成情况。